화가 다카하시 유이치의 1870년대 유화 작품 〈연어鮭〉. 염장 후 말린 연어가 부엌에 걸려 있는 모습을 정교하게 묘사했다.

高橋由一 「鮭」(중요문화재, 도쿄예술대학 東京藝術大学 소장)

画工 大鋸町四番地 安藤徳兵衛

옛 미에현 해안가에서 잡은 전복을 가늘게 깎아 '노시 전복'을 만드는 광경.
歌川国貞「大日本物産図会 同国長鮑製之図」
国立国会図書館デジタルコレクション, https://dl.ndl.go.jp/pid/1910973 (参照2024-08-14)

▲에도 어민들이 강 하구에서 김 양식하는 풍경. 사메즈鮫洲는 현재 도쿄 시나가와구 동쪽 해안지역.

歌川広重「名所江戸百景 南品川鮫洲海岸」

国立国会図書館デジタルコレクション, https://dl.ndl.go.jp/pid/1312345 (参照2024-08-14)

현재 고치현 지역인 도사 지방 어민들이 가다랑어를 낚는 모습.

歌川広重「六十余州名所図会 土佐 海上松魚釣」

国立国会図書館デジタルコレクション, https://dl.ndl.go.jp/pid/1910973 (参照2024-08-14)

國安画

‘에도의 부엌’이라 불린 니혼바시 어시장을 그린 목판화. 생선을 운반하는 장사꾼과 나무 대야에 담긴 생선들이 생생하다.

歌川国安「日本橋魚市繁栄図」

国立国会図書館デジタルコレクション,https://dl.ndl.go.jp/pid/1305580 (参照2024-08-14)

▲동틀 무렵 니혼바시. 다리를 건너는 짐꾼들과 생선을 이고 진 채 장사하러 가는 생선장수들의 모습이 보인다.
歌川広重「東海道五拾三次 日本橋朝之景」
国立国会図書館デジタルコレクション
https://dl.ndl.go.jp/pid/1309914 (参照2024-08-14)

◀ 니혼바시 어시장의 전경. 가운데 아랫부분에 짝을 이뤄 참치를 메고 가는 일꾼들이 보인다.
安藤広重「日本橋真景并ニ魚市全図」
https://dl.ndl.go.jp/pid/1302537/1/1
(参照2024-08-14)

▲ 에도시대 오사카 자코바 어시장.
歌川広重「浪花名所図会 雑喉場魚市の図」
https://data.ukiyo-e.org/mfa/images/sc134841.jpg (参照 2024-08-14)

△ 후쿠이현 명물인 가자미 말리는 광경.
歌川広重「諸国名所百景 若狭かれゐを制す」, 国立国会図書館デジタルコレクション
https://dl.ndl.go.jp/pid/1309808 (参照2024-08-14)

▲히다 산악지대의 짐 운반 모습. 옛날 북쪽 해안에서 잡힌 방어는 그림과 같이 내륙지방으로 운송됐다.

歌川広重「六十余州名所図会 飛騨籠わたし」

国立国会図書館デジタルコレクション, https://dl.ndl.go.jp/pid/1308326 (参照2024-08-14)

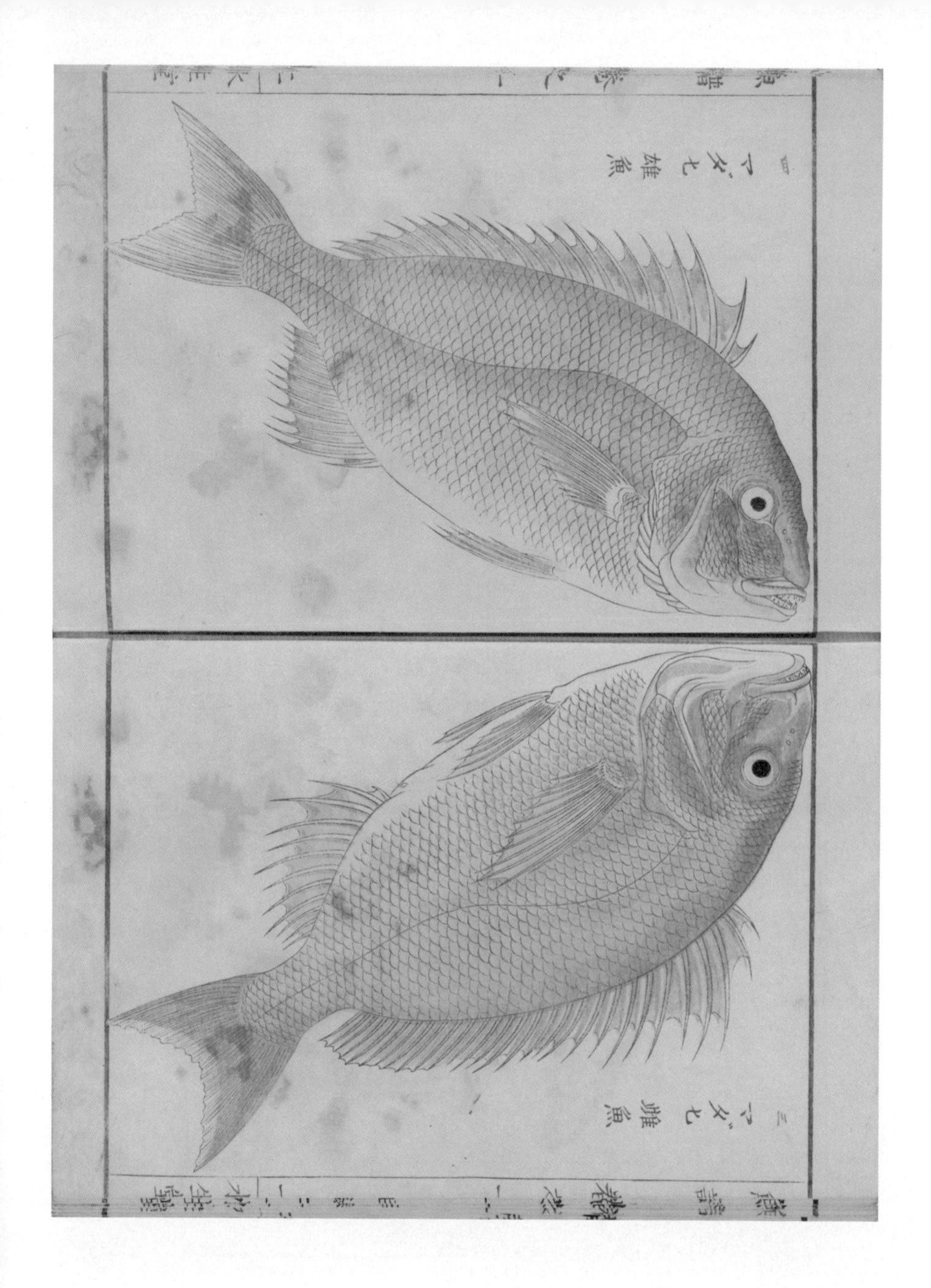

▲오쿠구라 다쓰유키가 1856년경 펴낸 어류도감 『수족사진』 도미 항목의 참돔 그림.
奥倉辰行『水族写真鯛部』
国立国会図書館デジタルコレクション, https://lab.ndl.go.jp/dl/book/2558213 (参照2024-08-14)

사카나
魚
와
일본

일러두기

1 본문의 일본어 표기는 국립국어원 외래어표기법을 따랐으며, 관용적으로 굳어진 표현이 있는 경우 그를 따랐다. 인·지명, 간행물 제목, 주요 개념, 그리고 한글만으로 뜻을 이해하기 힘든 단어의 경우 처음 나올 때 1회만 원어를 병기했다. 다만, 몇몇 단어의 경우 문맥의 이해를 돕기 위해 원어를 중복 표기했다.
2 단행본은『 』, 보고서와 논문은「 」, 신문과 정기간행물은《 》, 영화·공연·그림·팸플릿·TV 프로그램·단행본의 개별 장·단편 시는〈 〉, 기사명은 ' '로 구분했다.
3 본문의 이해를 돕기 위해 저자가 추가한 내용과 본문에서 직접 인용한 문헌의 서지정보는 각주로 표기했으며, 그 외 집필에 참고한 문헌에 대해서는 미주로 서지정보를 밝혀두었다.

사카나와 일본

비릿 짭짤, 일본 어식 문화 이야기

초판 1쇄 찍은날	2024년 8월 20일
초판 1쇄 펴낸날	2024년 9월 4일
지은이	서영찬
펴낸이	한성봉
편집	최창문·이종석·오시경·권지연·이동현·김선형·전유경
콘텐츠제작	안상준
디자인	최세정
마케팅	박신용·오주형·박민지·이예지
경영지원	국지연·송인경
펴낸곳	도서출판 동아시아
등록	1998년 3월 5일 제1998-000243호
주소	서울 중구 필동로8길 73 [예장동 1-42] 동아시아빌딩
페이스북	www.facebook.com/dongasiabooks
전자우편	dongasiabook@naver.com
블로그	blog.naver.com/dongasiabook
인스타그램	www.instargram.com/dongasiabook
전화	02) 757-9724, 5
팩스	02) 757-9726

ISBN 978-89-6262 596-7 03900

※ 잘못된 책은 구입하신 서점에서 바꿔드립니다.

만든 사람들

총괄 진행	김선형
책임 편집	문혜림
크로스 교열	안상준
일러스트	김경선
디자인	페이퍼컷 장상호

사카나 魚와 일본

서영찬 지음

비릿 짭짤, 일본 어식魚食 문화 이야기

동아시아

프롤로그

일본은 어식 민족이다? 반은 맞고 반은 틀리다

중국 것이 가장 길고, 한국 것이 그다음, 일본 것이 셋 중 가장 짧다. 그것은 젓가락이다. 똑같은 쌀 문화권으로 오랫동안 음식 문화를 교류해 온 세 나라지만, 젓가락 길이는 조금씩 다르다. 그런데 세 나라 중 일본의 젓가락이 가장 짧은 이유가 뭘까. 요리연구가들 주장에 따르면, 생선을 발라 먹기 편하도록 젓가락 길이를 조절하다 보니 짧아졌다는 것. 또한 일본 젓가락은 끝이 유독 가늘고 뾰족한데, 그 이유 역시 생선을 잘 발라 먹어야 하기 때문이란다.

식기를 보면 음식 문화가 읽힌다. 젓가락 하나에도 한 집단의 음식 문화 혹은 음식 역사가 응축돼 있다. 짧고 가늘어진 일본 젓가락은 생선을 일상적으로 먹는 음식 문화가 뿌리 깊다는 사실을 반영하는 셈이다. 가령 꽁치구이 살을 발라 먹는다고 해보자. 분명 끝이 뭉툭한 중국 젓가락보다 짧고 뾰족한 일본 젓가락이 더 알맞을 것이다. 한국과 중국도 생선을 즐겨 먹지만, 섭취 빈도나 레시피의 비중으로 따지면 역사적으로 일본이 도드라진다. 그래서 생선요리는 일식 문화의 대표 격이라 말할 수 있다.

그건 그렇고, 그 많던 꽁치는 다 어디로 갔을까. 한국뿐 아니라 일본에서도 흔히들 입버릇처럼 하는 말이다. 어떤 일본인은 꽁치를 쳐다보지도 않던 중국인이 어느새 꽁치구이 맛을 알게 돼 꽁치를 마구 잡아버리는 바람에 일본 어시장에서 꽁치가 확 줄었다고 푸념한다. 절반은 사실이다. 나머지 절반의 진실은 일본 근해에서 잡히는 꽁치가 예전만 못하다는 데 있다. 꽁치뿐만 아니라 대다수 생선이 30여 년 전부터 눈에 띄게 줄었다. 꽁치처럼 서민이 즐겨 먹는 생선의 경우 그 체감도는 더욱 크다.

2011년 일본 수산청 조사에 의하면 "수산자원이 줄고 있다"라고 응답한 어민이 90%에 이른다. 그 흔한 임연수어도 이젠 찾아보기 힘들어졌다. 일본에서 최근 20년 새 임연수어 어획량은 90% 가까이 감소했다. 일본 대도시 선술집 이자카야에서 임연수어 소금구이를 만나는 일은 하늘의 별 따기가 됐다고 한다. 일본인이 너 나 할 것 없이 좋아한다는 참다랑어, 정어리(마이와시), 뱀장어는 대폭 줄었고, 해안가에 바글대던 청어는 수입하는 처지가 됐으며, 새해 명절 밥상을 빛내던 방어는 조업 규제를 하지 않으면 안 되는 상황에 몰렸다.

그 많던 생선이 사라진 까닭은 명확히 밝혀지지 않았다. 다만 전문가들은 남획과 환경오염이 주범이 아닐까 추정한다. 열 길 물속은 알아도 한 길 사람 속은 모른다는 말이 있지만 틀렸다. 인간은 한 길 물속을 알지 못한다. 어쩌면 인간이 알지 못하는 어떤 일이 바닷속에서 벌어지고 있는지 모른다.

'우리는 OO민족' 하는 식으로 자기규정하기 좋아하는 일본인은 자칭 '어식 민족魚食民族'이라고도 한다. '해산물을 먹는 행위'를 뜻하는 '어식'이라는 단어는 우리에게는 생소하지만, 일본에서는 곧잘 쓰인다. 섬에 사는 사람들이니 오래전부터 해산물을 먹어온 건 당연지사. 섬나라 일본은 불교의 영향으로 메이지시대까지 육식을 금기시했기 때문에 해산물이 가장 중요한 단백질원이었다. 바다의 산물은 그만큼 소중한 식재료였다. 그래서 바다를 떼놓고 일본 식문화에 대해 왈가왈부하는 건 눈 감고 코끼리 다리를 만지는 격이다.

어식 민족이란 해산물을 자주, 또 많이 먹는다는 뜻만은 아니다. 어식 민족에는 해산물을 요리해 먹는 지혜가 다른 민족 저리가라 할 만큼 깊고 다양하다는 자기차별화를 내포하고 있다. 자기차별화는 내셔널리즘이나 문화적 우월의식과 만나면 근거 없는 자부심을 발산한다. 일본인은 그런 자부심을 그럴싸하게 포장해 '어식 문화'라는 용어를 만들어 냈다. 아무튼 일본인은 자신들의 식문화를 자랑할 때 심심찮게 어식 민족, 어식 문화라는 표현을 동원한다.

일본인은 고유한 어식 문화를 전통으로 받아들이고 계승해야 할 것으로 추켜세우기도 한다. 그런데 이런 어식 민족이라는 자기규정과 동떨어진 일들이 수십 년 사이 벌어지고 있다. 어식 민족이란 말이 무색할 정도로 현대 일본의 식문화에서 '탈생선' 현상이 두드러지고 있기 때문이다.

'골탕(고쓰유)骨湯'이라는 것이 있다. 일본 노년층에게는 익숙하지만, 젊은 세대에게는 매우 낯선 말이다. 골탕이란 구운 생선을 먹을 때 마지막 단계에 구사되는 초간단 조리법이다. 일단 다 먹고 남은 생선의 뼈, 꼬리, 머리를 버리지 않고 뜨거운 물을 부은 뒤 짜지 않을 정도로 간장을 살짝 뿌린다. 젓가락을 들고 뼈에 붙은 살점을 모조리 솎아 내어 남김없이 먹는다. 국물 한 방울까지 다 마신다. 스님이 발우공양하듯 생선 살점 하나 남기지 않고 깨끗이 먹는다. 1960년대까지만 하더라도 골탕은 생선 먹기의 보편적인 애티튜드였다고 한다. '골탕 의식'이라는 표현이 있을 정도로 생선을 허투루 대하지 않았다. 골탕은 '우리가 이 정도로 생선을 먹어왔다'라는 은근한 자긍심의 사례로 거론된다. 하지만 이제 골탕 먹기는 아득한 기억 속에만 존재하는 식문화가 됐다. 골탕은 생선을 대하는 태도 혹은 어식 습관이 반세기 동안 급변했음을 보여주는 단적인 예다.

어식은 먹는 행위만 가리키지 않는다. 어류를 잡고, 찾고, 고르고, 손질하고, 요리하는 등 어류를 소비하는 전 과정을 통칭한다. 옛 사람들, 특히 어머니들은 이 과정을 혼자서 다 해냈다. 하지만 요즘은 어떤가. 먹기 정도를 제외하면 나머지 과정은 서툴다. 대형 마트나 시장에 가면 손질된 해산물이 즐비하고, 탕거리 제품은 해산물 외에 양념, 채소 등 부수 재료가 함께 포장돼 있다. 포장 비닐을 벗겨 내고 냄비에 그대로 넣기만 하면 사실상 요리 끝이다.

요리 과정은 편리해졌지만, 해산물을 고르고 손질하면서 습득하는 해산물 지식은 얕아졌다. 주방에서 해산물 지식을 부모가 자녀에게 전달하는 광경은 흑백영화 시대처럼 아득하다. 간단한 지식은 각자 인터넷, 유튜브를 검색해서 즉석에서 얻는다. 하지만 그것도 그때뿐이다. 만약 인터넷이 없는 상태에서 손질조차 안 된 온전한 생선을 마주하면 어떻게 다뤄야 할지 모르는 이가 대다수일 것이다. 청장년 세대에서 '생선 문맹자'는 늘었고, 한 공동체의 해산물요리 지식은 다음 세대로 계승되지 않고 있다.

과거에는 고등어 한 마리를 사더라도 어물전 주인과 고등어의 상태, 시세, 요리 팁 등에 대해 몇 마디 말을 주고받았다. 그 과정에서 알게 모르게 고등어 지식이 쌓였다. 하지만 이제 그런 모습은 찾아보기 힘들다. 또한 생선을 직접 떼 와서 소비자에게 전달하는 전문 판매자가 직접 소비자와 대면하는 일이 드물어졌다. 소비자는 포장된 생선을 집어 들기만 하면 되기 때문이다. 적어도 도시에서는 그것이 대세로 자리 잡았다. 무엇보다 가정에서 요리해 먹는 경우가 줄어들면서 싱싱한 생선을 요리할 기회도 현격히 줄었다.

일본은 경제의 고도성장기까지만 해도 쌀을 주식으로 하면서 이에 어패류, 채소, 육류를 반찬으로 곁들여 먹는 식생활을 유지했다. 하지만 패스트푸드, 서양 음식, 빵, 면 등을 주식으로 하는 문화로 이행하면서 쌀 소비가 급감했다. 쌀 주식의 식생활에 균열이 온 것이다. 이런 현상은 자연스레 어패류의 소비 감소를 유발했다.

1인 가구 증가도 탈생선 현상을 가속화하는 요인이었다. 생각해 보면 금방 알겠지만, 혼자 사는 사람들은 애써 생선을 구입해서 요리해 먹지 않는다. 생선은 요리하기 번거롭고, 먹고 난 후 찌꺼기가 많이 남으며, 뒤처리도 신경 쓰인다. 전자레인지에 넣고 2~3분 돌리면 땡인 레토르트 음식이 넘쳐나는 시대에 생선은 불편하기 짝이 없다.

현대인의 식생활이 간편해질수록 생선 의존도는 낮아진다. 혼밥과 외식이 활성화되면서 생선 먹을 기회는 더욱 줄었다. 그리고 생선은 외식 업종에서 선호하는 식재료가 아니다.

일본 정부의 《가계조사연보》를 보면 1992년부터 2014년까지 선어, 반건조 어물, 조개류 가릴 것 없이 수산물 소비량은 꾸준히 감소하고 있다. 최근까지 이 추세에 큰 변동은 없다.

혹자는 "스시 같은 고급 일식은 여전히 건재하지 않는가?" 라며 반문할지 모르겠다. 하지만 탈생선 현상은 정도의 차이만 있을 뿐 가정과 일식집 양쪽 모두에서 일어나고 있다.

스시 업계를 흔히 이타마에板前의 세계라고 한다. 이타마에란 '도마 앞' 정도의 뜻으로 오랜 숙련을 거친 요리사를 비유하는 말이다. 이타마에의 세계는 철옹성 같은 도제 시스템으로 돌아간다. '제자는 요리 스승에게 절대복종할 것'이 불문율이다. 절대복종하면서 스승의 노하우를 전수하려면 길고 힘든 도제의 시간을 버텨내야 한다. 그래야 비로소 제 몫을 하는 요리사가 된다. 그 각고의 노력을 인정해 주기 때문에 이타마에는 요리하는 사람에게 명예로운 칭호다. 하지만 이타마에를 꿈꾸는 젊은이들이 눈에 띄게 사라지고 있다고 한다. 힘든 일을 기피하는 사회현상 탓도 있지만, 웬만해서는 먹고살기 힘들다는 것이 큰 이유다. 대중이 생선과 멀어지니 생선요리로 밥 벌어먹고 사는 일도 만만찮아졌다.

일본의 버블 경제가 붕괴하면서 큰 타격을 입은 업종 가운데 하나가 고급 스시집이다. 거품이 한창 일어날 때는 접대 문화가 꽃을 피웠다. 하지만 거품이 꺼지자 접대 자리가 급격히 줄어들었다. 특히 1990년대 후반 공무원 향응접대가 사회문제로 떠올라 공무원윤리규정이 강화됐다. 경기가 나빠지니 기업도 허리띠를 졸라매면서 접대비 지출을 대폭 줄였다. 고급 스시집은 불똥을 피해 갈

수 없었다. 접대의 주 무대인 고급 스시집 손님은 썰물처럼 빠져나갔다. 이 현상은 수년 전 한국에서 김영란법 시행이 요식업계에 몰고 온 파장과 닮았다.

스시집의 불황은 생선 가격 하락을 견인했다. 일본 전국 생선 가격을 좌우하는 곳은 도쿄, 오사카 등 대도시 공동어시장이다. 그날그날 경매를 통해 최고가 생선 가격이 결정되고, 그것을 기준으로 다른 생선의 가격이 순차적으로 정해진다. 공동어시장에서 으레 최고가를 달리던 생선은 참치였다. 도매로 참치를 사들이는 주요 고객은 스시집이다. 그런데 매상이 떨어진 스시집들은 참치 구매력을 잃었다. 수요공급 원리에 따라 참치 가격도 덩달아 떨어졌다. 참치 가격 하락은 도미노처럼 다른 생선의 가격을 떨어뜨렸다. 거품 붕괴로 소비자가 지갑을 닫아버려서 생선 가격이 낮아졌음에도 불구하고 소비는 활력을 잃었다. 어시장 상인과 어민이 직격탄을 맞았다. 마침 도시 젊은 세대를 중심으로 음식 트렌드가 변하고 있었다. 생선을 떠나 다른 먹거리로 이동 중이었던 것이다.

이렇게 일별하면 일본의 어식에 짙은 그늘이 드리운 것처럼 보인다. 하지만 어두운 곳은 전통적인 판매·소비 행태의 경우고, 다른 쪽에서는 새로운 시도로 활력을 되찾고 있다. 가령 직매소直賣所가 있다. 직매소는 어민들이 직접 운영하는 특산물 매장이다. 공동어시장이라는 전통적인 판매경로를 택하지 않고 어민들이 직접 소비자에게 판매하는 방식으로, 최근 직매소를 운영하는 어촌이 늘고 있다. 직매소는 단체관광객을 끌어들이는 지역 명소로도 커가고 있다.

탈생선 현상이 가장 두려운 사람은 수산업 종사자와 수산식품 제조·판매업자일 것이다. 그리고 수산물 산업과 관련한 정부 당국일 것이다. 이들이 탈생선 현상에 맞서기 위해 꺼내 든 카드는 식육食育이다. 식육이란 식지식, 식습관, 식문화 등을 어릴 때부터 교육한다는 개념이다. 2005년 일본 정부는 식육기본법을 제정했다. "지덕체智德体의 조화로운 발달을 교육 목표로 삼는다"라는 교육기본법 구절을 식食의 영역까지 확장한 것으로 지육, 덕육, 체육에 식육을 추가한 것이다. 식육의 핵심은 생선과 어린이다.

가령 식육의 일환으로 초·중등학교 급식에서 어패류 음식을 늘렸다. 실제 일본인이 섭취하는 어패류량은 급식, 외식, 가정식 순으로 많다. 그리고 탈생선 현상에 위기감을 느낀 수산업 종사자들은 식육 활동에 손발이 되어 적극적으로 나서고 있다. 대표적인 것이 '생선 마이스터' 제도다. 사단법인 일본수산회 산하 어식보급추진센터가 주관하는 생선 마이스터 제도는 일종의 생선 전문가 양성 및 검정檢定 제도다. 생선 식별부터 요리까지 일정한 교육과정을 이수하면 검정 절차를 거쳐 생선 마이스터 자격을 부여한다. 마이스터가 되면 급식 현장에서나 일반인을 상대로 생선에 관한 모든 것을 교육한다. 일종의 생선 전도사라고 할 수 있다. 탈생선 현상 앞에서 정부와 어업 종사자들은 '어식 국가'의 자존심을 지키기 위해 애쓰고 있다. 일본 정부와 어업 종사자들은 식육이라는 계몽주의적 전략으로 탈생선 현상에 맞서고 있다.

그럼에도 생선은 잊혀간다. 비린내가 외면당한다. 식생활의 서구화가 진행될수록 비린내의 기억은 더욱 가물가물해진다. 그래서 비린내를 이야기하고 기억하는 과정은 식생활의 전통을 더듬고 과거를 추억하는 일이다. 삼면이 바다로 둘러싸여 있으며 서구적 식습관이 뿌리 내린 우리나라도 일본과 유사한 상황에 놓여 있다. 일본의 생선 이야기 속에는 우리가 먹어온 비린내 나는 생선의 추억과 맞닿은 부분이 적지 않다. 비린내 추억하기. 이것은 과거 식문화로 여행하는 하나의 통로이기도 하다.

*

"무엇을 먹는지 말해달라. 그러면 당신이 어떤 사람인지 말해주겠다." 『미각의 생리학Physiologie du goût』을 쓴 프랑스 문인 브리야사바랭Jean Anthelme Brillat-Savarin의 말이다. 독일 철학자 포이에르바흐Ludwig Andreas Feuerbach가 "먹는 것이 곧 당신이다"라고 번역해 더 유명해진 이 말은 밥상을 보면 한 인간을, 한 사회를 알 수 있다는 의미를 담고 있다. 식문화, 특히 물고기 등과 같은 수산물을 매개체로 일본의 단면을 들여다보고 싶었다. 단순한 미식 이야기가 아니라 먹거리를 통해 일본의 풍습, 문화, 역사 이야기에 초점을 두려 했다. 짜네 맵네 음식을 간 보듯 한 집단의 수천 년 식문화를 식별할 수는 없다. 일본에 살아본 적도 없고, 일식에 대한 경험이 일천한 나에게는 더더욱 무모한 시도일지 모른다. 하지만 멀고도 가까운 나라에 대해 이 정도는 알아둬도 나쁠 건 없다고 생각했다. 설익은 문화론이나 일식 찬미론으로 흐르지 않도록 노력했다.

'한국인이 일본에 대해 말한다는 것'은 의도했건 의도하지 않았건 정치적·역사적 쟁점들을 소환하기 십상이다. 휘발성이 큰 행위다. 우리가 일제에 당한 통한의 역사가 엄연하고, 두 나라 간 이슈는 크건 작건 항상 우리네 삶에 영향을 주기 때문이다. 정치적·역사적 쟁점들은 그것대로 가치 있고 의미 있지만, 그에 대해 논하는 건 내 깜냥을 넘어서는 일이다. 이 책은 그저 술자리나 식사 자리에서 가벼운 이야깃거리 정도로 소비된다면 저자인 나로서는 더 바랄 것이 없다. 어느 날 친구들과 일식집에서 밥을 먹다가 반찬으로 나온 생선요리를 놓고 "너 이거 알아?" 하며 일본 물고기에 대한 콩지식 몇 가지를 풀어놓으면 그 자리가 한결 다채로워지지 않을까. 그런 바람이다.

이 책을 쓰게 된 건 순전히 우연이다. 2017년 봄께 구글링을 하다가 『에도마에 어식 대전江戸前魚食大全』이라는 책을 발견했다. 뜻 모를 '에도마에'라는 단어와 각종 바닷물고기가 그려진 표지, 그리고 목차에 끌려 즉각 구해서 읽었다. 태생이 바다와 친근해서인지 비린내와 갯내음을 좋아하는 나는 물고기 이야기라면 뭐든 반긴다.

『에도마에 어식 대전』은 에도시대 수산업과 어식 문화를 다룬 내용이었다. 쉽지 않았지만 새롭고 흥미로웠다. 내친김에 비슷한 종류의 일본 서적을 몇 권 더 읽었다. 그리고 어찌어찌하다 직접 책을 한번 써보기로 작정하고, 일본의 물고기와 식문화를 공부하기 시작했다. 필요하면 역사책, 소설, 영화를 들춰보기도 했다. 그저 물고기와 해산물을 이야기하기 위해서.

늘 그랬듯 한일 관계는 초여름 바다 날씨 같다. 물결이 한동안 잠잠하다가 일순 격랑이 일고 장대비가 쏟아진다. 과거사에 대한 반성 없는 일본이라는 전선이 정치적으로 혹은 경제적으로 한반도로 몰려오면 격랑은 더 심해진다. 가뜩이나 불안정한 동북아 정세 속에 낯 두껍고 의도 불순한 '일본 기류'가 끼어들면 한국인의 가슴은 분노로 들끓는다. 정치가들은 입버릇처럼 두 나라의 화해를 말하지만, '반성 없는' 일본 앞에서는 공염불처럼 들린다.

공교롭게도 이 책의 출간이 확정되고, 편집 작업이 한창이던 2023년 여름, 후쿠시마 오염수 방류 문제가 불거졌다. 일본 정부는 오염수 방류를 강행할 태세였고, 한국 정부는 태도를 바꿔 눈감아 줄 속셈이었다. 두 나라 정부와 정치 지도자들은 한국인의 반일 감정을 자극했다. 답답하고 화나는 장면들이 이어졌다. 하지만 분명한 것은 후쿠시마 오염수 방류로 가장 큰 고통을 받는 사람들은 한국 어민과 후쿠시마 어민이라는 사실이었다. 후쿠시마 어민들은 방류가 이루어지면 수산물 판매에 직접적인 타격을 받기 때문에 극렬히 반대했다. 우리 어민 역시 수산물 소비 감소로 이어질 우려 때문에 밤잠을 설쳤다. 언제나 피해를 입고 고통받는 건 서민이고 민초들이다. 그래서 더 답답하고 화가 났다. 이런 판국에 일본 물고기 이야기를 세상에 내놓으려니 어떻게 비칠까 걱정이 되었고, 지금도 그런 우려는 가시지 않았다.

소설가 한창훈과 섬마을 르포 작가 김준의 글을 좋아한다. 두 분의 글에는 바다를 터전으로 살아가는 민초의 삶이 진하게 묻어 있기 때문이다. 섬 어부와 갯마을 장삼이사의 신산한 삶이 감흥을 준다. 문장 사이사이 비린내가 물씬 나서 좋고, 갯마을 사람들에 대한 애정이 배어 있어 더 좋다. 어릴 때부터 어시장 상인의 비늘 묻은 손, 늙은 해녀의 물질 소리, 방파제 낚시꾼의 환호성, 골목 어귀 어느 집의 고등어 굽는 냄새 따위가 익숙한 나로서는 비린내 나는 이야기에 강한 애착을 느낀다. 거기에 비린내에 대한 그리움이 더해져 이렇게 책까지 쓰게 된 듯하다.

우리나라든 일본이든 그런 광경은 크게 다르지 않아 보인다. 비릿한 냄새, 고된 노동, 아련한 향수, 삶과 죽음이 종이 한 장 차이인 나날, 자연에 대한 두려움과 끈끈한 민속신앙…. 물고기와 함께 먹고사는 장삼이사의 삶은 나라를 불문하고 닮은 구석이 많다. 그런 시선으로 일본의 물고기와 일본의 어식 문화를 그려보려 했다. 아이누족, 해녀 혹은 여성, 생선장수들, 도호쿠 사람 등의 이야기를 쓴 것도 민초들의 신산한 삶을 보여주고 싶었기 때문이다.

이 책은 바닷물고기 등 수산물을 키워드로 일본의 식문화와 역사를 들여다본다. 30여 가지 주요 수산물을 요리해 6개 코스로 짠 일본 맛보기 오마카세쯤으로 생각하면 되겠다. 과거와 현재를 골고루 버무렸다.

1장 〈애잔한 서민의 맛〉은 백성들에게 수산물이 어떤 존재였는가에 초점을 맞췄다. 2장 〈깊은 역사의 맛〉은 어패류를 통해 일본 식문화사의 단면을 보려 했다. 3장 〈쏠쏠한 돈의 맛〉에서는 상품 가치를 토대로 수산물을 들여다보고 경제 성장기의 수산물 소비 경향을 주로 다뤘다. 옛 일본은 사무라이 사회라는 특징을 가지는데, 4장 〈무사의 칼맛〉은 생선을 매개체로 무사 계급과 무사 문화를 이야기한다. 5장 〈신묘한 신성의 맛〉에서는 수산물에 얽힌 민속과 민초들의 신앙 생활을 살펴본다. 그리고 마지막 6장 〈바닷물고기 언어학〉에서는 물고기와 연관된 언어로 일본인의 식습관과 속마음을 들여다본다.

책의 목차는 필자의 오마카세이니 독자는 굳이 목차에 구애받을 필요가 없다. 좋아하는 물고기든 눈에 띄는 제목이든 읽는 순서는 독자의 오마카세다. 내 입맛대로 골라 읽으면 된다. 이 책을 읽는 동안 모쪼록 즐겁고 맛있는 시간 보내시길 바란다.

2024년 8월

서영찬

2 깊은 역사의 맛

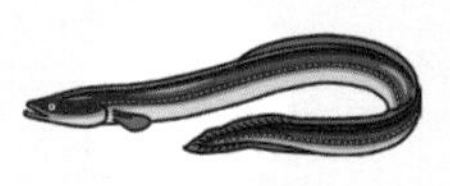

3 쓸쓸한 돈의 맛

4 무사의 칼맛

5 신묘한 신성의 맛

1

서민의 맛
애잔한

날치
유형의 섬,
비상하고 싶은 지상의 맛

전갱이
튀어야 산다? 튀겨야 산다

가다랑어
맏물과 제철,
목이 빠져라 기다리는 맛

오징어
전시 배급제 시대,
줄 서서 먹는 맛
멍게
씁쓰레한 땅,
도호쿠의 맛
꽁치
도쿄여, 가을이 왔구나
백합
갯벌 연정, 헤어져야 아는 맛
이와시
가난한 밥상,
오랜 친구 같은 맛
N
W
E
S

鰯 | 이와시 |

가난한 밥상, 오랜 친구 같은 맛

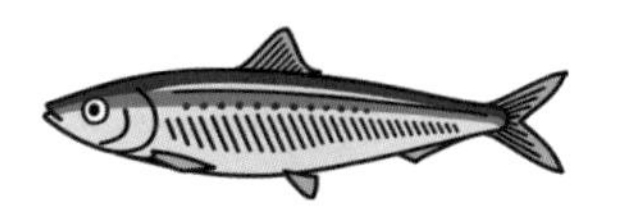

정어리로 쓸까, 이와시로 쓸까 고민하다가 이와시로 쓴다.

청어과-청어목-청어아목 생선을 싸잡아 부르는 것이 이와시다. 이와시는 통상 정어리로 번역된다. 떼 지어 다니는 회유성 어류로 대표적인 것이 정어리와 멸치다. 우리는 정어리와 멸치를 엄밀히 구분한다. 하지만 일본에서는 일상적으로 이와시로 통용된다. 이와시를 정어리로 직역하는 경우가 많은데, 그렇게 하면 멸치류가 누락된다.

일본인이 식탁에서 접하는 이와시는 대체로 세 종류다. 멸치(가타쿠치이와시)片口鰯, 눈퉁멸(우루메이와시)潤目鰯, 정어리(마이와시)真鰯. 이와시는 태평양 연안 해역에 주로 살며 전국적으로 잡힌다. 일반적으로 이와시는 마이와시, 즉 정어리를 일컫는다. 미에현 〉 이바라키현 〉 지바현이 이와시 어획량 톱3 지자체로 일본 전체 어획량의 25%가량을 차지한다.

마이와시는 다른 두 이와시와 달리 몸통 양 측면에 검푸른 반점들이 나란히 박혀 있다. 일본인이 주로 먹어왔던 건 마이와시다. 사실 마이와시만 청어과에 속하고, 다른 두 녀석은 멸치과로 분류된다. 서양에서 안초비anchovy로 통하는 종류다. 영어로 사르딘sardine인 마이와시는 여름이 제철이고, 멸치는 겨울철이 제맛이다. 어쨌거나 일본인에겐 셋 모두 그냥 '이와시'다. 일본인이 본 물고기에 관한 글이니 이와시로 쓰는 편이 적확할 듯하다.

이와시는 신석기 조몬시대繩文時代 유적에서 뼈가 발견될 만큼 오랫동안 일본인과 함께 한 물고기다. 사실 이와시는 만만한 생선이었다. 간단한 도구만 있으면 얕은 바다에서 쉽게 잡을 수 있고, 해변으로 파닥파닥 떼 지어 튀어 올라오기도 했기 때문이다. 흔하고 값이 쌌다. 가진 것 없는 서민이 부담 없이 배를 채울 수 있는 몇 안 되는 생선이었다. 도미, 방어가 지체 높으신 분들의 애용식이었다면, 이와시는 헐벗은 백성을 먹여 살렸다. 누가 지었는지 몰라도 '바다의 쌀'이라는 별칭은 이와시의 정체성을 콕 짚은 말이다.

이와시는 찰기 없고 금세 버석버석해지며, 코를 틀어막게 만드는 냄새를 풍긴다. 실온에 잠깐 놔둬도 쉬이 상해버린다. 여러모로 비호감이었다. 옛날 귀족과 고위 관리는 이와시를 '하품下品' 취급하며 거들떠보지 않았다. 귀족은 진귀한 것에 끌리고 흔한 것에는 흥미를 못 느끼는 습성이 있는데, 먹거리도 예외는 아니다. 이와시는 지체 높으신 분들이 좋아할 진귀함과도 한참 거리가 멀다. 선민의식으로 똘똘 뭉친 귀족의 입장에서는 아랫것들이 일상적으로 즐기는 생선을 '우리'가 함께 즐긴다는 게 영 마뜩잖은 노릇이었을 것이다. 근대화 이전 일본 사회는 서열 관계, 서열 의식이 뿌리 깊었다. 얼마 전까지만 해도 일본 기업문화를 대표하는 특징이 '연공서열' 아니었던가. 먹거리에도 서열 의식이 배어 있다.

아니나 다를까. 이와시는 작명부터 홀대의 흔적이 역력하다. 이와시가 '이야시卑し/賤し'에서 왔다는 설이 있다. 이야시는 '하찮다', '천하다'라는 뜻이다. 발에 챌 정도로 흔해서 하찮게 취급된다는 의미다. 또 하찮은 신분계층이 주로 먹는 생선이라는 뜻으로도 해석됐다.

일본식 한자 조어는 한술 더 뜬다. 이와시의 한자 약鰯 자는 물고기 어魚 변에 약할 약弱이 결합한 형태다. 나약한 물고기라는 뜻이다. 몸집이 작아 물살에 약하고, 큰 물고기들의 먹잇감이라는 점에서 나약한 존재이기는 하다. 운명은 이름대로 간다고 하던가. 나약함이 강조된 작명은 이와시를 더더욱 하찮게 만들었다. 작명인, 즉 글을 배운 지배층의 주관이 개입됐을까. 여하튼 이와시는 사회적으로 약한 집단인 백성 혹은 서민에 비유됐다.

약弱 자 발음은 '요와시'인데, 이와시 발음이 요와시에서 파생됐다는 주장도 있다. 중국 고문古文에서 이와시에 해당하는 글자는 온鰮이다. 그럼 조선시대는 어떨까. 조선시대 백과사전인 이규경의 『오주연문장전산고五洲衍文長箋散稿』는 멸치를 온어鰮魚로 적었다. 그러면서 "멸어蔑魚라고 하거나 며어旀魚라고도 한다"라고 기술했다. 멸어의 멸蔑은 '멸시하다' 혹은 '모멸감' 할 때의 그 '멸'이다. 이와시의 처지는 한국 땅에서나 일본 땅에서나 별반 다를 게 없었다.

이규경은 이어 일본의 『화한삼재도회和漢三才図会』[1] 속에 "온어는 민간에서 약鰯이라 부르는데, 기름을 짜서 등촉을 밝힌다"라는 내용이 나온다고 언급한다. 그리고 일본 고토열도五島列島를 표류한 적 있는 이종덕에게 들었다며 이 약이라는 물고기가 "우리나라 멸치와 같은 어종인데 다만 크기가 청어만 하다고 한다. 그렇다면 일본에서 나는 것은 몹시 큰 것인가 보다"라고 적었다.

이규경은 정어리와 멸치를 착각했다. 그 이유는 온어라는 단어의 쓰임이 조선과 일본이 같지 않았기 때문이다. 조선인과 일본인은 문서상 중국 한자 온어를 쓰면서 각자 일상에서는 고유어인 멸치, 이와시로 썼다. 거기서 어긋남이 생겼다. 이와시는 멸치류와 정어리를 포함하지만, 조선어는 멸치와 정어리를 구분해서 지칭했다. 이종덕이 일본에서 보고 들은 온어는 정어리일 것이다. 그런데 이규경은 '중국 온어=조선 멸치=일본 이와시'로 이해했다. 박학다식한 실학자 이규경도 일본 땅을 밟아본 적 없었던 탓인지 이와시

1 오사카의 의사가 편찬하여 1712년에 완성한 에도시대 최고의 백과사전. 이규경 같은 조선시대 실학자들이 탐독했고, 박물지에 자주 인용된 서적이다.

와 멸치의 차이를 몰랐다.

에도시대江戸時代[2]에 가난한 백성이 부담 없이 먹은 생선이래봐야 이와시 정도였다. 그렇다고 사시사철 먹을 수는 없었고, 이와시가 동일본 간토関東 앞바다를 지나가는 6월 이후 서너 달 동안이 이와시 타임이었다. 에도 앞바다에서 잡히는 신선한 고급 어종은 지배계급이나 상인, 요식업자 손에 들어갔다. 메이지시대明治時代까지 그런 사정은 별반 나아지지 않았다.

일명 양털 구름, 솜털 구름인 권적운을 '이와시 구름鰯雲'이라고도 한다. 구름 모양이 이와시 떼를 닮아서라고 하는데, 권적운이 자주 발생하는 늦여름과 초가을에 이와시가 많이 잡혀서 이와시 구름이 됐다는 속설이 있다.

금방 상하고 비릿 꼬릿한 냄새가 강한 이와시를 먹기 좋게 만들려면 냄새를 잡는 것이 핵심 포인트였다. 서민의 부엌에서 다양한 이와시 레시피가 생겨났는데, 가장 기본적인 구이 이외에 나마스鱠(회무침)와 즈케漬け(절임) 형태가 많았다.

이와시가 많이 잡히는 고치현高知県에서는 이와시를 씻어 미소된장味噌에 버무려 먹곤 한다. 이와시 나마스는 살만 발라낸 멸치에 채소 몇 가지를 넣고 식초를 뿌려 버무리는 한국 남해안의 멸

2 1603~1867년. 에도는 지금의 도쿄. 도쿠가와 이에야스가 천하를 통일하고 에도에 막부를 열었다. 이후 1868년 메이지유신으로 대정봉환이 이뤄지기 전까지 265년간 도쿠가와 막부시대가 지속됐다.

치 초무침과 엇비슷하다. '이와시도 일곱 번 씻으면 도미 맛'이라는 속담이 있다. 이와시를 찬물에 여러 번 씻어내면 냄새가 빠지고 도미 식감이 난다는 말인데, 냄새만 걷어 내면 꽤 맛있는 생선임을 인증하는 속담이다. 이와시는 사시미로도 사랑받았다. 또 초밥으로 해 먹을 때는 스酢[3]를 치지 않고 그냥 밥에 올렸다. 냄새를 잡기 위해 촛물에 담그고 어쩌고 하는 건 옛날 서민의 레시피와는 거리가 멀다.

귀신의 세계, 영령의 세계에는 생선 비린내가 없다. 생선 비린내는 오직 사람 사는 세상에만 존재한다. 필시 귀신들은 생선 비린내를 싫어할 것이다. 그러니 생선 비린내는 귀신을 쫓아낸다. 일본인들은 그렇게 믿었다. 비린내가 유독 강한 이와시는 악귀 쫓는 용도로 애용됐다.

이와시 머리와 몸통을 둘로 분리해 호랑가시나무 가지에 고정시켜 대문 밖에 걸어두면 비리고 구린 냄새가 풍겨 악귀가 얼씬도 하지 않는다고 여겼다. '문밖에 이와시 매달기'는 입춘 무렵 대길大吉을 비는 풍습으로 전국 곳곳에서 행해졌다. 이 풍습은 문명개화 바람이 불어닥친 메이지시대부터 서서히 사라졌다고 한다. '이와시 대가리도 믿기 나름'이라는 속담이 있다. 아무리 보잘것없는 것이라도 믿음을 갖는 순간 소중한 존재가 된다는 뜻인데, 바로 이

3 쌀을 발효시켜 만든 식초의 일종.

풍습에서 유래했다. 이와시는 서민의 허기뿐만 아니라 심리적 불안까지 물리쳐 주었다.

에도시대 각 지방 영주는 수도 에도에 올라와 일정 기간 동안 의무적으로 근무 봉사를 해야 했다. 참근교대參勤交代라는 제도다. 이때 많은 사무라이들이 보스를 따라 상경했다. 보스가 에도에 머무는 동안 무사들은 번갈아 가며 파견근무를 해야 했다. 사카이 반시로酒井伴四郎라는 기슈번紀州藩(현 와카야마현) 하급 무사도 28세 되는 해에 에도로 파견근무를 떠난다. 1860년의 일인데, 그는 1년 반에 걸친 에도 출장 생활을 일기로 남겼다. 일기에는 그날그날 행적뿐 아니라 어디서 누구와 무엇을 먹었는지도 꼼꼼히 적혀 있다.

반시로는 단신으로 에도로 파견 나와 자취나 다름없는 생활을 하며 직접 장을 보고, 때때로 동료 무사들과 함께 요리를 해 먹었다. 그의 일기를 분석한 책 『하급 무사의 식일기下級武士の食日記』는 반시로의 일기를 바탕으로 그가 에도에서 먹은 음식들을 목록화하고 있다. 일기에는 많은 해산물이 등장하는데, 가장 자주 등장하는 해산물은 이와시로 모두 42회 나온다. 그다음이 연어로 18회이고, 가다랑어 15회, 참치 14회, 고노시로(전어) 9회 순이었다. 이로 미루어 짐작할 수 있는 사실은 하급 무사 반시로에게 가장 친근한 생선이 이와시였다는 것이다. 반시로의 고향 와카야마和歌山는 태평양을 마주한 지역이니 그는 에도로 가기 훨씬 전부터 이와시를 적잖이 맛보았으리라.

이와시가 얼마나 서민형 먹거리였는지 알려주는 또 다른 증거 자료가 있다. 바로 반즈케番付다. 반즈케는 일정한 부문에 대해 우열을 가려 번호를 매겨놓은 일종의 순위표다. 반즈케는 일본 씨름 스모相撲의 랭킹표가 원조라고 할 수 있다. 동군과 서군으로 좌우 칸을 나누고, 각 칸마다 최상위 요코즈나横綱[4]부터 최하위 역사力士까지 순위에 따라 이름을 쭉 열거했다.

이 반즈케 만들기가 에도시대 중기부터 대중 사이에 크게 유행했다. 스모의 순위표 형식은 다양하게 차용됐다. 취미가 통하는 사람끼리 모여 한 가지 테마를 정한 후 순위를 매겨 하나의 리스트를 완성하는 식이다. 특히 맛집, 음식, 술집 등 음식에 관련된 반즈케가 많았다. 그래서 반즈케를 에도판 미슐랭 가이드라고도 한다.

그중에 '서민이 자주 먹는 밥반찬은 무엇인가'라는 테마의 반즈케[5]가 있다. 왼쪽 칸은 채소 항목, 오른쪽 칸은 생선 항목으로 나눴다. 채소 항목에서 1위는 두부조림八杯豆腐[6]이다. 그리고 생선 부문 1위는 이와시다. 정확한 표기는 메자시이와시目刺鰯. 줄여서 메자시라고도 하는데, 이와시를 소금물에 살짝 담근 다음 대나무 꼬챙이로 네 마리씩 가지런히 눈을 꿰어 매달아 놓고 말린 것이다. 씨알이 잘은 멸치는 아침에 널어놓으면 저녁 무렵 적당히 말라 식

4 스모 순위표 반즈케에서 최상위 선수에게 부여하는 호칭.

5 日々徳用倹約料理角力取組. 1830~1842년 사이에 제작됐다.

6 물, 간장, 식초를 6:1:1로 섞은 것에 두부를 잘라 넣고 끓인 요리.

감이 좋아진다. 저녁 끼니때 반찬으로 요긴했다. 주로 구워 먹거나, 쌀뜨물에 살짝 불려 조리해 먹었다.

반시로가 먹은 이와시도 메자시일 확률이 높다. 사시사철 손쉽게 먹었으니 말린 것이 아니고는 언감생심이었으리라.

메자시는 일본 근대소설에서 상징어로 곧잘 등장한다. '메자시 하나, 밥 한 그릇.' 메자시 한 마리면 밥 한 그릇 뚝딱 해치울 수 있다는 뜻이다. 메자시만 놓인 빈한한 밥상이지만, 그나마 메자시라도 있으니 먹고는 산다는 의미로 해석된다. 이처럼 메자시는 가난과 궁핍을 상징했다.

1950~1960년대에 활약한 사회심리학자 미나미 히로시南博는 매사에 서열 관계를 중시하는 일본 사회를 '반즈케 사회'로 정의했다. 사회적 평가가 높은 집단과 낮은 집단이 우열에 따라 순위가 매겨진다는 것이다. 기업은 대기업에서 중소기업으로, 학교는 일류에서 이류·삼류로, 도시는 대도시에서 중소도시로, 가정은 상류층 가정에서 하류층 가정으로. 집단도 지역도 어김없이 서열화된다고 분석했다.

이와시도 일곱 번 씻으면 최고의 생선인 도미 맛이 난다는 속담을 다시 곱씹어 보니 서열화에 포박된 서민의 궁박함이 얼핏 느껴진다. 어떻게든 최고 서열인 도미에 도달하고 싶은 소망이 투영된 것 같기도 하고, 갖은 노력을 다 동원해 봐도 결국에는 이와시 맛을 벗어나지 못한다는 자조가 담긴 듯도 하다. 소망과 자조가

둘 다 포함되었는지도 모르겠다. 어쨌거나 속담의 화자는 약하고 비천한 자, 하층민임이 분명하다. 애당초 하층민의 설움 같은 게 녹아 있는 속담이다.

'내 도미보다 이웃의 이와시', '도미 꼬리보다 이와시 머리'. 도미와 이와시를 대구로 활용한 또 다른 속담들이다. 각각 우리 속담 '남의 떡이 커 보인다', '용 꼬리보다 뱀 대가리'와 조응하는 표현이다. 일본인의 심리 깊숙한 곳에 이와시는 '최하위 서열'의 대표 격으로 각인돼 있다. 부지불식간에 하층의 서민은 자신의 처지를 이와시에 빗대거나 투영했다.

바닷가 지방은 말린 이와시를 자주 먹지 않았다. 그저 그런 맛도 그렇거니와, 제철에 그물을 한번 던지기만 하면 주체하지 못할 만큼 잡혀 올라오니 말려놓고 먹을 이유가 적었다. 말린 이와시는 마른 멸치인 '이리코'처럼 서일본 간사이關西 지방에서는 주로 국물을 우려내는 데 썼다. 비싼 가쓰오부시 대용이었다.

에도시대에 말린 이와시를 먹은 건 사람만이 아니었다. 밭작물도 이와시를 먹었다.

이와시는 그물을 한번 뜨면 엄청난 양이 잡힌다. 날로 먹고, 말려 먹고, 삭혀 먹어도 남아도는 분량이 만만찮았다. 냉장시설이 없었으니 버려지는 양도 상당했다.

썩거나 삐득삐득 말라가며 나뒹구는 이와시 쓰레기. 어민들은 이와시 쓰레기를 버리다 버리다 밭에다 폐기하기도 했다. 그런데 웬걸, 분뇨 못지않은 거름 효과가 있는 것이 아닌가. 예상치 못한 발견이다. 이와시는 부엽토, 분뇨가 주류인 비료 세계에 다크호스로 떠오른다. 썩지 않게 빠짝 말려서 가루로 만들어 거름으로 쓰기 시작했다. 바로 생선 비료, 어비魚肥다.

어비는 다른 말로 시메카스〆粕라고 하는데, 시메의 뜻은 꽉 짜는 행위 혹은 마무리 짓기이고, 카스는 찌꺼기다. 시메카스는 생선을 솥에 넣고 쪄서 기름을 빼고 남은 찌꺼기를 나무틀에 넣고 압축해 물기를 뺀 것이다. 그것을 말리면 비로소 비료가 된다. 시메카스는 크게 두 종류가 있었다. 이와시로 만드는 호시카干鰯, 청어로 만드는 니신카스鰊粕. 물론 다른 잡어들도 섞지만, 주축은 두 생선이다. 효과가 가장 뛰어났기 때문이다.

어비는 농가에서 돈을 주고 사야 했기 때문에 금비金肥라고 했다. 분뇨 대신 금비를 밭에 뿌린다는 것은 시중에 팔아서 이문이 많이 생기는 작물을 대량 재배한다는 것을 뜻한다. 이른바 환금작물이다. 환금작물은 농작물의 상품화시대를 응축한 표현인데, 에도시대 중엽에 등장한 개념이다. 환금작물은 사목삼초四木三草라고도 했는데, 네 가지 나무는 뽕나무, 닥나무, 옻나무, 차나무이며, 세 가지 풀은 삼麻, 쪽풀藍, 잇꽃紅花이다. 모두 옷, 염색, 종이 등 생필품과 밀접한 관계가 있다.

에도시대에는 가축의 똥을 비롯해 인분, 소변도 거래되는 상품이었다. 우리나라 역시 화학비료가 널리 보급되기 전에 거름용

똥을 사고팔았다. '똥값'은 웃자고 만든 말이 아니다. 똥에도 가격이 있었다.

어비 수요가 늘자 어비를 취급하는 전문 상인도 하나둘 생겨났다. 에도와 오사카 근교에는 이를 사고파는 상설 장터干鰯場도 생겼다. 이와시 비료 호시카는 또한 가축 사료로도 사용됐다.

호시카는 면화와 궁합이 잘 맞아 면화 재배에 집중 투입됐다. '겐로쿠元禄 버블'[7]이라 불리는 17세기 후반 상업 경제가 성장가도를 달리면서 면화 수요도 덩달아 수직 상승했다. 때마침 이와시도 풍어기였다. 에도 후카가와深川에 제1호 이와시 비료 제조시설이 들어선 것도 그 무렵이다. 이와시가 적게 잡히면 어비 가격 상승으로 면화 가격이 불안정해졌다. 이와시 어획량은 면화 가격을 좌우했다.

어비는 농업생산력을 한 단계 끌어올리기도 했지만, 화폐 경제를 발달시켰다. 농가는 농기구를 구입하기 위해 환금작물을 늘렸고, 환금작물 재배 바람을 타고 어촌 사람과 상인은 어비를 상품화해 돈을 벌었다. 화폐를 중심으로 농어촌 경제가 활발하게 돌아가기 시작했다. 이로 인해 쌀을 중심으로 돌아가던 사무라이 정권의 체제 기반인 석고제石高制에 서서히 균열이 생겼다. 석고제란 미

7 겐로쿠는 쇼와, 레이와처럼 일본 원호 가운데 하나로, 시기는 1688~1704년이다. 상품 유통이 증가하고 화폐 경제가 발달했다. 오사카, 교토 등 대도시 상인이 급성장한 반면 무사 계급은 상대적으로 쇠락해 간다. 문화적 융성기지만, 부유한 사람들의 호화사치 문화도 만연한다. 현대 일본의 버블 경제 시기와 유사하다고 해서 겐로쿠 버블이라고 부른다.

토번, 사쓰마번처럼 각 번藩에 쌀 몇만 석, 몇십만 석 하는 식으로 일정한 봉록을 정하고 그에 비례한 봉사 의무를 부여한 시스템이다. 쉽게 말해 너에게 이 정도의 쌀 생산량을 산출할 땅을 줬으니 부역, 세금 등으로 그만큼의 의무를 지라는 것이다.

에도시대 일본의 사무라이들은 급료로 쌀을 받았다. 모든 관리들의 봉록은 쌀로 지급됐다. 이 쌀은 농민한테서 징수한 것이다. 세금에 해당하는 연공미年貢米였다. 사무라이들은 봉록으로 받은 쌀을 돈으로 교환해 필요한 물품을 샀다. 쌀이 곧 돈이었다. 가치의 척도였다. 쌀은 무가사회 시스템을 가동시킨 연료였다. 그런데 쌀 대신 화폐라는 전혀 다른 연료가 주입되자 사회 시스템은 덜컹거렸다.

에도시대 오사카 도지마堂島 시장에서 세계 최초의 선물거래가 이뤄졌는데 거래 대상이 쌀이었다. 쌀이 주식이나 금처럼 거래된 것이다. 쌀은 먹는 것이기도 했지만, 금융자산이자 유통수단이기도 했다.

일본 식문화의 핵심을 '쌀'로 보는 견해가 있지만, 쌀밥이 주식이 된 것은 최근의 일이다. 서민이 쌀로 지은 밥과 친근해진 때는 1941년 식량 배급제가 시행된 이후였다. 그 이전에는 일부 부유층이나 고급 음식점에서나 만날 수 있었다. 서민은 보리, 기장, 수수 등 이른바 잡곡류를 주식으로 했다. 간혹 잡곡에 쌀을 섞어 먹는 경우가 있기는 했지만 드물었고, 쌀밥은 명절이나 관혼상제 같은 특별한 날에나 만났다. 에도시대엔 쌀이 과세 대상인 반면 잡곡은 비과세 대상이라서 잡곡을 기르고 먹는 것이 마음 편했다.

일본인이 밥그릇을 손에 들어 입에 바짝 갖다 댄 채 잽싸게 젓가락으로 먹는 관습은 잡곡을 주로 먹었기 때문에 생긴 것이라는 견해도 있다. 잡곡은 익혀도 점성이 없어 알알이 따로 논다. 젓가락으로 집기 어렵다. 그러니 그릇을 입에 바짝 가져와 잽싸게 입안에 넣어야 했다는 것이다.

상업 경제가 발달하면 화폐 유통이 활발해진다. 에도시대 중후반부터 화폐가 힘을 얻어 쌀의 기능을 대체했다. 그러자 쌀값은 하락하고 물가는 상승했다. 임금을 쌀로 받은 사무라이 관리들이 직격탄을 맞았다. 물가는 뛰었는데 봉급은 그대로인 상황이 이어진 것이다. 석고제는 점차 유명무실해지고, 석고제를 기반으로 살아온 사무라이의 살림살이는 위태로워졌다. 사무라이는 생산 활동과 상업 활동이 차단된 계층이었다. 화폐 의존도가 높아질수록 이들의 삶은 화폐를 많이 가진 자들에게 종속됐다. 봉록인 쌀을 팔아 돈으로 바꿔 생계를 이어가 봤지만 만만치 않았다. 하급 사무라이의 고통은 더 컸다. 무사 계급을 돈과 맞바꾸는 일이 비일비재했다. 영화 〈황혼의 사무라이〉가 잘 묘사했듯 바야흐로 사무라이는 몰락의 시대를 맞았다. 막부와 몇몇 번에서 긴축정책과 쌀 생산 장려정책을 펼쳤지만, 약효는 오래가지 않았다. 시대의 흐름을 거스를 순 없었다. 아이러니하게도 지배층 무사 계급이 천시한 이와시가 무사 계급이 만든 경제 시스템을 뒤흔들고 무가사회의 몰락에 한몫한 셈이 되었다.

지금도 밥반찬으로 사랑받는 멸치볶음은 에도시대 서민에게도 요긴했다. 설날 음식으로 빠지지 않았다. 이 식풍습은 아직까지 이어져 오고 있다. 소금물에 한 번 삶아 건조한 새끼 멸치를 간장, 미림, 설탕을 넣고 졸여 만든 멸치볶음을 다즈쿠리田作り라고 한다. 한자의 사전적 의미는 농사짓기, 밭 갈기다. 어째서 멸치볶음에 농사일과 관련된 단어를 갖다 붙인 것일까. 그 연유를 따져보면 어비 호시카와 밀접하게 관련돼 있다.

호시카 때문에 이와시는 농사를 좌우하는 생선으로 인식됐다. 설날에 특별히 만들어 먹는 음식은 그해의 무병건강과 풍작에 대한 기원이 담겼다. 이와시도 예외일 순 없다. 사람들은 멸치볶음을 만들어 먹으며 농작물이 쑥쑥 자라 풍년이 오기를 빌었다. 멸치볶음을 먹는 행위는 밭에 호시카를 뿌리는 행위와 동일시됐다. 그래서 멸치볶음은 다즈쿠리라는 이름을 얻게 됐다.

다즈쿠리의 별칭으로 고마메五万米가 있는데 이 또한 농사와 관련이 있다. 쌀 5만 섬을 거둬들였으면 좋겠다는 바람이 담겨 있다. 고마메 역시 '이와시-호시카-풍작'의 연상 작용에서 생겨난 말이다. 하지만 이와시는 밭에 뿌리는 것이지 논에 뿌리는 것이 아니다. 그럼에도 불구하고 농부들은 이와시를 먹는 행위로 벼 풍작의 기운을 얻고자 했다.

이와시가 농사를 도와주고 돈을 벌어다 주니 비천한 이미지가 지워졌을까. 아니다. 에도시대는 요즘처럼 돈을 숭배하는 시대가 아니었기 때문이다. 농민 같은 일반 백성을 제외하고는 이와시를 대하는 태도가 더 나빠졌다. '거름으로 쓰이는 생선을 먹어보라고?' 호시카 탓에 서열 높은 나으리들의 이와시 비호감은 강화됐다. 결과적으로 호시카는 상인과 농민에게 효자였지만, 이와시의 '싸구려 이미지'를 털어 내지는 못했다. 오늘날에도 일본에서 잡히는 이와시의 70%는 비료와 가축, 양식어종 사료로 쓰인다고 한다.

겐로쿠 버블이 꺼지자 돌연 이와시 흉어기가 들이닥쳤다. 그때 이와시는 물고기 비료의 지존 자리를 청어에게 넘겨준다. 이와시가 떠난 자리에 청어가 몰려왔기 때문이다. 한동안 청어 대풍이 이어져 이와시 대신 청어를 비료로 만들어 쓰기 시작했다. 이와시와 같은 족속인 청어도 말려놓으면 훌륭한 비료가 됐다. 이와 관련된 내용은 청어 이야기에서 자세히 다루겠다.

신기하게도 일본의 20세기 버블 경제 시기에도 이와시가 대풍을 구가했다. 일본 수산업계는 1970~1980년대 호황을 속칭 '이와시 버블'이라고 부른다. 당시 연간 어획량이 평균 100만 톤, 어마어마한 양이다. 그러나 어획량은 1990년 즈음 하향곡선을 그리다 2000년대 들어와서 연간 수만 톤 규모로 뚝 떨어졌다.

이와시는 어획량 측면에서 부침이 가장 심한 물고기다. 어떤 시기에는 해안가에 푸른 융단을 깔아놓은 것마냥 바글대다가 어떤 때에는 해 저문 골목의 아이들처럼 어디론가 사라져 버린다. 이와시 어획량은 1988년 정점을 찍은 후 2000년대에는 거짓말처럼 확 줄었다. 한 마리당 가격이 50엔을 밑돌던 마이와시, 즉 정어리가 1200엔(2007년 7월 쓰키지 시장築地市場 기준) 수준까지 호가했다.

"이와시 풍어는 한 세대에 두 번 오지 않는다." 어부들 사이에서 회자되는 말이다. 밀물처럼 몰려왔다 썰물처럼 빠지길 반복하는 이와시의 동태에 대해 100년 주기설을 주장하는 학자도 있고, 80년 주기가 더 타당하다고 주장하는 학자도 있다. 이와시 증감의 정확한 원인은 규명되지 못했다. '수온 변화' 때문이 아닐까 추정만 할 뿐이다.

흥미로운 사실은 이와시가 줄면 다른 등 푸른 생선, 즉 전갱이, 꽁치, 청어, 고등어가 순차적으로 서서히 늘어나며, 이와시가 증가하면 다시 차례대로 줄어든다는 점이다. 먹이사슬의 결과물일까? 어쨌거나 바닷속에는 사람이 잘 모르는 '등 푸른 생선 법칙' 같은 것이 존재하는 모양이다. 이와시가 줄고 값이 오를라치면 앞으로 몇 년 뒤엔 청어나 꽁치값이 떨어지겠구나, 그렇게 예상하면 그다지 틀리지 않는다.

서민에게 둘도 없는 단백질원이자 늘 밥상을 지켜준 생선 이와시도 서민을 호되게 울린 적이 있다. 1945년 일본 패전 전후 10여 년간이다. 이때 일본은 극심한 식량난에 맞닥뜨렸다. 값싸고 흔한 이와시가 부각될 조건이 갖춰진 시기였다. 그런데 뭐도 약에 쓰려면 안 보인다고 했던가. 이와시가 그 짝이었다. 그즈음 최악의 이와시 흉어기가 도래한 것이다. 흉어기는 1960년대 초반까지 이어졌다.

이와시 흉어로 한국에서 생긴 정어리의 별칭이 있다. 일망치.

1930년대까지만 해도 동해에는 정어리가 섬을 이룬다고 할 만큼 정어리가 흔했다. 미국과 전쟁을 치르던 일제는 정어리를 압착해서 얻은 기름으로 군수품을 조달했다. 전쟁 기간 동안 미국은 일본에 대해 금수조치를 내렸다. 일제의 석유 수입이 원천 봉쇄되자 일제는 더더욱 정어리 기름이 중요해졌다. 불똥이 조선으로 튀었다. 식민지 조선의 정어리 수탈이 심해졌다. 하지만 태평양전쟁의 불길이 활활 타오를 무렵인 1940년대 초부터 정어리가 동해에서 감쪽같이 사라져 버렸다. 전쟁이 싫어서였을까, 전쟁을 벌이는 인간이 싫어서였을까. 정어리 실종 현상은 정어리 기름으로 군수용 기름 절반가량을 충당해 오던 일본군에게 큰 타격을 주었다.

정어리 기름 때문만은 아니지만, 어쨌거나 일제는 전쟁에 지고 패망했다. 하지만 해방을 맞은 조선 땅 민초들은 정어리가 일제의 패망에 한몫했다고 믿었다. 그리하여 일본을 패망시킨 물고기라는 뜻으로 '일망日亡치'라는 통쾌한 이름을 정어리에게 붙여주었다.

일본의 막부시대에 '에도병江戸煩い'이라 불린 질환이 지방에서 에도로 파견 나온 무사들을 끈질기게 괴롭혔다. 에도에 가기만

하면 걸린다는 질병. 이 병에 걸리면 팔과 다리가 붓고 통증이 심했다. 당시에는 무엇 때문에 그 병에 걸리는지 도통 알지 못했다. 훗날 근대 의학이 밝혀낸 에도병의 정체는 각기병이었다. 비타민B 결핍이 원인이다. 흰쌀밥과 말린 이와시, 즉 막부시대에 메자시를 자주 먹는 식습관이 각기병의 원인이었다고 한다. 메자시에는 비타민B를 파괴하는 효소가 함유돼 있는데, 메자시를 과다하게 먹어서 비타민B 손실이 커졌다는 것. 에도 파견근무를 마치고 고향으로 돌아가 다시금 현미, 잡곡, 고향의 다채로운 해산물과 채소를 섭취하게 되자 각기병은 씻은 듯 사라졌다고 한다. 앞서 언급한 에도로 출장 간 하급 무사 반시로도 각기병에 걸린 적이 있을까. 자료상으로 알려진 바는 없다.

서민을 웃기고 울리긴 했어도 이와시는 예나 지금이나 일본에서 어획량 1위를 달리는 생선이다. 단일 어종만 따지면 고등어가 1위지만, 정어리, 눈퉁멸, 멸치를 한데 묶은 이와시 종류는 고등어 어획량을 상회한다. 나약하고 작은 물고기 이와시. 하지만 물량면에서는 도미도 감히 넘보지 못할 가히 요코즈나다.

ホヤ |멍게|

씁쓰레한 땅, 도호쿠의 맛

아홉 살 때다. 장소는 오륙도가 손에 닿을락 말락 하는 부산 용호동의 어느 갯가. 머리가 희끗희끗한 해녀들이 바다에서 막 캐낸 멍게를 손질하고 있다. 물이 찰랑거리는 빨간 고무대야 안에 어른 주먹만 한 멍게가 그득하다. 오돌토돌 빨간 멍게에 식칼이 닿기 무섭게 물줄기와 함께 밀감빛 덩어리가 와락 삐져나온다. 쭈그려 앉아 그 모습을 보던 나에게 한 해녀가 멍게 속살 한 점 떼 내 불쑥 내민다. "함 묵어볼래?" 사양이라는 미덕을 모르는 나는 멈칫하는 시늉만 하곤 낼름 받아먹는다. 짜고 씁쓰레한 맛. 씹는 둥 마는 둥 하다 얼른 꾸르륵 삼켰다. '뭔 맛이 이래!' 내 기억 속 최초의 멍게다.

오륙도 멍게 사건 이후 누가 멍게를 거저 줘도 나는 입에 대지 않았다. 멍게의 참맛을 알기 시작한 건 어른이 되고, 또 객지 생활을 하면서부터였다.

나는 멍게를 주로 횟집에서 술안주로 만났다. 횟집의 멍게는

십중팔구 주연 아닌 조연이었다. 멍게는 주인공인 생선회가 나오기 전 막간을 채워준다. 심심한 입을 달래주며 지루함을 덜어주는 역할을 한다. 없어도 뭐라 하지 않는 존재지만, 막상 없으면 왠지 허전한 존재. 횟집 술상 위 멍게가 그랬다. 그런 것이 바로 '쓰키다시突き出し'의 본분일 터다.

멍게 한 접시가 나왔다. 첫 소주잔을 비우고, 밀감빛 멍겟살 한 점 집어 입안에 넣는다. 살살 굴리듯 씹어준다. 서너 가지 맛이 순차적으로 급습한다. 씁쓰레한 맛. 바닷물 맛. 해초 맛. 짧지만 강렬하게 입안을 훑고 사라진다. 그런데 사라졌지만 사라진 게 아니다. 바다의 잔향이 잠시 맴돈다. 그리고 은은한 단맛으로 종지부를 찍는다. 어영부영 나이를 먹고 비로소 깨닫는다. 씁쓰레함 끝에 오는 절묘한 단맛. 아아, 멍게란 고진감래苦盡甘來의 맛이구나!

1960년도 아쿠타가와상 수상 작가 미우라 데쓰오三浦哲郎는 한동안 멍게라면 쳐다보기조차 싫었다고 한다. 그의 '멍게 혐오'는 어릴 적 경험에서 비롯됐다.

일본 혼슈의 북쪽 끄트머리 아오모리현青森県 출신인 그가 중학생일 때였다. 태평양전쟁은 막 끝났고, 그의 가족은 여전히 소개지疏開地에 살고 있었다. 학업 때문에 데쓰오만 홀로 삼촌 댁에서 지냈다. 그는 주말마다 가족을 만나러 가기 위해 기차를 탔는데, 객실 안은 늘 생선 장사치들로 북적거렸다. 어느 날 한 여자 행상이 두 손으로 멍게를 움켜쥐고 고개를 젖힌 채 입을 한껏 벌리더니 멍게의 구멍에서 물을 쭉 짜내 꾸르륵꾸르륵 소리 내며 마시더라는 것이다. 그것을 본 순간 그는 구역질이 나와 객실을 뛰쳐나갔다. 그 후 오랫동안 그는 멍게라면 쳐다보지도 않았다고 한다.

커서 작가가 된 데쓰오는 태평양전쟁이 한창일 때 멍게가 너무 먹고 싶은 나머지 탈영을 감행한 장병 이야기를 접했다. 그 실화에 영감을 얻어 '멍게 앓이'를 하는 병사를 소재로 소설을 썼다. 단편 『불 속의 오솔길火の中の細道』이다. 그 내용은 대략 이렇다.

태평양전쟁이 끝나갈 무렵 혼슈 끄트머리 어느 도시 군부대에서 복무 중인 청년 세이키치清吉는 외출 때마다 항구의 어시장에 간다. 그러고는 어김없이 멍게를 사 먹는다. 멍게 특유의 맛과 향이 너무 그리운 나머지 부대 안에 있을 때도 멍게가 아른거렸다. 오매불망 멍게. 멍게는 어릴 적 고향에서 자주 먹던 것이었다.

어느 날 그는 항구에서 멍게를 사 먹고 난 후 사창가에 들렀다가 '갯내음 풍기는' 젊은 매춘부를 만난다. 매춘부는 세이키치에게 1933년 발생한 산리쿠지진三陸地震[8]과 연이은 쓰나미로 부모를 잃었다는 이야기를 들려준다. 산리쿠지진 때 가족을 잃은 세이키치는 동병상련을 느낀다. 둘은 공교롭게도 동갑인 데다 쓰나미가 덮쳤을 때 전신주를 붙들고 버틴 끝에 천만다행으로 목숨을 구한 공통점이 있었다.

8 산리쿠는 아오모리현, 이와테현, 미야기현 일대로 이 지역 해상에서는 큰 지진이 자주 발생했다.

어느 날 세이키치는 멍게 꿈을 꾼다. 두 손으로 멍게를 움켜쥐고 멍게 즙을 짜 마시는…. 꿈에서 깨어난 그는 탈영을 결심한다. 소설은 "그 미칠 것 같은 그리움은 멍게를 먹고 자란 사람이 아니면 알지 못한다"라며 탈영의 이유를 읊조린다.

산리쿠 사람에게 멍게란 '나는 어디서 태어났으며, 내가 누구인지를 각인시키는 존재'라는 뜻이다. 세이키치에게 멍게는 탯줄이자 양수였다. 멍게 특유의 갯내음과 짠 내는 고향을 향한 강렬한 향수였다.

작가 미우라 데쓰오는 나이를 먹은 후에야 멍게의 맛을 알게 됐고, 짙은 멍게 향의 포로가 됐다고 말한 바 있다. 그 또한 아오모리, 즉 산리쿠 지방에서 나고 자랐다.

산리쿠 지역의 야마가타현, 아키타현, 후쿠시마현 세 곳을 합쳐 도호쿠東北 지역이라 한다. 도호쿠는 역사상 그리고 풍토상 상처가 깊고 아픔이 사무친 땅이다. 최근에는 2011년 3월 11일 발생한 대지진과 쓰나미로 엄청난 피해를 입었다.

도호쿠는 토양이 척박하고, 기후가 불순하다. 농작물 재배에 부적합한 땅이 많다. 그래서 도호쿠 주민들은 오래전부터 굶주림과 사투를 벌여야 했다. 설상가상, 잊을 만하면 지진과 쓰나미가 덮쳤다. 소설 『불 속의 오솔길』 속 두 청춘 남녀는 그런 아픔을 온몸으로 체험한 인물이다. 그들이 도호쿠 그 자체인 셈이다. 멍게가 도호쿠 그 자체이듯이.

도호쿠는 역사적으로도 시련의 연속이었다. 일본 역사책을 읽다 보면 도호쿠가 차별과 박해의 땅임을 알려주는 장면을 심심찮게 발견한다. 알다시피 일본 고대·중세 역사의 본무대는 교토와 오사카였으며, 도쿠가와 막부가 들어선 17세기에 와서야 에도(도쿄)가 정치의 중심으로 떠올랐다.

근대는 사쓰마薩摩, 조슈長州 번벌의 근거지인 지금의 규슈九州와 야마구치현山口県 세력이 일본사의 흐름을 주도했다. 반면 도호쿠는 현대에 이르기까지 줄기차게 역사 무대의 바깥에 머물러 있었다. 정치로부터 소외되고, 경제적으로도 혜택을 받지 못했다. 도호쿠는 정치·경제 등 거의 모든 방면에서 변방의 땅이었다.

도쿠가와 막부 말기 일본을 떠돌던 먹구름은 도호쿠에서 폭풍우로 돌변한다. 밖에서는 서구 열강이 압박해 오고 안으로는 존왕양이尊王攘夷[9] 운동이 들끓었다. '막부 대 천황'이라는 권력 대립 구도 아래 무사들 간에 피비린내 나는 칼부림이 빈번했다. 결과는 막부 정권 붕괴와 존왕양이 세력의 집권. 뒤이어 메이지유신으로 어수선한 정국이 일단락됐다. 메이지유신 이전까지 각 번은 명운을 건 격투를 벌였다. 어제의 동지가 오늘의 적이 되고, 어제의 번

9 천황을 받들고 서양 세력을 물리친다는 뜻. 우리나라에서 일본의 덴노天皇를 일왕 혹은 천황, 이렇게 두 가지로 표기한다. 역사적 관점과 한일 관계를 어떻게 보느냐에 따라 갈리는 듯하다. 하지만 명확한 잣대는 없다. 다만, 실제 역사를 다루는 서적은 주로 천황으로 표기하는 듯하다. 필자는 이 책의 무대가 일본이라는 점, 다루는 주제가 일본 식문화라는 점, 그리고 등장인물, 즉 주체가 일본인이라는 점 등을 종합적으로 고려해 일왕보다는 천황으로 표기하고자 한다.

영이 하루아침에 몰락하기도 했다. 일본사 최대의 격동기였다.

도호쿠 지역의 각 번도 역사의 소용돌이에 휘말려 고초를 겪는데, 특히 아이즈번会津藩의 고통이 컸다. 아이즈번은 지금의 후쿠시마현 서부를 포함한다.

막부 말기 존왕양이파 선봉 조슈번 무사들이 조정[10]이 있는 교토를 들쑤시며 암살을 일삼았다. 막부는 이에 맞서 교토 수호 임무를 아이즈번 영주에게 맡긴다. 막부를 향한 아이즈번의 충성심이 남달랐기 때문이다. 아이즈번이 오랫동안 정치와 거리를 두었던 중립적 자세도 고려됐다. 그러나 전세는 이미 기울어 있었다. 막부 편에 서면 비극적 결말을 맞을 게 뻔했던 터라 아이즈번 영주는 막부의 요청을 여러 차례 사양했다. 하지만 주군에 대한 도의를 저버릴 수는 없어서 결국 수락했다. 아이즈번은 영화 〈바람의 검심〉으로 유명해진 막부 정권 사수 특무부대 신센구미新選組를 지휘하는 등 존왕양이파에 맹렬히 맞섰다.

조슈번을 주축으로 하는 존왕 세력은 파죽지세로 막부 세력을 격파해 나간다. 메이지유신이 이뤄지는 1868년 정초부터 존왕파와 막부파의 유혈 쟁투가 격화된다. 이윽고 양측의 일대 격전인 보신전쟁戊辰戦争으로 비화한다. 막부파는 패퇴를 거듭하다 아이즈번까지 밀려난다. 신센구미의 잔류 사무라이들도 아이즈번으로 도

10 천황과 천황을 보좌하는 고위 관리 등의 권력 체제.

주한다. 존왕파는 아이즈번을 조적朝敵, 즉 조정에 대항한 역적으로 규정한다. 전세는 존왕파로 완전히 기울었고, 아이즈번 등 조적을 기다리고 있는 것은 암담한 미래뿐이었다. 독 안에 든 쥐. 제거해야 할 마지막 방해물. 아이즈번의 운명은 백척간두에 섰다.

아이즈번 군사와 백성은 성城에서 농성하며 막판까지 극렬히 저항했다. 하지만 중과부적이었다. 아이즈 사람들의 용맹함은 적을 놀라게 했지만, 그리 오래가지 않았다. 겨울 무렵 성이 함락되고 간신히 목숨을 부지한 아이즈 사람들은 북풍한설을 맞으며 아오모리현 최북단인 시모키타반도下北半島로, 멀게는 홋카이도로 피신했다. 고향을 잃고 떠도는 반역자 신세가 됐다. 기약 없는 유폐의 삶이 이어졌다. 고려가 멸망하자 수많은 유민이 압록강, 두만강을 넘어 북방으로 떠돈 것처럼 말이다.

메이지유신으로 정권 교체가 이뤄졌어도 아이즈 사람에게 씌워진 천황에 맞선 역적이라는 멍에는 벗겨지지 않았다. 새로 권력을 쥔 정권에게는 '우리에게 저항하면 저 꼴이 된다'는 본보기가 필요했을 터다. 아이즈번이 그 짝이었다. 아이즈는 유신 세력의 정치적 희생양이자 권력 폭주의 제물이었다. 아이즈 유민들이 흩어져 간 땅, 그러니까 도호쿠는 반역자의 땅이라는 낙인이 찍혀 멸시 대상으로 전락했다.

메이지시대 이후 사쓰마와 조슈 출신들이 주거니 받거니 요직을 나눠 먹으며 대대로 정치와 군사를 장악했다. '패자' 도호쿠는 철저히 배제됐다. 공직 진출은 언감생심이었고, 특히 아이즈번에 속했던 후쿠시마 사람들에게는 변변한 공교육 시설조차 용납되지 않았다. 1993년이 되어서야 후쿠시마현 아이즈와카마쓰시会津若松市에 3년제 공립대학이 세워졌다. 메이지유신 이후 후쿠시마에 설립된 최초의 고등교육기관으로, 지금의 아이즈대학会津大学이다. 중앙 권력의 도호쿠 차별은 일상이 됐다.

자연마저 도호쿠를 가만히 놔두지 않았다. 1896년 6월과 1933년 3월에 도호쿠 먼바다에서 초대형 지진이 발생해 그 여파로 쓰나미가 덮쳤다. 주민 수천 명이 숨지거나 실종됐다. 1960년에는 칠레 지진 여파로 쓰나미 피해를 입기도 했다. 그리고 최근에는 동일본 대지진이 도호쿠를 할퀴었다. 수많은 가옥이 파괴되고 지역 농수산업도 심대한 타격을 받았다. 원자력 발전소에서 방사능까지 누출돼 주민의 터전이 망가졌다.

2011년 7월, 동일본 대지진 넉 달 후 아이즈와카마쓰시 시장이 야마구치현 하기시萩市를 방문했다. 지진 피해 구호금 모금에 대한 감사의 뜻을 전하기 위해서였다. 야마구치현은 과거 조슈번의 땅이다. 일본이 의회제도를 채택한 이후 야마구치현에서만 8명의 총리가 나왔다. 그중 군벌 야마가타 아리토모山縣有朋, 가쓰라 다로桂太郎, 다나카 기이치田中義一 등이 하기 출신이다. 하기 출신 정치인들은 끈끈한 지역 연고를 바탕으로 근현대 일본 정치계를 호령했다. 반면 아이즈와카마쓰시는 냉대와 괄시 속에 숨죽이며 지냈다.

하기시와 아이즈와카마쓰시는 역사적으로 따지면 서로 으르렁대는 견원지간이다.

당시 일본 언론은 조슈와 아이즈의 150년 적대 관계를 다시 끄집어내면서 비중 있게 보도했다. 하기시를 방문한 아이즈와카마쓰시 시장은 기자들 앞에서 단호하게 말했다. "화해나 앙금을 털기 위해 이곳에 온 게 아닙니다."

1988년 하기시가 아이즈와카마쓰시에게 자매결연을 맺자고 제안한 일이 있다. 결과는 불발이었다. 아이즈와카마쓰시에 거주하는 중·노년층을 중심으로 결사반대 여론이 거셌기 때문이다.

일본 최장수 총리 기록을 세운 아베 신조는 도쿄에서 태어났지만, 사실상 야마구치현 인맥으로 분류된다. 전범임에도 패전 후 10여 년이 지나 총리직에 오른 파벌 정치의 대가 기시 노부스케岸信介가 야마구치현 조슈 번벌 출신인데, 그는 아베의 외할아버지다. 아베는 조슈 세력의 정치적 후손인 셈이다. 그런 그가 총리 자격으로 처음 도호쿠를 찾은 건 2007년 4월 중순이다. 참의원 선거가 한창이던 때로 자당 출마자들의 지지 유세를 위해서 찾았다. 표심을 얻기 위해 적지로 간 것이다. 그는 아이즈와카마쓰시를 방문했을 때 이런 말을 했다. "선배가 폐를 끼친 것을 사죄하지 않으면 안 된다."

'선배'란 조슈 출신 정치 지도자를 가리킨다. 아이즈, 더 넓게는 도호쿠에 저지른 역사적 과오를 공개적으로 언급한 발언이다.

과오란 메이지유신 이후 도호쿠에 가한 차별과 배제다. 아베의 진심은 어땠는지 모르지만, 이 발언은 두 지역의 앙금이 얼마나 깊은 것인지 보여준다.

1963년 니가타현新潟県과 후쿠시마현을 잇는 국도가 '49호'로 지정됐을 때 도호쿠 주민들은 뿔이 단단히 났다. 49재 등이 죽음을 연상시키고, 49 발음이 사고死苦(죽을 것만 같은 고통)의 발음인 '시쿠'와 같아서 일본인은 49를 불길한 숫자로 여긴다. 그런 49를 자신들의 삶터를 관통하는 도로명에 갖다 붙인 건 노골적인 저주가 아니고 뭐냐는 반응이었다. 아직도 49호 국도를 바라보는 도호쿠의 시선에는 불신과 불만이 서려 있다고 한다.

지역 토산물도 인간처럼 나고 자라는 곳을 닮는 걸까. 도호쿠의 토산물 멍게는 도호쿠의 처지를 쏙 빼닮았다. 동일본 대지진 이후 이와테현, 아오모리현, 후쿠시마현 멍게는 최대 위기를 맞았다. 쓰나미로 멍게 양식장들이 직격탄을 맞았고, 방사능 오염수의 바다 유출로 멍게는 '위험 해산물'로 전락했다. 끝 모를 판매 부진이 뒤따랐다.

2013년 9월 한국은 도호쿠산 멍게 수입을 전면 금지했다. 해산물의 방사능오염 우려가 제기되면서 내려진 조치였다. 그 이전까지 도호쿠산 멍게 수확량의 70~80%가 한국으로 수출됐다. 한국 수출 길이 막히자 도호쿠의 멍게 양식 어민은 울상이 되어 마지못해 내수로 눈을 돌려야 했다.

수출을 못 하면 국내에서 많이 먹어주면 되지 않는가. 그렇게 반문하는 일본인도 많지만, 사정은 녹록지 않다. 우선 한국과 달리 일본에서는 멍게가 대중적이지 않다. 도호쿠 외 다른 지방 사람들은 멍게가 뭔지, 어떻게 먹는 건지 잘 모른다. 알아도 좀처럼 입에 대려 하지 않는다. 먹더라도 이자카야의 술 안줏거리 정도다. 멍게 맛은 도호쿠를 벗어나면 아주 낯설다. 도호쿠의 고민은 거기에 있었다. 멍게의 내수를 늘리려면 우선 멍게 맛을 알려줘야 했다.

도호쿠는 홍보 및 요리 개발 등을 통해 멍게 소비 촉진책을 강구했지만, 성적은 신통치 않았다. 팔리는 양보다 거둬들이는 양이 훨씬 많아 수년째 공급 초과였다. 최대 멍게 산지 이와테현에서는 한동안 폐기되는 멍게량이 연간 수천 톤에 이르렀다.

그래도 도호쿠는 그저 앉아서 구경만 하지 않았다. 민관이 팔을 걷어붙이고 멍게 양식업을 살리기 위해 애썼다. 일단 멍게를 널리 알리는 것이 급선무. 어민과 음식점은 멍게요리를 개발해 멍게 요리경연대회, SNS 이벤트 등을 열었다. 2018년에는 주민들의 요청으로 지자체가 '멍게의 날(4월 8일)'까지 제정했다. 미야기현宮城県 식품가공업체와 멍게학회는 〈멍게 취급지침서〉를 온라인으로 배포하며 멍게 먹는 법을 알렸다. 이런 노력에 힘입어 일본 내 멍게 소비량이 조금 호전되기는 했다. 하지만 서일본 대중에게 멍게는 여전히 낯선 존재다. 도호쿠를 바라보는 서일본의 냉담한 시선이 멍게 위로 오버랩된다.

멍게가 어째서 도호쿠를 넘어 그다지 멀리 가지 못했는지 궁금하다. 변방 도호쿠와 서일본 사이에 가로놓인 역사와 감정의 장벽에 막혀 그렇게 된 것일까. 알 듯 말 듯하다.

2023년 도호쿠 멍게가 다시 주목을 받았다. 기시다 내각이 후쿠시마 원자력 발전소의 오염수를 방류하겠다고 공언하면서부터였다. 후쿠시마, 나아가 도호쿠 어민들에게는 청천벽력 같은 소리였다. 오염수를 푸른 바다에 흘려보내면 가뜩이나 비호감인 멍게는 물론이거니와 다른 후쿠시마산 수산물 역시 치명타를 입을 수밖에 없었다. 당연히 어민들은 강력하게 반발했다. 어민들은 도호쿠 홀대의 망령을 다시 확인했을지 모른다.

옛 사쓰마, 조슈 지역 사람들이, 특히 그 지역 정치가와 고위 관료들이 도호쿠 멍게의 참맛을 아는 날을 상상해 본다. 멍게 속 짠물에서 도호쿠의 눈물 맛을 느끼고, 씁쓰레한 내장에서 도호쿠의 쓰라림을 곱씹어 보기도 하고…. 그러면 지역 간 해묵은 갈등이 눈 녹듯 사라질까. 10여 년이 지났지만, 여전히 지진 피해의 그늘을 벗어나지 못한 도호쿠의 삶이 밝아지기를 빈다. 고진감래하기를 바란다. 멍게의 맛처럼.

烏賊 | 오징어 |

전시 배급제 시대, 줄 서서 먹는 맛

'육류 없는 날.'

1940년 5월부터 태평양전쟁 종료 후 미군 장성 더글러스 맥아더가 점령군 총사령관으로 부임하기 전까지 일본에는 한 달에 두 번 그런 날이 있었다. 매달 8일과 28일에 시행된 국가 지정의 '육류 없는 날'에는 모든 정육점이 문을 닫아야 했고, 음식점은 육류가 들어간 메뉴를 못 팔았다. 심지어 평소 말, 토끼의 살코기를 사료로 먹는 동물원의 사자, 호랑이도 그날만은 정어리 같은 생선류 혹은 고래고기를 먹어야 했다.

1937년 중일전쟁을 도발한 지 3년도 채 지나지 않아 일본은 국가 차원에서 국민의 먹거리를 통제한다. 전시 식량 배급제의 단행이다. 1940년 6월 설탕을 시작으로 규제 대상 품목이 단계적으로 확대된다. 1941년 4월에는 주식인 쌀이 배급제 대상으로 지정되고, 11월에는 생선류가 포함된다.

여기서 잠깐, 우문 같지만 중요한 질문 한 가지. "전쟁은 왜 식량난을 불러오는가?"

정답은 "군대를 먹여 살리려다 보니까"다. 밥도 반찬도 군인이 우선이고, 후방의 국민은 나중이다. 전쟁 시기 후방은 양과 질 양면에서 평소보다 못한 식사를 마주할 수밖에 없다. 배급제는 전시 군수물자 조달로 파생되는 식량난에 대처해야 하는 어쩔 수 없는 자구책이지만, 그 고통은 고스란히 일반 국민이 짊어진다.

매일 타 먹는 쌀은 배급통장으로 관리했으며, 간헐적으로 타 먹는 식재료는 배급표를 발급해 통제했다. 가족 중 한 명이 매일 일정한 시간대에 일정한 장소에서 통장과 배급표를 지참한 채 줄을 서서 필요한 식재료를 타 갔다. 대기표 같은 것이 없었으니 한 번 줄을 서면 한두 시간 기다리는 건 예사였다. 그런 수고를 매일 반복해야 했으니, 여간 성가신 일이 아니었을 것이다. 먹고살기가 전쟁이었다.

육류는 1인당 37그램씩 한 달에 단 한 번 배급됐다. 7인 가족이면 타 가는 분량이 반 근도 채 안 되었다. 입맛만 다시는 수준이다. 채소는 이틀에 한 차례, 생선은 사흘에 한 번 배급됐다. 생선은 1인당 110그램 할당됐는데, 선도가 형편없고 어종도 극히 제한적이었다.

배급제 시기 수산물 어획량은 급감했다. 모선, 저인망 어선, 참치잡이 배 등 중대형 어선은 수송선 용도로 줄줄이 군대에 징집

됐다. 미국의 제재로 석유 수입도 막혀 동력 어선들은 석유 연료를 공급받지 못해 항구에 발이 묶이기 일쑤였다. 여러모로 생선잡이에 불리한 여건이었다.

그물을 던지고 걷어 올릴 인력도 확 줄었다. 어촌의 젊은 사내들은 가리지 않고 징병됐다. 일손은 순식간에 고령화되어 어업 생산성이 현격히 떨어졌다. 전쟁의 소용돌이에 빠진 1940년대는 이래저래 어식의 암흑기였다.

군국주의 일본은 '체력은 곧 국력'이라는 슬로건 아래 국민에게 단백질 섭취의 중요성을 누누이 강조했다. 육식이 대중화하지 않은 터라 국민의 주요한 단백질 공급원은 생선이었다. 체력을 기르려면 충분한 생선을 섭취해야 했고, 나라는 국민에게 생선을 원활히 보급해야 했다. 하지만 이상과 현실의 괴리는 컸다. 수산물 어획고가 크게 줄어든 데다 티끌 같은 생선 배급량으로는 국민에게 충분한 단백질을 공급할 수 없었다.

단백질 사각지대는 대도시였다. 식량 사정은 농어촌보다 도시가 더 나빴다. 전쟁이 발발하면 자급자족 가능한 농어촌은 한동안 끼니를 해결할 힘을 유지한다. 반면 농어촌의 산물을 소비하는 도시는 식량 위기에 취약하다. 식량 배급제도 부득이하게 도쿄, 오사카, 나고야 등 대도시를 중심으로 시행됐다.

전시 중 그나마 단백질을 공급해 준 식재료는 이와시, 전갱이, 고등어 같은 서민 생선이었다. 그런데 해산물 배급 시스템에서 전례 없이 두각을 나타낸 놈이 있었다. 바로 오징어다.

오징어는 수분이 80%가량 되고 단백질은 18%에 불과하지만, 적당한 양을 먹으면 웬만한 생선 못지않은 단백질을 섭취할 수 있다. 오징어는 저지방 고단백 식재료다. 이와시, 고등어는 배급제 이전에도 식생활에서 큰 역할을 맡았지만, 오징어는 그다지 주목받지 못했다.

오징어는 배급제로 인해 처지가 바뀐다. 우선 해산물 배급 항목 중 오징어가 가장 많았다. 생선 부족분을 오징어가 채워줬다. 오징어 어획고가 늘었기에 가능했다. 생선이 사라진 맥 빠진 밥상에 홀연히 오징어라는 구원투수가 등판한 격이었다.

그때 다행히 오징어 떼가 몰려왔다. 풍어기가 시작된 것이다. 때마침 엔진을 장착한 동력선이 보급돼 커버할 수 있는 오징어 어장은 더 넓어졌다. 오징어 수요가 늘어나자 오징어잡이로 업종을 전환하는 어선이 늘었다. 1930년대 후반부터 오징어 어획량은 탄력을 받았다. 일본은 패전할 때까지 매년 10만 톤 안팎의 오징어를 건져 올렸다. 태평양전쟁 후에도 오징어는 꾸준히 잡혔다. 전후 식량난이 닥쳐왔을 때도 오징어는 주요 단백질원으로 식탁의 든든한 버팀목이 됐다.

'오늘은 고등어를 주려나' 하고 배급 줄을 섰는데 막상 나온 건 오징어. 어쩔 수 없나 보다 이해하려 하지만, 아쉬운 마음 또한 어쩌지 못한다. 생선 배급 날 오징어가 나오는 일이 잦았다. 배급되는 해산물 종류를 다양화할 법도 했지만, 때마침 근해 어종인 이와시와 고등어가 꼬리를 감추는 바람에 오징어로 대체되는 날이 비일비재했다. 어떤 이는 그 당시를 떠올리며 이렇게 말했다. "단백질원으로는 근해에서 잡히는 오징어 정도밖에 없고, 날이면 날마다 오징어만 자꾸 나와 도시 사람들은 공동 취사를 '오징어 취사'라고 불렀다."[11]

5명 몫에 오징어 2마리가 배급 정량이었다. 배급된 오징어는 신선함과는 한참 거리가 멀었다. 냉장 보관은 상상도 못 하던 시절이었다. 식량난에 허덕이는 사람에게는 어떻게 하면 한정된 식재료를 보다 효율적으로 온 가족이 나눠 먹을 수 있을까 하는 점이 늘 걱정거리였다. 오징어도 마찬가지였는데, 대부분의 가정에서는 오징어를 자잘하게 썰거나 으깬 후 다진 덩어리 상태로 요리했다.

으깨고 다지는 요리법은 전시에 유행한 식재료 손질법이다. 적은 양을 더 많은 사람이 먹기 위해, 질 낮은 식재료의 식감을 높이기 위해 사용됐다. 오징어에 갈아놓은 채소와 감자를 섞어서 다진 다음 기름에 지지거나 국으로 끓여 먹곤 했다. 으깬 두부에 채소를 넣고 튀겨 내는 간모도키를 접목한 요리가 대표적이다. 간모도키 재료에 오징어 반죽을 한데 뭉쳐 튀겨 내면 식감이 뛰어나 인기였다. 으깬 반죽 형태, 즉 스리미すり身가 전시 오징어요리의 주

11 미야와키 고조宮脇宏三의 《별책 주오고론2. 부모가 자녀에게 남기는 전쟁 기록別冊中央公論2. 親が子に残す戦争の記録: 再び戦争を起さないための遺書》(中央公論社, 1971) 중에서.

종이었다.

스리미 오징어요리가 전시에 처음 등장한 건 아니다. 1643년 간행된 『요리 이야기料理物語』라는 에도시대 요리책에는 오징어 가마보코蒲鉾가 소개돼 있다. 가마보코는 우리가 흔히 '어묵'이라고 부르는 것이다. 오징어 아오아에青和え라는 것도 있는데, 삶아서 으깬 청대콩을 삶은 오징어와 함께 버무린 것이다.

하지만 일본인이 좋아하는 오징어요리는 스리미가 아니라 사시미다. 오징어를 얇게 뜨거나 적당한 크기로 썰어 간장에 찍어 먹는 쫄깃함. 깨끗하게 씻은 오징어 몸통을 얇고 가늘게 썰어 국수처럼 먹는 시원함. 오징어 사시미는 오랫동안 일본 대중의 사랑을 받아왔다.

오징어 사시미로 명성이 자자한 곳은 요부코呼子다. 요부코는 후쿠오카와 사세보 사이 현해탄을 마주보는 바닷가 도시다. 철이 되면 일본 각지에서 미식가들이 요부코 오징어회를 맛보기 위해 구름같이 모여든다. 요부코 특산물 오징어는 창꼴뚜기剣先イカ인데 단맛이 난다. 우리가 흔히 한치라고 부르는 종류다. 한치회를 먹어본 사람은 알리라. 쫄깃하고 달달한 그 맛을.

오징어 사시미의 전제조건은 날것의 싱싱함이다. 싱싱한 오징어를 구하려면 산지로 가야 한다. 하지만 배급제로 인해 모든 바다 자원이 국가의 통제망에 들어갔기 때문에 마음대로 오징어를 사고팔 수 없었다. 그리하여 전쟁통에 도시에서 오징어회를 맛보기란 하늘의 별 따기였다. 어촌이나 어시장에서 정부 감시의 눈을 피해 맛볼 수는 있었어도 들키면 처벌받으니 좀체 엄두가 나지 않았다.

그러나 떨치려 해도 떨칠 수 없는 것이 맛의 기억, 맛의 유혹이다. 누를수록 더 세게 튀어 오르는 게 용수철만 있는 것은 아니다. 미각도 그렇다. 오징어 사시미를 맛볼 길이 좁아지니 탱글탱글한 그 맛에 대한 욕구는 더 커졌다. 입맛을 다시며 활오징어를 찾으러 다니는 사람이 적지 않았다. 생물 오징어 암거래가 성행했다. 식욕은 법보다 무섭다. 평상시 부담 없이 즐기던 오징어회는 어느 날 갑자기 사치스러운 음식이 되어버렸다. 오징어뿐 아니라 모든 생선의 사시미가 전쟁통에는 누리기 힘든 사치였다.

"사치는 적이다." 전시 체제 군국주의 일본이 귀가 따갑도록 외쳤던 구호다. 일본 정부는 의식衣食과 의식意識, 물심양면에서 호화사치를 전쟁 수행에 해로운 행위로 규정하고, 근검절약을 강요했다. 식량 부분에서는 주식인 쌀 절약, 즉 '절미운동節米運動'이 거국적으로 펼쳐졌다.

쌀 배급제가 시행되기 전까지 일본인의 쌀 소비량은 가파른 상승곡선을 그리다가 1920년대 초반 정점을 찍었다. 쌀 소비가 급증한 원인을 꼽자면, 쌀에 집착하는 전통적인 식습관 탓도 있지만, 식민지 조선과 대만에서 대량으로 쌀을 수탈해 온 영향이 컸다. 수탈한 쌀은 일본 국내의 쌀 공급량을 늘려 쌀값을 대폭 떨어뜨렸다.

쌀밥에 죽고 사는 일본인에게 더없이 반가운 순간이 아닐 수 없었다. 뜨끈뜨끈한 흰쌀밥을 원 없이 먹어보는 게 소원이었던 서민들은 이때 아니면 언제 배불리 먹겠나 싶어 거침없이 밥공기를 비워댔다. 이른바 '백미 붐'이 한동안 이어졌다.

다 된 밥에 재를 뿌렸다고 할까. 1937년 중일전쟁과 1941년 태평양전쟁 등 연이은 전쟁으로 백미 붐에 제동이 걸렸다. 전쟁은 온갖 물자를 빨아들이는 블랙홀이었다. 쌀도 예외는 아니었다. 시중에 쌀이 줄어들기 시작했다. 쌀 부족 현상이 심해지자 정부는 쌀 수매제를 도입해 가격과 수요공급 통제에 나섰다. 이때가 1939년인데, 배급제 시행 2년 전이었다. 사회 분위기는 180도 바뀌어서 백미 붐은 사그라들고 절미운동이 시대의 흐름이 됐다.

전쟁 시기에는 흰쌀밥보다 혼분식이 장려됐다. 일본 민족은 다른 민족이 부러워하는 쌀 문화를 보유하고 있다고 가르치던 국가는 전쟁 시기가 되자 거꾸로 쌀만 먹으면 건강 균형이 깨져 영양학적으로 나쁘다고 강변했다. 쌀에서 벗어나 밀가루 음식 등 주식主食을 다변화하자는 목소리가 학교와 공공기관을 중심으로 번져나갔다.

밀가루 음식으로 무엇이 적당할까. 물자가 부족하니 재료가 안 드는 음식일수록 좋다. 수제비水団가 급부상한다. 수제비는 만들기 수월하고 배고픔 해결에도 탁월해 식량난 시대에 저비용 고효율 밀가루 음식의 모범생으로 떠올랐다. 수제비는 호박, 감자, 산나

물과 같이 비교적 구하기 쉬운 식재료와 함께 조리해 먹을 수 있어서 선호됐다. 이 당시 감자는 대용식으로 고구마와 함께 각 가정의 마당에서 흔하게 길렀다. 평소에는 거들떠보지 않던 고구마 줄기도 수제비의 주재료가 됐다. 국물 맛도 밍밍했을 것이다. 멸치, 가쓰오부시도 품귀라서 소금, 간장으로 간을 맞췄다.

서민들은 무시로 수제비를 끓여 먹었다. 역사상 이 시기만큼 수제비를 많이 먹은 때도 없다고 한다. 일본인 밥상 위에서 수제비가 가장 크게 활약한 때가 1940년대다. 그때 해산물 반찬으로 오징어가 있었다면, 주식으로는 수제비가 있었다.

태평양전쟁 말기에는 밀가루, 건옥수수, 건빵 등이 배급식량의 주종을 이뤘다. 쌀과 생선은 꼬리를 감추고 분식이 부상했다. 전쟁을 회상하는 서민들의 글을 보면 수제비 체험담이 적지 않다. 수제비와 오징어는 일본 서민 공동체의 '전시 기억'이라는 공통분모를 가지고 있다. 물론 매일 수제비만 먹다 보니 물린다는 푸념이 그치지 않았다. 그럴 때는 오징어살 여러 점을 넣고 수제비를 끓이면 제법 별미였다.

태평양전쟁뿐 아니라 18세기 말 덴메이 대기근天明の大飢饉(1782~1788), 간토 대지진(1923) 직후 기아 위기가 닥쳤을 때 수제비는 구세주였다. 굶주림과 수제비의 관계는 밀접하다.

우리나라 역사에서도 수제비가 식량난 시대의 동아줄인 때가 있었다. 한국전쟁 직후 굶주림이 일상이었던 시기, 미국은

1956년 'PL480조'를 제정해 남아도는 옥수수와 밀가루를 우리나라를 비롯한 우방 아시아 국가들에 무상으로 원조했다. 겉으로는 무상이었지만 공짜는 아니었다. 미국은 밀가루를 주는 대가로 현지 주둔 미군의 시설 편익과 군사비 부담 등을 요구했다. 이렇게 풀린 미국산 밀가루로 우리나라 서민들은 물리도록 수제비를 끓여 먹었다. 추억의 음식이라는 수제비. 그 추억은 원망과 고마움이 뒤섞인 복잡미묘한 것이다. 전쟁과 인연이 깊은 수제비. 아프고, 슬프고, 고맙고, 원통한. 역사적으로 수제비는 참으로 복잡미묘한 맛을 띤다.

오징어의 한자어는 오적烏賊이다. 오징어가 까마귀烏를 사냥한다는 중국 고사에서 유래된 명칭이다. 오징어가 죽은 척하고 바다 수면에 떠 있으면 날아가던 까마귀가 오징어를 잡아먹으려고 달려든다. 까마귀가 가까이 날아왔을 때 갑자기 오징어가 10개의 다리를 확 뻗쳐 까마귀를 잡아챈다. 그러고는 수중으로 끌고 들어가 까마귀를 먹어치운다. 그래서 오징어는 까마귀의 천적, 오적이라는 명칭이 탄생했다는 고사다. 오징어를 "오적어烏賊魚, 오적어" 하고 부르다 보니 어느 순간 '오징어' 발음이 됐다는, 믿거나 말거나 한 주장도 있다. 그런데 오징어의 일본어 발음 '이카'는 오적과 아무런 관련이 없다.

한국은 오징어 하면 울릉도지만, 일본은 오징어 하면 홋카이도다. 일본에서 소비되는 오징어 대다수는 홋카이도 서쪽 해안에

서 주로 잡힌다. 종류는 여러 가지라도 가장 많이 먹는 오징어 종류는 우리와 같다. 스루메이카スルメイカ라고 불리는 살오징어다. 잡히는 양도 가장 많다. 살오징어는 말려놓은 형태가 워낙 대중적이라 흔히 마른오징어를 '스루메'라고 부른다.

1940년대까지만 하더라도 오징어 어획량 1위 국가는 일본이었다. 현재는 중국에 1위 자리를 내줬고, 일본은 페루, 한국에 이어 4위다.

홋카이도 전통 오징어요리 가운데 이카메시烏賊飯(오징어밥)가 있다. 오징어 내장을 빼고 속에 멥쌀, 찹쌀, 채소 등을 넣고 통째로 익힌다. 다리는 잘라 내고 몸통만 이용하며, 간장과 설탕 정도만 첨가한 물로 끓인다. 조리방식과 모양새가 강원도식 오징어순대와 닮았다. 이카메시는 홋카이도 남부 지역에서 주로 먹었다. 홋카이도 향토 음식인 이카메시는 전쟁을 계기로 홋카이도를 넘어 혼슈까지 알려진다.

제국주의 일본은 사할린과 쿠릴 열도를 야금야금 먹고, 소련의 진격을 막기 위해 홋카이도 북부 지역에 군대를 주둔시켰다. 군 장병들은 열차를 타고 그곳으로 갔다. 혼슈에서 징집되어 먼 북방 섬으로 갈 장병들은 홋카이도 하코다테의 기차역에서 이카메시를 처음 만났다. 하코다테 상인이 개발한 이카메시 벤또였다. 역에서 파는 도시락, 즉 에키벤駅弁이다. 에키벤 형태의 이카메시는 원조가 뚜렷하다. 1941년 하코다테의 도시락 가게가 상품으로 처음 개발했다.

별미인 데다 양이 넉넉해 도시락 하나면 든든히 배를 채울 수 있어서 젊은 장병들에게 인기였다. 장병들은 고향으로 돌아갈 때 이카메시 에키벤을 가져가거나 고향에서 재현했다. 이카메시는 홋카이도 앞바다를 건너 타 지역으로 퍼졌다. 스리미 형태의 반죽 오징어에 물린 사람들에게 이카메시는 신선한 발견이었다. 레시피가 간단해 일반 가정에서도 손쉽게 조리했다. 간장으로 맛을 냈기에 일본인이라면 누구나 거부감을 갖지 않았다. 전쟁으로 쌀이 부족해지자 콩비지나 삶은 감자를 으깨 오징어 배 속에 채워 넣기도 했다.

물자 부족과 오징어 대풍이 만나 탄생한 이카메시는 전쟁의 기억을 품고 있다. 그렇다면 전쟁이 끝난 후 이카메시는 역사의 뒤안길로 사라졌을까. 그렇지 않다. 한동안 인기가 주춤하다 1971년 출범한 어떤 에키벤 대회를 발판으로 명성을 이어갔다. 이카메시는 이 대회에서 50년간 내리 1등을 차지하면서 명예의 전당에 이름을 올렸다. 달라진 게 있다면 지금은 일본 근해에 오징어가 급감해 외국산 오징어를 쓴다는 점이다.

한국에서 오징어 내장(엄밀히 말하면 간)은 쓸모없어 버려지는 부위지만, 일본에서는 그렇지 않다. 고쿠미コク味(깊고 진한 맛)가 있다며 아귀 간처럼 소중히 여긴다. 오징어를 볶거나 끓일 때 내장을 갈아 넣는다. 오징어젓갈에도 내장을 넣곤 한다. 내장이 삭으면 젓갈의 감칠맛이 증폭된다. 도야마현富山県의 명물인 오징어젓갈(구로즈쿠리)黒作り은 오징어 먹물까지 넣어 새까맣다. 오징어 내장은 그 밖에도 쓸모가 많았다. 가축 사료, 도료, 인쇄용 기름에도 사용됐다. 버릴 게 없는 오징어는 전시에 매우 요긴한 해산물이었다.

배급을 받다 보면 예상치 못하게 마른오징어가 나올 때가 있었다. 그때는 물에 푹 불린 후 끓이거나 튀겨 먹어야 했다. 맛이야 있었겠냐마는 콩 한 알도 귀중한 때였으니 아주 소중히 다뤘을 것이다. 하지만 물에 불은 마른오징어를 요리하면서 어머니의 눈도 퉁퉁 불었을 것이다.

秋刀魚 | 꽁치 |

도쿄여, 가을이 왔구나

9월 초순 도쿄는 아직 여름의 열기가 채 가시지 않았다. 고급 주택가를 끼고 있는 도쿄 시나가와구品川区 메구로역目黒駅 일대에 구수한 냄새가 진동한다. 거리에서 상인들이 부채질을 해가며 왁자지껄 생선을 굽고 있다. 꽁치구이다. 공짜로 나눠주는 꽁치구이를 맛보기 위해 행인, 관광객이 줄지어 차례를 기다리고 있다. 꽁치 굽는 냄새, 연기, 수다가 한데 섞여 도쿄의 9월 정취를 한껏 휘저어 놓는다.

매년 가을로 가는 초입, 메구로에서는 꽁치축제さんま祭り가 열린다. 수만 명이 찾는 도쿄 명물의 가을축제다. 9월 중순에는 메구로구目黒区에서 주최하는 또 다른 꽁치축제도 있다. 도쿄의 9월은 꽁치의 달이다.

메구로에는 항구가 없다. 도쿄만에서 한참 떨어져 있다. 어촌도 아닌 메구로에서 어쩌다 꽁치축제가 열리게 됐는지 궁금증이

생길 만하다. 그 실마리는 라쿠고落語[12] 〈메구로의 꽁치目黒のさんま〉에 있다. 내용인즉슨 이렇다.

화창한 초가을 어느 날, 도쿠가와 이에미쓰徳川家光로 추정되는 쇼군이 에도성 밖으로 납시었다. 그는 무리를 이끌고 사냥을 떠나는 길이었다. 중도에 차야茶屋[13]에 들어가 잠시 쉬고 있는데 인근 농가에서 굽는 생선 냄새가 콧속으로 들어왔다. 쇼군은 그 냄새에 끌려 시장기가 발동했다. 쇼군은 신하에게 냄새의 주인공을 당장 대령하도록 지시했다. 냄새의 정체를 아는 신하는 난감한 표정으로 말했다.

"저건 아랫것들이나 먹는 하등급 생선, 꽁치라는 것이온데 지체 높으신 쇼군께서 입에 대실 게 못 됩니다."

하지만 쇼군은 전혀 개의치 않았다. 이윽고 꽁치구이가 왔다. 쇼군은 호호 불어가며 먹었다. 처음 먹어보는 꽁치의 맛에 감탄했다. 성으로 돌아온 쇼군은 꽁치의 맛이 계속 입안에서 맴돌았다. 그러나 그 후 쇼군의 밥상에는 꽁치는 고사하고 꽁치 비스름한 것도 올라오지 않았다. 꽁치는 하등급 생선이라 성안에 발을 들여놓지 못하게 했기 때문이다.

그러던 어느 날 쇼군은 성 밖으로 나와 친척 집을 찾았다. 그

12 일인극 형식의 만담과 우스개를 가미한 일본의 전통 공연.

13 차와 화과자 등을 파는 휴게소 형태의 가게. 점차 음식이 다양해지면서 음식점 형태로 발전한다. 업그레이드한 형태가 요리차야料理茶屋인데, 식사와 술을 팔았고, 그러면서 일부는 호화 주점으로 변하기도 한다.

친척은 쇼군에게 "드시고 싶으신 게 있으면 해 드릴 테니 뭐든 말씀하세요"라고 말했다. 쇼군은 기다렸다는 듯이 "꽁치구이"라고 대답했다.

얼마 후 꽁치구이가 왔다. 그런데 요전에 먹었던 것과 딴판이었다. 가시는 죄다 발라져 있고, 살점은 다 뜯겨 녹차 찌꺼기를 모아놓은 것 같았다. 발라놓은 살점 하나를 집어 먹어보니 딱딱하고 맛도 영 아니올시다였다. 어찌 된 영문일까. 분명 꽁치구이 본연의 맛이 사라졌다. 그 이유는 꽁치구이에 대한 몰이해에 있었다. 쇼군이 먹다 탈이 날까 봐 꽁치 잔가시를 일일이 제거하고, '기미상궁' 역할을 하는 시종이 미리 맛보고 하느라 시간이 지체돼 식어버렸던 것이다.

"뭐예요, 이게 꽁치라고요? 꽁치는 이것보다 더 까맣게 구워야 하건만. 이 꽁치 어디서 갖고 오셨소?" 쇼군이 묻자 "니혼바시 어시장日本橋魚河岸입니다"라는 대답이 돌아왔다. 그러자 쇼군은 "아, 그러면 안 되지. 꽁치는 메구로가 최고야"라고 했다는 줄거리다. 둘 다 꽁치의 맛을 몰랐기 때문에 착각하면서 빚어진 코미디다.

쇼군이 성으로 돌아와 먹은 꽁치가 맛있을 리 없다. 가시를 발라내거나 식어서 그런 것만은 아니다. 메구로 꽁치 이야기에는 안 나오지만, 에도성 요리 담당 시종들은 꽁치 특유의 기름기를 쫙 뺐을 것이다. 쇼군의 밥상에 오르는 생선은 어김없이 기름기를 뺐기 때문이다. 장어 가바야키蒲焼[14]도 기름기 쫙 뺀 장어로 조리했다. 그러면 장어 식감이 퍼석퍼석해진다. 기름기가 유별난 등 푸른 생선은 아예 메뉴 품목에 들지 못했다. 생선 기름기 잡기에 심혈을 기울인 이유가 있다. 기름기가 설사를 유발한다고 생각했기 때문이다. 식사 후 쇼군이 설사라도 하면 밥상을 책임지는 아랫사람들은 줄초상을 각오해야 했다.

메구로는 에도시대 쇼군의 심신단련 사냥터였다. 수풀 무성한 벌판이다. 꽁치와 아무 상관이 없다. "꽁치는 메구로가 최고야"라는 쇼군의 대사는 서민 생활에 대한 쇼군 혹은 권력 집단의 무지를 꼬집는 유머다. 또 미각에는 귀천이 없다는 저잣거리 사람들의 자기 위안도 녹아 있다. 에도시대 사람들은 꽁치를 구우며 메구로의 꽁치 어쩌고저쩌고 시시덕거리며 쇼군과 관리의 뒷담화를 깠을 것이다.

메구로目黒는 '눈이 검다'는 뜻인데, 꽁치 눈알 역시 까맣기 때문에 중의적 표현이다. 싱싱한 꽁치 눈을 자세히 보면 눈동자가 유난히 맑고 새까맣다. 꽁치를 고를 때 눈을 보라. 아는 사람은 아는 꽁치 고르기 팁이다. 꽁치의 검은 눈이 메구로와 인연을 만드는 데 한몫했는지 모르겠다.

어찌 됐든 쇼군의 꽁치 에피소드에 힘입은 메구로는 꽁치구

14 장어나 미꾸라지 따위를 갈라 뼈를 바르고 토막 내서 양념(데리야키의 일종)을 발라 꼬챙이에 꿰어 구운 요리.

이에 먼저 침을 발랐다. "꽁치구이는 메구로야." 메구로는 다른 지역을 제치고 여기가 꽁치구이 본거지라고 떠들었다. 이윽고 꽁치 축제는 메구로의 전통이 되었고, 관광·홍보상품으로 자리 잡았다.

음식이라는 것도 스토리가 있으면 탄탄한 브랜드가 된다. 먹거리는 뭐니 뭐니 해도 산지가 최고 보증수표라고들 하지만, 메구로처럼 흥미롭고 솔깃한 스토리를 선취하기만 하면 산지 못지않은 지명도를 얻는다. 그런 점에서 홋카이도 최북단 네무로시根室市는 배가 아플지 모르겠다. 꽁치가 가장 많이 잡히는 산지가 네무로이기 때문이다. 네무로 또한 가을이 오면 꽁치축제를 연다. 하지만 메구로만큼 알려져 있지는 않다. 선수를 빼앗긴 자의 핸디캡이다.

메구로축제에는 주인공 꽁치를 받쳐주는 화려한 조연들이 출연한다. 도치기현栃木県의 무, 와카야마현의 빈쵸탄備長炭, 그리고 도쿠시마현徳島県의 스다치酢橘다. 모두 꽁치의 맛을 살려주는 것들이다. 꽁치구이는 무즙과 상성이 좋아 무를 곁들여 먹어야 맛이 배가된다. 백탄白炭으로 불리는 빈쵸탄은 최고 품질의 숯이고, 골프공만 한 스다치는 신맛이 강한 밀감 종류다.

'꽁치구이를 어떻게 먹어야 맛있나?'에 대한 일본인의 모범답안이 있다. 우리나라 가정에서는 소금이나 간장에 꽁치를 찍어 먹는 정도지만, 일본에서는 스다치(영귤)나 가보스臭橙(광귤)와 무즙, 간장과 함께 먹는 것이 정석이다.

일본 음식에서 무가 차지하는 비중은 크다. 생선구이, 덴푸라 등 각종 튀김요리에 무즙이 따라다닌다. 무 특유의 알싸함이 기름기의 느끼함을 상쇄해 주기 때문이다. 가늘게 썬 무채는 사시미 모둠에 없어서는 안 될 존재다. 소바 장국에도 무즙이 빠지지 않는다. 장국 맛을 더 다채롭게 해주고, 거친 메밀 면발의 소화도 돕는다. 무에는 소화를 돕는 성분이 함유돼 있다. 옛날 일본인은 무에 몸에 좋은 약효가 있다고 믿었다. 그런 믿음은 "무 한 뿌리 있으면 의사가 필요 없다"라는 표현으로 확대 재생산됐다. 만만하게 볼 게 아닌 무. 오뎅요리만 해도 어묵, 소힘줄, 계란 등 각종 재료 중에서 일본인이 가장 좋아하는 것은 단연 무다.

통상 머리는 먹는 이의 왼쪽, 배는 아래로 향하도록 꽁치를 접시에 담는다. 젓가락으로 아가미 쪽을 콕 찔러 아래위로 옮겨가며 누른다. 그다음 젓가락으로 뼈 위치의 옆구리를 찔러 꼬리까지 가른다. 젓가락으로 딱딱한 등살과 부드러운 뱃살을 벗겨 내듯 분리한다. 드러난 속살 위에 반 토막 스다치를 짜서 즙 네댓 방울 톡톡 떨어뜨린다. 살점 한 젓가락 떼 내 간장 뿌린 무즙을 올린다. 그리고 입안으로 직행한다.

꽁치는 내장까지 고소하다. 그 이유는 꽁치의 먹이가 미세한 동물성 플랑크톤이고, 소화 시간이 30분 정도로 짧기 때문이다. 꽁치는 위가 없다. 먹이를 장에서 바로 소화해 빠른 시간 안에 몸 밖으로 배설한다. 내장에 찌꺼기가 거의 남지 않기 때문에 쓴맛이 안 난다. 반면 위가 있는 도미는 소화 시간이 약 10시간 정도로 길다.

위 속에 작은 생선, 새우 같은 찌꺼기가 남아 있는 경우가 많아 쓴 맛이 강하다. 꽁치 내장에서 쓴맛이 나면 선도가 떨어졌다고 보면 된다. 싱싱한 꽁치일수록 내장이 달다.

맛이란 미각만이 아니라 시각, 촉각, 후각, 청각 등 다면적인 결합체다. 그중에 어떤 감각이 더 우세하느냐로 맛의 특징이 결정된다. 꽁치구이는 후각, 즉 코로 먹는 맛이다. 꽁치의 지방이 숯불을 만나면 고소한 화학반응을 일으킨다.

꽁치는 산란을 위해 남하하는 가을철에 가장 기름지다. 기름이 꽉 차 주둥이가 노르스름해진 꽁치를 숯불 위 석쇠에 놓고 구우면 치지직 기름이 타면서 고소한 냄새가 올라온다. 냄새는 군침을 폭발시킨다. 메구로의 꽁치구이가 쇼군과 관광객을 끌어당긴 바로 그 냄새다. 사람의 후각이 가장 민감해진다는 가을, 그리고 기름이 잔뜩 오른 꽁치. 숯불 위로 피어오르는 냄새, 그리고 청명한 가을 바람. 이 절묘한 만남이 '가을은 꽁치'라는 진리를 낳았다.

밥 한 그릇과 네댓 가지 반찬으로 구성되는 일본정식和定食에서 빠지면 섭섭한 것이 생선구이다. 일본인에게 "일식 하면 무슨 이미지가 연상되는가?"라고 물으면 어떤 음식이 답으로 가장 많이 나올까. 2013년 일본리서치센터 조사에 따르면, 밥, 미소된장국, 생선구이, 조림煮物, 낫토가 상위 5위 안에 드는 것으로 나타났다. 가정식의 근간인 1즙3채一汁三菜[15]의 핵심 멤버들이다. 일본인에게는 생선구이가 스시, 사시미, 조림보다 더 친근하고 일상적인 반찬임을 알 수 있다.

정식을 메뉴로 올리는 식당 대부분은 생선을 그릴에 굽지만, 그래도 손님이 보는 데서 숯불에 직접 구워주는 로바타야키炉端焼き[16]가 제맛이다. 그래야 코로도 생선구이를 맛볼 수 있으니까.

생선을 맛있게 구우려면 무엇보다 불 조절이 관건이다. 센 불에서 8센티미터 거리 두기. 일식 요리사가 추천하는 방법이다. 불이 약하면 속까지 잘 익지 않는다. 불과 너무 가까우면 겉은 타고 속은 안 익는 수가 있다. 강한 불로부터 8센티미터가량 떨어뜨린 후 천천히 구워야 겉바속촉이 된다.

급하다고 센 불에 와락 구워서는 안 된다. "생선 굽기는 영주님에게 시키고, 떡 굽기는 거지에게 시켜라"라는 일본 속담이 있다. 영주는 평소 호의호식하기 때문에 느긋함과 천하태평이 몸에 밴 사람이다. 이런 사람에게 생선 굽기를 맡기면, 조바심 내지 않고 여유만만이다. 익었나 안 익었나 뒤적거리지 않는다. 생선이 빠짝 구워질 때까지 손을 안 댄다. 그렇게 구워야 생선은 제맛을 낸다. 반면 굶주림이 몸에 밴 거지는 먹을 것만 보면 조바심을 낸다. 그래서 떡을 굽도록 하면, 빨리 익혀 먹으려고 떡을 수시로 뒤집는다. 떡은 자주 뒤집어야 타지 않고 제대로 구워진다. 생선을 구울

15 즙은 간단한 국, 채는 반찬. 밥과 국거리 하나, 기타 반찬 셋으로 구성되는 상차림을 말한다. 반찬이 다섯 가지면 1즙5채라고 한다. 바꿔 말하면 하나의 오젠お膳을 구성하는 메뉴다.

16 글자대로 풀면 '화로 옆에 앉아 구워 먹는다'는 뜻이다.

때는 한 면을 바짝 구운 후 한 번만 뒤집는 것이 정석이다. 생선을 떡처럼 굽다가는 속까지 안 익는 건 물론이고, 십중팔구 살이 바스러진다.

생선을 제대로 구우려면 깐깐해야 한다. 따질 것이 많기 때문이다. 흰살 생선이냐, 등 푸른 생선이냐. 작은 놈이냐, 큰 놈이냐. 생선의 조건에 맞춰 굽는 요령이 조금씩 달라져야 한다. 상황에 따라 불의 강약과 거리를 적절하게 조절해야 한다. 삼겹살이나 소등심을 구울 때보다 더 섬세해야 한다. 생선 굽기도 경험과 노하우에 따라 맛이 갈린다.

생선 굽는 요령 중에 해배천복海背川腹이라는 말이 있다. 기름기가 있는 바닷물고기는 등 쪽, 즉 바깥 살부터 굽고, 기름기 없는 민물고기는 배 쪽, 즉 속살부터 익혀야 제맛이라는 뜻이다.

생선구이, 단순해 보여도 결코 단순한 음식이 아니다. 스테이크 못지않게 생선 굽기도 레벨이 있다. 로바타야키에도 장인이 있고, 하수가 있다.

생선을 잘 굽자니 시간과 품이 들고, 주문받는 즉시 서빙 가능하도록 그릴로 미리 구워놓으면 맛이 떨어지고…. 생선구이를 파는 음식점이 마주하는 딜레마다. 생선구이가 많이 팔릴수록 딜레마의 강도가 높아진다. 에도시대 사람들도 이런 고민과 맞닥뜨렸다. 그리고 생선구이 딜레마를 풀기 위해 독특한 기법을 개발한 사례가 있다. 이세신궁伊勢神宮 참배객을 안내하고 재우고 먹인 온시御師[17]가 그 주인공이다.

이세신궁은 규모로나 성격으로나 신사의 총본산에 해당한다. 에도시대 사람에게 이세 참배는 평생 한 번은 이루고 싶은 꿈이었다. 무슬림이 메카 순례를 일생의 업으로 여기는 것과 일맥상통한다.

입철포출녀入鉄炮出女. 화포가 에도 안으로 들어오는 것과 에도로 온 모든 다이묘大名의 처자들이 에도 밖으로 나가는 것을 엄금한다는 의미로, 에도시대 교통정책의 근간이다. 국경 넘어 다른 지역으로 가는 행위가 엄격히 제한된 에도시대에는 일반 백성에게 자유여행이란 무망한 바람이었다. 원칙상 여행이 허용되는 경우는 신사나 절 참배와 질병 치료를 위한 온천행(탕치)이었다. 그 밖에 산천 유람 목적으로 이동하는 행위는 금지됐다. 자신이 속한 나라, 즉 번을 무단으로 벗어나는 탈번脫藩은 위법행위로 간주됐다. 탈번한 후 각지를 떠도는 자는 다른 번에서도 범법자로 취급해 받아주지 않았다. 탈번하거나 번에서 내쳐진 사무라이를 낭인浪人이라 했는데, 시쳇말로 떠돌이 노숙자였다. 여행은 낭만이 아니라 낭패였다. 여행을 엄격히 통제한 에도시대는 아주 폐쇄적인 사회였다.

하지만 이세 참배는 예외였다. 인가된 여행이었다. 일상의 속

17 신사나 대형 사찰에 소속돼 참배객, 신자들의 숙식을 해결해 준 하급직 혹은 시설. 참배객을 대신해 기도를 올려주기도 했다. 온시가 많을 때는 이세 지역 일대에만 800명 이상이 있었다고 한다.

박을 벗어나 자유를 만끽할 수 있는 여행. 그래서 이세 참배는 여행을 꿈꾸는 이에게 꿀맛 같은 기회였다. 무사와 백성들이 얼마나 이세 참배를 학수고대했을지 이해된다. 들뜬 백성들은 무리를 지어 참배 길에 올랐다. 에도시대 중기에 이세 참배자 규모는 연간 40만 명이었다고 한다. 특히 1830년에는 참배가 절정에 달했는데, 자그마치 500만 명이 이세를 다녀간 것으로 추산된다. 당시 일본 열도 인구의 6명 중 1명꼴로 다녀온 셈이다.

이세는 늘 참배객들로 북적거렸다. 요샛말로 관광 1번지였다. 참배객이 온시에 한꺼번에 들이닥치면 2000명은 너끈히 넘었다. 온시의 주요 임무는 숙식 해결로 가장 큰 일이 식사 제공이었는데, 그중에서 배식이 가장 골칫거리였다. 모든 이에게 골고루 따끈따끈하고 제맛 나는 음식을 나눠줄 것. 예나 지금이나 단체배식의 철칙이다. 하지만 에도시대에는 쉽지 않은 일이었다. 특히 생선구이가 난제였다. 바닷가 지역인 이세는 예나 지금이나 해산물이 풍부해 생선요리가 많다.

한꺼번에 2000명가량 밀려드는데 짧은 시간에 그 많은 생선구이를 어떻게 감당한다는 말인가. 더욱이 식지 않고 따끈따끈한 생선구이를. 온시 조리사들은 해법을 찾기 위해 머리를 싸잡았다. 이렇게 해보고 저렇게 해보고, 실험을 거듭했다. 그러고는 마침내 … 유레카! 그들은 무릎을 탁 쳤다. 굽기 전에 먼저 생선을 커다란 대바구니에 수십 마리씩 담아 큰 솥에 넣고 쪄 내듯 익힌다. 그다음 대바구니째 들어낸 후 곧바로 생선들을 기다란 판자 위에 쭉 펼쳐 놓는다. 이제 비장의 기술이 들어갈 차례다.

불도장! 벌겋게 달군 인두로 누워 있는 생선에 탁탁탁 불도장을 찍는다. 최대한 잽싸야 한다. 치직치직 연기가 오르며 생선 겉면에 거무스레한 도장 자국이 생긴다. 도장 자국이 석쇠 모양을 띠면 금상첨화다. 외양은 제법 생선구이 티가 났다. 온전한 구이 맛은 아니지만, 그런대로 구이의 묘미는 살린 기법이다. 불도장은 시간 제약으로 생선의 한쪽 면에만 찍었다고 한다.

에도시대 중기인 1712년 편찬된 백과사전 『화한삼재도회』는 갖가지 생선을 소개하며 등급을 매겼다. 빨리 상하고 비린내가 심하다는 이유로 등 푸른 생선을 '생선 중 하품'이라고 적었다. 전갱이, 고등어, 이와시는 언급되지만, 꽁치는 안 보인다. 등 푸른 생선 중에서 꽁치는 하품 축에도 못 끼는 것으로 여겼으려나.

꽁치도 무진장 잡힐 때는 정어리나 청어처럼 기름을 뽑아내 호롱불 연료로 썼다. 하지만 기름의 질이 나빠 그을음이 많고 냄새가 고약하며 숨쉬기 불편해 오래 불을 붙여놓을 수 없었다고 한다. 생선을 짜서 얻은 기름 어유魚油는 호롱불을 밝히는 데 유용했지만, 17세기 이후 유채기름(채종유 혹은 카놀라유)으로 서서히 대체됐다. 유채의 씨에서 뽑아낸 기름이 어유보다 질이 좋고 가격도 훨씬 쌌다. 유채밭이 급속도로 늘어나면서 어유는 설 땅을 잃었다.

물레방아 같은 수차水車 활용이 늘면서 기름 짜기의 효율이 증대돼 유채밭 확산을 견인했다. 유채기름은 덴푸라 같은 튀김 요리에도 요긴했다. 유채기름 생산량의 증가로 덴푸라 값도 싸졌다. 여로모로 쓸모 많았던 유채기름은 일본 식문화 바퀴의 윤활유였다.

에도 사람들이 두루두루 꽁치를 먹기 시작한 시기는 1780년대다. 그 근거로 삼는 이야기가 있다. '설마 그럴 리가' 하다가 고개를 끄덕였다.

연호年号[18]가 안에이安永(1772~1781)로 막 바뀌었을 때다. 머리 회전이 빠른 어느 생선장수가 새 연호를 차용해 "싸고 긴 건 꽁치라네安くて長きはさんまなり"라는 문구를 써 붙이고 꽁치를 팔았는데 대박이 났다(안에이의 '안安'에는 '평안하다' 외에 '싸다'는 뜻이 있고, '영永'은 '오래 변함없다'는 의미인데 '길다'와 상통한다). 그러자 꽁치를 쳐다도 안 보던 사람들이 너도나도 꽁치 좌판을 기웃거렸고, 줄줄이 꽁치를 사 갔다. 그 이후 꽁치가 서민 생선으로 자리 잡았다.

제철 음식의 선두 주자 '맏물 생선'은 비싸기 마련인데, 꽁치는 맏물이라도 쌌다. 싸구려 꽁치도 연호와 연관 짓자 눈길도 가고 손길도 갔다. 썩 괜찮은 판매전략이었다. 연호 개원改元으로 들뜬 마음과 연호는 신성한 것이라 나쁜 기운을 물리쳐 준다는 대중의 믿음이 맞물려 지갑을 열게 했다. 그러고 보면 연호 개원을 장

18 천황의 즉위 기간에 붙는 명칭. 천황이 바뀌면 연호가 바뀐다. 2019년 5월 일본 연호는 헤이세이에서 레이와로 바뀌었다.

사에 활용하는 모습은 예나 지금이나 변함없다. 2019년 새 연호 레이와令和 개원 때도 레이와 명칭을 활용한 상품이 쏟아지지 않았던가. 장삿속도 만세일계萬世一系인가 보다.

예전에는 도쿄를 경계로 '생선을 구울 때 소금을 치느냐 안 치느냐'가 나뉘었다. 도쿄 일대와 그 서쪽 태평양 연안지역은 생선에 소금을 친다. 반면 간토의 동쪽 내륙은 치지 않는다. 지역 특성상 소금이 희소해서 주로 반건조 생선을 구워 먹었다. 그러면 짠맛이 나면서 간이 맞았다.

일본 농수산성 관료 출신인 나가사키 후쿠조長崎福三는 『어식의 백성魚食の民』이란 책에서 종전 직후 대학 강단에서 겪었던 흥미로운 일화 한 토막을 소개한다. 그는 학생들에게 이런 질문을 던졌다. "각자가 가장 맛있다고 생각하는 생선을 말해보라."

홋카이도 출신 학생은 "청어"라고 답했고, 센다이仙台에서 학창 시절을 보낸 학생은 "멍게와 굴", 도야마에서 온 학생은 "방어"라고 서슴없이 말했다. 그런데 도쿄에서 나고 자란 학생은 이내 대답하지 못하고 잠시 뜸을 들이다가 한마디 툭 뱉었다. "꽁치인가?" 꽁치가 도쿄에서 어떤 존재인지 어렴풋이 와닿는다.

꽁치는 먹이를 찾아 북쪽에서 남쪽으로 이동하는 회유어다. 북쪽의 차가운 바다에서 여름철을 보내고, 가을이 되면 남하한다. 북쪽 바다에서 꽁치는 마치 인간이 추워지면 외투를 챙겨 입는 것처럼 제 몸에 지방이라는 외투를 걸친다. 이 지방의 두께가 꽁치의 맛을 결정짓는다.

꽁치는 남쪽의 따뜻한 바다로 내려가는 동안 더워서 외투를 벗듯 지방을 털어 낸다. 남쪽 바다에서 잡힌 꽁치일수록 고소함이 떨어지는 이유는 거기에 있다. 도쿄 인근 바다에서 잡힌 꽁치보다 도쿄 위쪽에 있는 차가운 바다에서 잡힌 꽁치가 더 지방이 많고 고소하다. 그러니 기름이 뚝뚝 떨어지는 고소한 꽁치를 기대한다면 홋카이도, 아오모리, 이와테 앞바다에서 잡은 꽁치가 딱이다. 에도시대 메구로의 꽁치는 도쿄 앞바다에서 잡은 것일 터이고, 요즘 메구로축제의 꽁치는 저 북쪽 바다에서 왔을 확률이 높다. 한 해의 꽁치잡이는 회유 루트를 따라 북쪽에서 시작해 남쪽으로 이어진다. 꽁치 시즌 역시 남행 코스를 탄다. 꽁치 어획량이 가장 많은 곳은 후쿠시마현이고, 꽁치 소비량이 가장 많은 곳은 아오모리현이다.

유명한 푸드 칼럼니스트이자 발효학자인 고이즈미 다케오小泉武夫는 "매년 가을 꽁치가 집으로 배달돼 오면 웬일인지 가슴이 콩닥콩닥 뛰고 흥분되면서 즐거워진다"라고 했다.[19] 어쩌면 도쿄인의 DNA에는 꽁치의 맛, 꽁치 굽는 냄새가 배어 있을지도 모른다. 가을철 도쿄를 여행하게 되면 메구로의 꽁치구이 한 입 어떠신가.

19 고이즈미 다케오의 『음식이 있으면 즐거움이 있다食あれば楽あり』(日本経済新聞社, 2014) 중에서.

鰹 | 가다랑어 |

맏물과 제철, 목이 빠져라 기다리는 맛

곧 떠난다. 지금 붙잡지 못하면 내년에나 볼 수 있다. 잡을 것인가 말 것인가. 마음은 연신 발을 동동 구른다.

영영 떠나갈지 모를 연인을 향한 감정이려니 하겠지만, 인간 애정사 얘기를 하려는 것이 아니다. 가다랑어 이야기다. 18~19세기 에도 사람에게 가다랑어, 특히 그해의 첫 테이프를 끊는 맏물 가다랑어(하쓰가쓰오)初鰹는 애닳는 연인이었다. 그런 '가다랑어 감성'은 21세기의 도쿄 사람에게 그대로 대물림됐다.

봄바람이 제법 포근해지면 에도 사내들은 가슴이 설렜다. 곧 가다랑어를 만나기 때문이다. 가다랑어는 알을 낳기 위해 구로시오해류를 타고 규슈, 시코쿠四国 앞바다를 지나 북상한다. 사내들은 이때 잡히는 첫 가다랑어, 즉 맏물을 구하고자 동분서주한다. 있는 돈 없는 돈 그러모아 가다랑어 물색에 나선다. 첫눈에 반해 눈에 콩깍지가 씐 남정네마냥 가다랑어를 향해 직진한다. 앞뒤 재지 않는다.

만물 가다랑어를 향한 에도 남정네들의 애정이 어느 정도였는지 보여주는 단면이 19세기 초 문인 오다 난포大田南畝의 수필집 『임신장기壬申掌記』에 묘사돼 있다.

> 음력 3월 스무닷새, 니혼바시 어시장에 만물 가다랑어 17마리가 들어왔다. 6마리는 에도성에서 마리당 정가 2500몬文인 것을 2할 더 쳐주고 3000몬씩에 사 갔다. 남은 11마리 가운데 산야山谷의 요릿집 야오젠八百善(에도시대 이름을 날린 고급 요정)에 1마리 팔리고, 시타야下谷 쪽 어떤 무가 저택에 가는 선물로 2마리가 팔렸다. 가격은 마리당 금화 2료兩 1부. 나머지 8마리 가운데 1마리를 신바新場[20] 어시장의 생선가게에서 나카무라 우타에몬中村歌右衛門(가부키 배우)이 금화 3료를 주고 사 가 산카이三階(가부키 극장 3층 분장실을 쓰는 단역급 배우)에게 먹였다.

에도시대 화폐는 금화金貨, 은화銀貨, 전화錢貨 세 종류다. 전화는 구리, 주석 등이 재료이며, 둥글고 가운데 구멍이 뚫려 있다. 흔

20 니혼바시 어시장의 성장에 자극받아 니혼바시 인근에 생긴 소규모 어시장. 투자와 운영 주체는 니혼바시 어민들과 다르다. 신사카나바新肴場라고도 불린다. 신바가 생기자 니혼바시 어시장은 고바古場라는 별칭을 얻었다.

히 동전으로 불리게 된 화폐다. 금화의 단위는 료兩, 은화는 몬메匁, 전화는 몬文이다. 금화 1료의 가치는 오늘날 얼마일까. 시기별로 물가가 다르기 때문에 화폐 가치도 변한다. 19세기 초 1료의 가치는 2020년 기준으로 7만 5000엔에서 13만 엔 사이다. 편의상 10만 엔으로 잡자.

19세기 초에는 금화, 은화, 동전의 교환 비율이 대략 '금화 1료=은화 62몬메=동전 6600몬'이었다. 『임신장기』에서 가다랑어 1마리 정가가 2500몬이었으니 현재 가치로 환산하면 3만 7000엔이 조금 넘는다. 우리 시세로 보면 얼추 40만 원이니 입이 떡 벌어질 가격이다. 고가의 가다랑어를 얻기 위해 웃돈까지 얹어 주었다. 심지어 스타급 가부키 배우는 가다랑어 1마리에 거금 30만 엔, 즉 300만 원 이상 썼다. 에도시대 가부키 배우의 수입이 정상급 영화배우 혹은 프로스포츠 스타와 비견되는 수준이라고는 하지만, 그 씀씀이가 놀랍기만 하다. 당시 초밥 한 접시가 요즘 시세로 환산하면 1950엔이었고, 메밀소바 한 그릇이 520엔가량 했으니 가다랑어가 얼마나 고가였는지 짐작된다. 혹시 '가다랑어가 아니라 참치겠지' 하고 의심할 만하지만, 아니다. 참치는 에도시대에 하품 취급을 받았다. 참치 값은 가다랑어보다 훨씬 낮았다. 100년 전까지 참치는 가다랑어 발뒤꿈치에도 못 미쳤다.

워낙 수량이 적다 보니 맏물 가다랑어를 파는 쪽이 갑이었다. 부르는 게 값이었다. 하지만 가다랑어는 쉽게 상한다는 단점이 있다. 오전 가다랑어, 오후 가다랑어가 다르다는 말도 그런 단점을 가리킨다. 가다랑어 값은 오후가 되면 떨어졌고, 상한 냄새가 나서 잘 팔리지 않았다. 그런데도 상한 가다랑어를 사 먹고 식중독에 걸리는 사례도 속출했다. 그래서 어민들은 꾀를 냈다. 가다랑어를 싱싱하게 보이도록 몸통에 광석을 발랐던 것이다. 이런 장난질을 치면 생선살이 단단해져 부패를 지연시킬 수 있었다. 언뜻 보기에 윤택이 흐르고 비린내도 잡아주었다. 소비자는 깜빡 속았다. 눈속임 식품은 현대 사회에 나타난 현상만은 아니다.

만물 가다랑어는 다타키タタキ로 요리해 먹는 것이 일반적이었다. 가다랑어 다타키는 지금까지 만물요리의 심벌로 여겨지며 사랑받고 있다.

싱싱한 가다랑어 껍질을 벗겨 낸 후 살코기를 네 장으로 자른다. 살코기 덩어리를 쇠꼬챙이에 꽂는다. 짚풀에 불을 붙여 한 장씩 굽는다. 순간 화력이 좋은 짚불이 숯불보다 제격이다. 짧은 순간에 겉만 익혀야 하기 때문에 짚불이 안성맞춤이다. 스테이크를 레어로 굽듯 겉만 바짝 익히는 것이 포인트다. 다 굽고 나면 얼음물에 한 번 담갔다 뺀다. 탱글탱글한 식감을 얻기 위해서다. 세로로 먹기 좋게 썰면 레드와인 빛깔의 속살이 드러난다. 찍어 먹는 소스는 폰즈ポン酢[21]. 폰즈에 찍어 얇게 저민 마늘과 함께 먹는다.

21 시큼한 맛을 내는 감귤류즙과 간장을 섞어 만든 소스.

에도 사람은 소금이나 다레 소스[22]를 발라 먹었다. 옛날에는 가다랑어에 소금, 다레를 바른 뒤 손바닥으로 가다랑어 표면을 탁탁 두드렸다. 소금, 다레가 잘 스며들도록 하는 테크닉이다. 소금이 귀해 재료를 아끼려는 방편이었다. 탁탁 두드린다고 해서 다타키叩き, 그것이 음식명이 됐다.

가다랑어 다타키는 내유외강이다. 겉은 딱딱하고, 속은 부드럽다. 이질적인 두 가지 식감이 절묘하게 교차한다. 가다랑어는 쉬이 상하기 때문에 신선함을 되도록 오래 유지하기 위해 겉면을 익혔다. 또 가다랑어는 비린내가 강한데, 겉면에 불맛을 입히면 비린내가 잡힌다. 단단한 겉면은 무르고 퍼지기 쉬운 가다랑어 살코기의 약점을 보완한다. 겉은 구이 맛, 속은 사시미 맛. 표리부동한 두 가지 식감이 입안에서 뒤섞이며 독특한 풍미를 자아낸다.

다타키는 원래 어민들이 바닷가에서 일하다 출출할 때 즉석에서 해 먹던 간편식이었다. 에도시대에는 풍류객, 미식가의 인기 음식이었다가 이제는 시코쿠, 도쿄 사람에게 4~5월의 계절감을 상징하는 맛이 됐다.

가다랑어 다타키의 탄생 스토리를 낳은 곳은 고치현이다. 고치현은 일본에서 가다랑어 소비량이 가장 많은 곳이다. 고치현이 도사土佐로 불리던 1601년이 배경이다. 에도 막부 성립 후 도사에

22 간장, 미림, 설탕 혼합물을 불에 졸여 만든 소스.

새 영주로 부임한 야마우치 가즈토요山内一豊는 도사 어민들 사이에서 식중독 사고가 빈번함을 알게 됐다. 그 원인을 추적해 보니 가다랑어 생식 습관이 범인인 것으로 추정됐다. 그는 곧장 가다랑어를 날로 먹지 말고 익혀 먹으라는 포고문을 내렸다.

어민들은 난감했다. 나랏법을 따르자니 옛 맛이 그리워 못 견디겠고, 법을 어기자니 처벌이 두렵고. 어민들은 마침내 묘안을 찾아냈다. 완전한 날것이 아니면서 겉만 익힌 가다랑어. 바로 다타키였다. '익히긴 했으니 위법은 아니지 않나.' 어민들은 아전인수로 해석했다. 신종요리 다타키에 대해 영주와 도사번 관리들은 어떤 유권해석을 내렸는지 알 길은 없지만, 다타키는 그 후로 무사히 살아남았다.

가다랑어의 본고장 고치현은 예부터 술꾼이 많기로 유명하다. 이 술꾼들의 단짝으로 '슈토酒盜'라는 젓갈이 있다. 슈토란 글자 그대로 '술 도둑'이다. 술을 훔쳐서라도 먹게 된다는 뜻과 도둑처럼 어느 틈엔가 술을 훔쳐 가버린다는 뜻이 있다. 한마디로 술을 부르는 안주라는 말이다.

슈토의 재료는 가다랑어의 위와 창자다. 가다랑어 내장을 소금에 절여 항아리에 밀봉해 서늘한 곳에서 두 달가량 푹 삭힌다. 매일 두세 차례 내장을 휘저어야 제대로 익는다고 한다.

슈토를 소주 안주로 먹어본 적이 있다. 짠맛과 부패 직전의 곰삭은 맛이 강했다. 너무 짜고 익숙하지 않은 젓갈 맛이라서 서너 젓가락 만에 포기했다. 한두 번 먹어서는 슈토의 참맛을 모른다는 말이 있다는데, 맞는 말인가 싶다. 고치현에서는 슈토의 참맛을 모르면 술꾼이 아니고 슈토가 익숙해져야만 비로소 술꾼이 된 것이라는 농담이 있다. 슈토용 가다랑어는 봄철이 아닌 가을철에 잡힌 것을 쓴다. 봄 제철 가다랑어는 지방질이 많아 젓갈 용도로 부적합하기 때문이다.

아내를 전당포에 잡혀서라도 먹고야 만다는 만물 가다랑어. 과연 만물 가다랑어는 다른 가다랑어를 뛰어넘는 최고의 맛이었을까. 그렇지 않다. 만물 가다랑어보다 만물 때로부터 최소 10일이 지났을 무렵 잡히는 가다랑어가 더 맛있다고 한다. 이른바 '제철' 가다랑어다.

흔히 농수산물이 물리적으로 가장 맛있을 때를 제철이라고 한다. 가다랑어도 당연히 제철이 가장 맛있다. 제철과 만물은 엄연히 다르다. 그런데 가다랑어는 제철보다 만물이 더 사랑받았다. 왜냐하면 만물은 봄을 맞이하는 기대감과 최초라는 쾌감을 주기 때문이다. 또한 한정판을 사기 위해 오픈 런 사태가 벌어지는 것처럼 희소성이 특징인 만물 역시 한정판을 샀을 때 느끼는 성취감을 준다. 너희는 못 먹어봤지? 나는 먹어봤어! 어깨가 으쓱해지는 맛이다. 허영의 맛이다. 그래서 더욱 맛있게 느껴진다. 실제로 맛있다기보다 느낌상 가장 맛있다. 그러니 만물의 맛은 혀가 아니라 가슴이 느끼는 것이다. 에도시대의 만물 구매 열기는 소비행위와 욕망의 관계를 단적으로 보여준다.

어패류, 채소류가 가장 맛있는 때, 그러니까 수확하기 가장 적절한 시기가 곧 제철이다. 당연히 제철에 수확량이 정점을 찍는다. 제철은 일본어로 '슌旬'이다. 제철은 맏물, 한물, 끝물 세 시기로 나뉜다. 제철과 맏물을 동일시하는 경우가 많은데, 맏물은 제철의 한 시기임을 잊지 마시라.

일본 천황이 신하로부터 정책과 정국 전반에 대한 이야기를 들으며 술을 베푸는 '슌엔旬宴'이라는 의식이 고대부터 있었다. 4월과 10월에 열린 슌엔은 그 계절을 대표하는 식재료로 요리를 구성했다. 제철 '슌' 의미의 뿌리는 슌엔에 있다.

요리의 시작점이 식재료 고르기라면 식재료 고르기의 우선 고려사항은 제철이다. 요리가 우수한 성적으로 완주하려면 제철 식재료가 필요하다. 자연이 곧 식재료 저장고였던 옛날에는 더더욱 그랬다. 일본에서 가장 오래된 요리책은 『요리 이야기』로 1643년 간행됐다. 이 책을 시작으로 다수의 요리책이 세상에 나왔다. 18세기 일본에서는 요리책 붐이라 해도 무방할 만큼 다양한 요리 관련 서적이 쏟아졌다.

요리책의 출간은 요리에 대한 인식을 바꿔놓았다. 요리의 비밀주의가 깨지고 요리 기술도 불특정 다수와 공유할 수 있다는 인식이 싹텄다. 오랫동안 요리를 한 가문의, 한 요리 유파의 비전祕傳으로 여긴 통념에 금이 가기 시작한 것이다. 요리의 대중화라고 할 수 있다. 요리책 붐은 요리의 상업화 풍조가 촉발한 현상이지만, 요리 지식 보급과 미식 풍조를 부채질했다.

그런데 요리책의 상당수는 한 가지 공통점을 띤다. 책의 구성인데, 요리를 소개하는 순서가 계절 혹은 제철 재료를 기준으로 짜였다는 점이다. 근세의 일본 요리사들은 제철을 요리의 시작점으로 인식했음을 보여주는 증거다. 제철은 요리라는 구조물의 주춧돌이었던 셈이다. 요리의 무게 중심이 완성품이나 요리 기법보다는 재료에 있었다. 제철을 테마로 하거나 제철 재료에 따라 요리책을 구성하는 것은 오늘날에도 심심찮게 볼 수 있다.

물고기의 제철은 산란과 밀접하게 관련된다. 바닷물고기 전부는 아니지만 상당수는 산란 직전에 가장 좋은 풍미를 낸다. 산란을 위해 먹이를 닥치는 대로 잡아먹어 몸속 지방이 최고조에 달하기 때문이다. 기름기가 한껏 오르고, 포동포동 살이 찐다. 그래서 여름에 산란하는 물고기는 봄에 가장 맛있고, 가을에 산란하는 물고기는 여름에 가장 맛있다고 한다. 가다랑어와 삼치는 여름에 알을 낳고, 농어와 은어는 가을에 알을 낳는다. 가다랑어의 제철은 한 해 두 차례 온다. 산란 전인 봄과 산란 후 일본 해안을 따라 남하하는 가을이다. 가을보다 봄철 가다랑어가 고지방이라 더 고소하다.

산란과 맛의 관계는 조개류에도 적용된다. 백합과 바지락은 수온이 올라가는 여름철에 산란하는데, 산란하기 전 3~5월이 제철이다. 일본의 굴은 6~10월이 산란기다. 산란기의 굴을 먹으면 탈이 나기 십상이니 이때는 피해야 하며, 겨울이 제맛이다.

제철 생선이 맛있는 이유는 과학으로도 증명된다. 생선의 맛을 좌우하는 건 두 가지다. 지방질과 이노신산inosinic acid. 서로 다른 생선에서 기름기가 거의 없는 부위를 떼어 내 먹어보면 구분이 안 갈 정도로 맛이 엇비슷하다. 지방질의 차이로 인해 생선은 저마다 다른 맛을 내기 때문이다. 인간의 혀는 지방 성분이 적당히 있는 것을 맛있게 느낀다. 만약 모든 생선의 지방 함량이 똑같다면 생선 맛은 오십보백보일 것이다.

이노신산은 근육 속에 포함돼 있으며, 감칠맛을 유발한다. 생선을 건조하면 이노신산이 증폭해 감칠맛도 상승한다. 오징어 같은 연체동물은 이노신산이 없다.

'맏물 75일'이라는 표현이 있다. 맏물 생선을 먹으면 75일 더 산다는 뜻이다. 맏물이 건강에도 좋다는 말인데 의학적 근거는 없다. 그 유래는 엉뚱하지만 위트가 있다. 에도시대, 한 사형수에게 집행관이 "죽기 전에 먹고 싶은 것 한 가지만 말하라. 소원을 들어주겠다"라고 말한다. 사형수는 철이 아닌 생선 이름을 댔다. 하루라도 더 목숨을 부지하려고 잔머리를 굴린 사형수가 당장 구할 수 없는 생선을 요구한 것이다. 어쩔 수 없이 다음 맏물이 돌아올 때까지 한 시즌을 기다려야 했다. 날짜로 환산하니 75일 후였다. 잔머리를 굴린 사형수는 결국 맏물도 맛보고 75일을 더 살았다. '맏물 75일'이 유래와 달리 건강에 유익하다는 의미로 바뀐 것은 어째서일까. 그 배경에는 맏물 신드롬이 있다.

고대인은 맏물을 신神에게 1순위로 갖다 바쳤다. 햇과일, 햅쌀, 맏물 생선 등 첫 수확물은 신사와 절에 공양했다. 수확물 중 가장 큼직하고 때깔 좋은 것을 골라 신에게 올렸다. 그러면서 수확물에 감사하고 다음번 풍작을 빌었다. 어촌의 민가는 갓 잡은 생선을 말려 부엌 벽에 걸어두고는 했는데, 이 또한 맏물 공양 풍속에서 비롯됐다. 그래서 인간이 신보다 먼저 맏물을 입에 대면 부정 탄다고 믿었다. 각 지방마다 토산물을 거두거나 어패류를 끌어 올리는 수확기나 제철이 되면 어김없이 마쓰리祭り[23]가 벌어진다. 계절이 선사한 풍요를 축하하고 계절 음식을 즐기는 것이 마쓰리 아니던가. 마쓰리는 제철과 관계가 깊다. '맏물-제철-마쓰리-신사'는 일본 농어민 생활의 씨줄과 날줄이었다.

책 『에도마에 어식 대전』은 에도의 맏물 신드롬 근원을 도쿠가와 이에야스德川家康가 사랑한 오리도 가지折戸ナス에서 찾는다. 시즈오카현静岡県이 주산지인 오리도 가지는 당구공처럼 동글동글하다. 첫 수확한 오리도 가지는 항상 특송으로 쇼군 도쿠가와 이에야스에게 헌상됐다. 이에야스는 자신이 좋아하는 것으로 '첫째 후지

23 일본 마쓰리는 제사와 축제 두 가지 성격을 동시에 지닌다. 통상 특정한 신사나 사찰과 관련해서 열리는데, 신사의 수호신과 사찰의 불상에 감사를 드리는 행사다. 지역 공동체는 춤, 퍼레이드 등 각종 볼거리와 먹거리를 즐기며 서로 단합력을 다진다.

산, 둘째 매, 셋째 가지'를 꼽을 정도로 오리도 가지를 즐겨 먹었다. 이 소문이 항간에 돌고 돌아 무사들 사이에서 '우리도 쇼군처럼 만물 가지를 먹어보자'는 풍조가 일었다. 이른바 만물 신드롬이다. 당연히 가지 값은 급등했다.

만물 먹기가 일반 백성으로 옮아간 때는 대략 17세기 말로 보인다. 에도 스나무라砂村(현재 도쿄 고토구 스나마치)에 살던 농업 연구가 마쓰모토 규시로松本久四郎가 가지와 오이 속성재배에 성공했다. 비결은 온실이었다. 밭에 담을 치고 반투명 지붕을 얹었다. 지붕에는 기름칠한 방수 장지문을 달아 비가 오면 닫고 해가 쨍쨍 나면 열었다. 이 에도판 비닐하우스는 가지 수확 시기를 종전보다 한 달 이상 앞당겼다.

규시로가 재배한 가지와 오이는 처음에는 에도성에 헌상됐다. 하지만 어느 순간 호상豪商들이 돈을 싸 들고 와서 만물 채소를 강탈하듯 사 갔다. 얼마 후에 속성재배한 가지와 오이가 큰 돈벌이가 된다는 소문이 장안에 쫙 퍼졌다. 에도 근교 농가는 경쟁적으로 가지와 오이 속성재배에 뛰어들었다.

이런 일련의 일들이 막부 관료들의 귀에 들어갔다. 막부는 상인과 백성이 존엄한 무사 계급을 제치고 만물을 먼저 입에 댄다는 사실을 중대 사태로 판단했다. 또한 사치풍조를 조장해 서민 경제에 해악을 끼친다고 봤다. 이윽고 1686년 채소 출하 시기를 제한하는 규제가 실시됐다. "이것은 8월부터 먹어라, 저것은 4월부터 먹어라” 하는 식으로 나라에서 농산물 유통 시기를 설정한 것이다. 나라에서 정한 시기는 통상 제철과 맞아떨어졌다. 제철은 수확량이 가장 많을 때라 값이 싸다. 결국 쌀 때 사 먹으라는 소리일 텐데, 민생 경제의 안정 차원이라면 나름 고개가 끄덕여지는 정책이다.

만물 신드롬은 물가에도 영향을 주었다. 만물 신드롬으로 햇농산물 가격이 들썩거렸다. 실제로 가지, 호박은 제철이 오기 직전에 특히 비싸게 거래됐다. 지배계급 무사들은 이 현상이 못마땅했다. 그들에게 소비는 미덕이 아니었다. 사회불안을 자극하는 요소였다. 만물 신드롬 같은 소비 과열은 좌시할 수 없는 현상이었다. 그래서 그들은 만물 신드롬에 제동을 걸어 서민 경제를 건전화하고자 했다. 하지만 그런 계획은 번번이 과녁을 벗어났다. 에도의 상업 경제가 고속 성장하는 추세여서 짧은 시간 안에 부를 축적한 상인이 늘어났고, 이들의 소비는 고삐 풀린 망아지 꼴이었다. 채소에서 시작된 만물 신드롬은 어패류로도 옮아갔다. 급기야 1742년에는 주요 어패류의 출하 시기까지 통제됐다. 이런 식이다.

송어, 정월부터. 가다랑어, 4월부터. 은어, 4월부터. 해삼, 8월 말부터. 연어, 8월 말부터. 뱅어, 12월부터(음력 기준).

18세기 후반 에도의 풍속을 담은 『인심요지경人心覗機関』은 만물 순위까지 싣고 있다. 중앙의 정책에도 불구하고 만물 열풍이 사그라들지 않았음을 보여준다. 신드롬의 강도를 보여주는 만물 인기 순위를 나열하면 이렇다.

1. 만물 가다랑어
2. 봄나물
3. 봄은어, 정월대보름 떡, 햇송이버섯, 햇죽순
4. 햇차新茶, 햇가지, 어린 숭어スバシリ
5. 만물 붕어, 햇보리, 햇박고지, 햅쌀, 햇생강

맛으로 따지면 만물보다 제철이 더 낫건만 왜 굳이 만물에 몸달았을까. 만물 사랑은 맛에 대한 갈망이라기보다 과시욕, 허세를 좇는 유희에 가깝다. 만물 가다랑어 소비 붐은 갑자기 거부巨富가 된 에도의 상인들 사이에서 촉발됐다. 이들은 당대 패셔니스타 내지 트렌드에 민감한 세칭 인싸족이었다. 음식 하나를 사 먹어도 즐거움과 멋을 중시했다. "가격이나 가성비 같은 것은 개나 줘라." 두둑한 주머니 사정을 배경으로 흥청망청 돈을 뿌리며 새로운 맛과 멋을 추구했다. 이들 부류는 세련미를 뜻하는 이키粋, 무언가 하나에 꽂혀 멋을 추구하는 쓰通 같은 문화 조류를 일으켰다. 에도판 뉴웨이브다. 이들은 유독 만물 가다랑어에 꽂혔는데, 그 행태가 흡사 오타쿠를 빼닮았다. 따라서 만물 가다랑어 광풍은 졸부 인싸족의 멋내기와 뽐내기, 즉 허영기 어린 소비였다. 그러다 보니 만물 가다랑어 값이 천정부지로 뛰는 건 당연했다.

따지고 보면 먹거리를 오로지 자연에만 의존한 고대인들에게 제철 재료만 한 것은 없었다. 계절과 기온 변화가 뚜렷한 동아시아에 살았던 사람은 더욱 그랬다. "일은 게을리해도 식사는 언제나 제철의 맛을 찾는다." 중국 한나라의 사회문제를 다룬 『염철론鹽鐵論』에 등장하는 구절이다. 『염철론』이 쓰인 2000여 년 전 살았던 사람들이 간파한 제철 취향은 지금도 변함없다.

우리는 배를 채우기 위해서도 먹지만, 허영심이나 과시욕을 채우기 위해서도 먹는다. 만물 가다랑어가 바로 그런 경우다. 만물 신드롬은 식문화가 다채로워지면서 유희적 면모가 강해질 때 흔히 나타나는 현상 가운데 하나였다. 만물이 한창 유행한 시기에 술 마시기 대회, 많이 먹기 시합 같은 이벤트가 줄을 이은 것도 같은 맥락이다. 먹는 행위의 본질은 삶의 지속이지만 놀이의 속성도 지녔다. 유튜브와 공중파 채널에서 각광받는 먹방은 먹기의 놀이적 속성에 충실한 콘텐츠라고 할 수 있다.

그러나 에도의 만물 신드롬은 오래가지 않았고, 에도 이외 지역에서는 찾아보기 힘들었다. 에도 사람에 비해 오사카 사람은 만물에 대한 집착이 약하다고 한다. 오사카 사람은 만물 때보다 다소 시간이 지나 산출량이 많아지는 때 사 먹는 성향이 있다는 것이다. 왜냐하면 그때 농수산물 값이 싸지기 때문이다. 기분파 에도 사람과 실속파 오사카 사람의 차이가 제철 식재료를 대하는 태도에서도 드러난다.

만물을 '하시리走り'라고도 한다. 빠르게 지나간다는 뜻이다. 아차 하는 순간 떠나버리니 망설이면 놓친다. 버스 떠나고 손 흔들어 봤자 아무 소용이 없다. 사랑과 인생도 그렇지 않은가. '그때'에 충실할 일이다.

가다랑어만큼 개체별 맛 차이가 큰 생선도 드물다. 같은 무리에서 잡힌 가다랑어라도 맛이 천차만별이다. 어지간한 미식가가 아니더라도 그 맛의 차이를 감별할 수 있다고 한다. 물속을 고속 질주하는 습성에서 비롯된 것일까? 수영 실력 차이가 맛의 차이를 초래하는 것일까? 잡아먹은 먹이가 달라서일까? 과학도 풀지 못한 불가사의다.

蛤 |백합|

갯벌 연정, 헤어져야 아는 맛

미소된장을 푼 물에 바지락살과 대파를 넣고 한소끔 끓인 다음 밥 위에 붓고 김 가루나 계란 지단으로 마무리한다. 초간단 후카가와메시深川めし다. 미소된장 대신 소금으로만 간을 해도 상관없다. 쌀을 안칠 때부터 바지락을 넣고 짓는 밥 또한 후카가와메시라고 한다.

메이지시대 도쿄 빈민가를 취재한 르포집 『최암흑의 도쿄最暗黒の東京』[24]에 후카가와메시를 소개하는 구절이 나온다.

> 이것은 개량조개의 조갯살에 파를 다져 넣고 뭉근하게 끓여서 주문이 들어오는 대로 사발에 푼 흰쌀밥 위에 뿌려내는 즉석요리다. 한 그릇에 1센 5린. 일반 사람은 바다

24 한국에서는 『도쿄의 가장 밑바닥』(김소운 옮김, 글항아리, 2021)이란 번역서로 출간됐다. 인용문은 이 번역본에서 따왔다.

> 비린내가 나 먹기 역하지만, 그 바닥에서는 가장 간편한
> 겨울철 음식이어서 가게에 주문이 밀려든다.

르포집은 후카가와메시를 인력거꾼 등 하층민의 음식이라고 덧붙였다. 손님이 언제 올지 모르는 인력거꾼의 특성상 후다닥 말아서 후루룩 먹을 수 있는 후카가와메시는 주린 배를 채우기에 안성맞춤이었을 것이다. 값도 아주 싸서 가난한 인력거꾼은 주머니 사정을 걱정하지 않아도 됐다.

국물이 넉넉해 후루룩 말아먹기 좋은 후카가와메시는 우리네 국밥과 닮았다. 스타일만 닮은 게 아니라 정서도 닮았다. 한국 국밥도, 일본 후카가와메시도 육체 노동자와 빈민의 정서를 담고 있다. 원래 후카가와메시는 도쿄 후카가와 어부들이 뱃일하기 전에 초스피드로 해 먹던 요리였다. 어부들 역시 고된 노동 속에서 가난하게 살았다. 후카가와메시의 탄생 배경부터 빈민의 정서가 물씬 난다.

고한ご飯과 메시飯. 똑같이 밥을 가리키지만, 둘의 뉘앙스는 다르다. 통상 갓 지어 뜨끈뜨끈한 밥을 고한, 오래 두어 식은 밥을 메시라고 한다. 후카가와메시도 식은 밥을 썼다. 국밥류는 뜨끈한 밥보다 식은 밥을 써야 제맛이 난다. 국밥이란 식은 밥을 간편하고 맛있게 먹어치우기 위해 고안된 묘수다. 후카가와메시도 마찬가지. 식은 밥에 김이 모락모락 나는 바지락 국물을 부었다. 후카가

와메시는 1939년 일본 궁내성에서 선정한 일본 5대 메시(밥) 중 하나다. 전통성과 향토성을 인정받았다.

후카가와메시는 후카가와돈深川丼, 후카가와돈부리深川丼로도 불린다. 국물이 자작하다는 점에서는 후카가와메시보다 덮밥을 의미하는 후카가와돈이 더 정체성에 부합해 보인다. 그런데 수십 년 전에는 바지락이 들어간 것을 후카가와메시, 백합을 넣은 것을 후카가와돈 이렇게 둘로 구분해서 말한 듯하다. 도쿄 남북을 가로질러 흐르는 스미다가와隅田川 하구에 자리 잡은 후카가와는 매립되기 전까지 백합의 보물창고였다. 도쿄만이 오염되고 해안 곳곳이 시멘트와 모래로 메워지면서 백합도 후카가와돈도 추억 속으로 사라져 갔다.

후카가와에는 강물이 바다와 만나는 삼각주가 발달했다. 에도시대 후카가와는 갈대 무성한 습지대여서 온갖 새들이 제집처럼 드나들었다. 또한 작은 수로들이 실핏줄처럼 뻗쳐 있어서 배와 물건이 무시로 오갔다. 후카가와가 속한 도쿄 고토구江東区에서는 에도시대 내내 크고 작은 매립공사가 이어졌다. 인근 야산을 깎아 낸 흙을 야금야금 가져다가 해안을 메웠다. 오로지 사람의 손에 의지한 대공사였다. 고토구 매립공사는 메이지시대를 거쳐 지금까지 끊이지 않고 있다. 그래서 오래전부터 후카가와 일대에는 일용직 노동자의 거주시설이 많았다.

에도시대 초기에 생긴 후카가와 명칭은 1947년 고토구로 바꿔었다. 1945년 미군의 도쿄대공습으로 후카가와 일대가 초토화됐고, 2년 후 구획 정리되면서 후카가와라는 지명은 370년 역사와 함께 사라졌다. 하지만 행정상으로만 사라졌지 그 흔적은 남았다. 이 지역에 사는 연세 지긋한 터줏대감들은 여전히 "후쿠가와, 후쿠가와"라고 부른다.

고토구는 속칭 '제로 미터zero meter'로 불린다. 침수에 취약한 저지대라는 뜻이다. 수로가 많은 수변지역이라서 아주 습하고, 호우가 내리면 범람하기 일쑤였다. 예부터 주거지로는 부적합한 땅이었다. 물기 많은 땅이라 집 짓기도 어려웠다. 후카가와가 특히 심했다. 그래도 사람들이 모여 살았는데, 빈민이었다. 그들은 삶의 저 밑바닥 제로 미터에 떨어진 사람들이었다. 그래서 후카가와는 빈민촌의 대명사였다.

매립 전 후카가와 갯벌에는 백합과 바지락이 지천이었다. 그 시절 백합과 바지락은 가난한 노동자와 빈민의 허기를 달래주었다. 고맙고 소중한 해산물이다. 1920년대까지 후카가와에는 하마구리초蛤町, 즉 백합마을이라는 행정구역이 있었다. 백합이 많이 잡힌다고 그랬을까, 백합을 팔아서 사는 동네라서 그랬을까. 어쨌거나 후카가와는 백합 조개와 인연이 깊다.

후카가와 백합에는 또 다른 정서가 배어 있다. 떠나는 봄에 대한 아쉬움이다. 삼짇날(음력 3월 초사흗날)부터 음력 8월 15일 중추절 자정까지 백합을 입에 대지 말라는 말이 있다. 백합은 3월이 제철이며, 그 이후로 맛이 떨어지기 때문이다. 삼짇날과 중추절은 1년 중 조수간만의 차가 가장 큰 날이다. 갯벌이 가장 넓게 열리고, 백합은 더 많이 고개를 내미는 날이다. 삼짇날은 낮이 썰물 때이고, 중추절은 밤이 썰물 때인 것이 다르다.

그러므로 백합은 새봄의 맛이다. 백합은 말간 국으로도, 구이로도, 찜으로도 잘 어울린다. 백합요리 한 그릇 뚝딱 해치우면 새봄의 기운과 함께 몸과 마음도 기지개를 켰다. 개운하고 칼칼한 백합국은 날씨 언어로 표현하면 '맑고 화창'이다.

백합은 맛도 맛이거니와 놀이의 즐거움도 선사했다. 3월 3일 거행되는 히나마쓰리雛祭り[25]는 여자아이의 건강을 기원하는 액막이축제다. 이때 옛날 도쿄 주민들은 일제히 갯벌로 향했다. 봄이 기지개를 켜는 날 사람들도 갯벌에서 기지개를 켰다. 새로 봄을 맞은 바다는 싱그러운 갯내음을 풍기며 파도 소리와 인간의 탄성이 뒤섞여 왁자지껄해졌다. 햇살이 갯벌 위로 부서질 때 웃음소리도 반짝였다.

사람들은 해가 뜨기 무섭게 도시락을 싸 들고 가족, 친구들과 무리 지어 후카가와 갯벌로 달려갔다. 바닷물은 먼바다 쪽으로 쑤욱 물러나면서 갯벌의 속살을 훤히 드러냈다. 탁 트인 갯벌 운동

25 히나마쓰리는 메이지시대 이전까지 음력 3월 3일, 즉 삼짇날 거행됐지만, 서양 달력 체계를 채택하면서 양력 3월 3일에 열린다. 대다수 마쓰리와 명절도 메이지시대부터 양력을 적용하기 시작했다.

장이 드넓다. 남녀노소 가릴 것 없이 조개, 고둥, 게를 잡으며 봄을 만끽했다. 이른바 '갯벌 사냥', 에도시대부터 이어진 만인의 봄 소풍이다.

1838년작 풍속집 『동도세시기東都歲時記』에는 갯벌 사냥 풍경이 이렇게 묘사돼 있다.

> 시바우라芝浦, 다카나와高輪, 시나가와 앞바다, 쓰쿠다지마佃島 앞바다, 후카가와곶, 나카가와中川 앞바다, 아침 일찍 배에 올라 먼바다로 나간다. 아침 6시부터 물이 빠지기 시작해 오후 1시께 해저지대로 변한다. 그때 배에서 내려 굴과 백합을 줍고, 모래 밑 넙치를 밟아서 훑고, 물이 빠지다 남아 괸 웅덩이에서 잔챙이 물고기를 주워 잔치를 벌인다.

에도시대에도 갯벌은 누구에게나 열린 놀이터였다. 갯벌 사냥 타임에는 서민뿐 아니라 양갓집 규수, 무가의 따님들도 하인을 대동하고 나왔다. 사내들은 평상시 좀처럼 만나기 힘든 아리따운 규수들을 볼 수 있는 기회라며 한껏 들떴다. 그녀들과 마주치면 마치 여배우라도 만난 듯 힐끔거렸다. 갯벌에서는 선남선녀의 즉석 만남이 이뤄졌고, 첫눈에 스파크가 튄 이들은 다음 약속을 잡았다.

갯벌은 소소하면서도 위대하다. 갯벌은 청춘 남녀를 무장 해제했다. 격식과 신분 장벽을 허물어뜨렸다. 그들은 갯벌 위에서 자연스럽게 교감했다. 히나마쓰리가 아니어도 갯벌 사냥은 에도 혹은 도쿄의 봄여름 오락거리이자 로맨스 무대였다. 그 무대에서 백합은 돋보이는 조연이었다.

백합은 줍는 재미도 있지만, 가지고 노는 재미 또한 만만찮았다. 일본에만 국한된 것은 아니지만, 고대에 백합만 한 실내 놀이도구도 드물었다.

헤이안시대平安時代(794~1192) 귀족은 조개 맞추기(가이아와세)貝合わせ 놀이를 즐겼다. 백합껍데기 안쪽에 형형색색 그림을 화려하게 그려 넣고 어울리는 짝을 찾거나 누구의 조개패 그림이 더 멋지고 진귀한지로 승패를 가렸다. 조개껍데기 속 그림은 꽃, 새, 사람 등을 제재로 『겐지 이야기源氏物語』[26] 속 장면을 형상화했다. 조개 맞추기는 일종의 패 맞추기 게임으로 화투의 원류라고 봐도 무방하다. 백합百合이라는 이름도 '100가지를 서로 맞춰본다'는 뜻을 담고 있다.

유사한 게임으로 가루타カルタ가 있다. 가루타란 명칭은 포르투갈어로 '네모 종이'를 의미하는 카르타carta에서 왔다. 포커 게임의 카드로 이해하면 쉽다. 46장의 패를 펼쳐놓고 1장씩 뒤집어 가며 맞는 짝을 찾아내는 게임이다. 16세기 포르투갈에서 전래했는

26 일본에서 가장 오래된 소설집.

데, 화투와 일맥상통한다. 일본인은 명절에 가족끼리 모여 앉아 가루타를 하고, TV에서는 가루타 선수들의 경기가 중계되고는 한다.

1980년대까지 우리나라 어린이들 사이에서 유행했던 동그란 종이 딱지의 원형도 조개 맞추기에서 왔다. 일본에서는 멘코面子라고 한다. 요즘 어린이들이 갖고 노는 포켓몬 카드의 조상도 따져보면 조개 맞추기다. 그런데 유독 일본에서 패 맞추기 놀이가 성행한 이유는 무엇일까.

이시이 다카유키石井隆之라는 사회학자는 일본 문화의 키워드로 '중층 지향성重なり指向'을 들었다. 중복과 겹침 현상에 끌리거나 그런 사물에서 평온함을 찾는 경향을 말한다. 가령 1월 1일처럼 홀수가 겹치는 날을 경사스럽게 여겨 기념한다거나(5월 5일 어린이날, 7월 7일 칠석, 11월 11일 연어의 날·면麵의 날·축구의 날 등) 찬합과 젓가락처럼 이중삼중 반복되는 형태의 식기가 많고, 회전스시가 탄생한 것 등을 그 사례로 든다. 종이접기 역시 중층 지향성이 반영된 것이고, 다른 민족한테서 보기 힘든 신불습합神佛習合[27]이 뿌리 내린 것도 모두 중층 지향성 때문이라고 본다. 그에 따르면, 조개 맞추기도 중층 지향성이 강한 일본 문화의 전형적인 예다.

백합의 학명이 *Meretrix lusoria*인데 lusoria는 라틴어로 '놀이의'라는 뜻이다. 백합이 유희적 해산물인 것을 자연과학자도 인

27 토템적인 신토神道와 불교가 서민의 믿음 속에 융화된 형태.

정한 것이다. 호모 루덴스(놀이하는 인간)의 단짝 해산물을 꼽으라면 단연코 백합이다. 백합껍데기는 한때 바둑돌로도 쓰였다. 바둑 또한 고대부터 사랑받아 온 놀이다.

옛 어른들은 결혼 적령기인 남녀에게 "국수 언제 먹게 해줄 거야?"라며 핀잔 섞인 물음을 던졌다. 에도의 어른들은 노총각에게 "백합 언제 먹게 해줄 거야?"라고 말했을지 모르겠다. 우리나라 결혼식에 국수가 빠지면 섭섭하듯 에도시대 결혼식에는 맑은 백합국蛤の吸い物이 빠지지 않았다. 두 껍데기가 짝을 이룬 백합처럼 꼭 맞는 제짝이 세상에 하나뿐이며, 입 다문 백합은 웬만한 인력으로 떨어지지 않아서 천생연분, 백년해로를 상징했기 때문이다. 혼례식의 백합국 풍습은 18세기 초부터 굳어졌다. 8대 쇼군 도쿠가와 요시무네德川吉宗가 결혼식 백합국 의례를 제정한 데서 비롯됐다.

히나마쓰리 때도 집집마다 맑은 백합국을 끓여 어린 딸들에게 먹였다. 여아에게 백합국을 먹인 것은 정조를 잘 지키라는 뜻이었다. 에도시대가 남성 권위주의 시대였음을 감안하면 결혼식의 백합국도 백년해로 의미보다는 여성 배우자의 정절 강조로 해석하는 편이 타당할 것 같다. 정절, 복종 등 여성에게 강요된 윤리가 서일본 간사이보다 동일본 간토에서 더 엄격했다는 점을 감안하면, 백합국은 확실히 동일본스러운 음식이다. 21세기 히나마쓰리 식탁 위에도 여전히 백합국은 올라온다.

메이지유신 이전까지 천황의 거주지였던 교토고쇼京都御所에 전통 한옥 대문을 쏙 빼닮은 출입문이 있다. 백합문이라는 뜻의 하마구리고몬蛤御門이다. 정식 명칭이 따로 있는 이 문은 한때 늘 닫혀 있었다. 그런데 1864년 앙숙 관계인 지방 무사들이 교토 시내에서 무력 충돌하는 사태(금문의 변禁門の変)가 벌어지면서 그만 이 문이 새까맣게 불타버렸다. 이 문은 나중에 다시 복구된 다음 활짝 열렸다. 화재를 겪고 나서야 비로소 일반인의 통행이 허용된 것이다. 사람들은 이 문을 두고 "불이 닿아야 입을 여는 하마구리(백합)"라며 쑤군거렸다. 이윽고 하마구리고몬이라는 별칭이 붙었다.

백합껍데기는 휴대용 의료기구이기도 했다. 옛날 한방의사는 왕진할 때 백합껍데기를 고약, 환약을 넣는 케이스로 쓰거나 환자 몸에 박힌 가시를 빼는 도구로 썼다. 한 쌍의 백합을 핀셋처럼 잡고 가시를 집어 뽑았다. 반질반질 윤나고 단단한 백합껍데기 한 쌍은 백합 내용물보다 비싸게 팔렸다고 한다. 또 껍데기를 가루로 빻아 백색 안료로도 썼다. 백합은 쓰임새가 많은 팔방미인이었다.

대기의 온도 차로 빛이 굴절되어 사물이 실제보다 가깝게 보이는 현상인 신기루. 고대 일본인은 바다 위 신기루 현상을 백합이 만들어 낸다고 믿었다. 백합의 몸속에서 뿜어져 나온 기氣가 모여 일종의 공중누각을 형성하는 것으로 이해했다. 황당무계해 보이는 이 믿음은 백합이 이동할 때 탄력을 받기 위해 토해 내는 점액질을 기 덩어리로 여긴 데서 비롯됐다. 신화적이지도 않고 과학적이지도 않은 인간의 별난 상상력의 산물이다.

"그런 수작으로는 구와나의 백합구이その手は桑名の焼き蛤." 언뜻 들으면 무슨 말인지 잘 이해가 안 된다. 일본인은 무릎을 탁 치겠지만, 웬만한 일본어 실력자가 아니면 뉘앙스를 온전히 느끼기 어렵다. 구와나桑名는 백합의 명산지였다. 구와나 백합구이는 맛있기로 소문이 자자했다. 구와나를 '먹지 못한다'라는 구와나이食わない 발음에 빗댄 샤레洒落[28]다. '아무리 아양을 떨거나 윽박질러봐라. 내가 백합구이를 나눠주나.' 얼추 그런 뜻이다. 한마디로 말해 '그래 봤자 어림도 없다'는 말이다. 구와나 백합구이는 혼자 먹기도 모자랄 맛이어서 이런 표현이 나왔다.

구와나는 나고야 서쪽 하구에 위치한다. 내만지역이며 큰 강과 삼각주를 끼고 있다는 점에서 후카가와와 지리적으로 유사하다. 구와나는 크고 질 좋은 백합이 풍부하기로 유명했다. 또 구와나는 에도시대 5대 가도街道 중 하나인 도카이도東海道[29]가 지나는 역참마을이었다. 언제나 나그네, 뱃사공으로 북적였다. 살아생전 한 번은 꿈꾼다는 이세신궁 참배 길에 참배객들은 구와나에서 잠시 여장을 풀고 허기를 채웠다. 사람들은 구와나의 명물인 백합요리에 반했다. 봄여름에는 술을 넣고 푹 쪄서 먹고, 소금 간을 해서

28 샤레란 발음의 유사성을 활용해 직설적인 내용을 에둘러 표현하는 화법이다. 가령 아이가 엄마에게 1000엔(일본어 발음으로 '센엔')만 달라고 할 때 "스미마센엔すみま千円"이라고 애교 섞어서 말하면, 엄마는 화를 내기보다 웃으며 지폐 한 장을 꺼내 줄 것이다.

29 태평양 연안을 따라 에도 니혼바시에서 교토로 이어진 가도.

국으로 먹고, 걸쭉하게 끓여 먹고, 초밥으로도 먹었다. 늦가을 소슬비라도 내리면 조갯살을 간장과 생강에 졸인 시구레하마구리時雨蛤를 만들었다. 겨울철에도 이런 밥도둑이 따로 없었다. 시원한 백합국 한 그릇 비우고 나면 고단한 참배 길이 다시 가뿐해졌을 터다. 긴 도보여행 중에 먹는 음식 중 조개류만큼 부담 없고 기분전환 되는 해산물은 드물다.

구와나 백합 맛의 최고봉은 장작불에 타닥타닥 구운 백합구이였다. 구와나 백합구이가 얼마나 맛있길래 아양을 떨건 윽박을 지르건 한 입도 나눠줄 수 없다고 했을까. 어찌 됐건 참배객을 홀린 그 맛은 시간이 지나면서 전국적인 유명세를 얻었다. 이세신궁 참배 후 각자의 고향으로 돌아간 사람들이 구와나 백합 맛을 이웃에게 자랑했기 때문이었다.

하지만 경제 고도성장기에 구와나 백합구이는 명맥이 끊길 뻔했다. 내만지역인 구와나에도 어김없이 수질오염이라는 불청객이 들이닥쳤기 때문이다. 또한 드넓은 갯벌지대는 점차 농경지와 택지로 잠식되어 갔다. 한때 걸음을 떼기만 하면 발에 채던 백합 개체수는 속절없이 줄었다.

1970년대 구와나의 백합 채취량이 한 해 평균 3000여 톤이었다가 그 이후 꾸준히 감소했다. 1995년에는 고작 2톤이었다. '괴멸적 감소'라는 언론 보도는 과장이 아니었다. 백합 실종사태는 구와나에만 국한된 현상이 아니었다. 규슈 북쪽 야마구치현은 백합을 멸종위기종 목록에 올렸다. 일본 토종 백합은 규슈 남쪽 일부 지역을 제외하고는 죄다 멸종위기에 직면했다.

수난은 구와나보다 도쿄 후카가와 백합에게 더 빨리 닥쳤다. 1950년대부터 도쿄만은 어업지구를 포기하고 베드타운 혹은 공업 시설을 짓기 시작했다. 대대적인 해안 매립공사로 후카가와 같은 갯벌지대는 소멸했다. 경제 성장에 발맞춰 도시를 낀 내만의 오염은 더욱 심해졌다. 가장 심했던 곳은 당연히 메갈로폴리스 도쿄를 끼고 있는 도쿄만이었다. 그 무렵 도쿄만 앞바다 배 위에서 해수면 아래로 손을 담그면 손가락 끝이 보이지 않을 지경이었다고 한다.

도쿄만 갯벌에서 백합이 사라지기 시작한 건 1980년대였다. 급속하게 늘어나는 공장들로 내만 갯벌은 시커멓게 변해 백합은 무더기로 폐사했다. 갯벌은 하나둘 매립지로 변해 갯벌 사냥이나 해안에서 백합을 구워 먹는 이야기는 아득한 전설이 됐다.

백합이 빠르게 사라지자 한국, 북한, 중국 등 수입산이 대거 일본인의 식탁에 올랐다. 시대소설의 거장 이케나미 쇼타로池波正太郎는 자신의 책 『반찬요리 수첩そうざい料理帖』에서 그때를 이렇게 회고한 적이 있다.

> 지금(1980년)은 백합이 비싸다. 좀처럼 서민이 먹긴 어렵다. 그래도 정말 맛있는 백합을 파는 스시집과 음식점이 도쿄에도 있으나, 백합을 어디서 가져오는지는 비밀에 부

치고 있다. 나도 모른다. 그 지경으로 백합다운 백합은 사라진 것이다.

'토종의 맛'이란 다른 무엇으로 대체할 수 없는 무형의 유산이다. 갯벌을 삶의 터전으로 삼는 사람들은 백합 맛 되찾기가 유산을 지키는 일과 다를 바 없다고 여겼다. 어느 순간 정신 차린 사람들은 그 옛날 '새봄 갯벌의 맛'을 되살리는 캠페인을 벌였다.

2000년대 들어 내만 되살리기 운동이 어촌을 중심으로 활발해졌다. 내만 어민들은 무분별한 조개 채취를 금하는 제도를 마련했다. 갯벌에 토종 백합 종자를 뿌리고 밭을 일구듯 갯벌을 가꿨다. 백합 연구도 활발했다. 결실은 나타났다. 구와나 백합이 서서히 부활하기 시작한 것이다.

씨가 말라가던 구와나 백합은 예전 같지는 않아도 명맥은 잇게 됐다. 백합우동, 백합튀김, 백합나베, 백합파스타…. 이제는 구와나에 가면 다양한 백합요리를 만날 수 있다. 하지만 백합의 상당량은 한국산 혹은 중국산이다. 아무리 애써 봤자 이제는 옛날의 그 영광스러운 맛을 되찾기에는 '어림도 없다'. 소중한 것은 헤어져봐야 비로소 그 가치를 깨닫는다고 했던가.

飛魚 | 날치 |

유형의 섬, 비상하고 싶은 지상의 맛

마트에서 알은 만나기 쉬워도 실물은 좀처럼 만나기 힘든 생선이 날치다. 그나마 알도 귀해져 "열빙어알이 날치알입네" 하며 소비되는 실정이니 날치는 우리네 밥상과는 인연이 적다. 하지만 일본의 마트에서는 날치가 비교적 흔하다. 깨끗이 손질돼 먹기 좋은 크기로 토막 낸 포장 횟감도 심심찮게 만날 수 있다. 일본 앞바다 거의 전역을 오가는 날치는 오래전부터 일본인의 미식거리였다.

날치는 운동선수로 치면 스프린터다. 날렵한 몸매로 수중을 쾌속 질주하고, 가슴지느러미를 날개처럼 펼쳐 수면 위를 비행한다. 수면 위로 6미터 솟구쳐 42초 동안 날았다는 기록이 있다. 달리기에 최적화된 몸이라 군살이 없다. 그래서 기름기가 적고 맛은 담백하다. 건조해서 먹으면 한층 풍미가 업그레이드된다. 그래서 날것보다 말린 것이 애용된다. 4월에서 11월까지 여러 달에 걸쳐 두루 잡히지만, 여름철 산란기의 날치는 풍미가 떨어져 어묵 재료

로 쓴다. 시마네현島根県 특산물인 날치 어묵 아고노야키あご野焼가 특히 유명하다.

일본 동쪽과 서쪽에 각각 건조 날치의 양대 산맥이 있다. 동일본 이즈제도伊豆諸島의 쿠사야くさや와 서일본 고토열도의 시오아고塩あご다. 공교롭게도 두 지역 모두 섬들이 많은 다도해다. 크고 작은 섬들이 잔잔한 대양 위로 불쑥불쑥 튀어 올라와 있다. 이 섬들 사이로 은빛 날치가 무시로 튀어 오른다.

먼저 이즈제도로 가보자.

이즈제도는 이즈반도 남쪽 100여 개 섬을 일컫는다. 가장 큰 섬 이즈오시마伊豆大島를 빼고는 모두 우리나라 완도보다 작은 면적이다. 화산 활동이 왕성해 사람이 거주하는 섬은 9곳에 불과하다. 도쿄만에서 100킬로미터 이상 떨어져 있지만 행정구역상 도쿄도에 속한다.

쿠사야는 냄새가 고약하기로 일본에서 첫손에 꼽히는 생선 가공식품이다. 일본 기업과 발효학자가 자체 제작한 음식 냄새 계측기[30]로 구린 냄새 정도를 측정한 적이 있다. 스웨덴 수르스트뢰밍(청어를 발효한 음식), 한국 홍어회, 뉴질랜드 에피큐어 치즈, 그린란드 키비야크(바닷새를 바다표범 가죽에 넣어 발효한 음식), 그다음으로 일본 쿠사야의 냄새가 고약했다.

30 '아라바스타라'라는 기계인데, 국제적인 공인을 받지 않았지만 일본에서는 자주 쓰인다. 전자 센서로 냄새를 감지해 농도를 측정하는 원리다. 단위는 Au를 쓴다.

1위 수르스트뢰밍의 냄새 지수는 8087Au, 2위 홍어회가 6230Au다. 수치가 높을수록 '악취'가 심하다는 것을 뜻한다. 5위 쿠사야의 수치는 1267Au로 푹 삭힌 홍어회의 5분의 1 수준이었다. 하지만 홍어회보다 덜 고약하다고 얕봐서는 안 된다. 쿠사야는 그 자체로도 코를 틀어막게 만들지만, 불에 구우면 냄새의 강도가 증폭돼 자리를 뜨고 싶어진다. 하지만 냄새에 대한 편견을 버리고 쿠사야 한 점 찢어 입안에 넣고 찬찬히 씹으면 건조 생선 특유의 응축된 풍미가 입안에 확 퍼진다. 홍어회처럼 한두 번 만남으로 친해지기 힘들지만, 한번 빠지면 헤어나지 못하는 마력의 소유자다. 쿠사야는 '냄새가 고약한'이라는 형용사 '쿠사이臭い'에 물고기의 이즈 지역 방언 '요'가 결합해 '쿠사요'로 불리다가 차츰 쿠사야로 굳어졌다.

쿠사야는 날치 외에 갈고등어(무로아지)ムロアジ로도 만든다. 맛은 날치가 더 낫다. 봄철에 날치로 만든 쿠사야를 최고로 친다.

쿠사야의 제조 공정은 독특하다. 다른 생선 건조법과 다르다. 생선 그대로 말리지 않고 '쿠사야액'을 사용하기 때문이다.

멸치액젓 같은 비주얼의 쿠사야액은 생선 부산물이 산화된 발효액이다. 소금물에 날치, 갈고등어를 담갔다 뺐다 하기를 수천, 수만 번. 그런 후에야 쓸 만한 쿠사야액이 나온다. 간간이 상어 살코기를 담갔다가 빼기도 한다. 오랜 세월 무수한 반복 과정을 거쳐 생선 부산물이 소금물에 응축되고, 고유한 미생물이 생성된다. 끓여서 만드는 생선액젓과 제조법이 전혀 다르다.

쿠사야액 속 미생물, 정확히 말해 박테리아가 생선 몸에 침투해 삭히는 역할을 한다. 쿠사야 악취의 정체는 박테리아에 의한 휘발성 유기산이다. 쿠사야액은 오랫동안 사용하지 않고 내버려두면 썩어버린다. 생선을 담갔다 빼는 과정을 꾸준히 해줘야 쿠사야액이 썩지 않고 유지된다.

만드는 과정은 모두 수작업이다. 날치 아가미와 내장을 제거하고 배를 가른 다음 소금에 절인 후 잘 씻어준다. 가장 중요한 과정은 쿠사야액 적시기다. 소금기 뺀 날치를 하룻밤 동안 쿠사야액에 담가둔다. 다음 날 쿠사야액에서 건져내 찬물로 서너 번 쿠사야액을 씻어 낸다. 이 씻기 과정에서 소금기와 쿠사야액을 적당히 빼내야 쿠사야의 맛과 식감이 좋아진다. 씻기가 끝나면 꼬들꼬들해질 때까지 햇볕 아래 통풍 잘되는 곳에서 말린다.

쿠사야액 속 미생물이 쿠사야를 만들기 때문에 쿠사야액이 쿠사야의 모든 것을 결정한다. 쿠사야액 농도와 미생물 상태가 쿠사야 맛을 좌우한다. 쿠사야액은 버리지 않고 계속 쓴다. 이즈제도 어촌에서 쓰는 쿠사야액은 최소 수십 년 묵은 것이다. 300년이나 묵은 쿠사야액도 현존한다고 한다.

쿠사야액이 하루아침에 만들어지는 것이 아니듯 쿠사야도 아무나 못 만든다. 만들려 해도 만들어지지 않는다. 수십 년 묵은 쿠사야액이 없는 한 제대로 된 쿠사야를 만들 수 없다. 신참자가

쿠사야를 만들려면 기존 쿠사야 제조장에서 쿠사야액을 사 오든 꿔 오든 해야 한다. 그렇게 구한 쿠사야액을 바탕으로 장기간 조금씩 양을 늘려가면서 생선 적시기를 되풀이해야 한다. 쿠사야액은 생선과 시간의 흔적이 퇴적·응축된 액체다. 실제로 쿠사야 제조를 돕던 자녀가 분점을 내면 본점의 부모가 쿠사야액을 자녀에게 나눠준다고 한다. 자영업자 용어로 노렌와케暖簾分け, 즉 분점 내기다. 그러고 보니 쿠사야액은 한국 종갓집 씨간장과 닮은 구석이 있다.

그래서 쿠사야를 생산하는 곳은 많지 않을뿐더러 지역적으로 한정돼 있다. 그곳이 이즈제도인 것이다. 이즈제도의 쿠사야 전통 역시 하루아침에 생기지 않았다. 역사가 오래되었다. 이즈제도 중에서 하치죠지마八丈島의 쿠사야 생산량이 많다. 하치죠지마는 도쿄만에서 정기 여객선을 타면 10시간 정도 걸리는 곳에 있다. 절해의 고도다. 하치죠지마 근해에 씨알 굵은 날치가 많다고 한다.

이제 고토열도로 갈 차례다.

나가사키현長崎県 앞바다 저 멀리 뭇 섬들이 열 맞춰 누워 있다. 고토열도다. 이곳 사람들은 날치를 '아고'라고 부른다. 일본 해역에서 발견되는 날치의 종류가 20종 이상이라고 한다. 고토열도를 누비는 날치는 이즈제도의 날치와 다르다.

시오아고는 내장을 제거하고 소금 간을 해 선선한 바닷바람을 쐬며 건조한 날치를 말한다. 날치 중에서 큰 놈들을 선별해 바짝 말린다. 말려놓으면 마치 눈알 큰 노가리 같다.

시오아고는 국물을 우려내는 다시용으로 이용된다. 가쓰오부시 국물보다 진하다. 유명한 나가사키 짬뽕 국물을 낼 때도 시오아고를 쓴다. 또 시오아고는 구우면 훌륭한 술안주가 된다. 입이 심심할 때 간식거리로도 좋다. 시오아고 역시 씹을수록 풍미가 진해진다.

이즈제도와 고토열도는 날치의 고장이라는 점 외에 또 다른 공통점을 갖고 있다. 두 곳은 유형流刑의 땅이었다. 근대 이전 일본의 대표적인 유배지였다. 동일본에서 붙잡힌 죄인은 이즈제도로 보내졌고, 서일본에서 체포된 죄인은 나가사키 근해 섬으로 보내졌다. 고토열도가 대표적이다. 북쪽 지방의 유배지로 니가타현 해상의 사도시마佐渡島가 있었다. 사도시마는 일제강점기에 조선인을 강제 동원해 혹사시킨 사도광산이 있는 곳이다. 에도시대까지 형벌은 태형笞刑, 장형杖刑, 도형徒刑, 유형流刑, 사형死刑 이렇게 다섯 가지였는데, 유형은 사형에 버금가는 중형이다.

이즈제도로 유배된 첫 사례는 우키타 히데이에宇喜多秀家라는 상급 무사였다. 히데이에는 도요토미 히데요시 정권의 실세였다. 20대에 장관급에 해당하는 고다이로五大老에 뽑혀 출세 가도를 달렸다. 5명의 고다이로 중에는 훗날 쇼군에 등극하는 도쿠가와 이에야스도 포함돼 있었다. 그의 운명을 가른 건 세키가하라 전투였다. 세키가하라 전투에서 도쿠가와 이에야스 측에 패배하는 바람에 역적 신세로 전락했다. 그에게 유형 처벌이 내려졌고 하치죠지마로 압송됐다. 1606년, 그가 34세 때의 일이다. 그는 84세로 세상을 등질 때까지 50년 동안 섬을 벗어나지 못했다. 하치죠지마에 그의 묘가 남아 있다.

바다 위의 감옥이라고 해도 어느 정도 자유로운 생활이 가능했다. 유배자들은 섬 주민의 감시 아래 노역을 했다. 섬 주민의 밭갈이와 고기잡이를 도우며 살았다. 작고 허름한 움막 생활을 했다. 당연히 뭍으로 나갈 수 없었고, 멋대로 이웃 마을을 갈 수도 없었다. 거주 이전의 자유란 없었다.

식량은 턱없이 모자랐다. 식수 사정도 열악했다. 주민, 유배자 가릴 것 없이 모두 굶주림에 시달렸다. 아사자가 그치지 않았다. 툭하면 크고 작은 태풍이 할퀴고 지나갔다. 어느 해인가 하치죠지마에 대형 태풍이 불어닥쳐 600명이 굶어 죽었다는 기록이 있다. 섬들은 '불의 고리'에 속한 활화산지대라서 늘 불안했다. 사면령이 내려오지 않는 한 유배자는 섬에 뼈를 묻어야 했다.

히데이에의 유배를 계기로 이즈제도의 섬들이 차례차례 유배지로 지정됐다. 1606년부터 1871년까지 265년간 7개 섬에 수천 명의 죄인을 가뒀다. '하치죠지마 민속자료관'의 자료에 의하면, 하치죠지마의 유배자는 총 1800~1900명이었다고 한다.

땅이 척박해 벼농사는 힘들었다. 섬사람들은 논 대신 소금밭을 갈았다. 염전을 일궈 소금으로 납세했다. 세금 내기도 빠듯해서 자신들이 먹을 소금은 늘 부족했다. 최대한 소금을 아껴 써야 했다. 그래서 한 번 쓴 소금물은 버리지 않고 재탕, 삼탕을 했다. 그러다 보니 어느새 쿠사야액이라는 것을 얻게 됐다. 쿠사야액은 섬사람의 소금 절약 습관에서 탄생했다. 소금물을 버리지 않고 날치를 거듭해서 절이다 보니 의도치 않게 쿠사야액이란 것이 만들어진 것이다. 처음에는 일반적인 염장 건조 날치를 만들었지만 점차 쿠사야액이 진해지면서 냄새 고약한 색다른 건조 날치를 얻게 됐다. 혹독한 섬에서 혹사당하는 유배자들에게 쿠사야는 값진 보존식품 역할을 했다. 먹다 남은 쿠사야는 육지에 팔아 곡식을 사 왔다. 쿠사야는 절해고도 유배자들의 생활을 연명시키는 음식이 됐다.

쿠사야가 내뿜는 고약한 냄새 종류를 일본인은 부정향不精香이라고 부른다. 부정이란 뭔가 정연하지 않고 어수선하고 투박하다는 뜻이다. 낫토納豆와 붕어를 삭힌 후나즈시鮒鮓도 부정향 부류다.

쿠사야는 밥반찬으로 먹기보다 술안주로 애용된다. 포처럼 조금씩 찢어 술과 함께 먹으면 별미라고 한다. 테킬라 안주로도 어울린다는데, 그 궁합이 궁금하다.

보통 구워서 먹는다. 쿠사야를 구우면 고약한 냄새가 증폭된다. 과거에는 일본 이자카야에서 쿠사야를 숯불에 바로 구워 팔았지만, 요즘에는 손님의 코를 배려해서 그릴에 굽는다. 아파트가 드물던 시대에는 가정에서도 구워 먹었다는데, 요즘 집에서 쿠사야를 구워 먹다가는 이웃에서 쌍심지를 켜고 달려올 것이다.

쿠사야를 부패와 발효의 중간계라고들 하는데, 엄밀히 말하면 쿠사야는 발효 음식이다. 부패와 발효는 사실 종이 한 장 차이다. 둘 다 미생물 작용의 결과인데, 결과물이 인간 몸에 해로우면 부패고 유익하면 발효다.

대다수 발효 음식이 산성인 데 반해 쿠사야는 알칼리성이다. 일본요리 가운데 알칼리성을 띠는 발효 음식은 극히 드물다고 한다. 그래서 쿠사야는 일식에서 독특한 존재로 여겨진다. 홍어회도 알칼리성 발효 음식이다. 쿠사야와 홍어회의 구릿한 냄새와 묘한 중독성이 알칼리성이라는 공통점에서 기인하는 걸지도 모르겠다.

외딴섬으로의 유배도 부패와 발효 사이의 줄타기 같은 생활이 아니었을까. 죽음과 삶이 종이 한 장 차이인 그런 생활 말이다.

에도시대 인기 풍속화가 하나부사 잇쵸英一蝶는 1698년 이즈제도의 한 섬으로 유배당한다. 당시 쇼군 도쿠가와 쓰네요시徳川綱吉의 스캔들을 풍자하는 그림을 그려 쇼군의 노여움을 샀기 때문이다.

그가 유배된 곳은 미야케시마三宅島. 하치죠지마보다 육지에서 가까운 섬이다. 유배 생활이 익숙해질 즈음 그는 친구이자 시인인 다카라이 기카쿠宝井其角 앞으로 택배를 발송한다. 기카쿠는 택배가 왔다는 전갈을 받고 택배물을 찾으러 니혼바시 어시장으로 달려간다. 어시장 생선도매점에 도착한 기카쿠는 헐떡이는 숨을 고르며 택배 상자를 연다. 처음 맡아보는 쿠린 냄새가 확 끼친다.

쿠사야다. 기카쿠가 쿠사야 아가미 쪽을 들춰보니 파릇한 대나무 이파리가 끼어 있다.

기카쿠는 발송인이 친구 잇쵸임을 단박에 알아차린다. 그 순간 안도의 한숨이 쏟아진다. 잇쵸는 유배지로 떠나는 배에 몸을 싣기 전 기카쿠에게 이렇게 이야기했었다.

> 유배 섬에 갇힌 사람들은 쿠사야라는 걸 만든다고 하네. 아마 편지 쓰는 건 허락되지 않을 거야. 대신 쿠사야를 보내주겠어. 쿠사야 아가미 안에 대나무 잎사귀를 몰래 넣어 두겠네. 그건 내가 아직 무사하다는 의미라네.

쿠사야에 실려 온 이역만리 유배지 친구의 소식. 친구의 무사함을 알게 된 순간 기카쿠에게 쿠사야 냄새는 더 이상 악취가 아니었다. 잇쵸는 쇼군이 죽은 후 사면받아 집으로 돌아갔다. 유배된 지 12년 만이었다. 일본에서 유형이라는 형벌은 1908년에 완전히 폐지됐다.

일본 서쪽 끄트머리 고토열도는 유배지이자 기리시탄의 피신처였다. 기리시탄은 크리스천의 일본식 표기다. 일찍이 중국, 서양 문물이 나가사키를 경유해 타지로 퍼졌다. 쇄국을 국시國是로 삼은 에도 막부도 나가사키만은 예외로 두었다. 제한적이었지만 서양과의 교류가 허용됐다. 유럽 선교사를 통해 가톨릭이 나가사키 땅을 밟았다. 나가사키에 기리시탄이 늘어나자 권력자의 박해가 뒤따랐다. 기리시탄은 박해를 피해 고토열도 곳곳으로 숨어들었다. 감시와 박해를 피해 암벽 동굴에서, 깊은 숲속 움막에서 예배를 보았다. 이들을 '잠복 기리시탄'이라 한다. 신앙을 위해 자신을 드러내지 않고 유배와 같은 생활을 자처한 사람들이다. 기리시탄 박해는 메이지시대에도 한동안 이어졌다.

타의든 자의든 속박의 굴레를 쓴 사람들. 이즈제도의 유배자와 고토열도의 기리시탄이 가장 갈망한 것이 자유가 아니었을까. 신체의 자유, 비판의 자유, 신앙의 자유, 삶의 자유. 자유를 보장받지 못한 이들은 섬 가장자리 높은 둔덕에 올라 먼바다를 응시하다 물장구치듯 솟구치는 날치 떼를 보았을 터다. 일발 탄성을 내뱉으며 날치 떼의 비상을 동경했으리라. '나도 저 날치처럼 섬을 박차고 날아오르고 싶다. 자유롭게.'

하지만 날치의 물밑 사정을 안다면 마냥 부러워할 수만은 없다. 날치가 공중으로 튀어 오르는 까닭은 날고 싶은 욕망이나 자유를 향한 도약과는 아무런 관련이 없다. 날치는 그저 만새기 같은 먹이사슬 상층부의 포식자에게 쫓길 때 잡아먹히지 않으려고 물 밖으로 몸을 날릴 뿐이다. 살려고 튄다. 인간의 눈에 멋지게 보이는 날치의 비행은 사실 사활이 걸린 도주다. 비상하는 날치 또한 먹이사슬의 속박을 벗어나지 못한다. 잠시 날아올랐다 다시 물속으로 돌아가야 한다. 물고기의 운명이다.

전갱이

튀어야 산다? 튀겨야 산다

날것으로도 좋고, 말려도 좋고, 구워도 좋고, 무쳐도 좋은 생선. 바로 전갱이다.

전갱이는 정어리 같은 이와시와 더불어 일본의 국민 생선으로 통한다. 흔하고 값이 싸 오래전부터 서민의 주린 배를 달래주었기 때문이다. 태평양 연안과 세토내해瀬戸内海에서 많이 잡힌다. 하지만 전갱이라고 다 같은 전갱이가 아니다. 지역마다 미세하게 다르기 때문이다.

일본인의 고향 전갱이 사랑은 남다르다. 어촌 사람들은 저마다 자기네 앞바다에서 나는 전갱이가 가장 맛있다고 자랑한다. 심지어 1킬로미터 거리에 불과한 이웃 마을과 비교하며 "우리 전갱이가 더 나아"라고 말하고는 한다. 전갱이가 한곳에 머물러 사는 물고기도 아니니 맛이야 거기서 거기겠으나 바닷가 사람들의 생각은 다르다. '똑같은' 전갱이를 놓고 어촌마다 제 자식 자랑하듯 전갱이 자랑을 일삼는다. 전갱이 맛을 두고 드잡이야 하겠냐마는 아무튼 자부심이 대단하다고 한다. 사실 전갱이는 서식지에 따라 생김새, 크기, 맛 등이 천차만별이다. 전갱이 종류가 100가지 이상이니 그럴 만도 하다. 그러니 어촌 사람의 전갱이 자랑은 터무니없는 억지만은 아니다. 아무튼 전갱이만큼 맛의 백화쟁명이 뚜렷한 생선은 드물다.

전갱이는 대표적인 '지자카나地魚'다. 지자카나란 한 고장의 근해에서 많이 잡히는 고유한 물고기를 말한다. 단어의 뉘앙스에 토착성과 토속성이 짙게 배어 있다. 지자카나에 입맛이 길들여진 주민은 커서 고향을 떠나도 그 맛을 잊지 못한다. 지자카나는 고향의 맛이며, 고향의 기억을 소환하는 매개체다.

그래도 전국적으로 맛을 공인받은 전갱이는 있다. 세키아지関鯵. 세키関는 관문처럼 물길이 좁고 물살이 거센 곳이다. 오이타현大分県과 시코쿠 섬 사이 분고수도豊後水道에서 잡히는 전갱이가 세키아지다. 분고수도는 바다 협곡 같은 곳으로 물 흐름이 왕성하고 수온 변화가 잦아 플랑크톤이 풍부하다. 전갱이가 좋아하는 환경조건이다. 세키아지는 다른 곳의 전갱이보다 찰지다. 살코기와 기름기가 꽉 차 있다. 도매 어시장에서 전갱이 가격을 정할 때 무게를 다는 것이 일반적이지만, 세키아지는 겉모양만 본다. 크기와 때깔, 신선도만 보면 되는 것이다. 우수성을 인정받은 세키아지에게만 허용된 감별법이다. 오이타현의 세키아지는 고등어 세키사바関鯖와 함께 등 푸른 생선의 최고 브랜드로 대우받는다.

사시미는 참치, 조림은 가자미, 튀김은 전갱이라고들 한다. 일본인이 가장 튀겨 먹고 싶은 생선 1위가 전갱이다.[31] 전갱이는 가라아게唐揚げ와 후라이フライ로 많이 먹는다.

튀김을 통칭하는 일본어는 아게모노揚げ物다. 아게모노의 종류는 대체로 가라아게, 후라이, 덴푸라天ぷら 세 가지로 나뉜다. 가라아게는 밀가루, 전분을 바로 묻혀 튀기는 것이고, 덴푸라는 밀가루나 전분에 계란이나 물을 더해 튀김옷을 만든다. 후라이는 덴푸라 조리방식에 밀가루 대신 빵가루를 묻혀주는 것이다. 빵가루의 유무가 후라이와 덴푸라의 차이를 가른다. 아무런 옷도 입히지 않고 튀기는 것은 스아게素揚げ라고 한다.

가라아게의 대표선수는 치킨이지만, 생선 중에서는 전갱이가 독보적이다. 가라아게의 본고장은 오이타현으로 일본 내 치킨 소비량 1위를 달리는 지자체다. 오이타현 안의 나카쓰시中津市는 전갱이 가라아게가 특화된 전갱이 가라아게 성지로 불린다. 나카쓰시는 세키아지의 보고인 분고수도와 가깝다. 나카쓰에 가면 가라아게 거리를 어렵지 않게 만날 수 있다.

후라이와 덴푸라는 모두 물 건너온 것이다. 일본식으로 변조한 서양요리다. 일본에 건너온 시기만 다르다. 후라이는 메이지시

31 2017년 해산물가공업체 마루하니치로マルハニチロ가 성인 1000명을 대상으로 실시한 조사를 참고했다.

대에 생겼고, 덴푸라는 에도시대에 생겼다. 덴푸라는 포르투갈 선교사들의 식문화를 곁눈질해서 발전시킨 외래요리다. 덴푸라는 에도시대에 선풍적인 인기를 얻었다. 스시, 소바와 함께 에도시대 최고의 외식 메뉴였다. 덴푸라, 스시, 소바는 '에도 삼미江戸三味'로 꼽히는데, 값이 싸면서 에도의 미각을 사로잡은 3대 음식이다.

그런데 덴푸라와 악연이 있는 쇼군이 있다. 군웅할거 전쟁시대에 종지부를 찍고 265년 평화시대를 연 도쿠가와 이에야스가 그 주인공이다. 그는 75세에 유명을 달리했는데, 당시 평균 수명이 40세 수준이었던 점을 감안하면 장수 인생이었다. 실제로 그는 자신의 건강을 상당히 챙겼다. 그가 즐긴 수영과 매사냥은 건강 유지의 한 방편이었다. 건강과 식습관의 관계를 알고 있었는지 식사도 허투루 하지 않았다. 동서양 할 것 없이 권좌를 지키기 위해 먹는 일에 깐깐했던 군주가 많았는데, 이에야스도 그랬다.

이에야스는 평상시 기름지고 푸짐한 식단을 멀리하고 소박한 음식을 가까이했다. 보리밥, 나물, 토란을 자주 먹었고, 참마 같은 것을 갈아서 걸쭉한 스튜 형태로 만든 도로로시루とろろ汁를 자주 먹었다.

그는 또한 제철 생선을 좋아했다. 특히 말년에는 옥돔甘鯛을 유난히 좋아했다. 시즈오카 앞바다에서 잡아서 하루 정도 건조한 후 구워 낸 옥돔은 자주 이에야스의 밥상에 올라갔다. 갓 숨이 끊긴 옥돔을 하루가량 말리면 살점이 탱탱해져 식감이 업그레이드되고 풍미도 깊어진다. 옥돔구이나 옥돔조림을 먹어본 사람은 안다.

이에야스의 식생활을 한마디로 표현하면 소식素食이다. 그는 소박한 밥상을 강조한 최고 권력자다. 소식을 생활화했다고는 해도 오리도 가지 같은 만물 식재료와 옥돔, 참마 등을 즐긴 것으로 보아 맛에 둔감한 인물은 아니었나 보다.

그런데 이 옥돔 사랑이 이에야스의 운명을 가를지는 아무도 몰랐다.

어느 날 매사냥을 떠난 이에야스는 도중에 시즈오카의 다나카성田中城에서 잠시 머물게 됐다. 그때 교토에서 활동하는 거물급 상인이 이에야스 숙소로 찾아왔다. 그는 이에야스의 측근이기도 했다. 상인과 담소를 나누던 중 이에야스는 "요사이 교토는 어떤가?"라며 옛 도읍지의 근황을 물었다. 상인은 교토에서 한창 주가를 올리는 신종 음식에 대해 말했다. "비자나무 열매 기름으로 튀겨 낸 도미에 송송 썬 쪽파를 뿌려 먹는 게 아주 맛있다고 소문이 자자합니다."

비자나무 열매에서 짜낸 기름은 당시 상류층이 애용한 최고급 식용유였다. 요리 묘사도 맛깔나는 데다 유행을 선도하는 교토에서 한창 뜨는 음식이라 하니 호기심 강한 이에야스는 처음 듣는 도미튀김에 귀가 솔깃했을 것이다. 그는 어민들이 헌상한 도미를 교토식 레시피대로 튀겨서 자신에게 대령하도록 아랫사람에게 지시했다. 얼마 후 튀겨 낸 도미가 고급스러운 그릇에 담겨 이에야스

앞으로 나왔다. 참돔튀김과 옥돔튀김이 섞여 있었다.

튀긴 도미와의 생애 첫 대면. '도미를 튀겨서 먹다니. 일단 냄새는 끌리는데 과연 맛도 그럴까?' 이에야스는 군침을 삼키며 도미튀김에 젓가락을 댔다. 별미였다. 소식을 고집하던 그는 보통 때와 달리 그만 절제심을 잃어버렸다. 앉은 자리에서 5마리를 해치웠다. 참돔 2마리, 옥돔 3마리. 포만감도 잠시. 얼마 후 갑자기 콕콕 아랫배로 통증이 밀려왔다. 그는 배를 움켜잡고 얼굴을 찌그러뜨리며 복통을 호소했다. 1615년의 일이다.

이에야스는 그로부터 1년이 지난 어느 봄날 숨을 거둔다. 도미튀김이 직접적인 사인인지 불명확하지만, 도미튀김을 먹고 나서 한동안 복통으로 고생한 건 분명하다. 천하를 통일한 대장군이 생선튀김을 먹고 탈이 나 유명을 달리했다니. 뉴스 중의 빅뉴스다. 정말로 도미튀김이 이에야스의 목숨을 앗아 갔을까.

1616년 새해 정초부터 이에야스의 복통은 심해졌다. 주치의가 진료를 했고, 배 속에 뭔가 응어리 같은 것이 있음을 알고 '적癪'이라는 진단을 내린다. 일종의 내장질환이다. 이에야스는 음력 2월 초 에도성으로 돌아왔으나 복통은 좀처럼 가라앉지 않았다. 처방약도 듣지 않았다. 결국 그는 식욕을 잃어갔고, 살이 쫙쫙 빠지더니 객담을 쏟아 냈다. 그러기를 두어 달, 천하의 쇼군은 속절없이 숨을 거두었다. 건강하게 오래 살려고 평소 본초학을 공부한 이에야스의 의학 지식은 남달랐다. 스스로 처방을 내리고 약을 지어 먹기도 했다. 하지만 그런 이에야스도 자신의 복통은 다스리지 못했다.

현대의 의료 전문가들은 여러 정황을 종합해 볼 때 이에야스를 죽음으로 몰고 간 것이 말기 위암이 아니겠느냐는 의견을 내놓았다. 피비린내 나는 전쟁의 시대를 평정한 최고 무사의 종말치고는 꽤 허망한 결말이다. 하지만 병마는 사람을 가리지 않는다. 만화 같은 이 스토리는 『도쿠가와 실록徳川実録』에 기록된 논픽션이다.

실록 속 묘사만 보면 도미튀김은 덴푸라 종류로 추정되지만, 이에야스가 살던 시대에는 아직 덴푸라라는 명칭이 통용되지 않았던 듯하다. 현존하는 에도시대 초기 문헌에는 덴푸라 표기가 보이지 않는다고 한다. 밀가루나 곡물 반죽 형태, 이른바 '옷'을 입히는 조리방식도 등장하지 않는다. 튀김류는 아게모노로 싸잡아 지칭했다. 덴푸라라는 명칭은 이에야스 사후로부터 수십 년이 흐른 뒤 나타난다. 인터넷을 보면 '이에야스를 죽인 덴푸라'라는 표현이 일반화됐음을 알 수 있는데, 엄밀히 따지면 가짜뉴스다. 사실 이에야스가 먹은 건 옷을 입히지 않고 기름을 넉넉히 넣고 바싹 구운 도미다.

덴푸라란 용어가 처음 등장하는 문헌은 『요리식도기料理食道記』다. 출간 연도는 1669년. 이에야스 사후 50여 년이 지난 시점이다. 그 책에 덴푸라 단어의 원형 덴후라てんふら가 나온다. 1693년

어느 하급 무사의 일기[32]에는 "술안주에 덴후라(새우, 두부) 밀가루에 묻혀"라는 구절이 나오기도 한다.

덴푸라 만드는 법은 포르투갈인이 전해주었다는 주장이 정설이다. 어원은 포르투갈어로 '조리하다'라는 뜻의 '템포로temporo'에서 파생됐다는 설, 생선을 먹는 종교적 관습을 의미하는 '템포라tempora'에서 유래했다는 설, 이렇게 두 가지 학설이 있다. 포르투갈 선교사들은 3월, 6월, 9월, 12월의 첫 번째 수요일, 금요일, 토요일에는 육식을 하지 않고 생선을 먹었는데, 이 관례를 '템포라'라고 한다. 선교사들은 생선을 기름에 튀겨 먹었는데 일본인에게는 낯선 요리법이었다. 포르투갈인 및 스페인인이 전해준 요리를 통칭 '남만요리南蛮料理'라고 부른다. 일본인과 이들 사이에 이루어진 교역을 남만무역이라고 한다. 고추, 고구마, 수박, 카스텔라, 타르트 등이 남만무역을 통해 일본에 소개됐다.

남만이란 남쪽에서 온 이방인을 의미한다. 일본요리에서는 고추와 대파를 지칭하기도 한다. 요리 명칭에 남만(일본어 발음은 난반)이 들어가 있으면 고추나 대파를 썼다고 보면 된다. 고추, 대파 역시 물 건너온 식재료다. 점차 남만요리는 서양에서 건너온 요리를 아우르는 말이 됐다. 쇄국정책의 주춧돌을 놓은 이에야스가 정작 물 건너온 남만요리를 먹고 탈이 나 죽음까지 이르렀다는 스토

32 오와리번 무사 아사히 시게아키朝日重章가 1691년부터 26년 8개월 동안 쓴 일기 형식의 방대한 기록물 『새장 속 앵무새의 기록鸚鵡籠中記: 元禄武士の日記』(岩波書店, 1995) 중에서.

리는 역설적이기도 하고 코미디 같기도 하다.

신종 음식이 유행하게 되는 과정을 들여다보면 예나 지금이나 흥미로운 스토리가 함께 얽혀 있음을 알 수 있다. 덴푸라 역시 그렇다. 일본 대중들은 템포로, 템포라보다 재미있고 귀에 쏙쏙 들어오는 덴푸라 단어의 유래를 만들고 공유했다. 그 대표적인 버전이 에도시대 후기 유명 화가이자 작가인 산토 교덴山東京伝의 일화다.

고급 요릿집 종업원과 사랑의 도피행각을 하다 에도로 건너온 리스케利助라는 오사카 상인이 먹고살 궁리를 하다 '에도에는 없는 생선살 튀김을 만들어 팔자'는 결론을 냈다. 그는 어떻게 장사하면 좋을지 상담하기 위해 그 방면에 감각이 출중하다는 교덴을 찾아갔다. 두 사람은 품목은 튀김류로 정하고 야시장에서 노점을 펼치면 좋겠다는 구체적 방안까지 확정했는데, 간판이 문제였다.

리스케는 "뭔가 새롭고 구미를 당길 만한 이름 없을까요?"라고 물었다. 교덴은 잠시 생각에 잠기더니 '덴후라天麩羅' 세 글자를 써서 리스케에게 보여주었다.

"덴후라? 글쎄요, 무슨 의미입니까?"라는 리스케의 물음에 교덴은 "자넨 지금 천축낭인天竺浪人[33]이야. '정처 없이 훌쩍'[34] 에도

33 일정한 주거 없이 떠도는 사람.

로 들어와 장사를 시작한 자이니 덴후라인 게지. 덴은 천축의 덴이고. 즉 떠오른다는 뜻[35] 말일세. 후라를 '麩羅' 두 글자로 표현한 까닭은 밀가루옷을 입힌다는 뜻이지"라고 설명했다. 리스케는 흡족해하면서 돌아갔고 등롱에 덴후라天麩羅를 써놓고 장사를 시작했다. 그 후 덴후라는 발음 법칙상 자연스레 덴푸라로 읽히게 됐다. 교덴의 동생 교잔이 1846년 발간한 『거미줄 책蜘蛛の糸巻』에 나오는 이야기다.

일본에는 먼 옛날부터 기름에 튀기는 요리가 있기는 했다. 그중 식물성 재료를 사용한 튀김은 쇼진아게精進揚げ, 고로모아게衣揚げ 등으로 불렸다. 이에 반해 육류, 생선을 재료로 한 것, 그중에서도 특히 에도마에 어패류를 사용한 것을 '덴푸라'로 구분했다.

덴푸라는 노상 포장마차의 일종인 야타이屋台에서 주로 판매됐다. 그 이유는 화재 위험 때문이었다. 집 안에서 해 먹다가 화재를 내는 사고가 잦아 가정집에서 덴푸라를 만들어 먹는 것을 나라에서 금지했다. 에도시대 가옥은 거의 전부 나무집이었고, 나가야長屋라는 서민 공동주택들이 다닥다닥 붙어 있어서 불이 붙기만 하면 대형 재난으로 변했다. 7일에 한 번은 큰불, 3일에 한 번은 작은 불이 난다는 도시가 에도였다.

34 일본어 표현은 '후라리ふらり'. 후麩는 밀기울이란 뜻으로 곡물 단백질, 즉 글루텐으로 해석해도 된다.

35 덴天은 하늘이니 떠오른다는 의미와 상통한다. 떠오른다는 뜻의 한자어는 양揚. 튀김을 뜻하는 아게揚げ와 닿아 있다.

일본에서 생선구이보다 사시미가 더 대중화된 데에는 화재에 대한 두려움이 깔려 있지 않을까. 방 안 화로나 부엌 가마에서 생선을 굽는 일은 한편으로는 위험을 감수하는 행위였으니까 말이다.

에도시대에 에도 시내 건물 3분의 1을 잿더미로 만들어 버린 메이레키 대화재明暦の大火(1657) 이후 화재 피해를 줄이기 위해 주거지 사이사이에 화제지火除地가 만들어졌다. 불이 순식간에 옮겨 붙지 않도록 조성한 공터였다. 일종의 방재용 공간 디자인이다. 덴푸라 야타이를 포함한 음식 노점은 대부분 그곳으로 모였다. 먹거리가 있으니 사람이 모였다. 사람이 모이니 볼거리가 따라왔다. 서양의 광장과 유사한 기능을 한 그곳에는 연희극과 곡예, 마술, 차력 등 각종 볼거리를 상연하는 간이 시설들도 모여들어 에도 주민의 유희 공간으로 탈바꿈했다. 도쿄의 우에노上野, 아키하바라秋葉原, 료고쿠両国 등은 그때 생긴 화제지다.

흥미롭게도 에도 시내에 큰불이 한번 났다 꺼지면 음식 관련 점포 숫자가 늘어났다. 에도의 관공서가 조사한 바에 따르면, 1804년 음식 관련 점포는 6165곳이었다. 1810년에는 7736곳으로 6년 새 21% 늘었다. 그사이 무슨 일이 있었던 걸까? 1806년 초봄에 분카 대화재文化の大火라는 큰불이 나 에도 시내 가옥 12만 6000여 채를 재로 만들었다. 학자들은 음식 점포 수가 늘어난 주된 이유가 화재일 것이라고 추정한다.[36]

화재로 집과 일터를 잃은 사람들 상당수는 당장 호구지책으로 간이음식점이나 식재료 판매점을 열었다고 한다. 다른 일보다 손쉽게 새 출발을 할 수 있고, 벌이도 나쁘지 않았기 때문이다. 야타이나 노점 상인까지 더하면 음식 관련 상인 숫자는 훨씬 더 많았을 것이다. 막부는 음식점이 과도하게 많다고 여겨 개점을 제한하려 했지만 요령부득이었다. 야타이, 행상, 식당, 주점 등 요식업 규모는 계속 늘어만 갔다.

메이지시대에 덴푸라의 인기가 급상승해 덴푸라 야타이가 급증했다. 1878년 교바시京橋에서 만세바시万世橋까지 늘어선 포장마차들이 가장 많이 파는 품목이 덴푸라였다고 한다. 지금도 그렇지만 음식 하나가 뜨고 판매자가 늘면 품질이 떨어지고는 한다. 덴푸라도 그랬다. 정작 핵심 내용물은 빈약하고 튀김옷만 잔뜩 입혀 될 수 있는 한 큼직하고 겉모양만 그럴싸하게 만드는 얌체 상술이 판쳤다. 겉치레가 심하고 과장된 음식은 맛이 없기 마련이다. 실망한 구매자들은 덴푸라에 '니세모노偽物(짝퉁)'라는 별칭을 붙였다. 짝퉁 덴푸라가 흔했는지 덴푸라는 어느새 표리부동의 대명사가 됐다. 언어는 시대를 반영한다고 했던가. 그 당시 덴푸라 장사꾼뿐만 아니라 덴푸라 장사꾼과 유사한 사기꾼이 사회 곳곳에 비일비재했을지 모른다.

36 안도 유이치로安藤優一郎의 『에도의 밥과 술과 여성大江戸の飯と酒と女』(朝日出版社, 2019) 중에서.

1960년대 냉동 새우튀김이 세상에 나와 대박을 쳤을 때 '튀김옷 논쟁'이 벌어졌다. 그 시절엔 튀김옷을 얇게 입히는 기술을 터득하지 못해 새우튀김의 옷은 두꺼웠다. 옷을 얇게 입혀놓으면 기름에 튀길 때 옷이 벗겨져 버려 어쩔 수가 없었다. 또 큼직해야 먹음직스럽게 보인다고 생각해 일부러 튀김옷을 듬뿍 입히기도 했다. "애개, 옷은 주먹만 한데 새우는 손가락만 하네." 소비자들의 볼멘소리가 쏟아졌다. 에도시대에 지탄을 받았던 덴푸라 뻥튀기 얌체 상술이 수백 년 후에 재현된 것이다. 일부 업자는 튀김옷 비중이 80%나 되는 냉동 새우튀김을 팔기도 했다. 말 많고 탈 많은 튀김옷 소동은 1978년 일단락된다. '튀김옷이 50% 이하'라야 냉동 새우튀김으로 인정한다는 규정을 정부가 만들었다. 지금은 그 비율이 30% 이하다.

이제 거의 사어死語가 됐지만, 제2차 세계대전 전만 해도 '덴푸라 학생'이라는 표현이 널리 쓰였다. 도쿄대학교, 게이오대학교 같은 명문대 교복을 입고 다니며 대학생 행세하는 젊은이를 지칭하는 용어였다. 교복을 입고 캠퍼스를 드나들고, 여대생과 사귀기도 했다. 실속은 백수이거나 일용노동자, 가게 점원인데 겉모양은 명문대생. 가짜 대학생이 걸친 교복을 덴푸라의 튀김옷에 비유한 것이다. 명문대생은 부러움과 선망의 대상이었고, 누릴 수 있는 유무형의 혜택이 많았기 때문에 생긴 풍조였다. 대학 졸업자와 대학교 간판을 중시한 엘리트주의 사회가 낳은 요지경이었다. 한때 우리나라도 덴푸라 학생들이 드물지 않았으니 마냥 비웃기만 할 일은 아니다.

'아게'보다 '덴푸라' 간판이 뭔가 새롭고 끌린다. 더 많이 팔기 위한 홍보 마케팅의 ABC일 텐데, 따지고 보면 교덴의 덴푸라 작명도 에도판 홍보 마케팅 기법이다. 실속이야 보잘것없어도 겉만 번드르르하면 먹히는 풍조. 덴푸라의 이력에서 21세기 상업주의 식문화의 단면이 보이지 않는가.

2

깊은 역사의 맛

방어
입신양명을 꿈꾸며,
명절의 맛

붕어
쌀 문화, 삭힘의 기술

갯장어
교토는 알고, 도쿄는 모르는 맛

붕장어
화양절충, 요리도 통역이 되나요

다시마
다시마 길,
동서 입맛을 가르다
뱀장어
여름 보양식,
은밀하고 달콤한 맛
가쓰오부시
전투식량, 이성이 마비되는 맛
N
W
E
S

鮒 | 붕어 |

쌀 문화, 삭힘의 기술

660년 백제가 멸망하자 한동안 왕조 부흥운동이 일어난다. 백제와 우호 관계를 맺고 있던 일본 땅의 나라 왜倭[37]는 세 차례에 걸쳐 부흥운동 지원 병력을 한반도로 보낸다. 당시 한반도 주변은 백제·왜국 대 신라·당나라의 대립 구도 아래 정세는 격랑을 탔다.

세 번째 파병된 왜국 지원병은 백제군과 함께 신라·당나라 연합군에 맞서 대대적인 전투를 벌였으나 패주한다. 이른바 백강전투白江戰鬪다. 백강은 지금의 금강으로 추정된다. 이때 왜국은 나당 연합군의 군사력에 놀랐고, 나당 연합군이 일본까지 진격해올지 모른다는 공포감을 갖게 된다. 그래서 일본 천황은 나당 군사의 침략을 대비해 해안에서 더 거리가 먼 내륙지방으로 수도를 옮긴다. 천도한 땅은 오쓰大津로 일본 최대 호수 비와호琵琶湖를 지척에

37 일본日本이라는 국호는 7세기 후반부터 대외적으로 통용되기 시작한다.

둔 곳이었다.

오쓰는 예전의 수도 교토와 8킬로미터 떨어져 있다. 왜국 지배층은 오쓰 천도 후 나당 연합군의 침략 걱정을 덜고 한숨 돌렸을 것이다. 교토보다 내륙으로 더 들어간 오쓰의 비와호는 그들에게 심리적인 안정감을 주는 존재였을지 모르겠다. 사실 비와호는 아주 오래전부터 그네들의 조상이 터 잡고 살면서 문화를 일궈온 유서 깊은 땅이다.

400만 년 전에 생성된 비와호는 일본 고대사의 젖줄이다. 조몬시대(기원전 10세기 이전의 신석기시대), 야요이시대弥生時代(기원전 10~3세기 청동기시대)에 사용한 토기가 거기서 발견됐고, 호수 밑바닥과 호반 수백 곳에서 유적이 발굴됐다. 그 이후 시대의 유물도 많이 발굴됐다. 비와호는 일본 고대인의 중요한 터전이었다.

비와호 일대가 고대부터 번성했던 이유는 지리적·생태적 이점 때문이다. 지리적으로 일본 본섬인 혼슈 가운데 위치해 동서를 잇는 교통요지였다. 중세시대에는 간선도로 격인 5대 가도 중 도카이도東海道와 나가센도中山道가 비와호 옆을 지나갔다. 그 밖에 몇 개의 가도도 비와호를 경유했다. 동북 해안지역에서 나는 소금, 생선은 비와호를 거쳐 교토로 갔다. 비와호는 물류의 요충지이자 최대 소비도시인 교토의 식량 조달지였다.

흔히 대형 호수가 문명의 발상과 깊은 연관을 맺듯 비와호 역시 그랬다. 너비가 670제곱킬로미터나 되는 비와호는 천혜의 주거지이자 거대한 음식 창고였다. 호수에 사는 수많은 종류의 물고기가 아주 훌륭한 식량이 되었기 때문이다. 주거지의 생태적 이점이란 이런 곳을 두고 하는 말이리라.

넓은 호수가 주는 풍부한 식재료를 바탕으로 일본 고대인은 비와호에서 고유한 문화를 갈고 수확했다. 비와호의 문화는 일본 유산 제1호로 등록돼 있다. 유산 목록에 민물고기로 만든 전통 음식도 포함돼 있다. 비와마스琵琶鱒(송어), 고아유小鮎(은어), 니고로부나煮頃鮒(붕어), 혼모로코本諸子(잉어류), 하스鰣(잉어류), 이사자鯋(꾹저구), 고리鮴(둑조개류), 스지에비条蝦(민물새우). 모두 비와호에만 사는 어종으로 뭉뚱그려 '비와호 8대 진미琵琶湖八珍'라고 한다.

그중 가장 널리 이름을 떨친 것은 붕어다. 붕어를 삭혀 만든 발효 음식 후나즈시鮒寿司는 비와호의 상징 음식이자 일본 식문화사를 논할 때 빠짐없이 거론되는 발효 음식의 조상님뻘 된다. 비와호에 대해 길게 설명한 것도 후나즈시라는 음식이 품고 있는 역사적·지리적 위상을 전달하기 위해서다.

후나즈시는 소금을 넉넉히 친 붕어에 쌀밥을 적당량 섞어 항아리에 담아 장기간 삭힌 것이다. 밥알이 발효하면서 유산이 나와 시큼한 맛이 나지만, 젓갈과 달리 물고기가 분해되지 않아 1년 이상 두고 먹을 수 있다.

붕어+스시. 후나즈시는 스시의 일종이다. 스시를 일식집 초밥으로만 연상하는 한국인에게 후나즈시가 스시의 일종이라는 사실은 사뭇 낯설다. 후나즈시를 이해하려면 우선 스시에 대해서 조금이라도 알고 넘어가야 한다.

스시すし는 동사 스에루すえる와 메시飯를 합성한 조어다. 스에루란 '음식물이 삭아 쉰 맛이 난다'는 뜻이고, 메시는 밥이다. 따라서 스시는 밥이라는 재료와 삭힘이라는 과정을 수반하는 음식이다.

스시를 표기하는 한자는 세 가지다. 鮓, 鮨, 寿司. 모두 스시로 읽는다. 시기적으로 자鮓 글자가 가장 먼저 쓰였는데, 원뜻은 곡식에 절인 생선이다. 발효식이라는 특징을 포착한 단어로서 밥알을 넣고 푹 삭힌 나레즈시熟鮓 종류가 이에 속한다.

지鮨는 소금과 생선으로 만든 음식을 뜻한다. 생선젓갈도 해당된다. 우리에게 익숙한 생선초밥인 니기리즈시握り鮨와 밥 위에 생선을 올려 한동안 꾹 눌러 만드는 오시즈시押鮨 종류가 이에 속한다.

그런데 자와 지 모두 유미주의자인 에돗코江戸っ子[38]의 성에 차지 않았다. 길흉 따지기 좋아하는 그들은 '장수와 축복을 관장한다'는 관념적 유희로 수사寿司를 조어했다. 장수를 부르는 음식이라는 뜻도 담았다. 소리를 딴 취음자取音字이지만 왠지 그럴싸해 보였

38 흔히 에도 토박이라는 뜻이나 단순히 에도에 사는 사람이 아니라 에도 토박이면서 에도 문화를 체득하며 살아온 에도 기질을 지닌 사람이라는 뜻이다. 허세꾼, 씀씀이 좋은 기분파, 의협심 강한 싸움꾼, 멋 부리기 좋아하는 고집쟁이 등이 그 특징이다.

다. 식촛물을 쓰지 않거나 수산물을 재료로 하지 않으면 자나 지와 서로 조응하지 않는다. 하지만 '수사'는 그런 제약을 뛰어넘는다. 새 술은 새 부대에 담으랬다고, 신조어 수사는 시기적으로 가장 뒤늦게 태어난 신생 니기리즈시의 이미지와 잘 맞아떨어졌다. 글씨 자체도 '간지' 난다. 에도의 스시집은 너도나도 노렌暖簾에 '수사' 두 글자를 크게 써 붙였다. 수사는 스시의 상품성에 주목한 글자였다. 새 트렌드를 귀신같이 포착하고 마술사처럼 활용하는 이들은 언제나 장사꾼들이다.

후나즈시는 무수한 나레즈시 가운데 하나다. 나레즈시는 밥알과 물고기와 시간을 한데 버무려 만드는 요리다. 두 가지 재료가 알맞게 숙성됐을 때 먹어야 제맛이다. 타이밍이 중요하다. 나레즈시란 숙성한 스시라는 뜻인데, 숙성한 스시는 맛과 냄새가 강렬하다. 금방 친해지기 어렵다. 그래서 혹자는 나레즈시를 '서서히 익숙해지는 스시'라고 풀이한다. 나레즈시는 발효라는 공통분모를 제외하면 천차만별의 재료가 남는다. 재료가 되는 물고기가 무엇인가에 따라 이름을 달리한다. 또한 재료가 유사해도 지역에 따라 제조법과 맛이 다르다.

나레즈시 제조법은 동남아시아에서 건너왔다. 동남아식 제조법에 일본 고유의 재료와 지혜가 더해져 독자적인 나레즈시가 탄생했다. 생선을 발효시켜 먹는 식습관은 쌀 문화와 밀접하다. 잘 상하는 생선을 두고두고 맛보기 위해, 특히 밥의 밍밍함을 보완하기 위해 고안된 반찬이 삭힌 생선이다. 우리네 젓갈과 식해를 떠올려 보라. 나레즈시 역시 밥알의 발효 원리를 활용했고, 밥상 위에서 밥이 술술 잘 넘어가도록 도우미 역할을 하기 위해 태어났다. 계절과 무관하게 즐기는 비릿한 맛이 나레즈시의 묘미다. 나레즈시는 생선 구경하기 힘든 겨울철에 더욱 빛난다.

필리핀의 발효 음식 '부롱 이스다burong isda'는 나레즈시와 판박이다. 물고기, 쌀, 유산발효 세 가지 공통점을 서로 공유한다. 물고기 종류가 다르다는 점만 빼고는 발상과 만드는 법이 꽤 닮았다. 부롱 이스다는 만든 지 일주일가량 지난 후 각종 조미료를 넣고 끓여 먹는 음식이다. 나레즈시와 부롱 이스다 범주에 들어가는 음식은 태국, 라오스, 말레이시아 등지에서도 발견된다. 한국에서는 강원도 지방의 식해가 유사하다. 중국에서는 남부 해안지역에 비슷한 음식이 산재한다. 이 쌀과 물고기를 재료로 한 유산발효 음식은 동아시아 쌀 문화권에만 존재하는 독특한 식문화다. 식문화라는 관점에서 동일한 카테고리에 속하는 음식이다.

벼농사의 발상지는 동남아시아다. 동남아시아 → 중국 대륙 → 한반도 → 일본, 벼농사법 전파 경로다. 벼농사법은 야요이시대라 불리는 시기에 일본 땅을 밟았다. 당시 한반도에 살던 사람들이 전해주었다. 벼농사법은 규슈 북부에 첫발을 디뎠고, 한참 후 혼슈本州로 갔다. 혼슈에선 물을 이용하기 쉬운 비와호 주변 평야지대에서 벼농사가 일찌감치 번성했다.

나레즈시는 내륙에서 발달했다. 바닷가에 살면 굳이 나레즈시 방식으로 생선을 섭취할 필요가 없다. 그때그때 잡아서 요리해 먹으면 된다. 나레즈시는 생선이 귀하고 오래 두고 먹어야 하는, 단백질원이 부족한 내륙 산간지역 주민에게 절실한 요리다. 그래서 스시의 원형질이라 할 수 있는 나레즈시는 어민의 음식이라기보다 농민의 음식이다. 들과 산을 터전으로 살아가는 사람의 음식이다. 선어를 이용한 스시를 제외한 대부분의 전통 스시는 내륙지역에서 탄생했다 해도 과언이 아니다. 보존성을 높이기 위해 소금을 친 고등어를 이용한 사바즈시鯖寿司 역시 내륙 산간지역 주민들이 고안하고, 교토와 나라 같은 인구 밀도가 높은 도시에서 향유됐다.

해안가 지역이라고 해서 나레즈시가 없는 것은 아니다. 도루묵과 밥알의 결합체인 아키타현의 하타하타즈시ハタハタ寿司처럼 해안가 사람들이 나레즈시를 만드는 이유는 계절에 구애받지 않고 그 생선을 맛보고 싶기 때문이다. 오래 보관할 수 있는 나레즈시는 계절을 초월하는 장점이 있다.

일본에서 나레즈시만큼 향토색이 물씬 풍기는 음식은 드물다. 지역마다 고유 어종으로 나레즈시를 만들어 왔기 때문에 나레즈시는 향토색을 띨 수밖에 없다. 또한 한 마을이라도 집집마다 담그는 법이 조금씩 달라서 일본 안에 나레즈시가 몇 개인지는 신만이 안다는 말이 있을 정도다.

우리나라 강원도의 가자미식해도 일종의 나레즈시인데, 일본에는 없는 맛이다. 비와호의 동북쪽 산간지대인 기후현은 은어 나레즈시가 유명하다. 심산유곡 굽이굽이 샛강과 실개천이 많아 붕어는 드물고 은어가 많다. 그래서 산촌 사람들은 은어를 잡아 구워 먹고, 삶아 먹은 후 남은 건 삭혀서 두고두고 먹었다. 그런데 비와호의 후나즈시는 가장 오래된 나레즈시 가운데 하나다.

나레즈시는 발효식품이라 강렬한 냄새를 풍긴다. 후나즈시 냄새 역시 치즈처럼 강렬하다. 후나즈시는 누룩 지게미처럼 변한 밥알은 걷어내고 붕어만 얇게 잘라 그대로 먹는다. 특유의 냄새 탓에 나레즈시를 해 먹는 지역은 찾아보기 힘들어졌다. 후나즈시는 비와호 지역에만 남아 있을 뿐이다. 비와호를 끼고 있는 시가현에서는 정월 명절과 지역축제를 빛내는 요리로 지금까지 이어져 온다. 또 귀한 손님을 접대할 때 내놓는 음식이기도 하다. 후나즈시는 캄보디아 메콩강 일대에서 발원해 중국을 거쳐 일본으로 전해졌다는 것이 학계의 통설이다.

후나즈시를 만들 때 필요한 네 가지 조건이 있다. 우선 물고기가 많이 잡힐 것, 두 번째는 쌀이 풍부할 것, 세 번째는 소금을 넉넉히 확보할 수 있을 것, 마지막 조건은 고온다습한 기온이다. 비와호는 이 모든 조건을 갖췄다.

후나즈시는 일본이 벼농사 문화권에 속한다는 사실을 상기시킨다. 논으로 물을 끌어다 쓰기 쉬웠기 때문에 비와호 주변에는 벼농사가 일찍부터 발달했다. 논과 비와호를 잇는 수로가 뚫리면서 새로운 생태환경이 조성됐다. 논으로 각종 곤충과 벌레가 모여들었고, 산란하고 새끼를 키울 장소를 찾아 호수에 사는 물고기가 수로를 거슬러 올라왔다. 당연한 이치겠지만 논이 있으면 물이 있고, 물이 있으면 물고기가 산다. 결국 쌀 문화와 물고기는 한 세트다. 비와호에서는 단연 붕어가 돋보였다.

산란 때는 붕어가 떼 지어 논을 향해 올라오기 때문에 아무런 도구 없이 맨손으로도 붕어를 퍼 담을 수 있었다. 먹어도 먹어도 남아도는 붕어를 어떻게 할 것인가. 이리 해보고 저리 해보고 했을 것이다. 그러다 밥알과 발효라는 절묘한 화성법을 찾아냈다. 브리콜라주bricolage였다.

브리콜라주란 인류학자 레비 스트로스Claude Levi-Strauss가 언급한 개념으로 '주변에 있는 것들을 그러모아 이것저것 시험해 보다 새로운 것을 만들어 내는 행위'를 말한다. 결과물을 미리 머릿속에 그려놓고 만드는 것이 아니라 만들어 가면서 결과물을 창조하는 행위다. 무수한 경험 끝에 얻는 혁신이다. 고대 기능인의 혁신은 브리콜라주의 결과물이라 해도 과언이 아니다. 후나즈시 또한 하나의 혁신이었다.

후나즈시에 처음부터 밥이 사용되지는 않았다. 처음에는 붕어에 소금만 가미해 삭혔다. 밥알을 한데 섞기 시작한 건 가마쿠라 시대鎌倉時代부터라고 하니 최소한 12세기 중엽까지는 밥을 활용하지 않았다. 아마도 그 이전까지는 벼농사가 발달하지 않아 밥을 다른 용도로 활용할 만큼 쌀 사정이 여유롭지 못했을 것이다.

후나즈시를 만들기 적당한 시기는 무더운 여름철이다. 발효를 촉진하는 유산균은 고온다습한 기후를 좋아하기 때문이다. 한여름 복날쯤에 절여 12월 말이나 신년 1월에 꺼내 먹는다. 그때쯤이면 붕어 뼈까지 부드러워져 통째로 썰어 먹는다. 오늘날 후나즈시를 집에서 직접 만들어 먹는 경우는 극히 드물다. 공장식으로 대량 생산되는데, 발효용 쌀밥을 여러 차례 교체해 주면서 2~3년 숙성시킨 후 판매한다고 한다. 가격도 만만치 않고 쉽게 친해지기 어려운 맛이라 썩 대중적이지 않고 문화유산처럼 대접받는 전통 음식이다.

붕어는 삶으면 뼈가 물러진다. 그 탓에 에도시대에는 의지박약이거나 신념 없는 무사 혹은 가냘프고 소심한 무사를 가리켜 '붕어 사무라이鮒侍'라고 빈정거렸다. 47인의 사무라이가 억울하게 죽은 주군을 위해 복수전을 벌이는 이야기를 담은 인형극 및 가부키 〈추신구라忠臣蔵〉에서 사건의 발단에 등장하는 말이 붕어 사무라이라는 놀림이다.

아코번赤穂藩의 젊은 영주 아사노 나가노리浅野長矩가 에도성에 출근했는데, 사이가 틀어진 직속 상관급 고관에게 칼을 휘둘러 상해를 입혔다가 막부로부터 할복 명령을 받는 것이 사건의 발단이다. 일부 학자에 따르면, 나가노리가 업무상 상관에게 뇌물을 주는 관례를 지키지 않아 상관에게 갑질을 당했고, 이에 앙심을 품고 있던 차에 벌어진 사건이라고 한다. 그런데 앙심에 불을 붙인 도화선이 된 말이 있다고 한다. 이 고관이 시골 출신 24세 영주에게 던진 말이 "애송이 붕어 사무라이 같으니라고!"였다는 것.

어업도구가 발달하지 않은 고대인에게 바닷물고기는 그림의 떡 같은 존재였다. 하지만 호수와 강에 사는 민물고기는 비교적 손쉽게 포획할 수 있었다. 요리의 깊이와 다양성만을 따지면 민물고기가 바닷물고기보다 앞섰다. 그런 의미에서 어식 내지 일식은 민물고기에게 먼저 빚졌다. 일식의 고향이라는 교토요리는 비와호의 은혜를 입었다. 교토는 바다가 없는 내륙지역이다. 바닷물고기가 유입되기 전에 주로 민물고기로 요리했을 것이다. 그렇다면 교토 어식의 뿌리는 민물고기라고 보는 것이 맞겠다. 그 민물고기의 주된 공급처가 비와호였다.

아무리 훌륭한 요리도 한곳에 계속 머물러 있으면 정체되거나 쇠락한다. 후나즈시는 비와호에 국한되지 않고 일본 땅 구석구석으로 퍼져갔다. 고대와 중세 일본의 물류는 강을 중심으로 유통됐다. 육로는 험준하고 위험해서 발달이 더뎠다. 비와호는 홋카이도, 혼슈 북부의 물자 유통의 허브였다. 비와호에서 잡은 민물고기와 후나즈시는 행상을 통해 각지로 팔렸다. 17세기 이후 대형 화물선인 회선廻船을 이용한 해상항로 '다시마 길' 등이 개척되면서 비와호를 경유하는 수운은 쇠락한다.

백제가 멸망할 때 갈 곳 잃은 백제인 상당수가 바다를 건너 일본 땅으로 갔다. 왜국은 이들을 '선진국 난민'으로 받아들여 비와호 일대에 거처를 마련해 주고 지내게 했다. 606년 쇼토쿠 태자가 고구려 승려의 도움을 받아 창건했다는 백제사百済寺(하쿠사이지)가 지금도 남아 있다. 백제사는 백제인을 위한 사찰이었다. 흥미롭게도 815년에 편찬된 기나이 지역 5국(교토부, 오사카부, 나라현 일대로 비와호 남서쪽 지역)의 인구 통계 보고서 격인 「신찬성씨록」에는 '한반도 도래인'이 30%에 이른다고 적혀 있다. 상당수는 백제계일 것이다. 백제인들은 눈물을 삼키며 고된 이주민 생활을 이어갔을 터다. 이들도 비와호와 주변 수로에서 붕어, 잉어, 민물새우를 잡아먹고 살았을 것이다. 첨벙첨벙 금강에서 물고기를 잡고 요리해 먹던 옛 시절을 그리워하면서.

昆布 | 다시마 |

다시마 길, 동서 입맛을 가르다

우리가 흔히 육수라고 부르는 것, 즉 '다시出汁'는 일본요리의 요체다. 다시를 뺀 일본요리는 상상하기 어렵다.

다시는 어떻게 일본요리의 요체가 됐을까. 그 해답은 다음과 같이 물을 때 선명해진다. 왜 서양요리에는 다시가 발달하지 않았을까.

이유인즉슨 서양인은 육식을 즐기기 때문이다. 일본인은 아주 오랫동안 육식과 동떨어져 있었고, 서양인은 육식이 식생활의 기본이었다. 그 차이가 다시의 유무를 만들어 냈다. 다시란 곧 육류 특유의 감칠맛, 즉 기름진 맛을 뽑아내는 것인데, 육류 섭취가 일상화된 서양인은 굳이 다시를 뽑아낼 필요가 없다. 반면 채소, 생선 위주인 일본인 식단은 더 깊고 진한 맛을 추구했다. 주식인 잡곡과 쌀의 맛을 보완해 줄 맛을 추구했다. 그리고 금기 대상인 육고기의 풍미는 선망의 대상이기도 했다. 그들은 육류를 입에 대지 못하니 간접적으로라도 그 맛을 즐기고 싶었으리라. 그래서 찾은 해법이 식재료에서 감칠맛을 우려내는 형태, 바로 다시였다. 따라서 다시에는 고기 맛에 대한 갈증 혹은 갈망이 배어 있다.

지질학자는 다시 문화의 발달과 일본 특유의 화산지형을 연관짓기도 한다. 마그마와 화산 활동으로 생긴 암반은 두껍고 산악지형이 발달해 급류가 많다. 이런 지형은 토양에 칼슘과 마그네슘이 머물 시간을 주지 않는다. 그래서 지하수는 칼슘, 마그네슘을 적게 함유한다. 이런 물을 연수軟水라고 한다. 연수는 다시를 우리는 데 적합한 물이다. 반면 서양은 지질상 칼슘, 마그네슘 함량이 높은 경수硬水가 많다고 한다. 경수는 다시가 잘 우러나지 않는다고 한다.

처음에는 실험하듯 온갖 식재료를 물에 넣고 우려내 봤을 것이다. 경험에 경험이 더해져 최적임자로 선택된 것이 다시마와 가쓰오부시였다. 다시마와 가쓰오부시는 전통 일식의 양대 축이다. 오늘날에는 다시마와 가쓰오부시를 배합해서 다시를 뽑는 일이 흔하지만, 옛날에는 배합은커녕 서로 활동 무대가 전혀 달랐다. 다시마는 서일본, 가쓰오부시는 동일본을 주름잡았다. 다시의 동서 차이는 워낙 심대해서 동서 식문화를 가르는 중요한 잣대가 됐다.

다시마가 처음 등장하는 문헌은 797년작 『속일본기續日本紀』다. 거기에 에비스메蝦布라는 단어가 나온다. 홋카이도산 해초라는 의미다. 다시마는 전량 홋카이도에서 난다. 『속일본기』에는 다시마를 조정에 헌상했다고 적혀 있다. 당시에는 식재료라기보다 가늘게 깎아서 약재로 복용했다. 운송력이 미미할 때여서 수량이 적어 '바다의 금'이라고 불릴 만큼 비쌌다. 일반 백성은 구경조차 못 했다.

다시마가 약재에서 식재료로 바뀌기 시작한 것은 10세기부터다. 교토-홋카이도 항로가 서서히 열리고 운송량이 점차 늘어나면서 다시마의 용도가 변했다. 하지만 여전히 황족, 귀족, 승려 등 특권층만 향유하는 음식에 머물러 있었다. 다시마는 특히 사찰 음식으로 환영받았다. 당시 불교가 융성하면서 사찰요리인 쇼진요리精進料理가 싹을 틔웠는데, 채소를 축으로 하는 쇼진요리는 바다의 채소 격인 다시마를 별미로 받아들였다. 참기름에 튀겨 낸 다시마와 다시마 국물은 쇼진요리의 총화였다. 불살생 계율을 따르는 승려가 가쓰오부시를 사용할 수 없는 사정도 한몫했다.

승려들이 사찰 부엌에서 갈고닦은 다시마요리는 세속의 부엌으로 내려가 중생들의 입맛을 매료시켰다. 다시마는 귀중한 식재료의 지위를 얻어 주로 명절, 경축일에 다시마로 음식을 만드는 풍조가 생겼다. 에도시대의 운송력 상승으로 다시마는 점차 대중적인 음식으로 영역을 넓혔다. 다시마 국물은 소고기, 닭고기 등 동물성 육수가 주방에 본격적으로 도입되기 전까지 일본요리의 베이스였다. 다시마로 인해 일본요리는 다채로워졌고, 다시마로 인해 일본요리는 깊어졌다.

'다시마 길'에 대해 들어본 적 있는가. 다시마 길은 간단히 말하면 홋카이도의 다시마가 교토·오사카로 수송되는 루트다. 다시마 길은 크게 두 갈래로 나뉜다. 첫 번째 갈래는 니시마와리 항로西回り航路로 북서쪽 해안을 끼고 도는 바닷길이다. 이 항로는 7~8세기에 개척됐는데, 처음에는 홋카이도–쓰루가–오쓰–교토로 이어졌다. 기타마에부네北前船라고 불리는 무역선이 다시마를 실어 날랐다. 홋카이도에서 다시마를 선적한 기타마에부네는 후쿠이현 쓰루가敦賀에 도착해 짐을 부린다. 거기서부터 다시마는 비와호와 강을 타고 오쓰로 향한다. 오쓰에 도착한 다시마는 행상들의 짐짝에 실려 교토를 비롯한 내륙 각지로 흩어진다.

기타마에부네가 개량을 거듭해 항해력이 상승하면서 육로 운송은 배제됐고, 직행으로 오사카항까지 가는 루트가 발달했다. 육로를 거치지 않으니 운송 시간이 짧아졌다. 기타마에부네는 봄에 오사카를 출항해 6월 초순경 홋카이도에 도착, 11월 하순경 오사카에 닿는 일정으로 운항됐다. 오사카 상인들은 촘촘한 운송망을 이용해 교토를 비롯한 각지로 다시마를 운반했다. 이 직행 항로는 에도시대 후기에 뚫렸다.

다시마 길은 근세 일본의 국내 무역과 상업 경제 발전에 혁혁한 공을 세웠다. 기타마에부네가 홋카이도로 갈 때는 빈 배로 가지 않고 쌀, 술, 소금, 옷감, 담배, 목재 등을 실었다. 중간에 들르는 기항지에서 이것들을 팔아 큰 이익을 남겼다. 목적지 홋카이도에

닿을 때는 배의 화물칸이 텅텅 비었다. 홋카이도에서는 다시마 외에 니신카스鰊粕(청어 비료), 미가키니신身欠きにしん(말린 청어), 시오자케塩鮭(염장 연어), 해삼, 전복 등을 실었다. 귀로에 다시 항구 곳곳을 들른 후 이것들을 팔아 또다시 짭짤한 수익을 올렸다.

'움직이는 시장' 기타마에부네는 한 차례 항해로 1000료를 벌어들였다고 한다. 요즘 화폐 가치로 환산하면 대략 1억 엔 정도 된다. 기타마에부네 선주와 선장, 상인은 엄청난 부를 쌓았다. 다시마 길 무역을 관장한 시가현滋賀県의 오미近江 상인들은 오늘날 재벌과 맞먹는 거상으로 성장했다. 에도시대 후기에 생산력 없는 무사 계급은 갈수록 몰락한 데 반해 상인 계급은 부의 철옹성을 쌓아갔다. 막부시대는 표면상 무사의 나라였지만, 내면을 보면 상인 계급이 사회 흐름을 주도했다. 백성의 삶 속에서 실세는 부유한 상인들이었다. 다시마 길은 일본 자본주의의 맹아를 틔운 토양이라고들 한다.

규슈 남부에 위치한 사쓰마번은 '황금알을 낳는 거위'인 다시마 길에 눈독을 들였다. 사쓰마번은 화산암 지형이 많아 농업 생산력이 떨어졌다. 사쓰마이모薩摩芋라는 고구마의 본고장으로 유명하듯 벼보다 구황작물에 적합한 땅이었다. 쌀의 소출이 적었다. 그래서 에도시대 초기부터 재정 압박에 시달렸다.

사쓰마번은 재정난을 타개하기 위해 무역으로 눈을 돌렸다. 무역 상대국은 오키나와 류큐왕국과 중국이었다. 다시마의 명성이 중국까지 퍼지자 중국 상인들은 다시마를 약재로 사 들이려 했다. 사쓰마번은 다시마 무역에 뛰어든다. 류큐왕국에서 설탕을 구입해 오사카에 되판 후 그 돈으로 다시마를 사 들여 고가의 중국산 약재, 서화, 골동품과 교환하는 무역을 개시했다. 사쓰마번은 도야마에 거점을 둔 약종상 집단과 손잡고 독자적인 다시마 수출 사업을 개척했다.

사쓰마번의 대중국 무역은 사실상 불법행위였다. 타국과의 무역은 에도 막부의 쇄국정책을 거역하는 행위였기 때문이다. 몰래 한 밀무역이었다. 기존의 다시마 길을 이용한다면 불법이 탄로 나기 때문에 사쓰마번은 전혀 다른 루트를 이용했다. 태평양을 가로지르는 홋카이도–에도–오사카 항로다. 이것이 바로 두 번째 다시마 길, 히가시마와리 항로東廻り航路다.

이 밀무역을 위해 사쓰마번은 선박을 민간 상인에게 맡기지 않고 자체적으로 운영했다. 이들 선박의 활동 무대는 오키나와 지역까지 미쳤다. 독자적인 해상 운송력을 키운 사쓰마번은 대외무역 규모를 확대해 중국으로부터 화약, 소총, 대포 등 무기류까지 수입한다. 이 또한 밀무역 혹은 밀수다. 다시마와 맞바꾼 근대식 무기는 훗날 막부 정권을 쓰러뜨리는 데 크나큰 역할을 한다. 결국 다시마는 사쓰마번에게 부를 안겨줬고, 마침내 메이지유신으로 향하는 길을 열어줬다. 재벌 같은 상인을 키워 상업자본주의 싹을 틔우기도 하고, 근대 정치·사회체제 변화의 물꼬를 튼 다시마. 다시마는 단순한 식재료를 넘어 역사를 바꾸는 거대한 동력이었다.

사쓰마번의 경우만 보더라도 다시마는 서일본 친화적인 음식이다. 동일본에서는 다시마를 멀리했다. 에도보다 교토에서 주로 소비됐다. 왜 그랬을까. 대체로 두 가지 이유가 있다고 한다.

첫 번째는 수질 차이다. 동일본은 화산재를 함유한 지질이라서 지하수에 미네랄 성분이 많다. 반면 서일본 간사이 지방 쪽 지질은 미네랄 성분이 상대적으로 적다. 다시마에 포함된 글루탐산은 미네랄 성분과 만나면 잘 용해되지 않는다. 그래서 동일본의 우물물로 다시마를 끓이면 다시가 잘 우러나지 않았다. 반면 서일본 지하수로 가쓰오부시 같은 동물성 재료를 끓이면 잡스러운 부유물이 뜨고 비린내가 난다. 그래서 가쓰오부시를 멀리하고 다시마를 애용했다고 한다.

두 번째는 다시마의 질이다. 교토, 오사카를 거쳐 에도로 넘어오는 다시마는 저품질인 데다가 상태도 안 좋았다. 흔히 교토, 오사카를 거쳐 에도로 유입된 물품을 구다리모노下り物라고 했다. 옛날에는 천황과 귀족이 있는 조정, 즉 교토 일대를 '위上'로 자리매김하고 나머지 지방을 '아래下'로 규정했다. 이는 고대부터 사회문화적으로, 심리적으로, 또 신분 계급적으로 설정된 상하 관계에서 비롯된 것이었다. 교토 일대를 예부터 가미가타上方라고 지칭한 것도 같은 이유에서다. 천황이 기거하는 도읍 중심주의에 입각한 발상이 엿보인다. '서울 간다'라는 표현이 상경上京인 것과 같은 이치다.

교토로 올라가는 물품은 아가리모노上がり物, 교토에서 타지로 내려가는 물품은 구다리모노였다. 귀하고 신선한 것은 '상류' 교토로 먼저 갔으니 아가리모노는 그 자체로 품질보장이었다. 반면 구다리모노는 그보다 질이 낮았다. 교토에서 소비되고 남은 것 혹은 교토에서 퇴짜 맞은 것이 '하류' 지방으로 내려갔다. 다시마도 마찬가지였다. 에도로 건너간 구다리모노 다시마는 다시 국물내기에 적합하지 않았다.

그런데 구다리모노가 처음부터 하급품 취급을 받은 건 아니었다. 에도 시가지가 조성된 지 얼마 안 됐을 시기에는 에도산보다 구다리모노가 상급품이었다. 구다리모노란 곧 교토산이기 때문이었다. 구다리모노는 '대도시에서 온 인기 있고 귀한 것'의 이미지를 갖고 있었다. 하지만 에도 근교 농어촌의 생산력이 발달하고 간장, 미소된장 등을 만드는 제조 능력이 향상되면서 신선한 고품질 식품이 에도로 유입되었는데, 그때부터 상황이 변하기 시작했다. 에도 근교에서 나온 지방산이 양과 질 모두에서 구다리모노를 압도했다. 이윽고 구다리모노는 질 낮은 것의 대명사로 바뀌고 말았다.

일본에는 45종의 다시마가 있고, 그중 요리에 가장 많이 쓰는 것은 4종이다. 일본 4대 다시마라는 것이다. 리시리 다시마利尻昆布, 히다카 다시마日高昆布, 라우스 다시마羅臼昆布, 참다시마真昆布 네

가지이다. 모두 홋카이도에서만 자라는 다시마들이다. 이 중 리시리가 다시 내기에 최적이고 최고급이다. 리시리는 교토에서 소비됐다. 귀족층의 호화로운 교토 가이세키会席料理 요리에 없어서는 안 되는 것이었다. 리시리는 홋카이도 서북쪽 해안에서 나고, 나머지 세 가지는 남부 해안에서 난다.

에도에 유통된 다시마는 주로 히다카였다. 한국인에게 가장 친숙한 다시마다. 오동통통 농심 너구리 라면에 들어 있는 다시마가 바로 히다카다. 까만 빛깔을 띠며 두께가 도톰하고 섬유질은 부드럽다. 조림에 적합하지만 다시용으로는 리시리만 못하다. 히다카는 생산량이 가장 많은 다시마로 교토에서 소비되고도 남아 에도로 유입될 수 있었다. 지금도 도쿄 사람들은 히다카를 많이 쓴다. 라우스는 갈색 빛깔에 두께가 얇고 향이 가장 진하다. 참다시마는 오사카에서 많이 사용하는데 반찬용 다시마조림으로 주로 먹는다.

다시마의 품질은 전적으로 산지가 결정한다. 산지의 일조량, 바닷속 환경, 수온 등에 따라 품질이 다르다. 그래서 산지가 곧 가격이다. 산지에 따른 서열이 뒤바뀌는 일은 없다고 한다. 다시마를 유럽 와인에 비유하는 까닭도 거기에 있다.

에도시대의 다시마 수확량은 청어와 깊은 관련이 있었다고 한다. 왜 그럴까.

청어 수확량은 홋카이도를 따라올 자가 없었다. 홋카이도에서는 청어를 가공한 비료 제조업이 활발했다. 청어로 니신카스를 만들 때 발생하는 부산물을 바다에 버렸는데, 이것이 다시마 같은 바다생물에게 영양분이 됐다. 바닷속 자연농장에 비료 역할을 한 셈이다. 폐기되는 청어 부산물 양이 엄청났음을 알 수 있다. 결과적으로 청어 비료 경기가 좋을수록 다시마 경기도 좋아졌다.

담백하고 싱거운 맛. 다시마는 간사이의 입맛을 함축한다. 간사이요리는 다시마 우려낸 물을 바탕으로 발전했다 해도 과언이 아니다. 반면 동일본 간토의 입맛은 진하게 달고 짠맛을 선호한다. 가쓰오부시가 길들인 맛이다. 간장도 간사이 것은 농도가 옅고, 간토 것은 짙고 진한 맛이다. 요리의 기초공사인 다시와 간장부터 확연히 엇갈리니 맛과 조리법도 동서 차이가 또렷하다.

일본 문화의 동서 차이는 새삼스럽지 않은 이야기다. 일본인은 어릴 때부터 동서 차이를 귀가 따갑도록 듣는다. 식문화는 그런 차이를 절감하는 영역 가운데 하나다.

우선 취사 형태가 달랐다. 간토는 이로리囲炉裏, 간사이는 가마도釜戸다. 이로리는 주거공간 한 곳에 움푹 들어간 좌식 화로 형태이고, 가마도는 주거공간 옆 주방에 높게 설치한 입식 구조물로 우리네 옛날 부엌과 흡사하다.

밥을 안치는 시간대도 달랐다. 에도는 하루치 밥을 아침에 지었다. 점심과 저녁은 식은 밥으로 해결했다. 반면 교토에서는 점심 무렵 밥을 지었다. 아침, 저녁은 찬밥을 먹었다. 물론 모든 집이다 그랬다는 건 아니고, 대체로 그랬다는 것이다.

에도 사람이 아침밥을 짓는 이유가 있다. 출근용 도시락을 싸야 했기 때문이다. 중세의 메트로폴리스 에도는 크고 작은 공사가 끊이지 않았다. 인구 중 일용직의 비중이 컸다. 행상, 날품팔이도 많았다. 이들은 점심을 사 먹거나 도시락으로 때웠다. 출퇴근하는 하급 공복들도 도시락을 갖고 다녔다. 심지어 매일 에도성으로 출근하는 지방 영주와 고위 관리도 식사는 직접 챙겨 갔다. 참근교대 탓에 전국의 영주들과 보좌 무사들이 에도로 대거 이주했다. 외지 출신 무사들의 타향살이라는 특이성이 도시락과 외식 문화를 발달시켰다.

차가운 밥이 일상이었으니 뜨거운 차茶를 밥에 부은 차즈케茶漬け가 발달한 것은 자연스러운 이치였다. 추운 겨울 저녁에는 밥이 차고 딱딱해서 그냥 먹기에 더 고역이었을 것이다. 그래서 얼어붙은 밥에 뜨끈한 찻물을 따르고 우메보시梅干し, 간장 다시마조림 등과 같은 짠지를 곁들여 먹었다. 교토의 아침밥도 딱딱하기는 매한가지였다. 교토에서는 주로 맹물을 부어 죽으로 끓여 먹었다. 에도 사람들은 죽을 좋아하지 않았다.

상류층, 하류층 가릴 것 없이 통상 하루 두 끼가 오랜 관습이었다. 삼시세끼 관습은 1657년 메이레키 대화재 이후 굳어졌다. 에도시대 최대급 화재인 메이레키 대화재 이후 오랫동안 도시 재건 공사가 진행됐다. 잔해를 치우고, 새로 집을 짓는 나날이 이어졌다.

에도 전 주민의 장기간 육체노동. 하루 두 끼로는 고된 노동을 버티기 어려워 점차 세끼를 먹는 일이 다반사가 됐다. 육체노동자들은 또 음식이 짜야 먹은 것 같았다. 싱거운 교토식 음식은 입에 안 맞았다. 짜고 진한 맛을 선호하는 경향이 강해졌다. 하지만 에도시대 초기에는 조미료라고 해봐야 소금, 미소된장이 고작이었다.

도시 건설이 얼추 마무리된 에도시대 중기부터 짠맛은 뒤로 물러나고 달짝지근한 맛이 부상했다. 류큐산 설탕이 들어오면서 간장과 설탕을 섞어서 요리하기 시작했다. 갈수록 간장보다 설탕 비중이 높아졌다. 에도 특유의 이른바 단짠 문화甘辛文化가 형성된 것이다. 교토는 전통 술과 소금으로 간을 맞췄다고 해서 주염 문화酒塩文化라고 한다.

또 화재로 가진 것을 하루아침에 잃어버린 사람들은 미래를 위해 재물을 비축하는 짓이 부질없다고 느꼈고, 지금 이 순간을 즐기고 사는 것이 중요하다는 것을 깨달았다. "오늘은 아직 오지 않은 내일이다"라는 경구의 의미를 일찌감치 간파했다. 그러니 먹고 마시는 데 돈을 아끼지 않았다. 식사 횟수가 늘어나고, 기왕이면 맛있는 것을 먹자는 풍조가 생겼다. 미식 문화가 움튼 것이다. 음식 파는 곳이 증가하고 외식 문화가 활성화된 것도 메이레키 대화재의 영향이다.

문화가 다르니 음식을 해 먹는 스타일도 다르다. 스시를 보

자. 서일본은 오시즈시[39], 동일본은 니기리즈시[40]가 주류다. 오시즈시는 서일본에서 탄생해 에도로 넘어가 인기를 얻었지만, 에도에 니기리즈시가 등장하자 서서히 꼬리를 감췄다. 에도는 얼룩조릿대熊笹에 스시를 올려 먹었지만, 교토에서는 엽란葉蘭을 썼다.

양쪽 모두 가다랑어구이를 즐겼지만 조리법이 다르다. 동일본에서는 큼직하게 토막을 내 겉을 그슬리게 굽는 반면 서일본에서는 통째로 불에 올려 푹 익도록 굽는다.

건어물을 만들 때도 생선 손질법이 다르다. 간토에서는 전갱이, 고등어의 경우 배를 가른 후 머리는 잘라 버리고 이와시, 꽁치의 경우 배를 가른 후 머리는 그냥 남겨뒀다. 그런데 간사이에서는 네 가지 어종 모두 등을 가르고 머리는 남겨뒀다. 민물장어 칼질 방법은 그 반대다.

문어를 익혀 먹는 법도 달랐다. 동일본에서는 발갛게 데쳐 스(쌀을 발효시켜 만든 식초의 일종)를 첨가해서 먹었다. 서일본은 푹 삶았다. 요리방식 차이는 생선가게의 문어 진열방식도 다르게 만들었다. 동일본 문어가게는 데친 것을 진열해 놓는 반면, 서일본은 생문어를 팔았다.

연어, 라멘, 낫토를 동일본의 솔푸드soul food라고 한다. 이 세 음식의 소비량을 비교해 보면 간토 쪽이 간사이보다 훨씬 많다. 꽁

39 네모난 틀에 밥과 생선을 꾹꾹 눌러 담아 칼로 썰어 낸 초밥.

40 한 입 크기의 밥에 어패류를 얹어 내는 우리가 흔히 아는 초밥.

치, 미역 소비량 역시 간토가 많은 동고서저東高西低 음식이다. 반면 소고기 소비는 서고동저西高東低가 뚜렷하다.

에도의 생선 요리법은 열에 아홉 교토, 오사카 일대 지역인 가미가타上方의 영향을 받았다. 구다리모노였던 것이다. 하지만 차츰 에도만의 방식으로 개성을 찾아갔다. 가물에 콩 수준이지만, 에도가 가미가타에 전파해 준 것도 있다. 아사쿠사 김, 쓰쿠다니佃煮[41], 니기리즈시가 대표적이다.

가미가타요리는 조미료를 쓰지 않거나 절제한다. 재료 자체의 맛을 음미하고자 한다. 밥과 반찬을 입안에서 천천히 오물오물 침과 함께 뒤섞으면 저절로 조미된다는 식이었다. 이를 네 글자로 구중조미口中調味라 한다. 간토는 구중조미를 잘 이해하지 못한다. 간장, 된장, 설탕 등 '조미료 팍팍'이다.

동서 입맛 차이를 설명하는 유명한 일화가 있다. 쓰보우치坪内라고만 알려진 요리사와 센고쿠시대 무장인 오다 노부나가織田信長에 얽힌 이야기다. 시바 료타로 소설 『나라 훔친 이야기国盗り物語』에 소개돼 널리 알려졌고, 이 일화를 모티브로 창작한 『노부나가의 셰프信長のシェフ』라는 만화도 인기를 끌었다.

노부나가가 센고쿠시대에 무력으로 교토를 손아귀에 넣었을 무렵 쓰보우치는 노부나가 진영의 포로로 잡혀 왔다. 쓰보우치

41 작은 생선, 조개류, 다시마 등의 해조류나 메뚜기 같은 곤충류를 설탕과 간장으로 달큰하게 조려 낸 일본 음식.

는 교토와 오사카 일대를 주름잡은 귀족 가문의 마스터 셰프였다. 그의 요리 솜씨는 세상이 다 알고 있었다. 그런 경력이 참작됐는지 그는 포로임에도 죽임을 당하지 않고 4년가량 평범한 삶이 보장됐다. 대신 식칼은 잡지 못했다. 노부나가의 식탁을 책임지는 셰프는 쓰보우치의 재능을 아깝게 여겨 어느 날 그의 보스 노부나가에게 쓰보우치에게 요리를 맡겨보면 어떻겠냐고 제안했다. 노부나가는 마뜩잖았지만, 한 번 기회를 줘보기로 했다. 대신 조건을 걸었다.

"내 식사를 만들게 하라. 하지만 맛이 형편없으면 죽음이니라."

쓰보우치는 노부나가의 저녁 밥상을 차렸다. 노부나가는 젓가락질을 몇 번 하더니 얼굴을 일그러뜨리며 젓가락을 탁 놓았다.

"이렇게 싱겁고 밍밍한 것을 어찌 먹으라고!"

하지만 쓰보우치는 눈 하나 깜짝하지 않고 말했다.

"단 한 번만 더 기회를 주셔서 내일 아침식사를 만들게 해주십시오. 그때도 나리의 입맛에 안 맞으면 제가 할복하겠습니다."

노부나가는 마지막 기회를 줬고, 쓰보우치는 이튿날 아침상을 차렸다. 그런데 하루 전과는 완전히 달랐다. 요리를 맛본 노부나가는 매우 흡족한 미소를 지었다. 결국 노부나가는 쓰보우치의 솜씨를 높이 사 그에게 관직을 내렸다. 훗날 함께 일하는 요리사들이 "왜 노부나가의 반응이 달랐나요?" 하고 묻자 쓰보우치는 웃으며 말했다.

"첫 번째 요리는 교토풍으로 맛을 낸 것이라 나리 입맛에 안 맞았던 것이고, 두 번째는 시골동네 입맛에 맞춰 간을 짜게 했지."

노부나가는 오와리尾張, 즉 오늘날의 아이치현愛知県 출신이다. 교토 사람이 보기에는 촌사람이다. 오와리 음식은 미소된장, 젓갈을 많이 사용한다. 쓰보우치도 이 사실을 익히 알고 있었지만, 일부러 첫 번째 식사를 싱겁게 만들었다. 짠맛을 즐기는 촌사람 입맛을 조소하고 싶었던 것일 터다. 자칫 목숨을 잃을지 모를 대담한 모험이었다. 하지만 그는 성공했고, 후세 사람들은 쓰보우치를 심지 굳은 교토인의 전형으로 추켜세웠다. 어떤 이는 두둑한 그의 배짱을 다시마가 우러난 감칠맛에 비유했다. 다시마 국물은 교토를 상징하는 맛이다.

동쪽과 서쪽의 맛 장벽을 허물어뜨린 건 외식이다. 예나 지금이나 새로운 맛을 경험하고, 집에서 길든 자기 입맛의 경계가 무너지는 경험을 제공하는 최대 계기는 외식이다. 집 밖에서 사서 먹는 '외식'이 대중화되면서 간토 사람은 간사이요리를 체험했고, 간사이 사람은 간토 음식을 하나둘씩 접하게 됐다. 외식 문화는 메이지유신 이후 근대화 바람을 타고 서서히 찾아왔다. 초기에는 대도시에 국한됐고 변화의 폭도 좁았다. 그러다 1923년에 외식 문화의 분수령이 되는 사건이 찾아온다. 간토 대지진이다. 간토 대지진은 도쿄라는 도시 자체는 물론이거니와 도쿄의 모든 생활양식을 송두리째 갈아엎어 버렸다. 외식 문화 역시 마찬가지였다. 도쿄 기반의 전통 외식업은 초토화됐다.

지진과 화재로 수많은 시내 음식점들이 허물어졌다. 음식점 주인들은 복구는커녕 당장 입에 풀칠할 길도 막막해졌다. 집과 일터를 잃은 요리사들은 호구지책을 찾아 타지로 뿔뿔이 흩어졌다. 그들이 떠난 자리에 오사카를 비롯한 간사이 장사꾼들이 들어왔다. 도쿄 거리 곳곳에 간사이 출신 요리사들이 운영하는 음식점이 문을 열었다. 서쪽의 맛이 본격적으로 도쿄에 상륙한 것이다. 간사이요리는 폐허 속에서 허망함과 실의에 빠진 도쿄 서민의 배를 채워줬다. 한편 일자리를 찾아 간사이로 흘러든 도쿄 요리사들은 간토의 맛을 간사이 사람들에게 알려줬다.

지진은 음식점 형태를 바꿔놓기도 했다. 신발을 벗고 올라가 앉아 먹는 다다미 형태가 의자에 앉아 먹는 카운터석이나 식탁 형태로 바뀌었다. 지진 복구 이후 의자를 놓은 소바집, 스시집이 크게 늘어났다.

작가 나가이 가후永井荷風는 소설 『묵동기담濹東綺譚』 말미에 작가 소감문에 해당하는 글을 덧붙였는데, 거기에 이렇게 적혀 있다.

> 옹과 이야기를 나누면서 내가 발길을 끊었던 3~4년 사이에 긴자가 완전히 바뀌어 버린 상황을 대강 알 수 있었다. 대지진이 일어나기 전 큰 길가에 있던 가게들 중, 원래 자리에서 그대로 그 사람이 가게를 하고 있는 집은 손으로

> 꼽을 만큼 적으며, 지금은 간사이 지방이나 규슈 지방에서 온 사람들에게 경영을 맡긴 집이 많다고 한다. 뒷길 곳곳마다 복어된장국이나 간사이 지방 음식 간판이 걸리고, 번화가에 노점상들이 늘어난 것도 이상한 일이 아니었다.

『묵동기담』이 1937년 작품이니 당시 긴자 풍경은 간토 대지진이 발생한 지 14년가량 흘렀을 때였다.

실제로 동쪽 지역과 서쪽 지역의 일본인들은 언제부터 서로의 차이를 의식했을까. 일본 역사학계는 적어도 13세기부터 그들이 서로의 차이를 본격적으로 인식했다고 주장한다. 동쪽을 근거지로 정권을 잡은 가마쿠라 막부가 '간사이關西'라는 단어를 처음 사용했다는 것이 그 근거다. 권력 집단인 '우리'가 봤을 때 서쪽 지역이 간사이였던 것이다. 자기를 규정하기 위해 타자를 명명하는 행위가 차별의 시작이라고 했던가. 간토의 무사들이 자신들을 중심에 놓고 간사이와 구분짓고 차별하는 의식은 이때부터 공공연해졌다. 일본 문화 전반에서 동쪽과 서쪽을 나누는 '차이 담론'은 그 이후로 지금까지 살아 숨 쉬고 있다.

鰤 | 방어 |

입신양명을 꿈꾸며, 명절의 맛

선달그믐, 하룻밤만 지나면 한 살 더 먹는다. 오래전부터 일본에는 선달그믐 밤 온 가족이 둘러앉아 생선요리를 먹으며 새해를 맞는 풍습이 있다. 떡국 한 그릇 먹어야 한 살 먹는다는 우리네 풍습처럼 일본에는 생선 한 토막 먹어야 한 살을 먹는다는 풍습이 있다. 새해를 맞은 후 길게는 보름가량 새해를 기리며 특별식을 만들어 먹었다. 먹을 것이 변변찮았던 시절, 가난한 집도 이때만큼은 무리해서라도 푸짐하게 음식을 만들었다. 이른바 정월요리라는 명절 음식이다. 육식을 금기시한 옛날, 명절 식탁에 생선이 빠지면 욕먹어도 일언반구 못 했다.

일본의 명절 음식에 해당하는 개념이 오세치요리御節料理다. 오세치란 절목節目, 즉 계절이 바뀌는 경계점이다. 음력 1월 7일, 3월 3일, 5월 5일, 7월 7일, 9월 9일 모두 다섯 번이다. 옛날부터 이때는 건강, 풍요, 성공 등을 기원하며 별식을 만들어 먹었다. 그런데 다섯 번 꼬박꼬박 오세치요리를 챙겨 먹는 일은 이제 드물어졌다. 오늘날 '오세치요리'라고 하면 통상 정월요리를 가리킨다. 정월에 먹는 오세치요리는 여러 가지로 구성되는데, 그중 방어구이 같은 방어요리가 포함되기도 한다.

새해맞이와 정월 명절을 빛낸 생선의 양대 산맥은 방어와 연어다. 서일본은 주로 방어, 동일본은 주로 연어를 요리해 먹었다. 생선이 풍부한 해안지역은 다종다양한 생선을 챙겨 먹었지만, 내륙은 생선 종류가 다양하지 않고 '방어 대 연어 구도'로 갈렸다. 명절 대표 생선이 동서로 갈린 내력은 깊다. 계절과 지역의 경계가 무의미해진 오늘날 명절 생선이 다양해지고, 아예 생선을 안 차리는 가정도 있지만, 방어 대 연어의 구도는 여전하다.

서쪽 방어, 동쪽 연어를 가르는 기준선이 있다. 지역적으로는 나가노현長野県이다. '일본 알프스'를 끼고 있는 내륙지방 나가노현은 남북으로 기다랗다. 방어, 연어 소비량이 나가노현 안에서 갈린다. 동부에 자리한 나가노시長野市는 연어 소비가 많지만, 중서부 마쓰모토시松本市는 방어가 압도적이다. 나가노시와 마쓰모토시 사이 어딘가에 분기점이 있는 것으로 추정된다. 그곳은 어디고, 왜 그런 것일까.

도야마시富山市로부터 남쪽, 직선거리로 약 60킬로미터 떨어진 곳에 히다飛騨라는 소도시가 있다. 고산 준봉에 둘러싸인 분지로 인구가 3만 명이 채 안 된다. 애니메이션 〈너의 이름은.君の名は。〉을

본 사람은 히다의 풍광을 어렴풋하게나마 머릿속에 그릴 수 있겠다. 〈너의 이름은.〉 속 여주인공이 사는 마을이 히다를 배경으로 하기 때문이다. 영화 속 배경으로 등장하는 신사, 기차역, 도서관 등이 현실 속 히다에 그대로 있다.

애니메이션 탓에 유명세를 탔지만, 히다는 수백 년 전부터 방어로 유명했다. 히다의 방어, 즉 히다부리飛騨鰤는 메이지시대까지 최고의 염장 방어 브랜드였다. 산간 내륙지역에 무슨 방어냐고 갸웃할지 모르겠지만, 방어가 내륙 깊숙한 히다까지 가서 이름을 떨치게 된 이유가 있다. 바로 방어가 내륙지방의 새해 명절 음식으로 선택됐기 때문이다.

방어는 대표적인 출세어出世魚로 행운과 성공을 가져다주는 생선으로 여겨졌다. 또 초겨울이 제철이라 겨울 방어는 크기가 크고 기름졌다. 좋은 의미를 지닌 생선인 데다가 큼직하고 맛도 좋아 가족끼리 여러 날 먹기에 딱 좋다. 명절 음식으로 안성맞춤이었다. 게다가 염장하면 두고두고 먹을 수 있다. 방어는 명절 음식의 양대 산맥인 연어 못지않은 장점을 두루 갖췄다.

방어를 서일본 명절 음식으로 정착시키는 데 공헌한 길이 있다. 길은 두 갈래다. 유서 깊은 이 길은 일본 식문화사에 큰 획을 그었다. 그 루트를 따라가 보자.

혼슈의 허리쯤에서 일본의 서쪽 바다로 톡 튀어나온 노도반도能登半島와 그 안쪽 도야마만. 11월 하순 북풍이 매서워지기 시작

하면 방어가 찾아온다. 도야마의 그 유명한 간부리寒ブリ, 즉 대방어다.

방어는 회유 어종이다. 규슈에서 홋카이도 근방까지 일본 북쪽 해역을 오간다. 홋카이도까지 북상한 방어는 살을 잔뜩 찌운 후 11월에 다시 남하한다. 남하하는 방어들은 도야마 앞바다에서 발길이 잡힌다. 방어를 붙잡는 것은 도야마만이다. 도야마만은 갈고리 모양으로 바다를 향해 돌출해 있다. 해안을 타고 오던 방어는 갈고리 모양인 도야마만에 덜컥 걸린다.

도야마만 앞바다의 방어가 지나는 길목에는 이미 초대형 정치망이 쳐져 있다. 정치망은 바다의 덫이다. 정치망 안으로 헤엄쳐 들어온 방어는 바깥으로 빠져나가지 못한다. 그러고 보면 앙 벌린 짐승 아가리를 닮기도 한 도야마만은 방어를 가두는 정치망을 닮았다. 겨울 대방어로 유명한 어항 히미시氷見市는 도야마만에 위치해 있다.

타지로 보낼 방어는 배를 가르고 내장을 빼낸 후 염장 처리를 한다. 탱글탱글한 식감을 유지하기 위해 건조 시간은 최소화한다. 염장이 끝난 방어는 짐짝에 실려 소 등짝에 태워진다. 도야마에서 히다까지는 70킬로미터 남짓이다. 히다에 닿은 다음에는 소 대신 사람 등을 빌린다. 이제 좁고 험한 산길을 가야 하기 때문이다.

히다는 방어 도매상인 가와카미 데쓰타로川上哲太郎 가문의 본거지였다. 그는 막부로부터 방어 판매 독점권을 얻고, 자신이 취급하는 방어에 대해 품질인증마크를 획득했다. 이른바 '히다부리', 히다방어라는 뜻이다. 사상 최초로 상표등록된 방어다. 도야마에서 마리당 가격이 쌀 한 말 수준인 염장 방어는 내륙에서 쌀 한 가마니 값에 팔렸다. 4배 이상 남는 장사였다. 히다방어가 워낙 유명해지다 보니 지리 지식이 없는 사람들은 히다에서 방어가 많이 잡히는 줄 알았다고 한다.

히다에 모인 방어는 인근 다카야마高山를 거쳐 남쪽으로 내려가다 유턴해 동쪽의 마쓰모토로 이동한다. 마쓰모토는 영주의 성이 있던 곳이었다. 방어의 주요 소비도시라는 뜻이다.

마쓰모토까지 가는 여정은 험난하다. 겨울에는 발이 푹푹 빠지는 눈길은 예사고 가파른 협곡도 나타난다. 거리를 단축하려면 협곡과 협곡 사이를 가로질러 가야 한다. 다리가 없어 외줄을 타야 한다. 밧줄에 대나무 궤짝을 매달고 궤짝 안에 짐꾼이 한 사람씩 탄다. 맞은편에서 궤짝을 동여맨 또 다른 줄을 당기면 궤짝이 서서히 움직인다. 수동식 케이블카 원리다. 천 길 협곡 아래로 강물이 굽이친다. 이 장면은 우타가와 히로시게歌川広重의 그림 〈히다 바구니 건너기飛驒籠わたし〉로도 남아 있는데, 아슬아슬 대단한 장관이다.

도야마부터 마쓰모토까지의 방어 여행은 17일가량 걸렸다. 대목인 그믐이 임박하고 방어도 상하면 안 되니 짐꾼들은 혹한의 밤길도 마다하지 않았다. 해마다 연말이면 열리는 이 길을 방어가도鰤街道라고 한다.

방어가도를 지나는 염장 방어는 수량이 한정돼 고가였다. 아무나 살 수 없었다. 구매력 높은 귀족, 고위 무사 계급에게 팔렸다. 팔리고 남은 소량의 방어가 백성 몫이었다. 한 해에 한 번 찾아오는 바다의 별미라서 내륙지역의 백성들은 방어에 돈을 아끼지 않았다. 주머니 사정이 나쁜 백성은 반 마리나 한두 토막씩 구입했다. 운 좋게 방어 한 마리를 통째로 손에 넣은 백성은 '가장 노릇 제대로 했노라' 어깨에 힘을 잔뜩 주며 집으로 돌아갔을 것이다.

비릿한 냄새가 집 안에 맴돌기 시작하면 새해가 코앞에 닥쳤다는 신호였다. 집 안으로 들인 방어는 가장 먼저 꼬리부터 잘라냈다. 잘린 꼬리는 집 안에 모셔 둔 신단神壇 위로 올라갔다. 사람보다 신이 먼저 방어를 드셨다. 가족들은 신단 앞에서 일가번영과 자손출세를 빌었다. 사람들은 방어에 번영과 출세의 바람을 담았다.

그믐밤 방어요리가 시작된다. 1순위는 구이다. 그다음에는 끓여 먹었다. 염장을 세게 했기 때문에 짠맛과 잡내를 잡기 위해 술 빚을 때 나오는 쌀 지게미를 넣고 끓였다. 집 안에 매달아 놓고 설 명절 기간 내내 조금씩 먹었다.

또 다른 방어의 길은 '소금길'로 더 잘 알려진 루트다. 이 길은 니가타新潟에서 출발해 마쓰모토에서 종착한다. 소금길은 센고쿠시대 니가타 일대를 근거지로 둔 우에스기 겐신上杉謙信이 마쓰모토에 있는 숙적 다케다 신겐武田信玄에게 소금을 보내줄 때 이용한 길이다. 두 진영의 오랜 대치로 내륙에 위치한 신겐 측은 소금이 고갈됐다. 이 사실은 겐신의 귀에 들어갔다. 염전지대를 보유한 겐신은 궁지에 몰린 적과 싸우는 건 무사다운 자세가 아니라며 신겐 진영으로 소금을 보내준다. 소금은 겐신이 장악한 소금길을 따라 신겐의 본거지로 갔다. 결말은 소금을 얻어 식량난을 타파한 신겐이 곤경에서 빠져나오고 무사의 염치를 과시한 겐신이 도리어 역공을 당한다는 스토리다.

소금길은 서북쪽 연안의 소금이 내륙으로 전달되는 본격적이고 유일한 통로였다. 이 길은 나가노현 북서쪽 지쿠니千国를 지난다고 해서 지쿠니가도千国街道라고도 불린다. 고대부터 다져진 물자 운송로라서 방어 수송량이 방어가도보다 많았을 것이라는 주장이 있다.[42]

길은 물자를 실어 나르고 사람을 교류시키면서 식문화를 살찌운다. 동서고금 식문화의 발전은 길의 발전과 보조를 맞춘다. 일본의 식문화도 마찬가지다. 일본 식문화의 발전은 17세기 이후 에도시대에서 불붙는데, 길이 큰 역할을 했다. 도쿠가와 이에야스가 쇼군이 된 후 닦기 시작한 5대 가도가 대표적인 예다. 에도의 니혼바시를 기점으로 부챗살처럼 뻗친 다섯 줄기 도로는 교통의 중추

42 구루미사와 간지胡桃沢勘司의 논문 「전근대적 교통체제 아래 방어 운송前近代的交通体體系下の鰤運送」《이코마경제논총生駒経済論叢》(제7권 1호, 2009. 7) 중에서.

이자 물자, 음식 교류의 대동맥이었다.

가도는 '납세의 길'로도 불리듯 세금을 효율적으로 징수하기 위한 인프라이기도 했다. 당시 조세는 쌀이 기본이었다. 물류 유통로로서의 가도는 쌀 운송이 주요 목적이었다. 하지만 에도시대 중반부터 쌀뿐만 아니라 가도를 따라 각지의 토산물이 쉴 새 없이 대도시 에도로 들어왔다. 전쟁 없는 평화시대의 분위기와 맞물려 풍부해진 지역 토산물은 에도의 식문화를 풍요롭게 수놓았다. 방어가도 역시 단순히 방어가 지나다닌 길이라는 뜻 외에도 식문화를 실어 나른 통로라는 뜻도 내포하고 있다. 방어가 내륙지역 식문화에 큰 영향을 주었다는 사실이 방어가도라는 단어에 응축돼 있다.

방어가 명절 음식으로 자리 잡은 계기는 교토에서 비롯됐다. 교토의 왕족, 귀족, 고위 관리는 노도반도 해역에서 잡힌 방어를 헌상받았다. 교토의 방어 식문화는 마쓰모토 일대 및 타 지역으로 전파됐다. 교토로 간 방어는 마쓰모토로 간 방어와 달리 아라마키荒巻 형태였다. 아라마키란 염장 후 머리, 꼬리, 뼈 모두를 제거해 살코기만 대나무 껍질에 싼 다음 그 위를 짚끈으로 친친 돌려 감은 것이다. 부패 방지 포장법인데 아라마키 방어는 최대 1년 동안 변질되지 않았다고 한다. 방어가도를 따라간 염장 방어는 소를 타고 갔으나, 교토행 아라마키 방어의 주요 수송 수단은 말이었다. 아라마키를 짚끈으로 포장한 까닭 중 하나는 오랫동안 방어를 싣고 가는 말등짝을 보호하기 위함이었다. 상처가 나지 않도록 배려한 것이다. 아라마키는 여러모로 기발한 아이디어의 산물이었다.

도야마－히다－다카야마－마쓰모토－니가타를 한 선으로 이으면 U자 모양이 된다. 이 U자 모양 지역이 서일본 방어와 동일본 연어를 구획하는 경계선이다. 두 갈래 방어 길은 수백 년간 지탱되면서 고유한 설 음식 문화를 낳고 길렀다.

1975년 일본 각 지자체의 교육위원회가 조사한 '일본의 민속분포지도'에 따르면, 설날 음식으로 동일본의 도쿄 가정 중 50%가 연어를 먹고, 20%가 방어를 먹는 것으로 드러났다. 그리고 2011년에 인터넷에서 이루어진 '가정의 생선요리조사'에서는 설 명절에 먹는 생선으로 도쿄, 지바현, 가나가와현神奈川県 등 수도권 3곳은 방어가 연어보다 월등히 많은 것으로 나타났다. 30여 년 새 '동일본=연어' 공식이 깨진 것이다. 또한 어종별로 보면 방어가 전국 통틀어 최다를 기록했다. 방어 약진이 뚜렷하다. 그 이유는 무엇일까.

일단 연어는 이제 때와 장소에 구애받지 않고 먹을 수 있는 생선이 됐다는 점이 설날 수요 감소의 큰 요인으로 작용했다. 수입산 연어가 들어오고 냉동 연어, 연어 가공제품이 많아졌기 때문이다. 계절적 제한이 사라진 연어는 설날 음식으로서의 가치도 덩달아 줄었다. 아무 때나 먹을 수 있으니 명절 음식으로서의 반가움도 반감됐다.

반면 방어는 연어와 다르다. 방어는 여전히 겨울 한철 생선이다. 고대의 계절감을 여전히 유지하고 있다. 그래서 연말연시에 빛을 발하는 부동의 명절 생선으로 남아 있다.

안동이나 목포 사람이 서울로 이주하더라도 명절 식문화는 손바닥 뒤집듯 서울식으로 바뀌지 않는다. 각 가정에서 명절에 어떤 음식으로 차례상이나 밥상을 차려내는지 들여다보면 그 가정 어른의 출신지를 짐작할 수 있다. 여러 지역 출신이 모여 사는 대도시의 경우 가정마다 명절 상차림은 제각각이다. 고향을 떠났어도 밥상은 오랫동안 고향에 머물러 있다. 나고 자란 곳의 음식이 드문드문 식탁 위로 올라온다. 일본도 마찬가지다. 지역 간 인구 유동성이 커지면서 대도시의 명절 밥상에는 여러 어종이 혼재되는 경향이 뚜렷하다. 반면 해안지역은 예나 지금이나 고유의 향토색 짙은 제철 생선을 명절 식탁에 올린다.

사람들은 왜 새해맞이로 생선을 먹었을까. 어리석은 질문 같지만, 야나기타 구니오柳田國男를 비롯한 민속학자들은 이를 진지하게 연구했다. 결론은 '비린내 나는 것을 먹어줘야 묵은 것을 털어낸다', '비린내는 악귀를 물리친다'는 믿음에서 비롯됐다는 것. 생선 비린내가 신통한 효력을 발휘할 것이라는 전통적 믿음은 일본 곳곳에 뿌리 깊게 남아 있다고 한다.

방어가도는 오늘날 '노벨가도'로도 불린다. 노벨이란 노벨상의 그 노벨이다. 좀 생뚱맞지만 그 배경을 알면 무릎을 탁 치게 된다.

방어가도는 현재 41번 국도(도야마-나고야) 노선에 포함돼 있다. 흥미롭게도 41번 국도변 지역에서 유독 노벨상 수상자가 많이 나왔다. 모두 5명 배출됐다. 다나카 고이치田中耕一(2002년 화학상), 도네가와 스스무利根川進(1987년 생리의학상), 고시바 마사토시小柴昌俊(2002년 물리학상), 시라카와 히데키白川英樹(2000년 화학상), 가지타 다카아키梶田隆章(2015년 물리학상). 이들은 모두 41번 국도가 지나는 지역에서 태어났거나 거주했던 인연을 갖고 있다.

더구나 41번 국도의 종착지 나고야시에 연고를 가진 노벨상 수상자는 7명에 이른다. 41번 국도 관련자를 모두 합하면 노벨상 수상자는 총 12명이다. 2023년 기준으로 노벨상 수상 일본국적 일본인이 25명이니, 수상자의 절반가량이 41번 국도와 연관이 있다. 그렇게 해서 노벨가도가 탄생했다. 언론 미디어가 작명하고, 방어로 유명한 지자체 도야마현과 기후현이 적극적으로 유포했다는 설이 유력하다.

수험생을 둔 학부모들은 41번 국도를 달릴 때 자녀의 합격을 빈다. 사업이나 취업 성공을 바라는 사람은 41번 국도 위에서 내심 출세가도를 달리는 상상을 한다. '출세어' 방어를 앞에 두고 그 옛날 그들의 선조들이 그랬듯이 말이다.

출세가도가 된 방어가도. 저 바닷속 방어들은 알까? 저 먼 옛날 그들 족속이 출세가도를 달렸다는 사실을.

鱧 | 갯장어 |

교토는 알고, 도쿄는 모르는 맛

영화의 거장 오즈 야스지로小津安二郎 감독의 유작 〈꽁치의 맛秋刀魚の味〉 속에는 꽁치가 등장하지 않는다. 1962년 상영한 이 영화는 홀아비와 혼기가 꽉 찬 딸이 함께 사는 도쿄 중산층 가정의 일상을 담담하게 그린다. 야스지로 감독은 영화 제목에 가져다 쓴 꽁치의 의미가 무엇인지 생전에 공개적으로 언급한 적이 없다. 꽁치가 가을 생선이라 인생의 황혼기를 빗댄 은유인지, 도시 서민의 평범한 일상에 대한 상징인지, 아님 또 다른 비유인지 상상만 무성할 뿐이다. 다만 다른 생선 하나가 꽤 비중 있게 등장한다. 바로 갯장어다. 일본어로는 '하모鱧'다.

주인공과 그의 동창들이 중학교 은사를 위해 마련한 식사 자리에 조리된 갯장어가 등장한다. 그 장면은 대강 이렇다.

늙은 스승과 중년의 제자들은 도쿄의 고급 요릿집에서 옛 추억을 안주 삼아 화기애애하게 식사를 한다. 태평양전쟁 발발 전 학창 시절을 보낸 제자들은 이제 초로에 접어들었고, 다들 버젓한 직장을 가진 중산층 이상이다. 반면 초대받은 스승은 과거 한문을 가르쳤으나, 이젠 변두리에서 초라한 라멘집을 운영하고 있다. 이른바 영세 자영업자다.

그가 한문 선생이라는 점은 의미심장하다. 종전 후 미군이 패전국 일본을 점령하면서 세상은 영어 배우기 열풍에 휩싸인다. 1945년 9월에 나온 32쪽짜리 영어회화 책자 『일미회화수첩日米会話手帳』은 단숨에 베스트셀러로 등극해 350만 부가량 팔렸다. 이처럼 시대 조류에 따라 영어에 비해 한문 교육의 중요성은 퇴색한다. 퇴임한 한문 선생은 예전보다 쓸모없는 존재로 전락한다. 가난과 시대 한탄에 찌들기 십상이다. 영화 속 스승도 홀로 된 자신 때문에 출가하지 못한 중년의 딸과 힘겹게 살아가고 있다. 한때 영광을 누렸지만, 패전으로 조락한 일본의 과거를 함축하는 인물이다.

가난한 스승은 말간 국물을 먹는다. 그는 국물 속에서 하얀 덩어리를 젓가락으로 집어 입안에 넣고 우물거리며 말한다.

"이렇게 맛있는 건 먹어본 적이 없어요. 이게 뭐지요?"

한 제자가 "하모입니다"라고 답한다.

"하무?"

"아뇨, 하무가 아니라 하모."

하모는 갯장어이고, 하무는 햄ham이다.

스승은 그제야 알았다는 듯 젓가락을 허공에 저어가며 한자를 쓴다. 그와 동시에 입으로는 "물고기 어魚 변에 풍요로울 풍豊. 아 그렇군. 아주 근사한데요"라고 한다.

갯장어를 먹어본 적은 없어도 갯장어의 한자는 정확히 아는 백발의 한문 선생님. 이 대목은 매우 상징적이다. 갯장어를 구경조차 못 할 만큼 곤궁한 삶을 살고 있는 한문 선생. 그는 패전으로 인해 곤궁한 삶을 사는 지식인, 특히 한문 선생 같은 과거형 지식인을 상징한다.

그런데 여기까지는 이 영화의 사회학적 해석이고, 상상력을 약간 발휘해 보면 스승이 교토 출신이었다면 저런 장면은 성립되지 않았을 성싶다. 왜냐하면 갯장어는 오래전부터 교토 사람들이 즐겨 먹었기 때문이다. 아무리 가난한 계층이라도 갯장어와 햄을 분간 못 하는 교토 사람은 매우 드물지 않을까. 1960년대라면 몰라도 요즘에는 교토 이외의 도시 어디를 가든지 슈퍼마켓에서 갯장어를 만날 수 있다.

여름철 보양식으로 도쿄에 뱀장어가 있다면, 교토에는 갯장어가 있다. 시코쿠四国 섬 남동부 도쿠시마현이 최대의 갯장어 산지다. 아이치현 세토내해와 혼슈 북쪽 바다에서도 많이 잡힌다. 그래서 교토를 비롯한 간사이 지방에서 오래전부터 즐겨 먹는 생선으로 자리 잡았다.

특히 여름철에도 싱싱한 갯장어를 맛볼 수 있어서 생선 중에서 두각을 보였는데, 이에는 나름 이유가 있다. 여름이 제철인 다른 생선들은 해안가에서 교토까지 운반되는 동안 죽거나 곧잘 상해버리는 데 반해 갯장어는 여러 날이 지나도 팔팔했기 때문이다. 갯장어의 생명력이 얼마나 강한지 알려주는 우스갯소리가 있다.

교토에서는 "갯장어는 산에서 잡힌다"라는 말이 공공연했다. "갯장어가 민물고기도 아닌데 산에서 잡히다니 웬 잠꼬대냐" 할 것이다. 하지만 근거 있는 이야기가 있다.

TV도 신문도 없던 시절, 어촌에서 산 갯장어를 짊어지고 교토로 운반하던 장사꾼이 산을 넘던 중 고갯마루에서 잠시 앉아 쉬었다. 그때 바닥에 놓아 둔 짐짝에서 갯장어 한 마리가 밖으로 탈출했다. 장사꾼은 이 사실을 모른 채 다시 가던 길을 갔다. 얼마나 지났을까. 한참 뒤 고갯마루를 지나던 행인이 흙범벅이 된 갯장어를 발견했다. 그런데 갯장어가 팔팔하게 살아 있었다고 한다. 깊은 산속에 팔팔한 갯장어가 있다니. 산에서 살아 있는 갯장어를 잡아먹었다는 실화가 생겼고, 이 긴가민가한 이야기는 날개가 달려 사방팔방 퍼졌다. 그 과정에서 '갯장어가 산에서 잡힌다'고 이야기가 뻥 튀겨졌다. 구라다. 물 밖에서도 꽤 오래 사는 갯장어의 특성은 이 얼토당토않은 구라에 신빙성을 더해주었다. 갯장어의 끈질긴 생명력을 웅변하는 말로 이보다 더 와닿는 이야기가 있을까.

교토에서 열리는 3대 축제 중 하나인 기온마쓰리祇園祭를 하모마쓰리, 즉 갯장어축제라고도 한다. 해마다 7월을 장식하는 기온마쓰리에는 갯장어요리가 빠지지 않는다. 갯장어는 장마 때 내린 빗물을 먹고 맛이 오른다는 말이 있다. 장마철이 갓 지난 기온마쓰리 즈음이 갯장어 풍미가 한껏 오르는 시기다.

갯장어는 매실장아찌와 음식 궁합이 좋다. 갯장어를 뜨거운 물에 살짝 데쳐 얼음물에 한 번 넣었다 뺀 후 매실장아찌를 곁들여 먹으면 교토의 여름 맛이 따로 없다. 간사이의 대표적인 별미 갯장어 오토시落とし다. 얼음물에 살짝 담갔다 건진 후 약불로 2~3초 그을려 주면 갯장어 야키시모焼き霜가 된다.

갯장어와 송이버섯의 조합은 최상이다. 사시미, 샤부샤부, 국물요리에서 콤비를 이룬다.

갯장어, 붕장어, 뱀장어는 얼핏 같아 보여도 자세히 들여다보면 사뭇 다르다. 갯장어, 붕장어가 아가미로 호흡하고 꼬리가 뾰족하다는 공통점을 가졌다면, 뱀장어는 피부호흡을 하고 꼬리는 둥그스름하다. 붕장어는 이빨이 잘 드러나지 않지만, 갯장어는 뾰족한 이빨이 확연히 드러난다. 정약전은 『자산어보』에서 "이빨이 개와 같다"라고 했다. 뱀장어는 민물과 바다를 자유자재로 오가며 수천 킬로미터를 여행한다. 반면 갯장어는 모래가 깔린 곳이라면 평생 이사 다니지 않고 붙박여 산다. 장어 종류가 보양식의 대명사이니만큼 외관보다 영양가가 중요할 터인데, 칼로리와 비타민A 함유량에서는 뱀장어가 압도적으로 높다. 영양가로 점수를 매기면 셋 중 갯장어가 꼴찌다.

전남 여수가 갯장어요리로 익히 알려져 있지만, 갯장어는 우리나라 어딜 가도 쉽게 맛볼 수 있는 생선은 아니다. 한국산 갯장어의 상당수는 일본에 수출되기 때문이다. 일본에서는 한국산 갯장어를 으뜸으로 친다.

앞에서 영화 〈꽁치의 맛〉 속 스승이 "하무(햄)?"라고 되물었다고 했는데, 사실 갯장어 '하모'의 어원이 하무食む라는 설이 있다. 입안에 넣고 삼킨다는 의미다. 갯장어 명칭의 유래는 제법 많다. 바다 뱀장어인 해만海鰻의 중국식 발음인 '하이만'에서 유래했다고도 하고, 생김새가 살무사 '하미' 같아서 그리됐다고도 한다.

이름에 풍豊 자를 품은 물고기라서 그런지 갯장어를 해 먹는 방식도 풍부하다. 회, 가바야키, 차즈케, 덴푸라, 나베, 찜, 완탕, 소면, 보탄하모 등등. 스시로도 해 먹고 껍질을 나무 꼬치에 돌돌 말아 구워 먹어도 별미라고 한다. 나는 한 번도 먹어보지 못했으니 그 맛이 어떨지 머릿속으로만 그릴 뿐이다.

1795년에 교토에서 출간된 요리책 『갯장어 100가지 맛海鰻百珍』에는 120가지 남짓한 갯장어요리가 실려 있다. 에도시대 후기 '百珍' 타이틀을 붙인 요리책이 줄기차게 출간됐다. 두부 100가지 맛豆腐百珍을 필두로 도미 100가지 맛鯛百珍, 계란 100가지 맛玉子百珍, 고구마 100가지 맛甘藷百珍 등이 쏟아졌다. 모두 한 가지 재료로 다채롭게 변주한 요리를 소개한다. 오늘날 일본의 풍성한 요리책 출판 문화는 근대가 아니라 근세시대에 출발했다고 볼 수 있다. 당시 뜨거웠던 요리책 출간 붐은 미식에 대한 관심이 커졌음을 방증한다. 그런데 『갯장어 100가지 맛』이 교토에서 출간된 사실을 주목할 필요가 있다. 그 책은 "갯장어는 바로 교토의 맛이야"라고 당당히 말한다. 여수가 한국에서 첫손 꼽히는 갯장어요리 본고장이라면, 일본에서는 교토가 갯장어요리를 키우고 가꾼 곳이다.

'요리 예술가' 기타오지 로산진北大路魯山人(1883~1959)은 갯장어 차즈케를 좋아한 모양이다. 이렇게 쓴 적이 있다.

> 차즈케 중에서도 맛이 훌륭한 것 중 하나는 갯장어 차즈케다. 이것은 회로 올리는 도미 차즈케와 우열을 다툴 만한 맛이다. 양식이 유행하기 전에 교토와 오사카 아이들에게 "어떤 음식을 가장 좋아하냐?"라고 물으면 너 나 할 것 없이 도미와 갯장어라고 대답하고는 했다. 그만큼 도미와 갯장어는 게이한(교토와 오사카)의 대표적 미식이었다.[43]

차즈케가 아니라도 갯장어를 토막 내서 데치거나 구워야 하는데, 그 전에 반드시 거쳐야 하는 과정이 있다. 호네키리骨切り(가시 뼈 끊기)라는 것으로 깊고 촘촘하게 칼집을 내는 일이다. 갯장어는 한 마리당 잔가시가 1000개 이상이라서 이것들을 끊어주지 않

43 기타오지 로산진, 이민연 옮김, 『요리를 대하는 마음가짐魯山人味道』(글항아리, 2019) 중에서.

으면 먹을 때 적잖이 불편하다. 그래서 갯장어를 제대로 잡으려면 숙련된 칼솜씨가 필요하다.

호네키리를 한 갯장어 살점을 섭씨 80도가량 끓는 물에 데치면 살점이 동그랗게 말린다. 마치 하얀 꽃송이가 벌어지는 것 같은 현상이 나타난다. 특히 만개한 모란꽃을 연상시킨다. 이를 '보탄하모牡丹鱧'라고 하는데 모란꽃 갯장어라는 뜻이다. 한국에서는 갯장어 유비키, 갯장어 샤부샤부라고도 한다. 유비키湯引き란 생선살을 끓는 물에 살짝 적시듯 하는 요리법이다. 샤부샤부는 1950년대 소고기전골요릿집 메뉴에 처음 등장했다고 하니 시간상으로 봐도, 재료의 성질로 봐도 유비키가 더 정확한 표현인 듯하다.

호네키리를 한 살점에 녹말가루를 뿌려서 데쳐 낸 후 다시마 등으로 우려낸 맑은장국에 넣어 먹는 보탄하모. 섬세한 칼질과 모란을 닮은 살점, 그리고 말간 국물의 보탄하모는 기름 뚝뚝 듣는 도쿄식 뱀장어요리와 극명하게 대비된다. 보탄하모는 담백한 세련미를 좇는 교토의 입맛과 딱 맞아떨어진다. 억센 갯장어가 모란을 만나 우아한 미식으로 재탄생한 꼴이다. 영화 〈꽁치의 맛〉 속 한문선생이 먹은 갯장어도 생김새로 봐서 보탄하모일 가능성이 크다.

보탄하모 얘기에 탐미주의 작가 다니자키 준이치로谷崎潤一郎를 빠뜨릴 수 없다. 그는 식마食魔라는 별칭이 붙었을 만큼 대식가이자 미식가였다. '요리는 예술, 미식은 사상'이라 규정지었다. 그는 1923년 간토 대지진 후 도쿄를 떠나 교토로 이주했다. 그리고 교토의 보탄하모에 홀딱 반했다.

70세에 쓴 소설 『과산화망간수의 꿈過酸化マンガン水の夢』에 보탄하모를 묘사한 대목이 있다. 누가 탐미주의 작가 아니랄까 봐 여성의 몸을 자신이 탐식한 식재료에 비유하다니….

준이치로 아내의 회고에 따르면, 그가 세상을 떠나기 6일 전 식사 때 "보탄하모는 (남편이) 너무 좋아하는 것이라 맛볼 새가 있을까 싶을 정도의 속도로 그릇을 비웠다"라고 한다. "요리를 혀로 먹는 영역을 넘어 몸 전체 기관을 촉수로 삼아 쩝쩝거린" 사람이라는 평가가 과히 틀린 말은 아닌 듯하다.[44]

준이치로는 뱀장어, 갯장어 안 가리고 먹은 인물이지만, 같은 도쿄 출신인 소설가 나쓰메 소세키夏目漱石는 갯장어의 묘미를 몰랐던 것 같다. 오히려 뱀장어와 갯장어를 차별했다. 그의 초기 작품 『개양귀비虞美人草』에 이를 추정케 하는 대목이 나온다.

장소는 교토다. 교토로 여행 온 도쿄 청년 무네치카가 여러 해 전 교토로 이주한 친구 오노와 여관에서 가모가와鴨川 물줄기를 내려다보며 대화하는 장면이다.

> 무네치카는 말없이 코를 실룩거렸다.
>
> "또 갯장어를 먹일 셈인가. 매일 갯장어만 먹었더니 배 속

44 아라시야마 고자부로嵐山光三郎의 『문인악식文人悪食』(新潮社, 2000) 중에서.

이 잔가시투성이야. 교토라는 곳은 참으로 한심한 곳이야. 이제 이쯤에서 돌아가야 할까 봐."
"돌아가도 좋아. 고작 갯장어 때문이라면 돌아가지 않아도 되고. 하지만 네 후각은 유난히 예민하구나. 갯장어 냄새가 나니?"
"냄새 안 나니? 부엌에서 줄창 구워대는데."

소세키는 영국 유학 생활 이후 위궤양을 달고 살았다. 43세 되던 해 여름 위궤양이 악화돼 시즈오카 어느 사찰로 요양을 떠났다. 기력은 떨어지고 속은 불편했지만, 식욕마저 잃지는 않았던 모양이다. 그의 사후에 아내는 이렇게 회고한 바 있다.

혼잣말을 하면서 이런저런 메뉴를 머릿속에 넣어놓고는 '이건 서양요리, 이번에는 뱀장어' 하는 식으로 상상 속에서 맛있는 음식을 차려놔 보는 것이라고 말씀하셨습니다.[45]

병상에서 머릿속에 그린 음식 목록에 뱀장어가 들어가 있다. 평소 그는 도쿄 사람답게 뱀장어요리를 즐겼다. 그는 도쿄 와세다

45 앞의 책에서.

대학교 근처의 뱀장어요리 노포 스즈킨すず金의 단골이었다.

갯장어가 핵심 재료로 쓰인 소설을 꼽자면 『갯장어 껍질鱧の皮』을 빼놓을 수 없다. 가미쓰카사 쇼켄上司小剣이라는 작가가 1914년에 발표한 작품으로, 수작으로 평가받는다.

오사카 도톤보리에서 식당을 꾸려가는 30대 중반 여성에게 어느 날 남편의 편지가 도착한다. 남편은 데릴사위임에도 본분을 팽개치고 한량처럼 지내다 빚을 지고 도쿄로 피신한 상태다. 부부 관계도 풍전등화. 남편에 대한 감정이 좋을 리 없다. 그런 때에 날아든 남편의 편지는 그녀의 마음을 헤집어 놓는다. 특히 편지 맨 끝 부분에 적힌 문구가 그랬다.

"갯장어 껍질 1엔어치 보내주구려."

갯장어 껍질은 평소 남편이 무척 좋아하던 것이다. 그런데 도쿄에선 구할 수 없다. 어떻게 해야 하나 망설이던 아내는 결국 가마보코 가게에 들러 갯장어 껍질을 구입한다. 오사카 어묵 가게는 갯장어살을 가마보코 재료로 쓰고, 남은 껍질을 버리지 않고 싸게 팔았다. 오사카 서민들은 껍질을 살살 데친 후 한 번 더 굽거나 해서 초간장에 무쳐 밥 위에 올려 먹거나 술안주로 삼았다. 갯장어 껍질을 사 온 아내는 남의 눈에 띌 새라 몰래 가게 카운터 깊숙한 곳에 숨겨둔다. 도쿄로 올라가서 남편을 만날 때 전해줄 참이다.

갯장어 껍질은 문예비평적으로 해석하면, '부부 사이를 지탱하는 끈이자, 남편에 대한 아내의 마음'일 터다. 그런데 음식풍속학 차원에서 보면 갯장어 껍질은 당시 오사카의 정취를 불러일으키는 재료다. 갯장어 껍질은 소설 속 부부 관계가 '껍질' 한 장으로 이어져 있음을 넌지시 알려주면서도, 한낱 껍질에 불과할지라도 먹을 수 있는 것은 값어치 있다는 음식 고유의 특성을 암시하기도 한다.

『갯장어 껍질』의 저자 쇼켄은 나라현에서 태어나 효고현과 오사카시에서 자랐다. 간사이 사람이다. 그는 이 소설에 대해 "나의 반생半生에 커다란 영향을 준 외가 쪽 할머니, 숙부, 숙모, 그 밖의 여러 사람들의 이야기"라고 말한 바 있다. 자신의 경험을 바탕으로 쓴 소설인 것이다.

갯장어, 교토와 오사카를 비롯한 간사이 사람의 정서를 대변하는 물고기다. 그 맛을 도쿄는 잘 모른다.

鰻 | 뱀장어 |

여름 보양식, 은밀하고 달콤한 맛

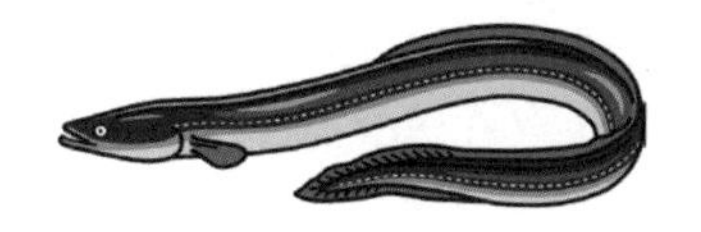

교토의 여름철 미식이 갯장어라면, 도쿄의 여름철 미식은 뱀장어다.

18세기 말 난학자 히라가 겐나이平賀源内는 어느 여름날 뱀장어요릿집에 들어간다. 가게 주인은 다짜고짜 장사가 너무 안된다며 푸념을 늘어놓는다. 겐나이는 잠시 생각하더니 글귀 하나를 보여주며, 그것을 가게 앞에 내걸면 손님이 줄을 설 것이라고 조언한다. 주인은 반신반의하며 시키는 대로 한다. 아니나 다를까, 맛집 프로그램에 소개된 식당인 것마냥 그의 가게는 손님으로 문전성시를 이뤘다. 글귀는 이랬다. "오늘은 복날, 장어 먹는 날."

우리식으로 표현하자면 '복날에는 뱀장어'쯤 되려나. 겐나이가 써준 글귀는 에도시대의 광고 카피 히트작으로 지금까지 회자된다. 그리고 일본 식문화의 뇌리에 단단히 박혔다. 하지만 이 불멸의 카피 한 줄이 후대에 불러올 뱀장어의 수난을 겐나이는 물론 당시 일본 땅 백성들은 상상이나 했을까.

일본어로 우나기鰻인 장어는 민물장어라고도 하며, 장어 족속의 대표 격이라 한국에서는 그냥 장어라고 부르는 것이 일반적이다. 뱀장어의 '뱀'이 비호감으로 들려 그냥 장어라고 말하고 싶었을 것이다.

무더운 여름철 일본인은 복달임으로 장어를 먹는다. 표현은 다르지만, 일본에도 우리의 복날과 유사한 개념이 존재한다. '도요노우시노히土用の丑の日'가 바로 그것이다.[46]

'도요'란 계절이 바뀌는 시기를 말하는데 입춘, 입하, 입추, 입동 직전 18일을 가리킨다.

옛날 중국인은 모든 사물을 목木, 화火, 토土, 금金, 수水, 이렇게 다섯 가지로 나누었다. 음양오행 사고방식이다. 한자 문화권인 일본에도 이 사고 틀이 스며들었다. 일본인은 사계절에도 목화토금수를 끼워 맞춰보았다. 봄은 목, 여름은 화, 가을은 금, 겨울은 수. 결국 토가 남았다. 그래서 토의 자리를 찾아주기 위해 각각의 계절 앞 18일씩을 떼어 토에 할당했다. 그 18일간의 기간이 도요다.

시간이 지나면서 봄, 가을, 겨울의 도요는 존재감을 잃었다. 도요는 어느 틈엔가 입추 전의 시기, 곧 여름철만 의미하게 됐다.

46 장어를 뜻하는 우나기, 소를 뜻하는 우시, 앞글자 '우'가 서로 공통된다. 일부러 발음을 맞춘 것이다.

도요 기간 중 자축인묘 12간지의 축丑에 해당하는 날이 '도요노우시'다. 무더위가 기승을 부리는 때다. 굳이 한국식으로 해석하면 복날이다. 이날은 매년 일정치 않은데, 2023년은 7월 30일, 2024년은 7월 24일과 8월 5일 두 차례였다.

아주 오래전 '우시'에 해당하는 날에 '우' 음절로 시작하는 음식을 찾는 풍습이 있었다. 우동, 우리瓜(오이, 참외 종류) 따위를 먹으면 더위를 먹지 않는다고 여겼다. 우나기, 즉 장어도 똑같은 이유로 여름철 특식이 됐다.

우리가 초·중·말복에 삼계탕집을 주로 찾듯 일본인은 이때 장어집을 찾는다. 장어를 최고의 여름 보양식으로 여기기 때문이다. 그 연원은 깊다.

"이시마로石麻呂 님에게 아뢰오니, 더위 먹은 데 좋다고 하니 장어를 잡아 드세요." 『만요슈万葉集』의 한 대목이다. 일본에서 가장 오래된 시가집 『만요슈』도 장어를 보양식으로 권했다. 이것으로 미루어 보면, 최소한 8세기에는 일본인들이 장어를 보양식으로 인식하고 있었다는 것을 알 수 있다.

보양식은 대체로 맛과는 거리가 멀다. 장어 역시 그 자체로 맛있는 식재료는 아니다. 초창기 장어구이는 다른 생선처럼 통구이였다. 머리에서 꼬리까지 대나무 꼬챙이로 꿴 장어를 화롯불 옆에 세로로 꽂아 천천히 바비큐를 하듯 익혔다. 하지만 속까지 완전히 익지 않아 한 입 베어 물면 진흙 맛이 확 났다. 어쩌다 한 번 먹는 것이었고, 몸에 좋다고 하니 꾹 참고 먹어주는 물고기였다. 맛보다는 효능을 따진 음식이었다. 중세시대까지는 장어를 회무침, 사시미, 스시 등으로도 먹었다.

다레, 즉 소스를 발라 굽는 가바야키가 발명되면서 장어의 주가는 치솟았다. 겐나이의 복날 어쩌고 하는 광고 카피는 가바야키를 지칭한다. 겐나이는 1753년에 펴낸 『풍류지 도겐전風流志道軒伝』에서 가바야키를 "속세를 떠난 맛"이라며 극찬했다.

가바야키가 언제쯤 등장했는지 추정하기는 어렵다. 14세기부터라고도 하고, 17세기까지 가바야키라는 이름이 보이는 문헌은 없다고도 한다. 가바야키의 탄생 과정은 장어의 출생만큼이나 베일에 싸여 있다.

장어를 머리부터 꼬리까지 쭉 반으로 가르고, 간장과 미림, 설탕을 섞은 혼합물을 불에 졸여 만든 다레를 장어에 발라 숯불에 '눕혀서' 굽는 가바야키. 마치 생김새가 습지식물 부들(일본어로 가바蒲. 야키焼き는 구이)을 닮았다 하여 가바야키라고 불렀다.

장어를 반으로 갈라 굽는 방식은 에도가 아니라 간사이에서 시작됐다는 것이 통설이다. 시기는 대략 18세기 초로 추정된다. 그런데 에도와 간사이의 가바야키 조리법이 달랐다.

먼저 굽는 법이 달랐다. 에도에서는 간사이와 달리 배를 가르지 않고 등 쪽에 칼집을 넣어 반으로 갈랐다. 배 가르기, 즉 할복을 꺼리는 무사 문화에서 기인한 방식이라는 해석이 있다. 간토의 중심지 에도는 무사의 근거지였다. 얼핏 그럴듯해 보여도 무사 문화 때문에 배 가르기를 피한 것만은 아니다. 옛 문헌을 보면 에도에서도 처음에는 간사이처럼 배를 갈라 조리하기도 했는데 점차 등 가르기로 바뀌었음을 알 수 있으니까 말이다. 그보다는 에도 장어의 특징에서 이유를 찾아야 한다는 주장도 있다. 에도를 가로지르는 강물의 유속이 완만해 에도산 장어가 간사이 쪽 장어보다 진흙 냄새가 강하고 살이 빽빽한데, 이를 커버하기 위해 굽기 전에 한 번 쪄주었다는 것이다. 찜 과정을 거치다 보니 등 가르기가 조리에 더 적합했다는 설명이다.

간사이는 살아 있는 뱀장어에 다레를 묻혀 바로 굽는 직화구이, 에도는 한 번 찐 다음 다레를 바르고 불에 굽는 방식이었다. 쪄내면 잘 익기는 해도 구울 때 살점이 떨어져 나가거나 모양이 흐트러지기 쉽다. 이 단점을 보완하기 위해 여러 마리를 나란히 눕힌 다음 꼬치 네댓 개를 일정한 간격으로 꽂아 장어 형태를 유지해 가며 구웠다. 요즘에는 다들 이런 식으로 장어를 굽는다.

복달임에 상하귀천이 따로 있을 리 만무하다. 쇼군이 사는 에도성으로 헌상되는 장어는 어용상인御用商人이라 불리는 생선 도매상 4곳에서 맡았다. 어용이란 조정이나 군주가 쓸 물품을 조달하는 특명 집단을 일컫는다. 그런데 18세기 말 덴포개혁天保改革 때 생선 도매상의 영업이 일시 중지됐다. 유통망이 붕괴된 것이다. 곤혹스러워진 관리들은 이런 포고령을 내렸다. "도요 기간은 어용(황실이 사용하는 것) 장어가 대량으로 필요해지는데, 만일 차질이 생겨서는 안 되니 시중의 장어집들은 공히 가지고 있는 장어 중에서 골라 직접 납입할 것." 복날에는 서민과 쇼군 사이에 장어 쟁탈전이 벌어질 정도로 장어 붐은 대단했다.

흔히 오늘날 가장 대중화된 초밥인 니기리즈시를 '에도마에'라고 한다. 에도마에란 원래 에도 근해 혹은 근해에서 잡히는 해산물을 가리킨다. 니기리즈시는 곧 에도 근해의 해산물로 만든 스시를 일컫는다. 하지만 니기리즈시가 등장하기 전에 에도마에는 곧 장어요리를 가리켰다. 에도의 강 하구에서 뱀장어가 많이 잡혔기 때문이다. 그만큼 장어요리는 에도의 대표 음식이었고, 에도 사람의 장어 사랑은 각별했다.

에도 장어는 후카가와 하구에서 잡히는 것을 최고로 쳤다. 후카가와 인근에는 장어요리를 파는 노점이 즐비했다. 장어요리는 애당초 서민 음식이었다. 판매 형식도 길가 노점에서 출발했다. 고급 장어요릿집은 한참 뒤에 생겼다. 후카가와 일대는 육체노동으로 먹고사는 하층민의 주거지였다. 장어구이는 이들이 즐겨 먹는 보양식이었다. 기름기가 많고 기력을 보충해 주기 때문에 노동으로 지친 피로를 해소해 준다고 여겼기 때문이다. 상류층은 기름기가 거북해 즐겨 먹지 않았다. 가바야키처럼 장어를 한 번 쪄 내는 요리법이 등장하고서야 상류층도 장어요리를 입에 대기 시작했다. 찜 요리법이 일반화된 후에야 장어는 고급 음식으로 신분이 격상

됐다. 장어요리를 취급하는 고급 음식점이 나타난 것은 메이지유신 이후, 그러니까 일본이 한창 근대화에 매진할 무렵이다.

작가 이케나미 쇼타로의 소설 『검객사업剣客商売』 속에 나오는 구절이다.

> 장어집이라는 건 길가에 다다미 2개 크기의 나무 평상을 내놓고 그 위에서 장어를 구워 파는 곳이다. (중략) 장어라는 놈은 이 당시[47] 직전까지 통구이로 해서 간장이나 산쇼미소山椒味噌[48]를 발라 격한 노동을 하는 사람들의 입을 즐겁게 해주었지, 이것이 하나의 요리로서 상·중류층의 입으로 들어가는 일은 없었다고 한다. 이것은 가미가타에서 전해진 조리법이고, 장어를 배부터 갈라 먹기 좋게 토막 내 구웠다는데…. 그리되자 '생각한 것보다 맛있고, 먹으면 기운이 난다고 한다'라고 해 에도에서도 이것을 먹는 사람들이 늘었다고 한다.

노점의 장어 꼬치구이 1개 값은 16몬으로 메밀소바 한 그릇 값과 동일했다. 그런데 18세기 후반 장어요릿집이 하나둘 개업하면서 장어요리 한 그릇 가격이 200몬을 훌쩍 뛰어넘었다. 서민 요

47 1772~1778년 안에이 시기.
48 초피와 미소된장을 섞은 것.

리에서 상류층 요리로 신분 상승한 셈이다.

에도시대 풍속백과사전 『모리사다만고守貞漫稿』에는 가바야키 맛집 리스트가 실려 있다. 그 가운데 한 곳인 후카가와야深川屋는 단골이 아니면 아무리 돈을 많이 갖고 와도 장어를 팔지 않았다. 그리고 마음에 드는 장어가 입하되지 않으면 그날은 아예 문을 닫고 영업을 하지 않았다. 질 좋은 장어가 들어올 때까지 여러 날 휴업하는 것도 마다하지 않았다. 질 좋고 맛 좋은 장어만 쓴다는 입소문이 퍼져 후카가와야는 언제나 무사들로 북적거렸다고 한다.

후카가와야처럼 이름난 고급 장어요릿집은 도요노우시, 즉 복날에는 영업하지 않았다. 식당이 대목에 일부러 문을 닫았다니 보통 배짱이 아니다. 하지만 고개를 끄덕이게 하는 이유가 있었다.

질 좋은 장어도 많지 않거니와 주체 못 할 만큼 많은 손님이 몰리면 장어를 대충 굽게 되는데, 이를 피하기 위해서란다. 맛에 대한 자부심과 품질에 대한 고집이 상당했음을 알 수 있다. 기실 맛집이란 대목, 비대목 구애받지 않는다. 고품질을 꾸준히 유지하는 일이 최우선이다. 그래야 성공이 따라온다. 후카가와야는 이런 장사의 이치를 알고 있었다.

가바야키와 따끈한 밥의 만남, 장어덮밥은 일본 테이크아웃 푸드의 원조다. 18세기 말의 문헌에 스모 시합 도중 관람석에서 누군가 찬합 뚜껑을 열자 "근처에서 가바야키 냄새가 아주 그냥…"이라는 기록이 있다. 누군가 장어덮밥을 싸 온 것이다. 이미 이때부터 장어덮밥이 벤또, 즉 야외용 도시락으로 소비됐음을 알려준다. 도시락의 효시가 가부키 관람객이라는 설이 유력한데, 가부키가 최고의 인기를 구가한 17세기 초에는 막간에 도시락으로 허기를 채우는 광경이 드물지 않았다. 그렇다면 가부키 극장에서도 장어덮밥 도시락을 까먹고는 했을 것이다.

장어덮밥은 크게 우나동鰻丼과 우나쥬鰻重 이렇게 둘로 나뉜다. 우나동은 사발 용기에 담고, 우나쥬는 찬합을 쓴다.

장어 아래 밥을 까는 장어덮밥은 우연히 탄생했다는 이야기가 있다. 무사들은 요릿집에서 가바야키를 사서 찬합에 넣고 집이나 야외로 가져가 먹고는 했는데, 막상 먹을 때는 실망감을 줬다. 찬합 뚜껑을 열면 가바야키의 온기가 온데간데없었던 것. 식은 피자라면 몰라도 식어버린 가바야키는 '글쎄올시다'이다. 식감도 안 좋았다.

야외에서도 따끈한 장어구이를 먹을 수 있으면 좋으련만. 그러다 찾은 방법 중 하나가 가바야키 밑에 김이 모락모락 피는 밥을 까는 것이었다. 밥을 밑장으로 깔고 찬합 뚜껑을 덮으면 몇 시간이 지나도 온기가 남아 있다. 장어덮밥은 장어의 보온성을 높이기 위해 고안됐다고 한다.

테이크아웃 도시락의 필수품인 일회용 나무젓가락은 장어덮밥 때문에 생겨났다. 끈적끈적한 다레가 묻은 젓가락을 계속 쓰기 불편해서 자연스레 고안된 것으로 추정된다. 지금은 와리바시割

箸라고 하지만 처음에는 히키사키바시引き裂き箸였다. '당겨서 쪼개는 젓가락'이라는 뜻이다. 삼나무로 만들었는데 한 번 쓰고 버리기 아까워 재활용하기도 했다. 장어를 집어 먹고 난 나무젓가락을 젓가락 제조처에 가져가면 젓가락 장인이 더러운 겉 부분을 깎아 내 새것처럼 만들어 줬다. 처음에는 네모였던 젓가락이 깎기 과정을 거쳐 둥글게 변했다. 어쩌다 보니 끝이 둥그레진 젓가락. 하지만 쓰다 보니 사각 젓가락보다 둥근 젓가락이 더 편리해 그 후로는 처음부터 곡면을 넣어 만들었다.

밥 위에 별도의 요리 하나를 올려 먹는 덮밥류(돈부리모노)丼物의 효시가 장어덮밥이다. 텐동, 규동, 오야코동 등은 덮밥류의 후발 주자다. 덮밥류는 가게에 앉아 먹기보다 야외에서 간편하게 먹기 위한 용도로 고안됐다. 테이크아웃에 최적화된 음식이다. 야유회, 실내 모임, 야외 노동을 떠날 때 도시락처럼 챙겨 가기 쉽고, 원하는 시간과 원하는 장소로 배달시키기도 쉽다. 음식 배달을 데마에出前라고 하는데 에도시대 초기부터 존재한 서비스다. 배달시켜 먹기 편리한 장어덮밥은 데마에의 개척자였다. 그래서 혹자는 장어덮밥을 '일본요리의 혁명'으로 치켜세우기도 한다.

1780년 간행된 유머집 『너나 잘하세요大きにお世話』에 나오는 우스꽝스러운 이야기 한 토막.

어느 짠돌이 사내가 장어집에 가서 냄새를 맡고 온 다음 장어요리는 시키지 않고 냄새를 반찬 삼아 밥을 먹고는 했다. 보다 못한 장어집 주인은 마침내 화가 났다. 그는 짠돌이를 찾아가 "가바야키 냄새 값 800몬 내놔!"라고 말했다. 그러자 짠돌이는 동전 800몬을 바닥에 휙 던졌다. 그러고는 이렇게 말했다.

"동전 소리 들었죠? 그렇다면 냄새 값 낸 셈이니 그만 돌아가시오."

장어 냄새 값을 동전 땡그랑 소리로 퉁치면 된다는 셈법이다. 장어집은 냄새로 손님을 낚는다. 장어가 익는 냄새, 숯불 위에 떨어진 장어기름이 타는 냄새. 장어집 벽과 천장에 거무끄름하게 배인 다레 냄새도 침샘을 자극한다. 장어집은 사람처럼 고유한 체취가 있다. 노포일수록 체취는 짙고 그윽하다. 마르셀 프루스트의 마들렌처럼 일본의 중년층에게 장어집의 냄새는 추억을 소환하는 마력을 발휘한다.

장어집의 반찬 메뉴 쓰케모노漬物(채소 절임)는 비장의 무기다. 가바야키는 만드는 데 시간이 걸린다. 주문 후 조금 기다려야 한다. 그동안 손님은 막간의 지루함을 달래려 술을 홀짝이는데 이때 안주로 나오는 쓰케모노가 중요했다. 장어집은 다레에 들이는 노력 못지않게 쓰케모노 맛내기에도 정성을 들인다. 쓰케모노를 보면 그 장어집의 손맛을 안다. 그래서 장어집 쓰케모노는 유독 맛있다고들 한다.

그런데 19세기 후반 메이지시대에 접어들면서 에도마에 장어를 구경하기가 힘들어진다. 주요 장어 산지 후카가와를 비롯해 시내를 관통하는 강의 수질이 나빠져 장어 개체수가 눈에 띄게 줄어든 것이다. 당시에는 장어의 생태가 베일에 가려져 있어서 양식이 여의치 않았다. 그렇지만 '복날에는 장어' 풍조는 전혀 시들지 않았다. 문명개화 바람에도 아랑곳없이 사람들은 장어요리를 찾았다. 메이지시대는 바야흐로 미식의 시대이기도 했으니까 이해 못 할 바도 아니다. 식량난에 허덕인 시기를 제외하면 장어요리는 줄곧 보양식으로 사랑받았다. 건강에 대한 관심이 높아진 현대에는 두말할 필요도 없다. 일본인의 장어 사랑은 아직도 건재하다.

전 세계 장어 10마리 중 7마리는 일본인의 배 속으로 들어간다. 그들이 소비하는 장어의 대부분은 대만, 중국, 한국에서 수입된다. 일본 회전스시집 회전벨트 위를 도는 장어는 십중팔구 일본산이 아니다. 일본산 장어, 즉 니혼우나기日本鰻와 양대 산맥을 이루는 장어 종류는 유럽우나기다. 유럽산 장어의 주요 공급처는 프랑스와 스페인에 위치한다. 그런데 유럽우나기는 2010년에 발이 묶였다. 극성맞은 아시아 소비자 때문이다. 중국인과 일본인이 유럽까지 와서 장어를 밀매해 가며 시장 질서를 어지럽히자 유럽연합은 유럽산 장어의 유출을 법적으로 차단했다. 그런데도 밀매는 사그라들지 않았다. 장어 치어를 넣은 특수 가방을 들고 비행기를 탄 중국인이 파리 공항에서 붙잡혀 재판에 넘겨지기도 했다.

이제 니혼우나기는 고급 요릿집에나 가야 구경할 수 있다. 수량도 적고 고가다. 명실상부 에도마에 장어는 화석이 된 지 오래다. 자연산 니혼우나기는 식탁에서 거의 사라지다시피 했다. 사정이 이렇다 보니 2000년대의 니혼우나기 값은 2017년을 제외하고는 꾸준한 상승세다. 2008년 장어 치어 1킬로그램당 38만 엔 하던 시세가 2018년에는 299만 엔으로 껑충 뛰었다.

오늘날 니혼우나기는 씨가 말라 보호해야 할 생명체가 됐다. 2014년 국제자연보호연합IUCN은 니혼우나기를 멸종위기종 목록에 올렸다. 멸종위기 2등급으로 대왕판다와 동급이다.

식탁 위에 오르는 장어는 거의 전부 양식 장어다. 장어 양식이 성공한 지는 얼마 안 된다. 하지만 산란에서 성어成魚까지 100% 완전한 양식은 아니다. 바다에서 치어를 잡아 와 양식장에 풀어놓고 기른다. 양식 기술이 꽤 발달했다고는 하지만 완전 양식에 도달하지 못했다. 치어의 치사율도 높다. 사료 개발 또한 아직 초보 단계다. 흔히 양식 장어라 함은 치어를 가둬놓고 키운 것이다.

장어는 여행하는 물고기다. 광막한 바다에서 태어나 강으로 이동한다. 이동거리가 만만찮다. 장어는 또한 신비에 싸인 물고기다. 암수 구분 없이 태어나 자라면서 암컷과 수컷으로 나뉜다. 어떤 메커니즘으로 암수가 결정되는지 밝혀지지 않았다. 그리고 산란의 비밀도 풀리지 않았다. 각국 과학자들이 망망대해를 누비며 장어를 좇았지만 장어의 생장을 밝혀줄 단서는 잡지 못했다. 오랜 시행착오에도 불구하고 장어 양식이 불완전한 이유다.

아프리카의 블러드 다이아몬드blood diamond를 빗대 니혼우나기 치어를 '화이트 다이아몬드white diamond'라고 부른다. 귀하고 값비싸기도 하지만 그만큼 불법과 유혈 폭력이 난무한다는 뜻을 내포한다. 니혼우나기 치어는 막대한 수익을 안겨주기 때문에 치어 불법조업, 즉 밀어密漁와 밀거래가 극성이다. 2020년 니혼우나기 치어 1킬로그램 평균 거래가격이 470만 엔으로 당시 금값과 맞먹었다. 일확천금 사업이 따로 없다.

돈 냄새를 맡고 그냥 지나칠 리 없는 야쿠자 같은 폭력조직들이 장어 밀매업에 깊숙이 개입해 있다는 건 공공연한 비밀이다. 야쿠자가 장어 치어에 손을 대다니 놀랍다. 하지만 오래전부터 항구를 중심으로 야쿠자가 어업 분야에서 돈벌이를 해왔다는 사실을 아는 사람이라면 별로 놀라운 일도 아니다.

어쨌거나 일본 당국의 강력한 단속에도 불구하고 치어 밀거래는 잦아들지 않는다. 야쿠자는 물론 어업 종사자와 브로커 등이 가담한 밀거래는 은밀하고 치밀하다. 밀거래로 체포되는 사람도 적지 않지만, 솎아 내도 솎아 내도 다시 자라는 잡초처럼 생명력이 질기다.

장어가 식탁에 오르기까지 불법이 뒤엉킨 배경에는 일본인의 장어 사랑이 자리하고 있다. 장어 소비를 대폭 줄이지 않는 한 밀거래도 줄지 않는다. 어쩌면 정부의 밀거래 단속도 울며 겨자 먹기일지 모른다. 이러지도 저러지도 못하게 된 치어 밀거래는 일본 어업의 골칫거리가 됐다. '복날에는 장어'만 아니었더라도 음지에서 장어를 잡고 파는 사태는 없었을 것이다. 에도마에 장어를 즐긴 그 옛날 일본인들이 오늘날 횡행하는 후손들의 장어 밀거래 요지경을 보면 어떤 기분이 들까. 복날 장어광에겐 김 빼는 소리로 들리겠지만, 사실 장어 자체의 맛은 여름철보다 겨울철에 더 낫다고 한다.

정신과 의사이자 시인인 사이토 모키치斉藤茂吉(1882~1953)는 장어 마니아로 유명하다. 기념할 만한 날에는 장어요리를 빠트리지 않았고 평소에도 자주 장어를 먹었다. 태평양전쟁으로 식료품 대란이 일어나자 장어를 먹지 못할까 봐 가바야키 형태의 장어 통조림을 잔뜩 사재기했다. 그는 장어를 테마로 한 단가短歌를 많이 지었으며, 장어에 얽힌 일화도 많이 남겼다. 그 가운데 하나가 자기 장남을 장가들이기 위해 가진 예비 사돈 측과의 첫 상견례서 벌어진 에피소드다.

도쿄 쓰키지築地에 있는 고급 장어요릿집 지쿠요테이竹葉亭에서 양가 첫 대면이 이뤄졌는데, 식사 메뉴는 장어 가바야키였다. 며느리 될 여성이 긴장한 나머지 속이 안 좋았는지, 아니면 장어를 싫어했는지 요리에 거의 입을 대지 않았다. 이를 쭉 지켜보던 모키치는 예비 며느리에게 다가가 귀엣말로 "이거 나한테 다오"라고 말했다. 그러고는 얼른 장어를 자기 앞으로 가져갔다. 격식을 차려야 정상인 상견례 자리였건만, 그는 체면이고 뭐고 아랑곳없이 그릇을 싹 비웠다.

모키치는 장어를 먹으면 “몇 분 만에 숲속 나무의 초록이 선명하게 보인다”라고 썼다. 그도 옛 선조들처럼 장어의 보양 효과를 믿었던 걸까. 도쿄대학교 출신 의사라는 사람의 입에서 나온 말이니 곧이곧대로 믿는 사람이 적지 않았겠다. 하긴 보양식의 효능이란 것이 과학적 검증에 앞서 기분과 믿음 차원에서 ‘인증’을 받으니 이러쿵저러쿵 딴지 걸 일은 아닌 것 같다.

穴子 | 붕장어 |

화양절충, 요리도 통역이 되나요

거제도가 고향인 아버지는 붕장어광이셨다. 뼈째 썬 세꼬시, 추어탕처럼 푹 고아 낸 붕장어탕, 달큰한 고추장 양념을 발라가며 연탄불에 구운 붕장어구이. 별미가 생각날 때면 아나고(붕장어)를 찾아 드셨다. 어릴 때는 나도 덩달아 물리도록 먹었다. 고등학생 때는 도시락 반찬으로 붕장어구이를 싸 다닐 정도였으니까. 가끔 껍질과 뼈는 식용유에 튀겨서 주전부리로 먹었다.

아버지는 돌아가시기 전 입원한 병상에서 "드시고 싶으신 거 있으세요?"라는 물음에 쉰 목소리로 "아나고, 아나고"라고 하셨다. 사다 드린 붕장어 세꼬시를 꼭꼭 씹어 드셨다. 그것이 아버지의 마지막 상찬이었다. 지금 와서 생각해 보면 아버지에게 붕장어는 향수이자 위안이었던 것 같다.

거제도를 비롯한 남해안 지역 사람들은 어릴 때부터 붕장어를 자주 접한다. 광어, 우럭이 횟집 메뉴의 상단을 차지하기 전까지 부산에서는 붕장어회가 가장 잘나갔다. 한때 부산 해안가 포장마차에서는 붕장어회와 곰장어구이가 술 안주계를 주름잡았다.

날씨 좋은 날 밤 부산 태종대에서 바다를 바라보면 수평선에 불빛 행렬이 선명하게 보인다. 오징어잡이 배 집어등인가 싶지만 망원경을 갖다 대면 불빛 뒤로 산 그림자가 어른거린다. 대마도 부두의 불빛이다. 대마도가 아무리 한국과 가깝다고 해도 설마 그 정도겠냐 하겠지만, 태종대 밤바다에 서면 대마도가 얼마나 지척인지 금세 느낀다.

일본에서 붕장어가 가장 많이 나는 곳은 대마도다. 대마도 붕장어는 배 부분에 노란빛이 감돌아 황금붕장어로도 불린다. 보통 붕장어보다 기름기가 많고 살이 많이 붙어 있다. 이런 붕장어는 세꼬시보다 튀겨서 먹어야 제맛이다.

돈가스 튀기듯 빵가루 옷을 입혀 튀겨 낸 붕장어가스의 폭신폭신하고 아삭아삭한 맛. 붕장어 좀 먹어본 사람은 상상만으로도 와닿는 식감이다. 여타 생선가스와는 또 다르다. 한국 횟집에서 회정식을 시키면 종반전에 등장하는 튀김 중에 간혹 붕장어튀김이 1~2개 섞여 있기도 하다. 대마도 붕장어가스는 횟집 붕장어튀김보다 더 알차다.

대마도에 딱히 일본 미식이라고 할 만한 게 있겠나. 그런 의심의 눈초리를 보내는 한국인이 많다. 오사카나 도쿄처럼 우리에게 잘 알려지지 않아서 그럴 수도 있겠고, 예부터 식문화가 척박했던 섬이니 딱히 내세울 만한 향토 음식이 드물어서 그럴 수도 있겠다. 그렇다손 치더라도 붕장어가스만은 군침 삼킬 만하다. 대마도 여행을 계획하는 사람이라면 위시리스트에 '붕장어가스 맛보기'를 추가해도 좋겠다.

붕장어가스의 '가스カツ'는 원어 발음으로 '카츠'에 가까운데 커틀릿cutlet에서 왔다. 커틀릿은 돼지고기, 소고기 등을 적당하게 잘라 프라이팬에 버터를 넣고 살살 튀긴 서양요리다. 일본인은 살코기에 빵가루를 입혀 튀겼다. 일식의 덴푸라 방식을 응용한 것이다. 육식에 대한 거부감을 줄이고 먹음직스럽게 보이기 위해서 그랬으리라. 눈으로 먹는다는 일본인 아니던가. 그리하여 탄생한 것이 돈가스다. 붕장어가스는 필시 돈가스에서 영감을 얻었을 것이다.

돈가스는 육식 금지령이 해제된 메이지시대라서 빛을 볼 수 있었다. 에도시대의 쇄국정책을 폐기한 메이지시대는 서양 문물을 적극적으로 받아들였다. 기술, 제도, 학문 영역에서 '서양을 배우자'는 바람이 불었다. 문명개화 열풍이다.

문명개화 시대의 요리 분야에서 특기할 만한 변화는 '육식 예찬'이다. 국가가 앞장서서 육식을 적극 권장했다. 그 이전까지는 공식적으로 육식이 금기시됐다. 율령이 생길 무렵 불교의 불살생 계율과, 가축은 가족의 일원이라는 사고방식 탓에 천황의 명령으로 육식을 금했다. 소는 농사일과 짐 운송에 꼭 필요한 노동자원이었고, 돼지는 인간의 배설물을 처리해 주는 위생자원이었다. 그러니 함부로 잡아먹을 수 있었겠는가. 소·돼지가 죽으면 인간 가족들은 "그동안 노력 봉사를 해줘서 고마워"라고 하며 고이 묻어주는 것이 관례였다. 그래서 '육식을 하면 부정 탄다, 육식은 불경스러운 짓이다' 하는 식관념이 지배적이었다.

오랜 육식 금기 관습을 깬 것도 천황이었다. 메이지 천황은 육식 금기를 해제하고, 솔선수범해서 소고기를 먹고 이를 홍보했다. 메이지유신 이듬해인 1869년부터 도쿄 시내에 소고기를 끓이거나 졸여서 만든 규나베牛鍋를 전문으로 하는 식당이 문을 열기 시작했다. 고기와 함께 우유 섭취도 적극 권장됐다.

일본은 서양을 배운 후 언젠가는 서양을 따라잡고자 했다. 문명개화의 다음 단계인 부국강병을 꿈꿨다. 부유하고 강한 나라가 되려면 서양인처럼 국민의 체격과 체력을 양성하는 일이 중요하다고 봤다. 음식에서 문명개화의 키워드는 혀가 아니라 몸이다. 맛보다 영양분이다. 몸집을 키우고 근력을 강화하는 음식이 좋은 것이라는 가치관이 생겼다. "서양인이 즐기는 육식을 벤치마킹하자!" 근대 일본의 음식 문화를 휩쓴 풍조를 한마디로 정리하면 그 이상도 그 이하도 아니다.

체격은 서양을 닮되 정신까지 닮아서는 쓰랴. 그것이 당시 일본 국가 운영자들의 태도였다. 서양 문물은 받아들이되 일본의 정신은 유지한다는 화혼양재和魂洋才가 강조됐다. 일본 특유의 정신주의다. 이 정신주의는 전쟁 시기에 천황에 대한 충성 제일주의,

사무라이 정신 등으로 가지를 치며 가미카제 특공대 부류의 비인간적인 행태를 낳았고, 무고한 인민의 희생을 불러왔다. 아무튼 화혼양재는 음식 문화에도 고스란히 투영됐다. 일본식과 서양식이 뒤섞인 혼종요리가 등장하기 시작한다. 육류를 재료로 일본식으로 조리하거나 일본 전통의 재료를 서양의 요리기법으로 조리하는 등 새로운 음식이 속속 탄생한다. 가령 외래 음식 빵에 일본 고유의 팥소를 넣은 단팥빵이 1900년 태어났다.

그런데 화혼양재라는 표현이 너무 거창하고 무거워서 그랬을까. 요리를 언급할 때는 화양절충和洋折衷이라는 표현을 애용하는 듯하다. 화양절충은 음식의 경계를 허물었다. 서양식을 일본식과 융합하는 사고방식은 심리적 경계를 허물고 실천의 범주를 넓혔다. 에도시대의 경직된 사회질서와 규범을 깨고 자유분방해졌다. 그런 기조는 주방에도 침투했다. 화양절충 요리의 특징은 곧 일본 전통 레시피로부터의 탈피와 자유분방한 조리법이다. 당연히 음식은 다채로워졌다. 화양절충 요리의 표본이 바로 돈가스다.

돈가스의 원조는 1895년 도쿄 긴자에서 개업한 렌가테이煉瓦亭로 알려져 있다. 이 레스토랑은 돈가스 외에 오므라이스, 에비후라이(새우튀김), 가키후라이(굴튀김)도 처음 선보였다. 덴푸라라 하지 않고 굳이 '후라이'라는 명칭을 붙인 건 빵가루를 사용했기 때문이다. 빵가루를 입히는 방식은 일본식에는 없는 외래문화였기 때문이다. 후라이에는 서양식 요리라는 점을 강조하는 의도가 스며 있다. 서양식이 각광받던 때라 음식 이름에도 서양색을 입혔다. 그런데 따져보면 덴푸라나 후라이나 서양식인 건 매한가지다. 통상 일식 튀김에서 '가스'는 육류에 붙이는 표현이고, '후라이'는 어패류에 붙인다. 그렇게 하기로 약속한 것은 아닌데, 렌가테이가 그렇게 작명한 이후 암묵적인 요리 문법이 됐다.

요리 문법에 비춰보면 붕장어가스라는 명칭은 부자연스럽다. 붕장어후라이가 오히려 더 자연스럽다. 실제 간사이 지역에서는 '붕장어덴푸라'라는 표현을 많이 쓴다. 그런데 대마도 붕장어가스의 비주얼과 먹는 방식은 덴푸라나 후라이보다 돈가스에 가깝다. "우리집 것은 돈가스처럼 큼직하고 실하지. 덴푸라와 차원이 달라" 하는 메시지를 전달하고 싶었던 것일까.

메이지시대에 우후죽순 발간된 주부 잡지와 요리책을 통해 서양요리가 일본 가정에 대거 소개됐다. 그러면서 서양요리 붐을 일으켰다. 샌드위치도 그 가운데 하나였다. 샌드위치 수용 과정은 서양요리의 일본화, 즉 화양절충의 단면을 여실히 보여준다.

주부 대상 잡지책이나 요리책에 소개된 샌드위치 레시피는 1900년대 초반까지는 서양 것을 그대로 모방했다. 번역은 했으나 의역이 아닌 '직역 요리'였다. 햄, 계란, 아스파라거스, 안초비 등을 버터 바른 빵에 끼워 넣기. 뭐 이런 식이었는데, 당시 일본인에게는 낯선 재료 일색이었다.

쇼와시대昭和時代(1925~1989)에 와서 비로소 샌드위치 재료가 일본화하기 시작했다. 낯설고 구하기 어려운 서양 식재료 대신 일본인이 평소 즐겨 먹는 식재료를 활용했다. 원조를 모방해야 한다는 중압감을 걷어 내고 한결 자유분방해졌다.

일례로 햄 대신 생선을 쓰고는 했다. 이 생선 저 생선 써보면서 어떤 생선이 식빵과 잘 어울리는지 찾아나갔다. 그런데 붕장어가 뜻밖에 식빵과 조화가 잘된다는 사실을 발견했다.

장어 가바야키 방식으로 다레를 발라 구운 붕장어를 적당한 크기로 잘라 속재료로 썼다. 식빵 서너 겹짜리 샌드위치였다. 이 붕장어 샌드위치는 1930년대 중반 오사카 유명 음식점이 판매해 큰 인기를 끌었다. 상품명이 '하카다오시博多押し'였다. '하카다'는 단순히 지명을 가리키는 것이 아니라 요리에 쓰일 때 색깔이 다른 재료를 여러 겹 포개는 것을 뜻한다. 재료 포개기는 식빵의 기법과 일맥상통한다. '오시'는 지그시 눌러 네모반듯하게 잘라 낸 스시인 오시즈시의 모양에서 따왔다. 오시즈시는 밥 위에 생선, 채소 등을 두세 겹 잇따라 올리는데, 세로 단면만 보면 샌드위치와 비슷하다. 오시즈시는 밥 외에 여러 재료를 쓰기 때문에 색상이 다채롭다. 여러모로 샌드위치와 닮았다.

하카다오시는 샌드위치를 일본식으로 해석한 재치 있는 작명이다. 하카다오시는 직역보다 한발 더 나간 '의역 요리'다. 오시즈시가 오사카 지방에서 즐겨 먹는 음식이니 샌드위치를 보고 오시즈시가 자연스럽게 연상됐을지 모를 일이다.

하카다오시와 유사한 일본풍 의역 샌드위치는 한둘이 아니다. 정어리 샌드위치는 소금에 잠깐 절인 후 끓는 물에 데친 정어리를 다시 소금, 식초로 간을 한 후 양파와 함께 버터 바른 식빵에 끼운 것이다. 비린내를 잡는 것이 가장 중요해서 소금과 식초를 써야 했다. 종전 직후 식량난이 심했던 시절에 만들어 먹은 의역 샌드위치였다.

어묵의 일종인 한펜半片을 내용물로 쓰기도 했는데, 버터 대신 성게알을 곱게 갈아서 식빵에 발랐다. 참치 샌드위치도 있다. 요즘처럼 통조림 참치가 아니라 선어를 사용했다. 선어에 버터와 잼이 어울릴 턱이 없다. 그렇다, 와사비를 발랐다. 식빵은 거들 뿐 주인공은 참치다. 이쯤 되면 샌드위치라기보다 스시에 가깝다. 밥알 대신 식빵을 채용한 변종 스시라고 할 수 있을 듯하다.

모두 1940~1950년대에 번역 소개된 화양절충 샌드위치들이다. 요즘은 연어, 게살, 참치 등 해산물을 넣은 샌드위치가 그리 낯설지 않다. 햄, 소시지 등 서양 식재료가 부족하던 시대, 요리에 대한 과감하고 참신한 시도가 있었기에 가능했던 샌드위치들이다. 의역 샌드위치는 궁하면 통한다는 궁즉통을 증명하는 사례이기도 하다.

신문물인 샌드위치가 일본 전통요리인 스시를 매개로 발전했다는 점은 뚜렷하다. 왜 그럴까. 아마 둘 사이의 태생적 공통점 때문일 것이다. 모양새, 만드는 법, 그리고 취식의 용이성까지 서로 닮은 점이 많다. 일본인이 샌드위치를 처음 맞닥뜨렸을 때 자연스레 스시를 떠올렸을 법하다. 그리고 샌드위치라는 외래문화를 설명하는 데 가장 적합한 모국어가 스시라고 생각했을 것이다.

식생활 연구가 우오쓰카 진노스케魚柄仁之助는 "샌드위치는 일본의 스시 문화와 융합하면서 발전했다"라고 주장한다.[49] 수긍이 가는 말이다. 그는 일본이 스시의 감각으로 샌드위치를 수용했다고 주장한다. 가령 롤 샌드위치rolled sandwich는 돌돌 만 마키즈시巻寿司를, 식빵 한 장만 쓰는 오픈 샌드위치는 니기리즈시를, 그리고 식빵을 세 장 쓰는 샌드위치는 간사이식 하코즈시箱寿司를 재해석했다고 본다.

샌드위치의 앞 글자 샌드와 스시를 결합한 '산도즈시サンド寿司'라는 음식은 샌드위치와 스시가 밀접한 관계가 있다는 사실을 숨기지 않는다. 산도즈시는 톳, 다시마, 김, 계란 등을 적당히 섞어 유부 속에 넣은 것이다. 식빵의 역할을 유부가 하기 때문에 샌드위치로 정의하기 어렵다. 그렇다고 정통 스시도 아니다. 정체성이야 무엇이 되었든 간에 산도즈시가 식문화를 다채롭게 한 것만은 사실이다. 화양절충 요리가 일본 식문화에 기여한 측면이다.

앞서 붕장어가스와 붕장어 샌드위치에 대해 설명했다. 그렇다면 붕장어가스 샌드위치는 어떤가. 이것도 화양절충이라 불러야

49 우오쓰카 진노스케의 『부엌에 패전은 없었다台所に敗戦はなかった』(青弓社, 2015) 중에서.

할까. 일본 고유 음식은 아니지만, 그렇다고 단순한 의역 요리도 아니다. 하지만 서양 이미지보다 일본 이미지가 강하다.

음식은 언어와 닮았다. 한 외국어가 수입되고 번역된 후 오랜 풍화작용을 거쳐 모국어화되는 과정이 음식에도 존재한다. 언어처럼 음식도 무궁무진하게 변화한다.

대마도에 버금가는 붕장어 산지는 히로시마현 미야지마宮島다. 섬에 풀어놓은 사슴과 개펄 위에 우뚝 선 빨간 도리이鳥居(신사 입구 기둥문)가 인상적인 유명 관광지 미야지마는 오래전부터 붕장어가 많이 났다. 미야지마로 가는 연락선 선착장 옆 기차역의 붕장어덮밥あなご飯 에키벤은 일본 10대 에키벤에 속한다.

이곳은 굴 명산지이기도 한데, 굴이 많은 곳에 으레 붕장어가 많다. 붕장어가 굴을 좋아하기 때문이다. 다레 묻힌 붕장어구이를 올린 미야지마의 붕장어덮밥은 전국적으로 유명하다. 하지만 이곳 붕장어 명성도 예전만 못하다고 한다. 개체수가 급감했기 때문이다. 한동안 일본은 붕장어의 상당량을 한국에서 수입했다. 요즘은 중국산에 의지하는 비중이 커졌다.

언젠가 이런 내용의 글을 읽은 기억이 난다. 일본 어느 지역인지 가물가물하지만 혼슈 북쪽 항구였던 것 같다. 한국인이 그곳 선창가에서 붕장어가 바닷속을 헤엄치는 것을 목격했다. 붕장어가 안 나는 곳인데 어째서 붕장어가…. 의아한 한국인이 그곳 어민에게 물었다. 그랬더니 현지 어부가 "아, 저건 일본산이 아니고 한국산입니다" 하더란다. 이유인즉슨 항구로 한국산 붕장어가 실려 오고는 했는데, 하적 과정에서 바다로 떨어진 붕장어들이 있었다는 것. 그 붕장어들이 터를 잡고 살며 알을 낳고, 또 알을 낳았다. 모두 한국 붕장어의 자손이니 한국산이 아니고 무엇이겠냐는 말이다.

사실 음식의 화양절충은 어느 나라에나 존재한다. 서양과 동양의 결합이 아니더라도 서로 다른 문화끼리 교류할 때는 늘 둘이 융합한 형태를 낳기 마련이다. 화양절충과 동일한 화학반응이 일어난다.

일식의 근간이라는 쇼진요리精進料理도 외래 식문화를 수용해 자체적으로 융합·발전시킨 것이다. 일본 가정식 상차림의 정갈하고 단출한 이미지를 떠올려 보면 쇼진요리에 근접한다. 쇼진요리는 원래 승려들의 식단이다. 이름처럼 불자의 수행 정진이 핵심이다. 쇼진요리는 중국 당나라에서 일본으로 불교가 수입되던 때와 궤를 같이한다. 특히 송나라에 유학 간 도겐道元, 에사이栄西 같은 승려들이 송나라 사찰에서 접한 조리법과 식문화를 본격적으로 들여와 쇼진요리로 발달시켰다. 불교, 특히 중국에서 들여온 대승불교는 불살생 계율에 따라 육식을 금하고 매우 질박한 식생활을 승려들에게 강제했다. 먹는 것도 수행의 방편이었기 때문이다. 식재료는 산에서 나는 풀, 뿌리, 열매, 곡류가 전부였다. 철저한 식물성 식단이었다.

일본 승려들은 극히 제한된 식재료로 한층 맛있고 식감 좋은 요리를 만들어 내려 애썼다. 어떻게 하면 식물 재료로 고기 맛이 나도록 조리할 것인지, 어떻게 하면 채소에서 더 풍성한 식감을 끌어낼 것인지, 그러면서 동시에 어떻게 건강도 챙길 수 있을 것인지 탐구와 실험을 거듭했다. 그러는 가운데 각종 두부요리가 탄생했고, 버섯과 죽순이 식재료로 새로이 발견됐다. 또 푸성귀의 맛을 풍부하게 하기 위해 각종 조미료를 고안해 냈다. 간장, 미소된장은 그런 필요에 의해 개발됐다. 국물요리 역시 똑같은 필요에 의해 연마됐다. 궁즉통 정신이 여기서도 발휘된 것이다. 쇼진요리는 채식에 육식 욕구를 접목하려는 부단한 노력의 산물이었다.

쇼진요리는 사찰 담장을 넘어 무사 계급과 서민층으로 확산했다. 대중화에 성공한 것이다. 육식 금지가 공식적으로 해제되는 메이지시대 이전까지 쇼진요리는 1000년가량 일본 식문화의 주류였다. 이 쇼진요리도 따지고 보면 중국이라는 외래 식문화를 흡수해 자기화한 절충 문화인 셈이다. 절충은 혼종의 다른 이름이다. 문명 교류가 있는 곳에는 언제나 혼종이 탄생한다.

우리는 전통 음식의 우월성을 논하는 담론을 심심찮게 접한다. 그럴 때마다 순수성이니 민족 고유니 하는 단어가 곧잘 등장한다. 그렇다면 과연 혼종 음식은 전통 음식보다 모자라거나 등급이 낮은 것일까. 교육과 지식으로 다져진 머리는 순수성을 따질지 몰라도 혀는 '아이 돈 케어I don't care'다. 혀는 머리보다 직관적이고 정직하다. 혼종이든 전통이든 내가 맛있으면 그것이 바로 승자다.

鰹節 | 가쓰오부시 |

전투식량, 이성이 마비되는 맛

> 누님, 미안한데요. 가쓰오부시란 게 참 희한한 거 같아요. 어렵겠지만 내가 좋아하니 좀 보내주세요. 길게 쓰지는 못하니까 가쓰오부시를 적당히 골라서 보내줬으면 해요.
>
> 메이지 37년 3월 16일. 오야마 데쓰사부로.

러일전쟁에 참전한 젊은 병사가 1904년 전선에서 가족에게 부친 편지글의 한 부분이다.[50] 이역만리 전쟁터에서 필요한 것도 많을 텐데, 다른 것도 아니고 왜 하필 가쓰오부시鰹節를 보내달라고 했을까.

50 미야우치 다이스케宮内泰介 · 후지바야시 야스시藤林泰의 『가쓰오부시와 일본인かつお節と日本人』(岩波書店, 2013) 중에서.

이번에는 러일전쟁보다 20여 년 앞선 세이난전쟁西南戰爭[51]에 참전한 어느 무사의 글이다.

> 세이난에서 전쟁이 있었던 메이지 10년에 처음으로 우리 육군에서 휴대식량을 제정했다. 그것은 결국 서양문명 수입 시대에 전법戰法과 무기가 서양식이어서 휴대식량도 활과 화살 시대에는 (중략) 그런 연유로 건빵이 채택됐다. 건빵만 먹어선 먹기 힘들다는 이유로 예부터 쓰였던 가쓰오부시를 지니고 다니게 됐다. 즉 첫 휴대식량은 건빵 가쓰오부시라는 화양和洋(일본과 서양)을 함께 갖춘 방식을 채용한 것이다.[52]

가쓰오부시는 근대 일본 군대의 전투식량이었다. 가쓰오부시는 휴대하기 편하고, 일촉즉발의 전장에서 간편하게 먹을 수 있는 장점을 지녔다. 일부 장병들은 대패처럼 가쓰오부시를 깎는 틀을 갖고 다녔다. 필요시 즉석에서 딱딱한 가쓰오부시 덩어리를 얇게 깎아 끓는 물에 넣기만 하면 간단한 국물요리가 된다. 또 밥에 뿌리거나 입안에 넣고 껌처럼 씹어 먹으면 그만이다. 건빵에 뿌려

51 메이지 정부 실권자들의 전횡에 항거해 사이고 다카모리를 맹주로 한 사쓰마번의 반란. 규슈 일대가 전장이었고, 정부군에 의해 반란은 제압됐다.

52 앞의 책 『가쓰오부시와 일본인』 중에서.

먹어도 되니 매우 간편하다. 야전에서는 간편식이 진리다.

전쟁터에서는 '빨리 먹기'가 무엇보다 중요하다. 그래서 차가운 밥이나 딱딱한 식재료를 후다닥 먹게 해주는 도우미로 국물만 한 것이 없다. 미소된장국이 요긴했다. 미소된장국을 전파하고 발달시킨 장본인은 항시 전시체제에 살았던 중세의 무사들이었다. 가쓰오부시 역시 진한 국물요리에 적합해 전장의 무사들이 선호했다.

효로간兵糧丸. 전쟁이 끊이지 않은 15세기 센고쿠시대 무사들의 전투식량이다. 쌀, 메밀, 수수를 빻은 가루에 장어와 매실 분말 따위를 혼합해 찐 다음 지름 7.5센티미터가량의 공 모양으로 조몰락조몰락 뭉친 다음 햇볕에 딱딱하게 말린 것이다. 싸움터에 나간 무사들이 몸에 지니고 다니며 하루 1~2개씩 먹으며 버텼는데, 효로간에 가쓰오부시도 들어갔다.

센고쿠시대 무장 호죠 우지쓰나北条氏綱는 전투에 임하기 전에 부하 장수들에게 가쓰오부시를 나눠주며 각자의 휘하 병졸이 필히 지참하도록 명령했다고 한다. 이들은 전투를 벌이기 직전 가쓰오부시를 꺼내 먹었다.

그 연유를 알려주는 기록이 남아 있다. 1537년 여름 우지쓰나가 배를 타고 가는데 느닷없이 갑판 위로 생선 한 마리가 튀어 올랐다. 가다랑어였다. 가다랑어는 일본어로 '가쓰오'. 우지쓰나는 이 현상을 길조로 여겼다. 가쓰오는 '이기다'와 발음상 매우 유사

하다. 이기다는 '가쓰勝つ'다. 전투가 일상적인 우지쓰나는 가쓰오가 튀어 올라 자기 앞으로 온 것을 '승리의 신호'로 해석했다. 이후 그는 가다랑어로 만든 가쓰오부시를 병졸에게 먹이고 전투를 벌였는데 족족 승리를 거뒀다. 이것이 일종의 루틴 혹은 전투 전 의식으로 굳어졌다. 지금도 시험이나 중요한 프리젠테이션을 앞두고 돈가스를 먹는 식관습이 있는데, 그 배경이 가쓰오부시와 같다.

가쓰오부시가 전투식량이 된 연유는 가쓰오부시가 원기를 북돋아 준다고 믿었기 때문이다. 전투에서 무엇보다 중요한 것이 병사의 체력과 기력이다. 이를 위한 음식으로 가쓰오부시가 안성맞춤이었다. 휴대보관이 수월한 가쓰오부시는 필승을 위한 필수식량으로 채택됐다. 가쓰오부시가 실제로 원기를 채워주는지, 아니면 플라세보효과일 뿐인지 단정하기는 어렵지만, 쓸모는 있었던 듯하다. 오랫동안 꾸준히 중요 전투식량으로 군림했으니까 말이다. 누나에게 가쓰오부시를 부쳐달라고 부탁한 러일전쟁 참전 병사는 가쓰오부시를 먹으면 힘을 얻는다고 믿었을 것이다.

일반인에게는 가쓰오부시가 일종의 자양강장제였다. 20세기 초만 하더라도 일본 서민 가정에서는 어린이가 감기에 걸리면 가쓰오부시를 감기약처럼 '복용'했다고 한다. 가쓰오부시를 듬뿍 넣고 우린 국물을 밥에 말아 먹으면 감기가 뚝 떨어질 거라는 믿음이 있었다. 이 식습관은 지금도 일본 곳곳에 남아 있다. 오키나와의 가츄유鰹湯와 가고시마현鹿児島県의 자부시茶節가 그 대표적인 예다.

가쓰오부시 국물은 머리 지끈지끈한 숙취에도 그만이란다. 그렇다고 진지하게 이러쿵저러쿵 따져볼 건 아닌 것 같다. 문득 우리들의 콩나물국이 떠올라 순간 피식 웃었으니까.

청일전쟁, 러일전쟁, 태평양전쟁 등 전쟁 시기마다 일본의 가쓰오부시 수요는 급증했다. 대부분 군납 수요였다. 1890년 1관貫(3.75그램)에 1엔대에 머물던 가쓰오부시 시세가 1894년 청일전쟁 직후에는 2.3엔, 러일전쟁 발발 이듬해인 1905년에는 3엔을 넘어섰다. 당시 쌀 10킬로그램 가격이 1엔 안팎이었으니 놀라운 가격 상승이다.

가쓰오부시가 실제로 의학적 효능이 있는지는 잘 모르겠으나 문헌상에 언급된 것은 많다. 에도시대 발간된 각종 약학 서적(『본조식감本朝食鑑』, 『대화본초大和本草』, 『식물본초植物本草』 등)에는 가쓰오부시에 대해 "독이 없으며 기혈을 보하고 근육을 튼튼히 해 갖은 질병에 해롭지 않아 사람에게 득이 된다"라는 식으로 적혀 있다. 이들 약학서의 권위는 막강했으니 지위 고하를 막론하고 사람들은 가쓰오부시의 강장 효능을 신봉했을 것이다. 가쓰오부시가 약 혹은 건강 음식이라는 믿음은 문헌에 기대면서 뿌리를 내렸다. 그리하여 민간요법으로 정착해 질긴 생명력을 얻었다.

가쓰오부시를 가장 많이 소비하는 곳은 뜻밖에도 오키나와다. 2012년도 《일본 총무성 가계조사》에 따르면, 가구당 연간 가쓰오부시 소비량은 오키나와현이 1392그램으로 전국 평균(257그램)의 5배가 넘고, 2위 고치현(427그램)보다 3배 이상 많다. 오키나와 사람들은 웬만한 요리에 다 가쓰오부시를 넣는다.

일본 음식 가운데 가장 이국적이고 독특하다는 오키나와 음식. 그런 요리에 일본전통의 색채가 너무나 짙은 가쓰오부시가 흔하게 사용된다니, 아이러니하다. 왜 그런 것일까.

가쓰오부시에 대한 오키나와의 애정은 가쓰오부시가 자양강장 효능이 있다는 오래된 관념과 맞닿아 있다. 오키나와의 옛 명칭인 류큐. 그 류큐를 통치한 왕조는 일상적으로 먹는 음식이 약선요리藥膳料理이기를 바랐다. 약선요리란 몸을 보하고 무병장수를 돕는 건강식이다. 왕가 식솔의 건강은 왕조의 유구함과 직결된다고 믿었을 것이다. 약선요리는 백성들에게도 퍼져 오키나와 요리를 관통하는 모범 혹은 관례가 됐다. 오키나와의 약선요리 문화는 당연히 본초학에서도 높이 쳐주는 가쓰오부시를 놓칠 리가 없다. 몸에도 좋고, 간편하고, 맛도 좋으니 아낄 이유가 없다.

다시마와 함께 다시, 즉 국물을 우려내는 재료의 양대 산맥인 가쓰오부시. 오늘날처럼 가다랑어를 말려 사용하기 시작한 것은 최소한 14세기 중반이다. 그 전에는 가쓰오이로리堅魚煎汁라는 것으로 국물을 우렸다. 가쓰오이로리는 가다랑어를 바짝 졸이면 생기는 찐득한 국물을 말린 것이다. 가쓰오이로리를 조금씩 뜯어내 끓는 물에 넣고 우렸다. 가쓰오이로리는 천황이나 귀족들에게 헌상되는 귀중한 물품이었다.

가쓰오부시鰹節의 '부시節'(원음은 후시)는 무엇일까. 뼈를 기준으로 생선을 좌우 네 토막으로 잘랐을 때 한 덩어리를 '후시'라고 불렀다. 하지만 어원에 대해 여러 속설이 회자됐다. 부시, 즉 후시는 호시干し에서 음운 전이됐다는 주장이 있다. 설득력 있게 들린다. 호시란 이와시, 청어 등 말린 생선을 일컫는다. 가쓰오부시도 말려서 만든다는 점에서는 호시와 동일하지만, 그 세세한 기법은 차원을 달리한다. 가쓰오부시는 훨씬 고차원적이다. 아마 호시 대신 후시를 쓴 것도 가쓰오부시의 특이점 혹은 차별성을 강조하기 위한 의도에서 비롯했을 것이다.

가다랑어 외에도 전갱이, 고등어, 눈퉁멸도 '후시' 기법으로 말린 다음 국물 우리는 용도로 쓴다. 모두 등 푸른 생선류인데 말려놓으면 향이 강하고, 국물에 감칠맛과 단맛을 가미해 준다. 서일본 지역에서 주로 애용한다. 상어를 후시로 만드는 곳도 있다.

도사부시土佐節, 구마노부시熊野節, 사쓰마부시薩摩節…. 가쓰오부시 제품은 지역명을 붙여 정체성을 뽐낸다. 품질을 엄밀히 따지는 가공식품이라는 방증이다. 그런 만큼 지역 간 품질 경쟁이 치열했던 식재료다. 이름난 술도가마다 술 빚는 비법과 술맛이 다르듯 가쓰오부시도 그랬다. 가쓰오부시의 제조와 판매는 통상 마을 단위로 이뤄졌다.

가쓰오부시는 훈연과 곰팡이의 합작품이다. 고도의 기술이 필요하고, 정성과 손길이 많이 들어가는 가공식품이다. 고차원적인 건조식품이다.

물속에 넣고 한 번 익힌 가다랑어는 뜨거운 열로 건조하는 배건焙乾 과정을 거친다. 이때 나무 땔감을 이용해 불을 지펴 연기를 쐬게 한다. 훈제 방식과 흡사하다. 배건과 실온건조 과정을 10차례가량 반복하는데, 이 과정만 수개월 걸린다. 그냥 건조만 시키면 지방이 산화해서 악취가 나고 히스타민이라는 알레르기 유발물질이 생겨 못 쓴다. 여러 차례 연기로 그을리는 훈연 과정을 거치면 이런 단점은 커버된다. 그러면 수분이 제거되고 쉽게 부패하지 않는다. 이때 표면에 곰팡이가 스는데 이 곰팡이는 포화지방산만 먹어치우고 불포화지방산은 남겨 둔다. 몸에 좋다는 불포화지방산 DHA, EPA가 가쓰오부시에 남게 되는 것이다.

곰팡이가 슬면 깎아 내고 다시 말리고, 또다시 곰팡이가 슬면 또 깎아 내기를 여러 번. 최종 완성품이 나올 때까지 좋은 곰팡이를 제대로 얻어 내는 것이 핵심 포인트다. 이런 공정을 거치면 가쓰오부시는 차돌처럼 단단해지고 깊은 풍미를 응축한다. 가쓰오부시는 적어도 일본 내에서 가장 딱딱한 먹거리다.

기계가 없던 시절, 가쓰오부시는 한 마을을 너끈히 먹여 살렸다. 가쓰오부시 제조기술은 마을의 보배였다. 가쓰오부시 제조기술은 첨단 군수업체의 원천기술에 비견되는 종류였다. 결코 외부로 새어 나가서는 안 되는 특급기밀이었다.

하지만 영원한 비밀은 없다. 가쓰오부시 원천기술도 결국 유출되는 사태가 벌어진다. 그런데 역설적이게도 제조 기밀 유출로 가쓰오부시 산업은 외려 성장했다.

오늘날의 가쓰오부시 원형이 탄생한 곳은 옛 도사土佐, 지금의 시코쿠 고치현이다. 고치현은 가다랑어가 많이 잡히기로 유명한 곳이다. 17세기 말 가도야 진타로角屋甚太郎라는 어민이 일자리를 찾아서 고치현으로 왔다가 가쓰오부시 제조법을 그곳 주민들에게 알려주었다고 한다. 이른바 도사부시 제조법이다. 도사부시 제조법은 극비였지만, 18세기 초 이방인에 의해 빼돌려져 가고시마현의 어느 마을로, 그리고 또 다른 이방인에 의해 시즈오카현의 어느 마을로 유출됐다.

가쓰오부시 3대 산지는 가고시마현의 마쿠라자키枕崎, 야마카와山川, 그리고 시즈오카현의 야이즈焼津다. 2017년 일본 정부 통계에 따르면, 이들 세 곳이 일본 내 가쓰오부시 생산량의 98%를 점유한다. 가쓰오부시 트로이카다.

가쓰오부시는 제조법만 안다고 모든 게 해결되지 않는다. 반복적인 기술 체득 과정을 필요로 한다. 시행착오와 숙련을 거쳐야 균일하고 질 좋은 가쓰오부시를 양산할 수 있다. 가령 가쓰오부시를 대패질하듯 얇게 깎는 일은 보기에는 쉬워도 고난도 숙련기술을 요한다. 기계가 대신할 수 없다.

가쓰오부시 트로이카인 마쿠라자키, 야마카와, 야이즈에서는 기술 지도자를 초빙해 배움을 거듭했고, 오랜 품질 경쟁을 통해

서로 자극을 주고받으며 성장했다. 이 기술 지도자를 가쓰오부시 업계는 '교사'라 불렀다. 외부 기술자를 흔히 이르는 쇼쿠닌職人이 아니라 교사라 부른 것은 가쓰오부시만의 특징이다. 가쓰오부시를 만드는 기술은 스시 같은 요리를 만드는 기술이나 생활도구, 공예품을 제작하는 기술을 익히는 과정과 달리, 일종의 개화기 학교처럼 체계적으로 이루어졌고 기술을 익히면 계약이 해지됐다.

메이지시대 일본 정부는 알다시피 부국강병을 기치로 내걸었다. 부국강병의 한 방편이 식산흥업이었다. 경제적·군사적 강국이 되려면 산업을 일으켜야 한다는 정책이다. 식산흥업의 수단으로 각종 산업 박람회가 홍수를 이뤘다. 유럽에서 박람회라는 걸 처음 보고 눈이 휘둥그레진 이와쿠라 사절단이 귀국 후 박람회를 적극 권장한 것이 계기가 됐다.

1883년부터 박람회가 봇물 터지듯 열렸다. 박람회는 최신 기술과 물산을 소개하는 무대이기도 하지만, 누가 누가 잘하나 솜씨와 품질을 겨루는 격전장이기도 하다. 박람회의 식품 파트에서 불꽃 경연을 펼쳐 크게 눈길을 끈 것 중 하나가 가쓰오부시였다. 가쓰오부시는 박람회의 인기종목이었다. 가쓰오부시 산업은 박람회라는 전례 없는 기회를 유감없이 활용했다.

군납 수요 확대와 박람회 등을 통한 국가의 지원 아래 가쓰오부시 산업은 쑥쑥 성장했다. 그중 야이즈부시, 즉 야이즈 마을에서 만든 가쓰오부시의 약진이 두드러졌다. 바닷가의 작은 촌 동네 야이즈는 가쓰오부시 덕분에 20세기 벽두부터 이름을 드날린다.

야이즈는 온 마을이 똘똘 뭉쳐 가쓰오부시 품질 개선에 매달렸다. 외지에서 '교사'를 불러와 기술을 익혔고, 가쓰오부시 전문 전습소傳習所를 설립해 가쓰오부시 꿈나무를 육성했다. 그런 노력에 힘입어 야이즈는 도사부시의 고장 고치현을 제치고 가쓰오부시 업계 선두를 다투는 위치까지 올라섰다.

1937년 진주만공격 이후 미국과 일본 사이에 전면전이 달아오를 무렵 야이즈에 시련이 닥친다. 어선이 징발되면서 마을의 기간산업인 가다랑어잡이와 가쓰오부시 제조에 제동이 걸린 것이다. 가쓰오부시만 바라보고 살았던 야이즈는 벼랑 끝에 내몰린다. '절체절명의 난국을 어떻게 돌파할 것인가?' 주민들은 머리를 맞댔다. 거듭된 마을회의 끝에 남태평양 남양군도에 제2의 야이즈 마을을 만들기로 의견을 모았다. 남양군도로 집단이주해 가다랑어잡이와 가쓰오부시 제조를 이어나간다는 계획이었다.

남양군도는 마리아나제도, 팔라우 공화국, 미크로네시아 연방, 마셜제도를 포함하는 지역이다. 일본은 제1차 세계대전 직후 1919년부터 유엔의 위임통치 형식으로 남양군도를 관할했다. 말이 위임통치이지 실제로는 식민 지배였다. 남양군도에는 황금어장이 즐비했다. 일본 어업인들은 골드러시를 방불케 하듯 남양군도로 진출했다. 그중에는 가다랑어잡이도 포함됐다. 선봉은 오키나와 어민이었다. 타지방 선적 어선들도 오키나와를 남양군도 진출의 전진기지로 활용하고 있던 터라 꽤 많은 오키나와 어민들이 남양군도로 진출해 비지땀을 쏟으며 일했다.

남태평양 가다랑어는 3~4월 구로시오해류를 타고 올라와 가고시마, 시즈오카 앞바다를 지난다. 구로시오해류는 남양군도 해양에서 시작된다. 남양군도 바다는 가다랑어의 보고다. 오키나와 어민이 주축이 돼 남양군도에 가쓰오부시 제조시설이 잇따라 들어섰다. 가쓰오부시와 관련된 어민, 기술자는 물론이고 생활을 지원할 여성과 농민들도 속속 남양군도로 이주했다. 가다랑어 떼가 올라오는 길을 거슬러 인간 무리가 내려갔다. 가쓰오부시 제조시설은 고향마을의 축소판이었다. 상업자본이 주도하고, 어민 집단이 노동력을 대고, 국가가 지원하는 모양새였다.

남양군도 가다랑어로 만든 가쓰오부시, 즉 난요부시南洋節가 이때 탄생했다. 난요부시는 1920년대 이후 시장에서 두각을 나타냈다.

야이즈의 남양군도 진출은 이런 상황을 두루 감안해 이를 앙다물며 내린 사생결단이었다. 야이즈의 선발대가 남양군도로 출발한 때가 1941년 12월 12일인데, 진주만공격이 있은 지 불과 나흘 뒤의 일이었다. 물설고 낯선 열대 섬 위에 제조설비와 생활시설을 짓고 가쓰오부시를 생산했다. 대부분 군납이었다. 야이즈 주민의 남양군도 이주는 1945년 종전 직전까지 여러 차례 걸쳐 이어졌다.

『야이즈 가쓰오부시 역사焼津鰹節史』라는 향토사를 소개한 소

책자에 야이즈부시와 태평양전쟁 군납에 얽힌 일화가 나온다.

1942년 어느 여름날 야이즈의 가쓰오부시 제조업자가 해군에 호출된다. 해군은 항공대의 식량으로 쓰기 위해 가쓰오부시 가루를 압축해 사각형 조각으로 만들어 봤다며 업자에게 내보이며 조언을 구한다. 업자는 이런 식이면 습기와 기온에 따라 부스러질 우려가 있다며 캐러멜처럼 말캉말캉하게 만들 것을 제안한다. 휴대하기 편하고 입안에 넣자마자 살살 녹으니 젊은 군인들이 캐러멜 가쓰오부시를 좋아할 것이라고 덧붙였다. 제안은 받아들여졌고, 납품 계약이 체결됐다. 군납 제품명은 '반키리 가쓰오부시万切鰹節'. '적군 만 명을 벤다'는 의미다. 참 살기등등한 가쓰오부시다.

남양군도는 미군과 일본군의 최대 격전지였다. "천황 폐하 만세!"를 외치며 목숨을 던지는 '허망한 자폭' 옥쇄玉碎가 무시로 자행된 곳이기도 하다. 전황이 악화하면서 남양군도의 야이즈 주민은 수시로 징집돼 곧장 전장에 투입됐다. 오로지 가쓰오부시만 만들어 돈을 벌려고 고향을 등진 몸이지만, 국가는 무고한 어민들을 가만히 놔두지 않았다. 이들에게 크나큰 이익을 안겨준 전쟁은 아이러니하게도 이들의 목숨을 앗아 갔다. 야이즈 주민 620명이 남양군도로 건너가 286명이 전사했고, 46%는 영영 고국 땅을 밟지 못했다고 한다. 난요부시의 시대는 종전과 더불어 허망하게 막을 내렸다.

그러나 난요부시의 역사는 다른 방식으로 이어지고 있다. 남양군도 가다랑어로 가공한 가쓰오부시가 동남아시아 현지에서 활발히 생산되고 있는 것이다. 2011년 일본에서 소비된 가쓰오부시 총량 중 수입산은 13%에 달한다. 수입산 가쓰오부시 가운데 80% 이상이 인도네시아산(48%)과 필리핀산(34%)이다. 인도네시아와 필리핀의 가쓰오부시 주산지는 일본의 남양군도 원정어업과 인연이 깊고 일본의 자본과도 줄이 닿아 있다. 난요부시가 일본이 아닌 타국에서 현지화한 형태라 할 수 있다.

1950년대까지 가쓰오부시는 서민에게는 부담스러운 고급 식재료였다. 습기가 안 닿는 곳에 고이 모셔 두었다가 귀한 손님이 방문할 때나 선물할 때, 혹은 명절 때 꺼내어 썼다. 평소에는 거의 손대지 않았다. 가정에서 다시국물을 낼 때는 주로 마른 멸치를 썼다.

창립한 지 320여 년이 된 주식회사 닌벤にんべん은 일본에서 가장 오래된 가쓰오부시 제조전문기업이다. 닌벤은 1830년 가쓰오부시 교환권松魚節の切手을 발행했는데, 일본 최초의 상품권으로 인정받는다. 무사와 부유한 상인들 사이에서 가쓰오부시 교환권은 호응이 좋았다. 결혼 예물로도 주고받았다. 가쓰오부시 교환권을 주고받는 풍습은 지금까지 이어져 자녀의 출산이나 입학 때 건네는 선물 품목으로 자리 잡았다.

우리가 슈퍼에서 흔히 구입하는 가쓰오부시는 대패질하듯 깎아놓은 것이다. 이를 흔히 하나가쓰오花かつお라고 부른다. 하나

가쓰오는 공기에 닿으면 눅눅해지는 등 변질되기 쉬워 상품화할 때 포장이 난제였다. 닌벤이 1969년 프레시 팩fresh pack을 독자 개발해 이 난제를 해결했다. 프레시 팩은 가쓰오부시 대중화의 기폭제가 됐다. 프레시 팩 포장으로 인해 필요할 때마다 가쓰오부시를 대패질할 필요가 없어졌다. 그런데 닌벤 역시 전쟁과 얽혀 있다. 닌벤은 러일전쟁 때 일본군에게 가쓰오부시를 독점 납품한 것을 계기로 급성장했다.

에도시대 무사들은 가쓰오, 즉 가다랑어를 유별나게 좋아했다. 맛도 맛이거니와 이름이 내뿜는 기운이 맘에 쏙 들었다. 가다랑어 가쓰오鰹는 '이기는 남자'라는 뜻의 가쓰오勝男와도 발음상 통하고, 가쓰오부시는 가쓰오부시勝男武士로도 쓸 수 있다며 '승리를 부르는 생선'으로 여겼다. 가쓰오부시 교환권이 출산, 입학 선물로 애용된 까닭도 가쓰오부시가 강인하고 우수한 남성의 이미지를 상징하기 때문이다. 가다랑어의 명리학 탓인지 가쓰오부시를 먹으면 왠지 힘이 솟을 것만 같았을 것이다. 또 상대방을 가볍게 제압할 용기가 생겼을 것이다. 그러니 가쓰오부시는 혀가 아니라 간담으로 먹는 음식이었다. 이쯤 되면 가쓰오부시가 어째서 군인의 영양식 혹은 야전식량으로 쓰였는지 그 배경을 짐작하고도 남는다.

가쓰오부시, 그 짙은 맛과 향기만큼 전쟁의 그림자도 짙다.

3

쓸쓸한 돈의 맛

니기리즈시
패스트푸드가
살아가는 법

새우
국민 스타, 대중적인 맛

명태
어육소시지와 명란젓,
변신의 맛

청어
흥하고 망하고, 자본의 맛
고등어
팔자 고친 흙수저,
출세의 맛
대게
온천과 벚꽃,
일상 탈출의 맛
전어
격세지감 몸값,
입맛은 변덕쟁이야
N
W
E
S

握り寿司 | 니기리즈시 |

패스트푸드가 살아가는 법

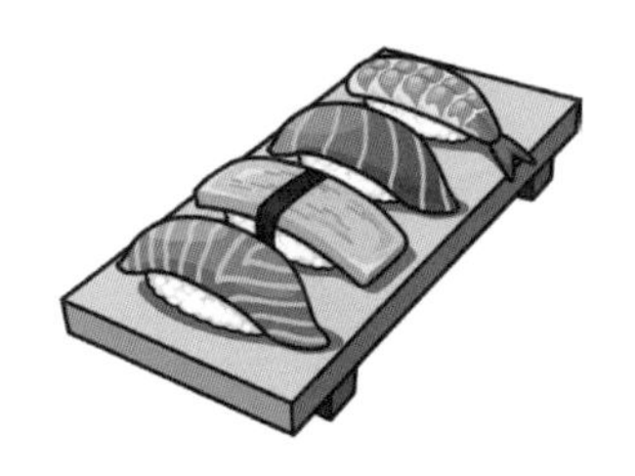

은화 몇 닢 빈 그릇 옆에 탁 놓고, 마시다 남은 차에 손가락을 헹군다. 그리고 일어나 가게 밖으로 나오다 천으로 된 노렌暖簾 끝자락을 잡고 물기 묻은 손가락을 비벼 닦는다. 노렌에는 '스시すし' 두 획이 힘차게 휘갈겨 있다.

지금도 그렇지만 에도시대에도 스시집 입구에는 노렌이 걸려 있었다. 먼지 따위가 안으로 들어오는 것을 막기 위해 설치한 노렌은 간판 역할도 하면서 안과 밖을 구분해 '여기까지가 가게 영역'이라는 기표 역할도 한다. 그런데 에도시대 노렌은 스시 맛을 암시하는 기표이기도 했다. 노렌 가장자리 부분이 더러우면 그 집 음식은 '맛이 좋다'는 뜻이었고, 노렌이 깨끗하면 '맛이 별로'라는 뜻을 나타냈다.

에도시대부터 젓가락 대신 손가락으로 스시를 집어 먹었다. 다 먹고 나면 손가락이 끈적거리고 지저분해졌다. 손님들은 '맛있게 먹었다'는 느낌이 들면 스시집을 나갈 때 더럽혀진 손가락을 노렌에 쓱 닦았고, '맛이 없었다'고 느꼈으면 노렌을 만지지도 않고 그냥 휙 가버렸다.

노렌만 보면 그 집 스시 맛이 좋은지 별로인지 한눈에 알 수 있었다. 노렌은 요리사의 솜씨, 맛, 가격 등 스시집을 평가하는 잣대였다. 그래서 인기 있는 스시집은 아무리 노렌이 더러워져도 빨지 않았다고 한다. 더러운 노렌은 부끄러운 게 아니라 자랑스러운 것이었다. 노렌을 더럽히는 문화는 1960년대 초까지 이어졌다. 아직도 사용되는 '노렌 값暖簾代'이라는 표현은 한 가게나 기업이 오랫동안 쌓아온 무형의 브랜드 가치를 뜻한다.

스시의 종류와 이름은 암기하기 벅찰 만큼 많다. 만드는 법과 재료, 출처에 따라 이름이 변화무쌍하다. 우리가 흔히 스시니, 초밥이니 부르는 것은 니기리즈시다. 니기리는 '손으로 움켜쥔다'는 뜻이다. 밥알을 한 움큼 잡아 손아귀에 힘을 주고 꾸욱 움켜쥐었다가 와사비를 묻히고, 그 위에 생선살을 올린 다음 다시 한번 꾹 쥐어주면 초밥 하나가 완성된다. 이 제조 과정이 그대로 음식의 명칭이 됐다.

니기리즈시의 역사는 그리 길지 않다. 19세기 초반 에도에서 탄생했다. 오징어, 전어, 바지락, 전갱이, 참새우 등 에도 앞바다에서 나는 어패류가 주재료였다. 그래서 니기리즈시를 에도마에즈시江戸前寿司, 줄여서 에도마에라고도 한다. 에도마에란 원래 에도,

즉 도쿄 앞바다에서 나는 해산물을 가리켰다. 도쿄 연안에서 바로 잡아 싱싱한 재료로 만든 스시가 오리지날 에도마에다. 니기리즈시 가게가 노렌에 에도마에라고 쓰기 시작한 것은 스시 탄생 후 거의 100년이 지난 다이쇼시대大正時代(1912~1926)부터였다.

니기리즈시가 등장하기 이전에 스시는 재료 손질부터 입안에 들어가기까지 길게는 일 년, 짧아도 한 달은 걸렸다. 발효 과정을 거쳐야 했기 때문이다. 유산발효 방식으로 삭히는 나레즈시다. 생선 종류나 기호에 따라 삭히는 시간을 달리했다. 그래서 나레즈시는 천차만별이다. 지방마다 각양각색이다. 니기리즈시 이전에는 나레즈시가 스시계를 주름잡았다. 그러다 스酢를 자유자재로 쓸 수 있게 되면서 스시의 판도가 바뀐다.

스는 스시에 시간 혁명을 불러왔다. 식초와 물을 적당히 배합해 쌀밥에 뿌리고 어패류 사시미를 촛물에 하루 정도 재워 두면 원하는 때 언제든 스시를 먹을 수 있게 됐다. 나레즈시만 못해도 시큼한 발효의 맛도 살린 스시. 더구나 어패류 특유의 비린 맛은 죽이고 신선한 맛은 살린 스시. 게다가 손을 서너 번 쥐었다 펴기만 하면 뚝딱 완성되는 스시. 니기리즈시의 등장은 획기적이었다. 에도마에 니기리즈시는 스시 만드는 시간을 수십 배 이상 줄였다. 에도마에 니기리즈시를 하야즈시早ずし라고도 하는데 '빠른 스시'라는 뜻이다.

제2차 세계대전 이후에는 더 싱싱하게 먹자는 풍조가 생겨

생선을 일정 시간 촛물에 담가놓는 과정을 생략하는 경우가 일반화돼 스시 제조 속도가 더 빨라졌다. 허다한 일식 요리 가운데 속도감만 따진다면 에도마에를 따라올 자가 있을까.

에도시대 패스트푸드로 니기리즈시, 덴푸라, 장어구이 세 가지를 꼽고는 한다. 패스트푸드의 본성이 패스트, 즉 '재빠르기'라고 한다면, 그 점에서 셋 중 스시가 단연 발군이다. 스시는 태생부터 '빨리빨리'에 충실하도록 임무를 부여받았고, 시대 흐름에 맞춰 줄기차게 속도를 당겨왔다. 시속에서 초속으로. 에도마에 200년 역사는 가히 속도 경신의 역사라 할 만하다. 그럼 이제 경천동지할 스시의 스피드를 쫓아가 보자.

니기리즈시 창시자는 요리사 하나야 요헤이華屋与兵衛라는 것이 대체적인 시각이다. 앞서 언급했듯 시기는 1800년대 초반이다. 요헤이는 모든 재료를 미리 손질해서 갖춰놓고 손님이 주문하면 지체 없이 손님 자리로 가서 휘리릭 스시를 만들어 줬다. 스시 만드는 손놀림이 어찌나 빠르고 현란했던지 요헤이의 '요술'을 구경하러 오는 사람이 줄을 이었다고 한다. 당연히 그의 스시집 '요헤이与兵衛'는 큰 선풍을 몰고 왔다. "저렇게 뚝딱 만드는데도 이런 맛이 날 줄이야!" 에도 사람은 전례 없는 스시의 속도감에 깜짝 놀랐다.

사람들이 놀란 건 또 있었다. 스시의 크기였다. 요헤이가 만든 니기리즈시는 크기가 일정했다. 그는 처음으로 스시에 규격화 개념을 도입했다. 요헤이 스시는 현대의 니기리즈시보다 2배가량 컸다. 또 고추냉이를 갈아 밥과 생선 사이에 끼워 넣는 방식도 요헤이의 머리에서 나왔다. 예전에는 없던 스타일이었다. 요헤이 이후 "세상의 스시 풍조가 일대 변화를 맞았다"[53]라는 평가는 이런 점들을 두고 하는 말이다.

요헤이의 스시는 매우 비쌌다. 가격 면에서는 패스트푸드 정신에 충실한 스시는 아니다. 1830년 호화사치 금지를 골자로 하는 덴포개혁이 단행되는데, 스시가 사치품 목록에 올랐다. 그리고 스시집 주인들은 잇따라 투옥되거나 자택 구금 신세가 됐다. 요헤이도 자택 구금을 당하고, 그가 운영한 스시집은 영업정지를 당했다.

1868년 메이지유신 이후 스시집에 대한 규제는 전면 해제됐다. 상당 기간 수난은 겪었지만, 요헤이의 가게는 영업 재개 이후 1930년 폐점하기까지 에도마에의 대명사이자 스시업계의 지존으로 군림했다. 정치·문화계 유명 인사들의 발길이 끊이지 않았다.

덴포개혁 이후 패스트푸드로서 니리기즈시의 운명은 새로운 전기를 맞는다. 고급 스시집이 하나둘 문을 닫는 사이 야타이가 스시 시장에서 두각을 보인다. 1770년대에 급증한 야타이는 이동식 간이소매점포인데 영업 형태나 점포 모양만 놓고 보면 에도판 포장마차 혹은 푸드트럭이라 해도 크게 틀리지 않는다.

53 1830년 출간된 에도시대의 온갖 풍속을 다룬 백과사전류 수필집인 기타무라 노부요喜多村信節의 『희유소람嬉遊笑覧』(岩波書店, 2002) 중에서.

야타이의 등장으로 스시는 한층 더 패스트푸드에 충실해진다. 인테리어가 깔끔한 다다미방에 앉아 먹는 고급 스시집과 달리 서서 먹는 야타이가 현대의 패스트푸드 개념에 더 가깝다. 야타이는 공터, 길가, 신사 앞 등 노천에서 영업했기 때문에 소비자 접근성이 뛰어나다. 야타이 스시 가격은 요헤이 같은 고급 스시집보다 쌌다. 야타이는 그 대신 바지락, 전갱이같이 값싼 어패류를 주로 사용했다.

야타이의 성장과 함께 스시 행상[54]도 활발해졌다. 스시가 담긴 납작하고 둥근 나무통을 장대 끝에 줄로 매달아 어깨에 걸친 채 "스시~ 스~시" 외쳐대며 골목길을 누볐다. 사람들은 방 안에 누워 있다가도 스시 행상을 불러 세우기만 하면 스시를 맛볼 수 있었다.

고급 스시집이 성업을 이뤘을 때도 야타이는 쇠락하지 않았다. 고급화와 대중화, 스시는 투 트랙으로 달렸다.

에도는 독신 남성의 도시였다. 참근교대로 상경한 향토무사를 비롯해 다양한 직업군의 일용노동자가 넘쳐 났다. 목조가옥 일색이라 크고 작은 화재가 끊이지 않았던 에도에서는 집짓기 공사가 끊길 새가 없었다. 여기저기 인프라 설비 공사도 많았다. 건강한 몸뚱이 하나만 있으면 먹고사는 데 아무런 지장이 없었던 시대

54 후리우리振売 혹은 보테후리棒手振로도 불렀다.

였으니 가난하고 가독상속권조차 없는 차남, 삼남 등이 대거 대도시 에도로 상경했다. 에도시대 중기인 1721년에 에도 인구 중 남성이 65만여 명, 여성이 35만여 명으로 남성이 2배 가까이 많았다. 18세기 에도의 인구밀집도는 세계 어느 도시보다 높았다.

독신 남성이 많아지면 요식 업종도 덩달아 는다. 먹는 장사가 흥한다. 에도는 외식의 도시였다. 책 『일본의 식문화사日本の食文化史』에 따르면, 1814년 에도 시내에 등록된 음식점 숫자는 7603곳이었다. 그중 스시집이 217곳. 여기에 야타이, 행상까지 더하면 그 숫자는 훨씬 많다. 동서고금 따질 것 없이 독신 남성, 이른바 나홀로족이 많아지면 외식 문화, 그중에서도 패스트푸드가 활성화된다. 야타이, 즉 행상이 파는 스시는 나홀로족에게 환영받는 외식 메뉴였다. 값싸고 간편했기 때문이다. 에도마에는 에도의 나홀로족을 만나 패스트푸드화됐다고 해도 과언이 아니다. 일과를 마치고 집으로 돌아가는 길에 야타이에 들러 니기리즈시 몇 개와 차 한 잔이면 뚝딱 한 끼가 해결됐다.

대중목욕탕 센토錢湯에서 목욕을 마치고 나와 야타이에 들러 스시 몇 개 집어 먹으며 출출함을 달래는 아버지와 자녀들. 이런 풍경은 쇼와시대 초기에 어린 시절을 보낸 사람들의 추억담에 드물지 않게 등장한다.

에도마에가 등장하기 전 나레즈시, 오시즈시 등 스시류는 일상적으로 먹는 요리가 아니라 경축일이나 명절에 먹는 특식이었다. 그런데 에도마에가 스시를 일상적으로 만나는 음식으로 탈바꿈시켰다. 그리고 에도인의 외식 문화가 이 변화를 가속화했다. 외식 문화는 상업 혹은 상인의 성장이 촉발했다. 에도는 상업의 발달로 농본주의의 면모를 벗고 시민의식을 싹 틔우며 근세 도시의 면모를 갖춰나갔다. 근세 도시 시민은 과거와 달리 상품 유통의 메커니즘을 빨리 깨쳤고, 그런 메커니즘 안에서는 속도가 미덕임을 체감했다. 농본주의 시대의 느긋하고 꼼꼼한 물품 만들기보다 '신속한 제작'이 더 가치 있는 일로 여겨지기 시작했다. 돈만 있으면 원하는 것을 즉각 살 수 있는 시대가 도래하면서 생긴 거스를 수 없는 변화였다.

당대를 깊이 성찰한 유학자 오규 소라이荻生徂徠(1666~1782)는 저서 『정담政談』에서 화폐 유통과 상업이 활발해진 에도를 한탄했다. 그는 "의식주를 비롯해 젓가락 한 짝까지 (돈 주고) 사서 조달해야 하니 여관살이와 다를 바 없다"라며 무사들의 편의주의를 타박했다. 그는 속도감에 취한 도시사회 에도를 규정하는 단어로 '망忙'을 언급했다. 정신없이 바쁘고 어수선하다는 뜻이다.

스시 야타이에게도 수난시대가 있었다. 시련은 20세기 초 도쿄 개발 바람과 함께 찾아왔다. 위생 불량과 교통 장애를 이유로 야타이는 철거 대상이 됐다. 하지만 일부 야타이는 점포 형태를 개선하며 연명해 나갔다. 도로 옆 서너 평 좁은 공간에 기다란 카운터를 설치하고 키 높은 의자 몇 개를 놓아 둔 형태였다. 야타이와

정식 가게를 반반씩 섞어 놓았다. 협소한 장소의 단점을 보완하기 위해 만든 카운터는 스시 업종과 잘 맞았다. 요리사가 음식을 바로 만들어 손님 앞으로 바로 서빙할 수 있었기 때문이다. 우리나라에서 흔히 '다찌석'이라 부르는 형태다. 다치立ち란 '서 있다'라는 의미다. 오늘날 정형화된 카운터형 스시집 형태는 그때 도입됐다.

1923년 도쿄를 초토화한 간토 대지진은 에도마에 스시를 전국에 퍼뜨리는 도화선이 됐다. 지진과 화재로 수많은 스시집이 잿더미로 변했다. 그 바람에 스시 장인들은 일터를 잃었고, 이재민 신세로 전락했다. 이들은 새 일자리를 찾아 지방으로 흩어졌다. 그곳에서 가게나 야타이를 창업하거나 종업원으로 취직해 에도 스타일의 스시를 선보였다. 에도마에가 도쿄라는 울타리를 넘어 방방곡곡 번져 나간 것이다.

에도마에가 명실상부 전국구가 된 사정은 다소 아이러니하다. 1947년 미국 군정은 식량난을 타개하고자 '음식영업긴급조치령'을 발령하고 음식점 영업을 일시 중지시켰다. 스시집도 예외가 아니었다. 생계에 위협을 느낀 도쿄의 스시집 조합은 미군정 측과 협상에 나섰다. 이들은 "우리는 음식점업이 아니라 위탁가공업이다"라고 주장하며 영업정지 대상에서 빼달라고 요구했다. 그러면서 손님이 쌀 한 홉을 가져오게 해서 그 쌀 분량만큼 스시를 만들어 주고 일종의 공임만 받겠다고 했다. 이런 것이 위탁가공업이 아니면 무엇이냐는 논리였다. 그들의 묘안은 통했다. 스시집의 영업은 허용됐다. 대신 조건이 붙었다. 손님 1인당 판매량이 니기리즈시 10관(스시 4~5개 분량)을 넘지 말 것. 이 장사법은 스시가 '테크닉의 요리'이며, 스시 장인이 '기술자'라는 전통적 관념을 더욱 강화했다.

지방 스시집들도 도쿄 스시집의 위탁가공 방식을 따라 하기 시작했다. 서일본 쪽 스시는 오시즈시, 하코즈시 등 나레즈시였는데, 도쿄 출신 스시 장인의 진출로 변화가 일었다. 에도마에 니기리즈시가 소개되고 점차 인기를 얻었다. 이로써 에도마에는 목숨을 부지하는 차원을 넘어 방방곡곡으로 영토를 확장했다. 전화위복이다. 미군정은 식량난을 이유로 니기리즈시의 크기를 강제로 줄였는데, 그 규격은 지금까지 변함이 없다. 미군정시대 이전 니리기즈시 1개의 크기는 지금보다 컸다.

"당신이 첫눈에 가장 큰 충격을 받은 음식은 무엇인가?"라는 질문을 일본인에게 던졌더니 가장 많은 대답이 "회전스시"였다고 한다. 회전스시란 우리가 회전초밥이라고 부르는 그것이다. 누군가 회전스시를 코페르니쿠스적 전회라고 표현하던데, 과장된 비유이기는 해도 핵심을 찌르는 말이다. 회전스시는 스시 자체뿐만 아니라 음식점 서비스 관례를 일거에 무너뜨렸다. 온갖 스시가 빙글빙글 돌아가는 모습은 공장에서나 보는 장면이었다. 스시의 기계화라니. 깜짝 놀라지 않을 수 없었다. 회전스시는 스시의 속도를 획기적으로 끌어올렸을 뿐 아니라 스시 업종 고유의 성격까지 뒤

흔들었다.

회전스시 가게는 1958년 첫선을 보였다. 시라이시 요시아키白石義明라는 요리사가 오사카 후세역布施駅 부근에 개점한 '겐로쿠즈시元禄寿司'가 회전스시 1호점이다. 그는 태평양전쟁 전에 덴푸라 가게를 운영하다 종전 후 서서 먹는 스시 점포를 오픈했다. 값싸고 맛도 괜찮아 가게는 문전성시였다. 그런데 장사가 잘될수록 고민이 커졌다. 밀려드는 손님들을 감당해 낼 수 없었던 것이다. 니기리즈시란 손님이 주문하면 그때그때 일일이 만들어야 하니까 일정한 시간에 접객할 수 있는 인원수가 극히 제한됐다.

그는 어느 날 아사히맥주 공장을 견학하던 중 눈이 번쩍 뜨이는 광경을 목격했다. 시선을 붙든 것은 컨베이어벨트였다. 순간 맥주 대신 스시를 컨베이어벨트 시스템과 결합하면 어떨까 하는 생각이 스쳐 지나갔다. 그는 철공소와 협력을 거듭한 끝에 스시 컨베이어벨트를 개발했다. 1초에 이동거리 8센티미터, 왼손으로 스시 접시를 집어 들기 쉽도록 시계방향으로 도는 기발한 발명품이 탄생했다.

회전스시는 동시에 많은 손님을 감당했다. 뷔페식당을 연상하면 이해가 빠르겠다. 겐로쿠즈시는 길게 늘어선 손님 대기줄 문제를 해결했다. 회전스시는 스시 서비스가 수공업 시대에서 자동화 시대로 넘어가는 일대 사건이었다.

겐로쿠즈시는 독자적인 발명품을 특허등록하고, 한 접시당

50엔에 팔았다. 스시가 고급 요리로 인식되던 때 회전스시의 가격 파괴는 신선한 충격이었다. 원래 스시집의 이미지는 격조 높은 분위기, 고고한 서비스, 여유로운 식사 시간, 고가 등 고급스러움이었다. 그런데 회전스시는 이런 스시집의 스테레오타입을 전복시켰다. 간편하고, 가볍고, 저렴했다. 느긋한 식사에서 빨리 먹고 일어서는 식사로 변모했다. 소비층도 고소득자, 화이트칼라에서 서민, 블루칼라로 확대됐다. 회전스시는 니기리즈시를 소수의 요리에서 다수의 요리로 탈바꿈시켰다. 그래서 회전스시의 등장은 '스시의 민주화'로도 평가된다.

회전스시는 프랜차이즈화가 용이한 장점이 있다. 이제는 웬만한 동네에 회전스시집 하나쯤은 있을 정도로 체인점이 많이 생겼다. 미국과 유럽 각국에도 회전스시집이 진출했다. 일본은 1970년부터 해외자본 투자가 자유화되면서 외식 프랜차이즈가 속속 들어온다. 1971년 긴자에 맥도날드 1호점이 개장한다. 해외 패스트푸드점과 패밀리레스토랑을 비롯한 무수한 프랜차이즈 식당이 일본 대도시로 진입하고, 일본의 프랜차이즈 산업도 급성장한다. 외식산업에 고속도로가 놓인 것이다. 회전스시는 이런 흐름에 보조를 맞출 수 있는 조건을 두루 갖추고 있었다. 맛은 둘째치더라도 시대 적응력만큼은 금메달감이다.

비슷한 시기 센다이에서 스시 가게를 운영하던 에가와 긴쇼江川金鐘라는 스시 장인도 중화요릿집 회전식탁에 착안해 회전식

스시 아이디어를 떠올렸지만, 겐로쿠즈시의 특허 때문에 입맛만 다셔야 했다. 긴쇼는 그 대신 겐로쿠즈시와 가맹 계약을 맺어 센다이에 회전스시 가게를 열었다. 지금의 헤이로쿠스시平禄寿司다. 하지만 회전스시는 초창기 한동안에는 오사카와 센다이를 빼고는 낯선 존재였다.

회전스시가 전국적으로 알려지는 계기는 오사카 만국박람회였다. 겐로쿠즈시는 박람회에 참가해 회전스시를 소개했고, 관람객의 큰 관심을 끌었다. 회전스시의 존재는 매스컴을 타고 각 가정 안방까지 전달됐다. 이를 발판으로 겐로쿠즈시는 각지에 회전스시 프랜차이즈를 잇달아 열어 대성공을 거뒀다. 1978년 겐로쿠즈시의 특허기간이 끝나자 독자적인 회전스시집이 전국에 우후죽순처럼 문을 열었다. 일본의 버블 경제는 회전스시집의 컨베이어벨트를 쉴 새 없이 돌렸다. 회전스시 붐으로 에도마에 니기리즈시는 스시업계를 사실상 평정하는 듯했다.

스시 산업의 '속도 혁명'은 멈추지 않았다. 이번에는 '스시 로봇'이 그 주인공이다. 스시 로봇이란 밥과 생선을 투입하면 스시를 자동으로 만드는 단순한 기계다. 재료는 사람이 만들고 스시를 손에 쥐는 마지막 단계만 자동화 기계가 대신한다. 스시 로봇은 숙련된 장인이 스시를 만드는 것이 당연시되는 불문율을 깼다. 스시 장인을 안 쓰고 아르바이트 종업원으로도 스시집 운영이 가능해진 것이다. 물론 스시 맛이야 별개 문제였다.

스시 로봇의 아버지는 스즈키 기사쿠鈴木喜作다. 그는 원래 과자 포장장치 제조업체를 운영했는데, 자신의 기계를 스시에 적용해 1970년대 중반 '스시 머신'을 개발했다. 스시 머신은 나중에 스시 로봇으로 명칭이 바뀐다. 스시 머신은 스스로 장인이라 자부하는 스시 요리사들의 거센 비난을 불러왔다. 기사쿠도 그런 파장을 예상했을 테지만, 그가 비난을 감수하고 스시 머신 개발에 착수한 데에는 돈이 아닌 다른 목적이 있었다. 쌀 농가 돕기였다.

당시 일본 정부가 쌀 생산 억제정책을 구사할 정도로 쌀이 남아돌았다. 그 결과 농촌에서는 놀리는 논이 늘고 벼 재배 농가는 적잖은 타격을 입었다. 이를 안타까워한 기사쿠가 쌀 소비를 늘릴 방도가 없을까 고민하다가 내린 결론이 스시 머신이었다.

기사쿠는 스시 로봇을 통해 숙련된 기술이 없어도 스시를 판매하는 길이 열리면 스시가 더욱 대중화되어 쌀 소비가 촉진될 것이라고 내다봤다. 1970년대만 해도 스시의 고정적 이미지는 고가 음식이었다. 스시 가게의 메뉴판에 가격도 쓰여 있지 않아 그날그날 스시 장인이 부르는 게 '시가'였다. 직장인이 스시 한번 제대로 먹어볼라치면 지갑 사정부터 생각해야 했다. 스시 요리사는 고액 임금을 받고 주방에 군림하는 존재였다. 청소 밀대를 잡은 후 밥알을 쥐기까지 최소 10년은 걸린다는 스시업계. 그런데 회전스시와 스시 머신이 이런 스시업계의 전통을 흔들었던 것이다. 스시 만드는 기술을 조금이라도 익힌 사람은 누구라도 회전스시집을 열어 돈을 벌 수 있게 됐다. 또 슈퍼마켓에서도 사 먹을 수 있는 포장 스시도 로봇이 있기에 가능했다.

그리고 겐로쿠즈스시가 독점하던 '회전'이라는 용어도 1997년부터 누구나 사용할 수 있게 되면서 회전스시는 춘추전국시대를 맞는다. 당시 웬만한 회전스시 가게는 하루 100만 엔은 너끈히 벌었다고 한다.

패스트푸드화의 또 다른 특성은 저렴한 가격이다. 회전스시와 스시 로봇은 가격 파괴를 촉발했다. 100엔 숍이 소비 트렌드를 주도할 무렵 '100엔 스시'도 등장했다. 이로 인해 스시의 패스트푸드화는 정점으로 치달았다.

바야흐로 AI 시대다. 스시라고 별유천지가 아니다. 일본 아이비엠IBM이 만든 챗봇 '가리오Gario'는 'AI 스시 로봇'을 표방한다. 가리오는 2018년 겨울에 공개됐다. 가리오는 대놓고 스시 장인의 역할을 넘본다. 가리오는 세 가지 스시 테크닉을 보유하고 있다고 한다. 손님의 감정을 읽고 그것에 적합한 스시를 제시하기, 스시 스캔 기술, 스시 지식으로 대화하는 기술이다. 손님이 스시를 먹으면서 모니터 채팅창을 통해 스시 장인과 잡담을 나누는 기분을 느끼도록 한다는 용도다. 터치식 패널을 쿡쿡 눌러 스시를 주문하고 자리에 앉으면 자동으로 스시가 나오고 스시를 먹으면서 가리오와 잡담을 나눈다. 에도마에를 만드는 요리사 얼굴을 볼 일도 없다. 가리오 이후로 AI 기술은 무서운 속도로 발전했다. 스시와 AI의 접목은 계속되고 있다.

앞으로 패스트푸드 스시는 얼마나 더 빨라지고 변화무쌍해질지 모른다. '빨리빨리'가 한국인의 대표적 성향이라고들 하지만, 에도마에를 보면 일본인의 쾌속 지향도 만만찮다.

蟹 | 대게 |

온천과 벚꽃, 일상 탈출의 맛

2019년 11월 초 돗토리현鳥取県 공동어시장의 그해 첫 대게 경매에서 수컷 대게 한 마리가 500만 엔에 낙찰된 일이 있었다. 당시 한국 화폐가치로 환산하면 5000만 원이 훌쩍 넘는다. 500만 엔 대게는 '세상에서 가장 비싼 게'로 기네스북에 올랐다. 일본에서는 900그램 이상인 대게가 특대 사이즈로 분류되는데, 기네스북 대게의 무게는 1.24킬로그램이었으니 중량으로도 챔피언감이다. 이 대게는 중매업자를 거쳐 도쿄 긴자의 고급 요릿집에 팔렸다고 한다.

2018년 첫 경매에서는 1.28킬로그램짜리 대게가 200만 엔에 최고가로 낙찰됐다. 1년 사이 무려 3000만 원 이상 치솟았다. 우리나라 영덕 대게 10마리와 맞붙어도 가격 면에서 적수가 안 된다는 박달대게도 1킬로그램당 20만 원을 넘지 않는다. 500만 엔짜리 대게는 박달대게 40마리가 와도 몸값 대결이 될까 말까다. 공인 최고가 기록을 보유한 이 대게의 종류는 이름만 들어도 군침 돈다는 솔잎게(마쓰바가니)松葉蟹다.

가늘고 뾰족한 다리 모양이 마치 소나무에 달린 솔잎 같아서 마쓰바松葉라는 이름이 붙었다. 돗토리현이 주산지인 솔잎게는 대게의 왕자라는 칭호까지 붙었다. 기네스북 등재에 왕자 칭호까지 달고 스타급 인기를 누리니 남 부러울 것이 없는 게다. 우리나라 영덕대게는 솔잎게의 게 팔자에 배가 살짝 아플지 모르겠다. 영덕대게와 솔잎게는 쌍둥이라 해도 감쪽같을 만치 생김새와 크기가 닮았다. 사는 곳만 다를 뿐이다. 그러니 배가 안 아프겠나.

게 하면 한국은 영덕, 중국은 상하이, 일본은 돗토리다. 돗토리현은 대게의 본고장으로 통한다. 돗토리 옆 동네 후쿠이현福井県도 대게가 많이 나지만, 대게 명산지 타이틀을 돗토리현에게 선점당했다. 후쿠이현에서 잡히는 대게를 에치젠가니越前蟹라고 하는데 솔잎게와 같은 종류임에도 유명세와 몸값에서 한 단계 아래다. 에치젠은 후쿠이현 북부의 옛 지역명이다.

문헌에 등장하는 시기는 솔잎게보다 에치젠가니가 앞선다. 대게가 후쿠이현 특산품이라는 내용이 에도시대 문헌에 나오는데, 거기에는 에치젠가니가 아니라 즈와이가니楚蟹로 표기되어 있다. 즈와이는 스와에楚의 변이음이다. 스와에란 길고 가느다란 나뭇가지 혹은 회초리를 말한다. 대게 다리 모양에서 따온 명칭이다. 즈와이가니는 대게를 가리키는 일반명사가 됐다. 영어로 퀸크랩queen crab 혹은 스노크랩snow crab이다. 똑같은 즈와이가니를 돗

토리현에서는 솔잎게, 후쿠이현에서는 에치젠가니라고 부를 뿐이다. 후쿠이현 바로 옆 이시카와현石川県에서는 가노가니加能ガニ라고 한다. 이것들은 수컷의 명칭이고, 암컷은 달리 불린다. 암컷의 명칭도 지역마다 다르다.

1724년 간행한 『에치젠국 후쿠이 특산물越前国福井領産物』에 대게가 이름을 올리고 있다. 또 1909년 12월에 황태자에게 게를 헌상했다는 《후쿠이신문福井新聞》 기사도 남아 있다. 문헌상 대게가 등장하는 시점은 다른 해산물과 달리 꽤 늦다. 대게가 본격적으로 식탁 위에 오른지 얼마 되지 않았다는 방증이다.

일반 서민이 대게를 먹기 시작한 건 20세기 중반부터다. 대게는 심해 밑바닥에 서식하기 때문에 그물이 발달하기 전에는 대량 어획이 불가능했다. 에도시대에는 돗토리현, 후쿠이현 일대 영주들의 선물용 해산물이었다. 희소해서 값지다. 운 좋게 많이 잡더라도 금방 상해버려 밭 거름으로 버려지기 일쑤였다고 한다. 하지만 희소한 만큼 접하기 힘든 맛이어서 황족에게 갖다 바치는 귀족 해산물이기도 했다. 대게의 몸값은 예나 지금이나 상당하다.

솔잎게와 에치젠가니는 각각 고유한 대게 브랜드로 인정받아 인증마크처럼 태그가 달려 시중에 판매된다. 산지명이 박힌 플라스틱제 태그가 집게다리에 돌돌 감겨 있다. 우리나라 수산업자들은 이것을 '완장'이라고 부른다. 똑같은 대게가 돗토리현 쪽에서 잡히면 푸른색 솔잎게 태그가 붙고, 후쿠이현에서 잡히면 노란

색 에치젠 태그가 붙는다. 시장에서 평가되는 두 태그의 가치는 다르다. 똑같은 참다랑어라도 필리핀 어선에 낚이면 필리핀산이고, 일본 어선에 낚이면 일본산이 되는 것과 같은 이치다. 결국 차이를 만드는 건 브랜드다. 고급 어종일수록 브랜드가 큰 몫을 한다. 시장가격은 브랜드에 좌우된다. 대게의 몸값과 평판 역시 브랜드 시스템에 좌우된다.

일본 5대 어항 중 하나인 사카이항境港을 보유하고 있는 돗토리현 대게의 브랜드 파워가 후쿠이현보다 세다. 솔잎게의 승리다. 솔잎게 태그만 붙이면 일본 최고 등급의 대게가 된다. 대게도 인간처럼 간판을 따지나 보다. 아니, 대게가 저희끼리 레벨을 나눌 리는 없고, 간판 따지기 좋아하는 인간이 대게한테도 간판주의를 이식했다고 보는 편이 맞겠다.

일본도 우리나라처럼 자원 보호를 위해 대게 금어기를 둔다. 대게 금어는 11월 초순 해제된다. 대게잡이 기간은 2개월가량이다. 그래서 겨울철 두어 달만 대게의 참맛을 즐길 수 있다.

냉장고 시대가 도래하기 전에 대게는 겨울철 여행에서 누릴 수 있는 호사였다. 대게요리는 특히 겨울철 온천관광에서 빼놓을 수 없는 필수 코스였다. 뜨끈한 온천물로 몸을 녹이고 현란한 대게요리로 혀를 녹인다. 대게는 피곤한 일상을 벗어난 일탈의 맛을 증폭시킨다. 하나의 몸뚱이에서 어떻게 이토록 다채로운 맛과 향이 발산되는 것인지. 혀와 코가 연신 감탄하는 맛이다.

온천이 딸린 여관은 저녁식사 메뉴에 대게 코스요리를 포함하고 있다. 거의 만찬 수준인 대게 코스요리는 겨울철 휴가 혹은 여행과 찰떡궁합이 됐다. 여행 스케줄에 온천여관이 끼어 있으면 대게요리를 떠올릴 사람이 많겠지만, 온천여관이 대게요리를 서비스한 지는 그리 오래되지 않았다.

매년 11월이 오면 도쿄, 오사카 등 대도시 여행사의 관광지 홍보팸플릿은 먹음직한 대게 사진으로 울긋불긋 물든다. 온천관광지와 대게 코스요리를 결합한 여행상품이 쏟아지기 때문이다. 이즈음 TV 방송국은 대게 금어기 해제로 첫 출항하는 어촌 현장을 보도하거나 시즌 첫 대게 경매 광경을 보도한다. 떠들썩하게 대게 시즌이 왔음을 알린다. 사람들의 눈과 혀는 대게에 반응한다. 마음은 온천여행을 떠올린다. 대게와 온천휴양지가 결합한 이른바 '대게 투어리즘'이 시동을 건다. 대게 투어리즘이 어떻게 시작됐는지 온천의 역사와 함께 잠깐 살펴보자.

온천이 대중화되기 전에는 온천행을 '탕치湯治하러 간다'고 표현했다. 19세기까지 온천은 노약자, 병약자들이 주로 찾는 치병治病의 장소였다. 아니면 돈 많은 자들이 휴양지로 선택하는 곳이었다. 아직 도시인의 관광이나 대중적 여행의 개념은 희박했다.

책 『근대 투어리즘과 온천』에 소개된 1905년 효고현兵庫県의 〈기노사키온천城崎温泉 안내기〉에는 이런 내용이 나온다.

> 여관비는 염가이고 음식은 모두 주문받아 제공하는 형식이다. 아침은 엽차를 부어 먹는 밥, 오후는 국과 반찬 하나씩이다. 단 1~2박 하는 손님은 도시락으로 대접한다. 만약 금전을 끼지 않는 사람이라면 원하는 대로 음식점에 주문하면 된다.

1890년대 시즈오카현 아타미온천熱海温泉 여관의 숙박 규정도 엇비슷하다.

> 방, 침구, 식기 등은 숙소에서 빌려주지만, 식사 준비는 손님 취향에 맡긴다. 첫 번째 방법은 '지마카나이自賄い'라고 하여 손님 스스로 음식을 조리하거나 하녀를 고용해 준비하는 것이다. 두 번째 방법은 '우카가이伺い'라고 하여 객사에서 매번 조리할 음식을 손님에게 물어보고 준비하는 것이다. 세 번째 방법은 '야도마카나이宿賄い'라고 하여 하루의 음식료를 정해 객사에서 알아서 준비하는 것이다.

근대화의 엔진인 철도는 관광의 성격을 바꿨다. 고상한 자들의 취미 정도였던 철도여행은 1920년대 철도망이 발달하면서 점차 대중화됐다. 철도 여행객이 늘었다. 온천은 탕치에서 "사회생활이 바빠짐에 따라 평소의 번잡한 생활에서 벗어나 한적한 곳에서 몸을 쉬게 함으로써 심신의 휴양을 도모하기 위해" 찾는 곳으로 바뀐다. 온천여행의 주목적이 유람, 행락, 위안이 된다.

그리고 1930년대에 온천 붐이 인다. 당시 〈온천 안내〉라는 팸플릿에는 온천의 효능을 홍보하는 것에 머물지 않고 피서, 해수욕, 등산, 스키 등 부수적인 효과도 안내하는 내용이 실려 있다. 온천여행이 어엿한 관광상품의 하나로 성장했음을 보여준다. 하지만 온천관광은 1945년 전후 한동안 퇴조한다. 전시에는 혹여 닥칠지 모를 미군의 공격으로부터 피신하는 소개지로 이용됐고, 전후 미군 점령 시기에는 하루하루 먹고살기에 헉헉대느라 서민에게 온천관광은 그림의 떡이었다.

온천여행의 제2의 전성기는 경제의 고도성장과 함께 찾아왔다. 도시 직장인에게 시간적·금전적 여유가 생기면서 온천 명소로 향하는 발길이 늘어났다. 이때 온천여관의 식사 서비스 관행은 과거와 현격히 달라진다. 고급화가 이뤄진다. 식단에 값비싼 대게가 올라오기 시작한 것도 이즈음이다.

대게 투어리즘에 불을 지핀 곳은 오사카의 한 식당이다. 오사카 최대 번화가 도톤보리道頓堀에서 1962년 개업한 가니도라쿠カニ道楽가 그 주인공이다. 가니도라쿠는 들어본 적 없어도 가니도라쿠의 간판을 본 사람은 많을 것이다. 연신 빨간 집게발을 움직이는 초대형 대게 간판은 육상선수 글리코상과 함께 도톤보리의 상징이다.

가니도라쿠 창업자는 원래 효고현 북부 연안 도요오카시豊岡市에서 여관업을 했는데, 오사카에 여관 홍보를 위한 출장소를 만들 겸 도요오카 지방의 특산물인 대게를 소개할 겸 해서 대게 전문식당인 가니도라쿠를 열었다. 가니도라쿠 창업자가 경영한 여관 바로 옆 동네가 온천으로 유명한 기노사키城崎다.

1960년대 초 온천여행은 직장인 단체관광이 주류였다. 단체관광객을 유치하기 위해 대게를 미끼로 쓴 것이다. 당시만 하더라도 대게는 산지 외에는 거의 알려지지 않은 해산물이었다. 어획량도 적고 쉽게 상해 산지 일대에서만 소비했다. 그런데 가니도라쿠는 산지에서 곧바로 싱싱한 대게를 싣고 와 오사카에 소개했다. 대게는 단숨에 오사카 미식가들의 혀를 사로잡았다. 하지만 대게는 여전히 희소하고 비쌌다. 좀 더 싸게, 좀 더 배불리 먹고 싶은 오사카 사람들은 대게 산지로 눈을 돌렸다.

경제 성장은 여가를 낳고, 여가는 관광을 낳는다. 대게 맛에 반한 사람들은 대게를 쫓아 서서히 호쿠리쿠北陸 지방(니가타현, 후쿠이현, 이시카와현, 도야마현)을 비롯한 서북쪽 해안가 온천지로 향하기 시작했다. 가스미香住, 기노사키, 하마사카浜坂 등이 대게 온천 관광지로 떠올랐다. 효고현 가스미의 온천여관이 1963년 온천여관으로는 처음으로 대게요리를 정식 서비스했다.

1970년대 마이카my car 시대가 찾아오면서 대게 투어리즘은 달아오른다. 대게 투어리즘은 일본의 고도성장과 궤를 같이한다.

그래서 대게는 그 시대의 풍요를 상징하는 해산물이 됐다. 대게 맛 또한 풍요로움에 걸맞은 풍성한 즐거움을 선사했다.

대게의 수요 증가로 1980년대에 에치젠가니와 솔잎게가 도시인들에게 재발견됐다. 해안을 낀 온천관광지도 늘어났다. 1980~1995년은 대게 투어리즘 전성기다. 일본 경제의 거품이 한창 피어오를 때다. 일본산 대게만으로 수요를 감당할 수 없게 되자 수입산 대게가 밀려들었다. 수입산과 자국산이 뒤섞여 유통되는 현상이 벌어지자 에치젠가니와 솔잎게는 자국산임을 증명하기 위해 태그를 붙였다. 대게 태그의 출발은 브랜드화를 꾀했다기보다 출신지를 분명히 하기 위한 표시에 불과했다.

일본 대게, 특히 에치젠가니가 대중적으로 알려지는 데 큰 기여를 한 유명 작가가 있다. 가이코 다케시開高健다. 음식 에세이를 잘 쓰기도 했던 그는 잡지 등에 대게의 탁월한 맛을 자주 소개해 독자들이 입맛을 다시게 했다. 그는 대게의 맛을 이렇게 묘사했다.

> 수컷 대게는 다리가 먹을 만하지만, 암컷은 등딱지의 내용물이 먹을 만하다. 그것은 흡사 바다의 보석상자다. 꼼꼼히 발라나가면 빨갛고 졸깃졸깃한 것, 하얗고 흐물흐물한 것, 검붉은 알, 녹색의 미소된장, 이런 게 있나 싶으면 또 저런 게 있다. 이것을 덮밥 그릇에 담아 드셔보시라…

| 취미脆美, 섬세, 풍만, 정치精緻.[55]

그는 대게 예찬론자였다. 겨울철이면 대게요리를 찾아 서북쪽 연안 여관으로 향하곤 했다. 다케시는 글 외에 강연에서도 틈만 나면 대게 맛을 극찬했다. 그가 자주 찾은 후쿠이현 에치젠쵸越前町의 여관 '고바세こばせ'는 일약 유명해졌고, 그가 엄지를 추켜세운 고바세의 대게덮밥은 고바세의 주력 메뉴로 개발되어 급기야 보통명사가 됐다. 바로 가이코돈開高丼이다.

가이코돈은 뜨끈한 밥 위에 대게 알과 각 부위의 살을 밥알이 보이지 않을 만큼 듬뿍 올린 것이다. 여기에 게 내장을 넣고 쓱쓱 비빈 후 한 숟가락 뜨면 게의 모든 것이 한입에 들어온다. 맛집이 방송이나 유튜브에 소개되면 하루 뒤 문전성시를 이루는 것처럼 당시 다케시의 게맛 소개글은 미식가들을 자극했다. 이들은 도대체 가이코돈이 어떤 맛인지 한번 먹어보자며 겨울철이 오기 무섭게 후쿠이현 온천여관으로 달려갔다. 다케시의 글은 대게 투어리즘을 고상한 미식 체험으로 격상시키는 데 일조했다.

앞서 언급한 200만 엔짜리 대게는 식용이 아니었다. 1년가량 돗토리현 대게박물관 수족관에 전시돼 관람객을 맞았다. 대게는 바닷물만 있으면 좁은 수조 안에서도 쉽사리 안 죽는다고 한다. 이

55 가이코 다케시의 수필집 『지구는 유리잔 테두리를 돈다地球はグラスのふちを回る』(新潮社, 2005) 중에서. 취미란 연하고 부드러운 맛을 뜻한다.

대게는 많은 관람객을 불러들였는데, 관광지 홍보와 온천관광 활성화를 위한 홍보대사 역할을 톡톡히 해냈다. 대게와 관광은 떼려야 뗄 수 없는 관계인 듯하다.

사실 대게의 경우 시즌 첫 경매 최고가는 시장 셈법을 뛰어넘어 상징적 의미를 띤다. 뉴스 거리를 만들어 대게와 대게 산지를 홍보해 대게 조업과 대게 관련 요식업, 온천관광 산업이 순풍에 돛단 듯 잘되기를 바라는 소망이 담겨 있다. 첫 경매의 상징성은 참치에게도 그대로 적용된다.

대게가 다른 해산물과 달리 온천관광과 잘 어울렸던 까닭은 대게가 다재다능한 식재료이기 때문이다. 대게는 다양한 맛과 재미를 준다. 사시미, 샤부샤부, 찜, 구이, 그라탱, 덴푸라를 차례차례 맛볼 수 있고, 게 내장과 알뭉치도 별미다. 데운 술을 게딱지에 적당히 부어 딱지 안에 붙은 내장을 녹여서 마시는 게딱지술甲羅酒도 아주 별미다. 요리마다 색다른 경험을 할 수 있다. 사시미의 비린 맛, 찜의 감칠맛, 내장의 진한 맛(고쿠미)이 대게 한 마리 안에 다 들어가 있다. 대게 내장(정확히 말하면 간과 췌장)을 미소된장이라 부르는 건 생김새가 닮아서이기도 하지만, 남녀노소 누구나 좋아할 맛을 발산해서가 아닐까.

한 마리로 즐기는 진수성찬. 그래서 대게는 코스요리가 발달했다. 메뉴판에 적힌 '대게 가이세키会席'라는 문구는 과장이 아니다. 번드레하고 가짓수가 많은 상차림이 특색인 가이세키 요리의 기원을 살펴보면 대게가 가진 다재다능함과 잘 맞아떨어진다. 가이세키 타이틀을 걸 수 있는 해산물이 대게 외에 또 있을지 의문이다. 도미 정도가 "나도 있소"라고 외치며 손을 들지 모르겠지만.

가이세키란 원래 하이카이俳諧[56] 모임을 뜻했다. 문인, 화가 등 가이세키 참석자들은 끝말잇기 하듯 시구를 주거니 받거니 하며 즐겼다. 문학 살롱 같다고나 할까. 이 가이세키가 에도시대 후기부터 요리차야料理茶屋에서 주로 열렸다. 처음엔 간단한 다과를 곁들였지만, 점차 술과 고급 음식이 차려졌다. 초창기 소박했던 가이세키는 호화로워졌다. 급기야 시는 뒷전이고 먹고 마시고 춤추는 유흥이 본질이 되어버렸다. 연회宴会의 성격을 띠게 된 것이다. 가이세키는 마침내 연회요리를 의미하게 됐다.

정상급 요리차야는 맵시 있는 식기, 인테리어, 접객실을 갖추고 맵시 있는 요리와 다과를 제공했다. 또 가게 안에 욕탕이 구비되어 있어 식사와 여흥을 끝낸 손님이 느긋하게 목욕을 할 수 있었다. 강가에 있는 요리차야는 손님이 돌아갈 때 배를 불러주는 콜서비스도 갖췄다. 오늘날 온천여관이 제공하는 서비스와 온천여행이 주는 기분과 여러모로 통하지 않는가.

발음이 같아 곧잘 혼동하는 또 다른 가이세키懐石 요리는 고급 연회 이미지와는 거리가 멀다. 이때의 가이세키는 '돌을 품는

56 에도시대에 유행한 문학 형식. 유희와 풍자성이 강한 연작시 혹은 그 연작시를 짓는 행위를 말한다.

다'는 뜻이다. '따뜻한 돌로 배를 따뜻하게 만드는 것마냥 공복을 달래주는 질박한 식사'라는 의미로 확장됐다. 선승이 수행 도중 공복감을 없애는 정도의 식사, 즉 미소된장국과 채소 반찬 세 가지를 기본으로 하는 1즙3채一汁三菜다. 이 가이세키는 사찰의 차茶 문화와 함께 무사 계급으로 파급되면서 속세인에게 알려졌다. 그러니까 가이세키懷石의 원형은 차 마시기 전 간단히 요기나 해결하라고 제공되는 '간이 식사'다.

오랫동안 온천여관의 저녁식사 메뉴로 대게가 선택된 이유는 또 있다. 일본인의 '붉은 식재료' 선호 경향 때문이다. 일본인은 오래전부터 빨간색이 잡귀를 물리치고 행운을 가져온다고 믿었다. 그래서 붉은색을 띠는 대게, 도미, 새우를 귀하게 취급했다. 붉은색은 또한 신선하고 건강한 인상을 줘 식욕을 자극한다. 게다가 고급스러운 이미지까지 선사한다. 온천여관 저녁메뉴에 참치회, 새우, 소고기, 도미가 많은 까닭도 '붉은색 효과'를 의식하기 때문이다.

온천은 가족 관광지다. 어린이 손님도 적잖다. 온천여관은 그들의 입맛도 고려해야 한다. 대게가 안성맞춤이다. 대게는 남녀노소 안 가리고 박수를 받는 해산물이다.

하지만 예외는 항상 있다. 간토 사람은 대게요리가 나와도 대수롭지 않게 여긴다고 한다. 대게가 잡히는 곳이 일본 서북쪽 바다이기 때문에 간토에서 대게 식문화는 얕다. 서북쪽 연안이나 간사이 온천여관에 묵었는데 왜 대게요리가 안 나오냐고 따지면 여관 주인이 머쓱해하겠지만, 간토 온천여관에서 그랬다가는 주인장이 당황하기 십상이다. 시즈오카 일대 온천여관에 가본 사람은 느꼈겠지만, 그곳 여관에서는 대게보다 도미가 코스요리 메뉴의 주인공이다.

일본에는 3대 게가 있다. 앞서 언급한 솔잎게, 에치젠가니 외에 도게쿠리가니棘栗蟹가 있다. 도게쿠리가니는 온몸에 밤가시처럼 털이 돋아나 있어서 밤털게라 불리는데, 아오모리현青森県과 홋카이도 사이를 가로지르는 쓰가루 해협에서 주로 잡힌다. 밤털게는 금어기가 없어 연중 잡을 수 있지만, 3~5월이 가장 맛있는 시기다. 털게류의 특징은 내장과 알이 내뿜는 강렬한 식감과 향이다.

대게한테 가이코 다케시라는 작가가 있었다면, 밤털게한테는 소설가 다자이 오사무太宰治가 있다. 아오모리현 북부 주민의 별식인 밤털게를 전국구 스타로 만든 인물이 소설 『사양』의 작가 오사무다.

아오모리현에서 태어난 오사무가 1944년 어느 봄날 도쿄에서 출발해 아오모리현 북부 어촌 가니타蟹田로 옛 친구를 만나러 간다. 동네 이름부터 '게밭'이니 게가 무진장 많은 곳임이 분명하다. 그는 출발 전 친구에게 미리 편지를 보냈다. "마중 같은 건 절대로 나오지 말아주게. 그래도 사과술과 밤털게만은…"이라고 썼다. 이어서 이유를 말한다. "나는 게를 좋아한다. 왠지 모르지만 좋아한다. 게, 새우, 갯가재 등 아무 영양분 없는 음식을 좋아한다."

아니나 다를까, 친구 집에 들어서니 자그마한 밥상 위에 게가 한가득 쌓여 있었다. “가니타의 N 군 집에서는 빨간 고양이다리 밥상에 게를 산처럼 쌓아놓고 나를 기다리고 있었다.”

그날 밤 오사무는 벗과 함께 대게를 흡입하며 달이 기울도록 술잔을 기울였다. 쓰가루 지방 사투리를 써가며 문학 이야기는 하지 않고 고단한 세상살이 이야기만 나눴다.

이튿날 두 죽마고우는 히로사키성弘前城 옆 공원으로 벚꽃 구경을 떠난다. 둘은 벚나무 아래 자리를 잡는다.

> 우리는 벚꽃 아래 잔디에 책상다리를 틀고 앉아 찬합을 열었다. 내 생각대로 N 군의 안사람 요리였다. 그리고 큼직한 대바구니 안에 게와 갯가재가 그득했다. 게다가 맥주까지. 우리는 남우세스럽지 않을 만큼만 갯가재 껍질을 까고, 게 다리를 쪽쪽거리고, 찬합 속 요리에도 젓가락을 댔다.

다자이 오사무의 기행문 형식 소설 『쓰가루津軽』에 나오는 구절 일부를 발췌했는데, 벚꽃놀이 상춘객과 음식 먹는 장면이 인상적이다. 상춘객의 웅성거림과 게살 쪽쪽거리는 소리. 벚꽃의 은은한 향과 게즙의 갯내음. 간간이 맥주 한 모금.

매해 일본 벚꽃 시즌의 마지막을 화려하게 장식한다는 아오모리의 히로사키 공원. 다자이 오사무 소설에 힘입어 벚꽃 소풍지로 명성이 높아졌다. 그리고 히로사키 벚꽃놀이에서 찐 밤털게는 필수가 됐다. 이윽고 밤털게는 '벚꽃놀이 게'라는 별명을 얻었다.

벚꽃 시즌이 오면 밤털게는 상종가를 친다. 종종 품귀현상도 빚어진다. 아오모리 지역에서는 한 직장 팀원들이 벚꽃놀이를 갈 때 밤털게를 얼마나 많이 확보하는가로 팀장의 역량을 가늠한다는 우스개도 있다.

식감은 서로 다르지만, 여행의 맛과 멋을 배가한다는 면에서 밤털게와 대게는 대동소이하다. 대게가 화려한 기분전환이라면, 밤털게는 소탈한 기분전환이다. 대게가 온천여행의 가이세키会席 요리라면, 밤털게는 벚꽃놀이의 가이세키懷石 요리다.

蝦 | 새우 |

국민 스타, 대중적인 맛

일본인만큼 새우를 사랑하는 국민이 또 있을까. 이들의 새우 사랑은 길고 깊다. 튀김용 블랙타이거 새우, 날것으로 먹는 단새우(아마에비)甘エビ, 스시로 그만인 모란새우(보탄에비)牡丹エビ, 소금구이로 먹으면 최고의 맛이라는 보리새우(구루마에비)車エビ까지. 일상적으로 먹는 새우는 열거하기 힘들 정도로 다종다양하다. 일본에서 유통되는 것만 수십 종이다. 그 가운데 옛날부터 아주 특별한 사랑을 한 몸에 받고 있는 것이 바로 닭새우, 즉 이세에비伊勢海老다. 옛날에는 이세신궁이 위치한 이세 지역에서 주로 잡혀 이세에비라는 이름이 붙었다. 요즘에는 지바현에서 규슈까지 두루두루 잡힌다.

과거 이세에비는 딱딱하고 요란한 갑각 외피가 갑옷 입은 사무라이를 연상케 해 무사의 상징이 됐다. 이세에비를 반으로 갈라 소금만 뿌려 껍질째 구운 구소쿠야키具足焼き라는 요리가 있는데, '구소쿠'란 무장의 전투용 갑옷이다.

또한 이세에비는 C자로 굽는 몸뚱이와 기다란 수염이 늙은 이를 떠올리게 해 장수의 상징이기도 했다. 병사를 이끄는 장수將帥가 아니라 오래 사는 장수長壽다. 무사들은 신년 벽두에 집 대문 앞에 치장한 이세에비를 걸어두었다. 찌거나 삶아서 빨갛게 변색한 이세에비는 새해를 맞아 한 해의 무운과 무병장수를 비는 의례 도구였다. 이 의례는 귀족과 무사 계급에서 시작해 차츰 농어민 및 상인 계급으로 퍼졌다.

새우 중 유독 이세에비에만 무사와 장수의 상징이라는 타이틀이 붙었는데, 이유가 그럴싸하다. 다른 새우들은 바닷속에서 이동할 때 물고기처럼 유영하는 데 반해 이세에비는 다리 전체를 접었다 폈다 하며 바닥 위를 걷는다. 이 모습이 무사를 닮았다. 무사란 모름지기 두 발로 씩씩하게 걷거나 잘 달려야 하는데 이세에비만 그런 자질을 가진 새우였던 것이다. 옛사람들은 또 걸어 다니는 쪽이 더 건강하게 오래 산다고 믿었다. 이세에비는 무사처럼 튼튼한 다리를 가졌으니 건강하게 오래 살 조건을 갖춘 셈이다.

새우의 일본어 발음은 '에비'. 한자 표기에는 세 가지 버전이 있다. 여타 자잘한 새우들이 蝦(하)와 鰕(하) 두 가지 한자로 표기되는 데 반해 이세에비의 에비는 海老(해로)로 적었다. 그만큼 차별화를 의식했다는 징표다. 평균 수명이 짧았던 옛날, 장수 노인은 고귀하고 존경받는 존재였다. 노인의 연륜과 혜안을 높이 샀다. 이세에비 역시 바다 새우 중에서 그런 대우를 받았다. 그렇다고 다른 새우들이 이세에비를 존경하지는 않았을 것이다. 이세에비는 엄밀히 따지면 새우가 아니라 가재 족속이었으니까 말이다.

맛이 뛰어나고 물량이 적어 고가에 팔리는 이세에비. 하지만 옛날에는 그냥 먹어치우는 '음식'이 아니었다. 살을 쪽쪽 빼 먹으면 의례도구 구실을 못 하기 때문이다. 이세에비 같은 갑각류는 살을 발라내면 형체가 훼손된다. 볼품없어 대문 밖에 걸어둘 수 없을 뿐더러 효험도 사라진다. 액막이로서의 효용가치가 제로다. 이세에비 형체를 그대로 살려야 했기 때문에 살코기는 포기해야 했다. 그리고 며칠간 문밖에 걸어두면 상해버려 입에 댈 엄두도 안 난다.

과거에는 해마다 세밑이 되면 이세에비 값이 천정부지로 치솟았다. 그래서 상인들은 값이 쌀 때 미리 사두었다가 연말 대목에 내다 팔고는 했다. 이들은 이세에비를 푹 삶아 속살을 빼고, 간수가 담긴 술통에 넣고 밀봉한 다음 수개월 동안 보관한 후 수요가 많아질 즈음 시중에 풀었다.

상인들은 이세에비의 다리와 수염을 뜯어 따로 챙겨두었다. 새우 몸통에서 다리나 수염이 훼손되거나 하나라도 떨어져 나갈 경우 상품으로서의 가치가 떨어진다. 그럴 때를 대비해 스페어용으로 다리, 수염을 보관해 두었다. 이들은 스페어 부품을 티 안 나게 몸통에 붙여서 팔았다. 요즘에는 값싼 플라스틱 모형 이세에비를 팔기도 하니 돈이 아까운 사람은 굳이 생물 이세에비를 사지 않아도 된다.

일본의 근대화 이후 이세에비의 쓰임새는 바뀌었다. 의례용에서 식용으로 변모했다. 그런데도 이세에비는 여전히 서민에게는 간만의 가족 외식에서나 만날까 말까 한 고급 해산물이다. 그렇다고 이세에비의 민속성 혹은 문화성이 사라진 것은 아니다. 옛 풍습이 재현되는 자리에서 이세에비는 여전히 전통의 명맥을 잇는 상징물로 당당히 존재감을 과시한다.

이세에비가 전근대시대의 새우왕이었다면, 20세기의 새우왕은 블랙타이거 새우다. 블랙타이거가 의례용이 아니라 오로지 맛으로 신통력을 발휘했다는 것이 차이라면 차이다. 또 블랙타이거는 자국산인 이세에비와 달리 외국산이다.

최근 해외에서 수입되는 물량이 줄고 간식거리가 풍부해지면서 새우 소비량이 줄었지만, 고도성장기에 일본인은 새우를 게걸스럽게 먹어치웠다. 그 결과 일본은 순식간에 최대 새우 소비 국가에 등극했다.

새우의 빨간 빛깔은 상서러움의 표상이었다. 그래서 이세에비를 필두로 새우는 오래전부터 인간에게 좋은 대접을 받았다. 물론 새우 맛도 한몫했다. 메이지시대에 이미 새우를 양식하려는 시도가 있었다. 하지만 결과는 영 신통찮았다. 새우 양식법을 알아내려는 시행착오는 한동안 거듭됐다. 그러다 1950년대 이후 서서히 서광이 비치기 시작하더니 1960년대에 새우 양식 실험은 결실을 맺는다.

양식 기술은 어느 정도 터득했지만, 어디서 새우를 기를 것인가가 문제였다. 기후와 수질이 적합한 대규모 양식장이 필요했다. 일본의 기업들은 동남아시아로 눈을 돌렸다. 동남아시아 해안의 맹그로브숲에 새우가 많이 서식했는데, 그곳은 새우를 키워 수확하기에도 적합했다. 더구나 값싼 현지 노동력을 이용하면 생산비도 절감할 수 있었다.

1960년대 들어 동남아시아와 중국 등지에서 수입산 블랙타이거 새우가 물밀듯이 들어왔다. 한층 값싸게 새우를 사 먹을 수 있는 길이 열렸다. 때마침 냉동보관 기술이 일취월장하면서 계절과 상관없이 언제나 새우를 먹을 수 있는 가능성이 활짝 열렸다.

1962년 냉동식품 새우튀김인 '에비후라이'가 등장한다. '겉바속촉'을 좋아하는 일본인. 에비후라이는 일본인의 새우 사랑에 기름을 부었다. 단박에 일본인 식탁을 점령했다. 에비후라이는 덮밥, 소바와 앙상블이 좋아 금세 대중음식으로 자리 잡았다. 에비후라이 발매 10년 만에 전체 냉동식품 생산량 중 에비후라이가 차지하는 비중이 40%를 차지했다. 음식 유행 속도가 기가급인 요즘과 달리 입소문만으로 흥행이 결정되던 1960년대를 감안하면 엄청난 파급력이다. 일본 식품시장에서 새우만큼 단기간에 대중적 인기를 폭발적으로 얻은 해산물은 극히 드물다.

우리는 뭉뚱그려 '새우튀김' 한 단어로 다 통하지만, 일본인은 새우튀김을 에비후라이와 에비덴푸라로 구분해 소비한다. 만드는 방식이 다르다. 밀가루와 계란 두 가지로 옷을 입히는 것이 덴푸라, 밀가루와 계란을 입힌 다음 빵가루를 덧입히는 것이 후라이다. 덴푸라는 재료 본연의 맛을 추구해 옷에 양념을 가미하지 않는데 반해 후라이는 양념을 치거나 밑간을 한다. 덴푸라는 일본 전통식이고, 후라이는 서양에서 온 요리법이다. 찍어 먹는 재료도 다르다. 덴푸라는 주로 간장에 찍어 먹는 반면 후라이는 타르타르소스, 마요네즈 등 서양식 소스 종류에 찍어 먹는다.

튀김용 새우, 즉 에비후라이 재료로 블랙타이거를 따를 자는 없었다. 적당히 큼직하고 맛도 좋았다. 어른과 아이 가릴 것 없이 바삭한 블랙타이거 튀김에 빠졌다. 또 신선한 새우의 맛을 즐길 수 없었던 내륙지역 사람들도 해안가와 차별 없이 똑같은 새우튀김 맛을 즐기게 됐다. 일본 방방곡곡에서 새우 맛에 눈을 확 뜨는 사태가 순식간에 벌어졌다.

일본인은 왜 새우튀김에 환장했을까.

일본인에게 새우는 의례용으로 친근했어도 밥상에서는 별로 친하지 않은 해산물이었다. 대중음식으로 새우의 가능성을 발견한 것은 기업이었다. 기업인들은 새우 수입으로 돈을 벌려 했고, 새우 냉동이 가능해지자 대대적으로 자본을 투입했다. 1960년대 초반 수입자유화로 거대 무역상사와 대기업이 새우 수입에 뛰어들었다. 수입처도 다변화했다. 중국, 멕시코에 국한됐던 수입처가 동남아시아와 한국, 오스트레일리아, 인도 등으로 넓어졌다.

일본 정부는 기업에 돗자리를 깔아주었다. 규제를 풀고 제도적인 혜택을 제공했다. 정책적으로 새우 소비를 장려하고 홍보했다. 기업과 정부는 한 몸이 되어 새우 음식 붐을 조성하고, 새우 요리가 대중음식 문화 속으로 빨리 진입하도록 합동 마케팅을 벌였다.

또한 냉동새우는 수산물 지식이나 취급 경험이 없어도 다루기 용이한 무역상품이라서 누구나 무역에 뛰어들 수 있었다. 수입품을 싸게 들여올 수 있는 엔고円高 덕도 톡톡히 봤다.

일본 중학교 교과서에 실려 있는 미우라 데쓰오三浦哲郎의 단편소설 『오봉 선물盆土産』은 냉동새우와 당시 시대상이 잘 어우러진 작품이다. 내용은 대략 이렇다.

할머니, 누나와 함께 사는 산골마을 소년에게 아버지로부터 전보가 온다. "오봉에는 집에 간다. 11일 밤차를 탈 거야. 선물은 에비후라이. 기름과 소스를 사놓거라." 도쿄로 돈 벌러 간 아버지가 우리네 추석 비슷한 오봉절에 고향집으로 귀성한다는 전갈이다. 산골마을 가족들은 에비후라이라는 단어를 처음 접한다.

아버지가 8시간 동안 열차를 타고 가져온 종이봉투 안에는 드라이아이스가 들어 있고, 봉투 맨 밑바닥에 상자가 있다. 상자 겉 포장에는 '냉동식품 에비후라이'라는 글씨가 박혀 있다. 빵가루 입힌 에비후라이가 6개. 아버지와 할머니는 1개씩, 남매가 각각 2개씩 먹는다. 에비후라이를 처음 맛본 가족들은 그 맛에 깜짝 놀란다. 오봉 전날 밤 가난한 집 안에 새우튀김 냄새가 흐른다. 다음 날 아침, 전날 밤 먹은 에비후라이 기름 맛이 소년의 혀끝에 계속 맴돈다. 가족들은 어머니 묘소에 성묘하러 간다. 하지만 소년은 누워 있는 어머니를 똑바로 쳐다보지 못한다. 신묘한 맛의 에비후라이를 어머니는 먹어보지 못하고 돌아가셨고, 자신들만 먹었다는 것이 맘에 걸렸기 때문이다. 성묘 후 아버지는 서둘러 귀경길에 오른다.

작별의 버스 정류장에서 아버지에게 "잘 가세요"라고 말해야 할 순간에 소년은 무심코 "에비후라이"라고 말해버린다. 새우튀김 생각이 머릿속을 계속 맴돌았기 때문일 것이다. 버스에 탄 아버지는 "또 사다 줄라니까…"라고 말하는데, 소년은 주변 잡음으로 말줄임표 속의 말을 제대로 듣지 못한다. '무슨 말일까?' 궁금해한다. 돌아올 새해 명절에 귀성할 때도 에비후라이를 사다 줬으면 하는 소년의 바람이 행간에 읽힌다. "발차!" 하는 버스 차장의 소리와 함께 소설은 끝난다.

소설의 배경은 1960년대 초중반인 것으로 보인다. 그쯤에 도쿄에서는 도쿄올림픽이다 뭐다 하며 인프라 구축을 위해 건설 붐이 일었다. 먹고살기 위해, 자녀교육을 위해 수많은 농어촌 가장들이 도쿄로 상경해 공사판에서 돈을 벌었다. 가난한 서민의 노동력을 바탕으로 성장해 가는 일본 경제와 상경으로 인한 가족 간 이별, 그리고 새로운 맛들의 출현. 산업화 물결이 몰고 온 삶의 변화.

에비후라이, 즉 새우튀김은 그런 시대를 표상하는 먹거리였다.

새우튀김이 단박에 인기를 끈 배경에는 덴푸라를 즐기는 음식 전통과 튀김과 잘 어울리는 새우 본연의 성질도 크게 기여했다. 하지만 더 중요한 원동력은 따로 있다. 바로 해산물 유통 시스템의 혁신이다. 이른바 콜드체인cold chain이라 불리는 것으로서 콜드체인은 새우튀김 신봉자를 양산했다.

콜드체인이란 산지에서 소비자까지 식재료의 신선도를 일정하게 유지하는 유통체계를 말한다. 쿨체인cool chain 혹은 저온유통, 냉장유통이라고도 한다. 대상은 주로 수산물과 육류다. 도중에 온도가 변하지 않고 계속 저온 상태로 소비지까지 운송하는 것이 핵심이다. 중간 도매상이나 배송업자 단계에서도 냉장·냉동시설이 확보돼야 가능한 시스템이다. 말이 쉽지, 고도의 기술력이 한 치의 착오 없이 뒷받침되지 않으면 수포로 돌아간다.

냉장보관 기술은 군대의 필요에 의해 개발됐다. 참전 병사나 훈련 중인 병사에게 상하지 않은 음식을 먹이기 위해 도입됐다. 역사적으로 군대는 신종식품 개발의 첨병이었다. 막대한 자본과 최첨단 기술을 이용해 많은 식품보관 기술이 개발됐다. 식품의 혁신은 군대를 빼놓고 논할 수 없다. 콜드체인은 식품산업 전반에 일대 혁신을 몰고 왔는데, 이 역시 군대에서 시작됐다.

1965년 일본 과학기술청 자원조사회는 「콜드체인 권고」라는 보고서를 제출한다. 식생활 수준을 높이기 위해 식재료 유통을 어떻게 근대화할 것인가에 대한 연구 결과였다. 그 해법으로 제시된 것이 콜드체인이다. 요지는 "냉동식품을 많이 드시라"다.

보고서는 염분 많은 음식 위주의 일본인 식생활은 암, 뇌졸중 등을 유발하니 미네랄과 비타민 함유량이 높은 음식, 즉 '고품위식품'을 늘리라고 권한다. 고품위식품을 늘리는 것이 곧 식생활의 근대화이자 서구화라는 논리를 펼친다. 메이지유신 신봉자인 일본 관료들은 1960년대 식생활에도 특유의 근대화 논리를 설파한다. 그러면서 식생활 근대화의 첨병이 냉동식품이라고 주장한다. 전문가라는 사람들은 미디어를 통해 냉동식품이 주부를 부엌에서 해방시켜 준다며 거들었다.

냉동식품 근대화론이 나오게 된 저간의 사정이 어떠했는지 간략히 살펴보자. 1960년대 일본 경제가 급성장하면서 수산물 수요도 급증한다. '사시사철 신선한 수산물을 가정에서 편하게 즐기면 좋으련만.' 이런 대중의 욕구가 부풀어 올랐다. 때마침 냉동보관 기술과 운송 시스템이 발전 중이었고, 각 가정으로 냉장고가 빠른 속도로 보급되고 있었다. 냉동식품이 생활 속으로 막 진입하려던 참이었다.

하지만 입맛은 수구적이다. 정치 성향보다 바꾸기 힘든 것이 사람의 입맛이다. 제철 먹거리에 집착하고, 자연 상태 그대로를 최고의 맛이라고 철석같이 믿는 일본인 아니던가. 조리된 냉동식품이 첫선을 보였을 때도 입맛은 완고했다. 일본인은 냉동식품을 미심쩍은 눈으로 바라봤다. '맛있을 턱이 있으려고', '수산물은 얼리는 순간 하등품이다' 대충 그런 인식이 팽배했다.

냉동식품에 대한 고정관념을 깨는 것이 일본 식품 담당 관료들에게 급선무였다. 조리된 냉동식품도 우수하다는 사실을 증명할 필요가 있었다. 정부는 대국민 홍보 방편으로 국제행사를 활용하기로 했다. 때마침 절호의 찬스가 다가오고 있었다.

첫 번째 행사는 1964년 도쿄올림픽이었다. 매일 7000명이 넘는 지구촌 선수단에게 보다 신선하고 입맛에 맞는 음식을 어떻게 효율적으로 제공할 것인가. 고민거리가 아닐 수 없다. 정부 당국은 냉동식품에서 해법을 찾았다. 미리 조리한 식재료들을 냉동해두고 배식 전에 빠르게 요리해서 내놓기. 이를 위해 대규모 푸드코트food court 방식이 도입됐다. 첫 시도였지만 비교적 성공작이었다. 올림픽 기간에 미디어를 통해 푸드코트가 일반 국민에게 홍보되었고, 냉동식품에 대한 국민적 거부감은 예전보다 훨씬 옅어졌다. 1965년을 기점으로 가정용 냉장고 보급률은 50%를 돌파한다.

두 번째는 1970년 오사카 만국박람회(엑스포)다. 이때 센트럴키친central kitchen이라는 집중조리 공장 한 곳에서 냉동식품을 만들어 현장에 공급하는 시스템이 도입됐다. 이 새로운 방식은 대성공이었고 이후 음식 체인점이 활성화하는 계기가 됐다. 냉동식품에 대한 대중의 호감도는 부쩍 올라갔다. 더불어 냉동 새우튀김 수요도 폭발적으로 늘었다.

'요냉동. 냉장보관요'. 식품 포장지에서 이런 문구를 본 적이 한 번쯤은 있을 것이다. 1970년대 냉동·냉장식품에 대한 기준이 마련됐을 때 '요냉동' 표시가 도입됐다. 물론 식품별로 최적의 저온이 몇 도인지, 그 비밀도 과학자들의 연구를 통해 하나둘씩 베일을 벗었다.

콜드체인과 조리된 냉장·냉동식품의 만남은 먹거리의 규격화를 낳았다. 콜드체인으로 규격화된 반조리 식품을 대량 생산·소비하는 사회로 가는 길이 확 뚫렸다. 콜드체인의 최대 업적은 뭐니 뭐니 해도 수산물로 인한 식중독을 대폭 줄였다는 점이다.

정부와 여당은 자체 콜드체인 협의체를 만들었다. 그리고 콜드체인 구축을 위한 예산까지 집행했다. 냉동식품업계 요청에 정부가 장단을 맞춘 모양새였다. 냉동식품 캠페인에 정부 지원금이 지급됐으니 에비후라이 소비가 늘지 않을 이유가 없었다. 콜드체인 유통망 확충과 맞물려 냉장고 소비도 급증했다. 냉장고 보급은 당연히 냉동식품 소비를 끌어올렸다.

1968년에 벌어진 '새우 논쟁'은 에비후라이 인기의 단면을 보여준다. 새우 논쟁은 우리나라 전경련에 해당하는 닛케렌日經連과 노동계 사이에서 벌어졌다. 그해 닛케렌의 「임금보고서」는 "새우 수입이 급증한 것은 그만큼 노동자의 생활수준이 올라갔다는 증거"라고 못 박았다. 그러자 노동계가 강력하게 반박했다. 노동계는 "도대체 일본에서 팔리는 새우의 몇 퍼센트를 노동자가 먹었다는 말인가. 그 근거를 대라"라며 재계의 주장이 억측이라고 맞받아쳤다. 새우 논쟁은 양측이 임금 협상을 앞두고 벌인 일종의 기싸움이었다. 재계와 노동계의 임금인상률 다툼에 애먼 새우등만 터진 꼴이었다.

1979년부터 일본의 새우 수입량은 획기적으로 폭증한다. 저렴한 대만산 블랙타이거가 밀물처럼 밀려와 소비 폭증을 떠받쳤다. 일본의 기업자본은 새우 양식기지를 동남아시아에서 대만으로 바꿨다. 대만은 바다 가까운 곳에 평지가 많아 새우 양식장 조성에 적합했다. 수많은 농지에 대형 연못 같은 양식장이 들어섰다.

또한 새우 양식기술이 업그레이드돼 대량 생산이 한층 수월해졌다. 가령 '눈자루 자르기'라는 기법이 있는데, 새우 눈과 이어진 줄기 같은 눈자루를 자르면 새우의 포란抱卵 활동이 강화된다는 사실을 알게 된 것이다. 눈자루를 자르면 새우의 호르몬 변화를 유발해 산란 촉진으로 이어지는 메커니즘이다. 일일이 눈자루를 제거하기란 여간 번거로운 일이 아니다. 하지만 값싼 동남아시아의 노동력을 동원해 문제를 해결했다. 눈자루 자르기는 나중에 동물의 생명권을 해친다는 비판이 일어 규제됐다. 동남아시아와 대만에서는 새우 양식이 생태계와 환경 파괴를 부채질한다는 비판이 끊이지 않았다. 하지만 이런 사실은 일본 소비자에게 잘 전달되지 않았다. 뒤늦게 일본 내부에서도 환경 파괴에 대한 비판이 고개를 들었지만, 에비후라이에 대한 일본인의 미각을 훼손할 정도는 아니었다.

일본이 개발한 양식기술은 1980년대에 세계 각국으로 이전됐다. 1986년 일본인 1인당 연간 새우 소비량은 3킬로그램이었다. 제2차 세계대전 이전에 300그램이었으니 40여 년 만에 10배가량 늘어난 셈이다. 이맘때쯤 한국도 에비후라이 소비가 꿈틀대기 시작하는데, 그 양상이 일본의 축소판이었다.

블랙타이거 새우에 이어 요즘 새우의 대세는 흰다리새우다. 필리핀, 대만에 이어 태국이 새우 양식 강자로 떠올라 전 세계 새우 유통량의 25%를 책임진다. 그중 90%가 흰다리새우다.

1990년대 이후 일본에 건강식단 열풍이 불면서 냉동식품 인기는 시들해졌다. 냉동새우 소비도 점차 꺾였다. 요즘 일본인은 아직도 새우를 사랑하지만, 소비 행태는 예전 같지 않다. 질 낮은 냉동새우보다 이왕이면 싱싱한 놈을 직접 사서 튀겨 먹으려 한다.

편의점 식품 진열대를 보면 이내 알 수 있듯이 콜드체인은 이제 현대인의 식생활에서 공기 같은 존재가 됐다. 하지만 일본에서 콜드체인이 보편화되기까지 몇 번의 고비가 있었는데, 수백 년 전에도 콜드체인을 시도한 이들이 있었다. 바로 에도시대 이시카와현과 도야마현 일대를 영지로 둔 가가번加賀藩의 무사들이었다.

가가번은 한겨울에도 눈뭉치를 보관해 뒀다가 한여름에 에도까지 운반해 쇼군에게 바쳤다. 이른바 '헌상빙獻上氷'이다. 가가번은 가나자와성金沢城 뜰 한편에 땅을 깊숙히 파서 꼭꼭 압축한 눈뭉치를 쌓아 넣고 나무판자 등으로 밀봉한 후 가설 지붕을 세웠는데, 히무로氷室라는 설빙 보관창고다.

헌상빙은 음력 6월 1일(양력 7월 초중순)에 에도성에 당도해야 했다. 그날은 본격적인 더위가 시작되는 절기로, 봄옷에서 여름옷으로 갈아입는 세시풍속이 있었다.

가나자와에서 에도성까지 직선거리로 약 480킬로미터, 오늘날 차로 5시간 이상 걸려야 한다. 그 옛날엔 아무리 빨라도 5일은 족히 걸렸다고 한다. 가나자와에서 에도성까지 가려면 고산 준봉을 넘어야 했으니, 말 등에 설빙을 싣고 쉼 없이 내달린다 해도 목적지에 다다르면 설빙이 온전할 리 없다. 혹시 에도식 아이스박스라도 개발했었다면 모를까. 헌상빙의 에도 입성 풍경을 묘사한 글을 보면 아이스박스 같은 물건은 없다. 그들의 설빙 포장 기술과 운송 방법에 대한 정확한 기록은 없다.

설빙이 에도 시내의 가가번 저택에 도착한 다음 헌상빙 행렬은 다시 채비를 가다듬고 에도성으로 향했다. 이때 헌상빙 행렬을 보려고 길바닥으로 에도 주민들이 우르르 모여들었다. 이들은 녹아서 뚝뚝 떨어지는 얼음물을 한 방울이라고 놓칠세라 손을 뻗으며 밀치락달치락했다. 뙤약볕 아래 쉼 없이 달리고 걷느라 땀을 뻘뻘 흘렸는지, 에도성에 도착한 설빙은 쪼그라들어 있었다. 게다가 설빙은 흙, 솔잎 등 불순물이 끼어 있었다. 눈을 뭉쳐서 만든 것이니 질이 좋을 리 없었다. 헌상빙은 차마 입에 댈 수 없는 것이었다.

사실 헌상빙은 식용이 아니라 과일이나 생선을 신선하게 보관하는 용도로 쓰였다. 그것도 잠깐. 헌상빙은 쇼군을 향한 일종의 충성 다짐 이벤트 성격이 강했다. 가나자와성의 자랑거리인 히무로가 쇼군을 위해 존재한다는 점을 애써 강조하려는 퍼포먼스인 것이다. 깨끗하고 큼직한 설빙을 원하면 에도 가까운 곳에 히무로를 설치하면 그만이다.

헌상빙 제도는 에도시대 훨씬 이전부터 존재했다. 황실은 도토 인근 여러 곳에 히무로를 설치하고, 때가 되면 황실로 설빙을 바치도록 했다. 에도시대엔 가나자와 외에도 여름철 후지산에서 잔설을 채취해 에도성으로 배달하기도 했다. 그 경우도 문제는 설빙의 크기였다. 하지만 에도시대는 소빙하기였으니 여름철 평균 기온이 21세기보다 낮았다. 요즘 감각으로 판단하면 안 된다. 가가번의 헌상빙은 나중에 겨울철 행사로 바뀐다.

일본 대중이 여름철에 천연 얼음을 사 먹게 된 것은 1805년 이후다. 미국에서 수입된 '보스톤 얼음'이다. 자국산 식용 얼음이 시중에 판매된 것은 메이지유신 이듬해인 1869년으로 홋카이도에서 배에 실어 대도시로 가져왔다. '하코다테 얼음函館氷'이다. 기술 수준은 제빙製氷이라기보다 채빙採氷에 가깝다.

어쨌거나 가가번이 얼음마차 같은 것을 상상했을진 몰라도 명실상부 냉장·냉동 운반 시스템이 등장하려면 그로부터 200년 이상은 기다려야 했다.

| 청어 |

흥하고 망하고, 자본의 맛

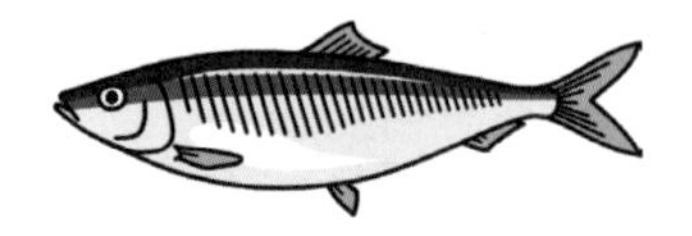

교토를 '건어물의 왕국'이라고도 한다. 일본 경제가 활활 불타오르기 전까지만 해도 교토에서는 선어가 유통되는 일이 거의 없었다고 한다. 교토 사람의 식문화에는 날생선을 요리해 먹는다는 개념이 없었다. 교토에서 물고기요리란 곧 건어물을 뜻했다. 바짝 말린 것이나 반건조한 염장 생선을 가리켰다. 그런 내력 탓에 교토 출신은 사시미를 그다지 즐기지 않는다. 옛날부터 즐겨 먹은 생선은 청어, 연어, 고등어를 반건조 염장한 것들이다. 그중에서 돋보이는 존재가 반건조한 청어, 즉 미가키니신이다.

교토에 가면 한 번 찾고 싶은 노포가 있다. 교토역에서 가까운 히가시야마구東山区에 있는 마쓰바松葉다. 1861년 오픈한 마쓰바가 풍기는 고도古都의 맛과 멋을 경험해 보고 싶다. 마쓰바는 1882년부터 자체 개발한 청어소바(니신소바)鰊蕎麦를 팔기 시작한 곳으로 청어소바의 원조집쯤 되는 음식점이다. 마쓰바는 청어소바가 교토의 향토 음식으로 자리 잡는 데 혁혁한 공을 세웠다.

꼬득꼬득 말린 생선과 소바의 결합이라니. 한국인에게 청어소바는 비주얼과 발상이 이채로운 음식이다. 큼직하고 거무죽죽한 청어 반쪽이 가케소바 위에 올려져 국물에 잠겨 있는데, 양 끝은 그릇 바깥으로 삐죽 삐져나올 것만 같다. 소바에 빠진 청어는 뼈, 내장, 머리를 제거하고 살만 반건조시킨 미가키니신이다.

미가키니신은 생김새와 만드는 법이 과메기와 유사하다. 그러고 보니 원래 과메기는 꽁치가 아니라 청어로 만들지 않던가. 청어소바는 미가키니신을 그냥 쓰지 않고 간장과 미림에 졸여서 쓴다. 청어는 잔가시가 많아 성가실 법도 하지만 졸여 낸 미가키니신의 잔가시는 부드러워 일일이 발라낼 필요가 없다.

오랜 전통을 자랑하는 청어소바의 맛은 분명 고풍스러운 교토의 멋과 통하는 구석이 있다. 흔히 청어소바가 교토의 고유한 명물로 인식되지만, 발상지는 따로 있다. 교토에서 한참 떨어진 홋카이도다. 에도시대와 근대에 미가키니신의 최대 생산지가 홋카이도였다. 차가 없던 시대에 홋카이도 청어소바가 어떻게 교토로 건너가서 교토 요리의 고전이라는 지위에 올랐을까. 청어소바의 전래는 일본의 상업 발달 역사를 보여주는 단면이다. 상업과 식문화의 성장사 이면에는 아이누 노동자의 흑역사도 담겨 있다. 청어소바와 미가키니신에는 아이누 사람들의 피, 땀, 눈물이 배어 있기 때문이다.

홋카이도에서는 청어가 '꽃소식을 전하는 물고기'로 통한다. 청어가 이른 봄에 산란을 위해 홋카이도 서쪽 해안으로 떼 지어 몰려오기 때문이다. 청어 떼는 바다가 연출하는 보기 드문 장관이다. 청어가 몰려오면 푸른 바다가 순간 뽀얀 우윳빛으로 변한다. 옛날 홋카이도 사람들은 앞바다에 하얀 띠가 드넓게 드리우면 청어 떼가 왔음을 알고, 봄의 기운을 느꼈다. 꽃가루를 뿌린 듯한 하얀 띠는 청어의 정액이다. 청어의 정액은 말하자면 어신魚信인 셈이었다.

홋카이도 서쪽 해안지역은 시기별로 정도의 차이는 있었지만, 대체로 청어가 풍부했다. 산란기에 살이 차고 기름기 오른 청어는 홋카이도 토착민 아이누족에게 값진 식량자원이었다. 그런데 홋카이도 바깥 일본 본토 사람들은 청어가 시쳇말로 '돈이 된다'는 사실을 알게 됐다. 그들은 청어에서 자본의 맛을 감지했다.

청어를 쫓아서, 돈을 쫓아서 혼슈의 와진和人[57]이 우르르 몰려왔다. 상품으로서의 청어 가치가 재발견되면서 대략 18세기부터 아이누의 평온한 삶도 흔들렸다.

아이누가 일본 국민으로 편입된 것은 1878년이다. 그 이전까지 아이누는 에조蝦夷로 불리며 야만적인 이민족 취급을 받았다. 와진은 홋카이도와 아이누에 대해 철저한 배제 정책을 견지했다. 아이누가 일본의 풍습이나 의상을 착용하는 것도 용납하지 않았다.

57 와진은 일본인들이 변방의 야만족과 상대화하기 위해 자신들을 지칭한 용어다.

19세기 말 러시아가 남쪽으로 더 남쪽으로 세력권을 넓히며 홋카이도까지 손을 뻗치자 화들짝 놀란 일본은 그제야 아이누를 국민으로 포섭하기 시작했다. 동화정책이다. 그 이전까지는 조선, 대만의 경우처럼 식민지화 정책으로 아이누를 수탈했다. 따라서 일본인에게 아이누는 오랫동안 지배와 수탈의 대상이었지 함께 어울려 살 동등한 공동체가 아니었다.

일본 정부는 1899년 홋카이도구토인보호법北海道旧土人保護法을 제정했다. 구토인은 원주민이라는 뜻으로 아이누족을 일컫는 차별적 용어다. 보호법은 명목상일 뿐이었고, 실제로는 수탈법이었다. 법안은 농업을 장려한다는 취지로 아이누의 토지를 몰수하고 재분배했다. 자유로운 어업과 수렵을 금지하고, 아이누의 전통 관습을 철폐했다. 아이누 고유 언어 대신 일본어를 쓰도록 강제했고, 이름도 일본식으로 창씨개명시켰다. 일본식 근대교육을 이식한다는 미명 아래 아이누 문화를 말살했다. 일련의 동화정책은 과거 일본 제국주의가 조선을 침탈하면서 펼친 만행과 판박이다. 아이누족 차별의 상징인 홋카이도구토인보호법은 1997년에 이르러서야 폐지됐다.

15세기까지 홋카이도는 토산물 무역을 통해 혼슈와 교류하는 정도였다. 에도시대에 홋카이도 일부가 막부 정권의 통제권에 들어간다. 도쿠가와 막부는 마쓰마에松前 가문에게 그곳을 영지로 하사하고 통치권을 부여한다. 홋카이도 최남단 해안지역, 본토와 가장 인접한 곳에 성을 짓고 교두보를 쌓았다. 지금의 마쓰마에 쵸松前町로 하코다테 남서쪽 지역이다.

에도시대에는 공직자 봉록, 세금 등이 쌀로 지급됐다. 이른바 석고제를 근간으로 한 시스템이었다. 석石이란 쌀을 측정하는 단위다. 에도 무사의 임금 정도를 1인부지一人扶持, 2인부지二人扶持 등으로 표현했는데, 1인부지란 하루 동안 한 사람이 목숨을 '부지'할 수 있는 분량의 쌀을 뜻한다. 당시 하루 두 끼가 일반적이었으니 한 끼에 쌀 2.5홉, 하루 5홉으로 정했다. 연봉으로 따지면 한 해 1석8두1石8斗, 요즘 단위로 환산하면 300킬로그램가량 된다. 최하급 무사의 1인부지는 글자 그대로 간신히 목숨을 '부지'할 분량이었다.

현대가 금 본위제라면 에도 막부시대는 쌀 본위제였다. 모든 가치의 척도는 쌀이었고, 화폐는 쌀의 보조수단이었다. 공적인 거래에서 쌀이 가치의 척도였다.

도쿠가와 막부시대는 명목상 농본주의 사회였다. 그런데 벼농사를 짓지 못하는 산간 오지마을이나 어촌은 쌀 대신 지역 특산물로 세금을 대납했다. 땅이 척박하고 기후도 험악한 홋카이도의 마쓰마에번松前藩에서도 쌀 대신 해산물을 거뒀다. 그중에서 연어, 송어와 더불어 청어가 큰 비중을 차지했다. 청어는 마쓰마에번 재정을 유지하고 심지어 막대한 부를 안겨줬다.

청어 선어鮮魚, 미가키니신, 농작물 비료인 니신카스. 청어가 소비되는 형태는 크게 세 가지였다. 선어는 나무상자, 짚끈 등으로 포장해 홋카이도 인근 지역으로 신속하게 팔려 나갔다. 멀리 가봐야 니가타현 근방이었다. 나머지 두 종류는 기타마에부네北前船라는 장거리 운항 대형상선에 실려 멀리 교토, 오사카, 에도까지 갔다. 미가키니신은 에도시대 대도시의 귀족층에게 헌납되거나 팔렸다. 서민은 돈 주고 사 먹을 수 없을 만큼 고가였다. 소비층이 지극히 한정돼 있었다.

청어 수요를 폭발시킨 것은 비료, 더 정확히 말해 어비인 니신카스였다. 에도시대 중기부터 농업생산력이 높아지면서 비료 수요도 급증했다. 이와시로 만든 호시카, 청어로 만든 니신카스, 이렇게 두 종류가 농업용 비료 수요를 떠받쳤다. 비싼 비료, 돈 되는 비료, 즉 '금비'라고도 불린 이 두 물고기 비료는 밭작물 특히 면화 재배에 요긴하게 쓰였다.

면화를 재료로 한 목면은 중국 수출용 주력 상품이어서 면화 농사가 활발했다. 면화 재배는 부가가치가 큰 농업이었다. 17세기 중반부터 면화 재배 면적이 급격히 늘어나면서 금비 수요도 급증했다. 금비는 말 그대로 금값이었다. 금비의 선두주자는 이와시였지만, 이와시 흉어기가 찾아오자 청어가 금비 시장에서 차지하는 비중이 커졌다. 19세기부터 면화, 그리고 유채 재배 면적이 급증하면서 청어 비료의 수요도 상승곡선을 탔다.

또한 니신카스는 이와시로 만든 호시카보다 가격 경쟁력이 훨씬 앞섰다. 니신카스 값이 쌌던 이유는 이와시가 따라오지 못할 청어 자체의 이점 탓도 있지만, 생산비가 상대적으로 낮았기 때문이다. 아이누의 값싼 노동력이 생산비를 확 떨어뜨렸던 것이다. 홋카이도 앞바다의 풍부한 원료와 아이누족이라는 값싼 노동력 덕분에 청어잡이 업자는 막대한 이익을 거뒀다. 청어잡이 배 한 척이 바다로 나가 만선이 되어 돌아오면, 오늘날 가치로 6억 원어치 벌이를 했다고 한다.

돈이 되는 곳에는 으레 자본이 쏠린다. 자금력이 풍부한 거대 상인인 호상은 '돈 되는' 청어에 주목했다. 호상들은 농어민을 이끌고 마치 금광을 찾아 떠나듯 황금의 땅 홋카이도로 향했다. 청어잡이에 자본이 투입되고 어업의 규모도 커진다. 마쓰마에번은 상인에게 청어잡이와 청어 판매 권한을 주고, 대신 청어 판매수익 일부를 받았다. 일종의 청부하청 제도다. 마쓰마에번은 이렇게 벌어들인 수익으로 번 재정의 상당 부분을 채웠다.

상인들은 연안에 청어 기지를 구축했다. 청어잡이부터 가공까지 원스톱으로 처리하는 시설을 지었다. 드넓은 부지에 일꾼 숙소와 청어 가공시설을 겸비한 가옥들이 들어섰다. 청어는 물론이거니와 쌀, 미소된장 등 식품을 저장하는 창고를 비롯해 다양한 생활 기반 시설이 세워졌다. 청어 건조장만 해도 수천 평에 달했다. 이 모든 시설이 한 구역에 집약적으로 모여 있었다. 에도판 산업단지라 해도 크게 틀리지 않는다. 지금도 홋카이도 남단 어항 에사시江差 해안가 등 옛 청어잡이 터에 상인이 기거한 건물인 청어 저택(니신고텐)鰊御殿이 유물로 보존돼 있다. 청어 저택의 규모는 영주의 저택 못잖게 웅장했다. 아무나 그런 저택을 지을 수 없었던 에도시대의 법률을 감안하면 청어 상인의 힘과 청어 사업의 입지가 상당했음을 알 수 있다.

청어의 대가리와 꼬리지느러미를 잘라 내고, 배를 가른 다음 내장을 빼낸다. 살점만 남은 몸통을 씻은 후 말리면 미가키니신이 된다. 잘라 낸 부속물은 버리지 않는다. 대가리와 지느러미는 한데 모아 찌거나 말려서 니신카스를 만드는 데 썼다. 흔히 '이리'라고 하는 청어의 정소는 미식가에게 사랑받았다. 청어알은 잘 말려서 얇게 썰어 먹었는데, 술안주로 넘볼 자가 없다는 그것이 바로 일식의 진미 가운데 하나인 가즈노코다. 그 시절 청어는 하나도 버릴 게 없는 생선이었다.

청어잡이와 청어 가공업의 규모는 갈수록 커진다. 산업 규모로 따지면 다른 어종은 명함도 못 내민다. 우선 투입되는 노동력이 엄청났다. 18세기 후반 혼슈 북부 지방 노동력이 홋카이도로 대거 이주했다. 백성이 일자리를 찾아 대규모로 이주하는 경우는 근대 이전 일본에서 흔치 않은 일이다. 1830년대 후반 덴포 기근天保の飢饉 직후에는 먹고살 길이 막막해진 농어민들이 대거 청어 어업에 유입돼 노동력 이동은 최고조에 달했다.

일본인들로만 노동력을 메우기에 역부족이어서 청어 산지의 아이누가 무더기로 고용됐다. 아이누는 남녀노소 가리지 않고 청어에 달라붙었다. 하지만 이들의 노동력은 헐값이었다. 노동환경은 열악했다. 차별적 대우와 가혹한 노동조건 속에서 아이누는 상업자본에 속절없이 착취당했다. 원시 농경사회가 돈과 상업 논리에 노출되면 예전의 생활양식과 가치관이 변형되고 붕괴되고는 한다. 그런 사례는 동서고금 구별이 없다. 아이누의 경우도 마찬가지였다. 수렵과 어로를 주축으로 이어져 오던 전통적인 아이누의 생활방식에 서서히 균열이 생겼다. 근세시대 홋카이도는 농경사회와 비농경사회가 충돌한 대표적 사례로 꼽힌다.

'에사시의 5월은 에도에도 없다.' 에사시는 홋카이도 남단에 위치한 어촌이다. 청어로 말미암은 홋카이도의 경기 호황을 빗댄 말로 18세기 에사시는 에도가 안 부러울 만큼 번창했다. 당시 에사시에서는 길거리 강아지도 지폐를 물고 다녔다고 표현해도 가히 틀리지 않았다. 사람과 돈이 모이면 먹고 마시고 노는 곳이 뒤따라오기 마련이다. 흥청망청, 탐욕과 쾌락은 앞서거니 뒤서거니 같이 다니니까. 찬바람이 불고 적막하던 에사시에도 유흥가가 들어섰다.

쾌락주의는 아이누의 생활터전을 헤집어 놓았다. 더구나 듣도 보도 못한 전염병도 창궐했다. 혼슈에서 건너온 이방인은 청정한 땅에 무서운 전염병을 갖고 왔다. 또한 인구 증가로 신생 거주지가 급조돼 비위생적인 공간이 늘면서 전염병에 취약한 환경이 조성됐다. 전례 없던 전염병은 아이누족을 괴롭혔다.

아이누보다는 덜 했어도 혼슈에서 건너간 가난한 백성도 착취당했다. 홋카이도산 청어를 처음 혼슈로 유통한 상인은 비와호 주변을 근거지로 한 '오미近江 상인'이었지만, 청어 붐이 계속됨에 따라 마쓰마에번 호족과 토착 상인이 본격적으로 어장 개척과 어업 경영에 손대기 시작했다.

오미 상인들은 청어 비료를 농민에게 팔고, 그 대가로 금전이나 쌀을 받았다. 쌀은 다시 오사카 곡물 시장 등에 재판매했는데, 쌀 시세가 좋을 때를 기다려 팔면 더 큰 수익을 거두곤 했다. 투기성 매매가 움텄다. 이 탓에 청어와 니신카스 시세는 쌀값에 영향을 줬다. 청어가 비싸지면, 시중의 쌀값도 덩달아 올라 물가 불안을 부채질했다. 당연히 청어 흉년이면 농산물 작황이 나빠지고, 쌀값은 올라 고물가 고통이 뒤따랐다. 이런 메커니즘은 똑같은 어비 재료인 이와시도 마찬가지다.

또한 풍년이 들어 쌀값이 하락하면 어비 가격도 떨어져야 마땅한데, 어비 상인들은 어비 유통량을 조절하면서 가격을 통제했다. 이에 불만을 품은 농민들이 마을 단위로 뭉쳐 어비 가격을 인하해 달라고 관청에 탄원하는 국소国訴를 제기하기도 했다.

상인들은 니신카스 등 어비를 외상으로 팔기도 했는데, 외상값이 누적돼 갚지 못한 농민은 상인의 소작인이 되는 경우도 적잖았다. 이처럼 근세 말기 일본 농촌경제, 시장경제에 미치는 어비의 파급력은 만만찮았다. 이 때문에 막부와 영주는 농업 발전과 연공미 조달을 위해 어비 독점이나 투기를 감시했다. 나라에서도 예의주시한 청어, 만만하게 볼 생선이 아니다.

청어잡이 자본가의 대표 격은 오늘날 선주船主에 해당하는 망주網主였는데, 어민은 이들로부터 그물과 어선을 빌려 청어잡이에 나섰다. 그물 비용은 후불제가 아니어서 목돈이 없는 어민들은 대출을 받아야 했다. 어민은 고리대금업자로부터 돈을 빌렸다. 에도시대 대규모 어업은 '망주-어민-고리대금업자'라는 삼각 구조 안에서 굴러갔다.

만선일 때는 걱정거리가 없었지만, 어획량이 신통찮으면 어민들은 이자 부담에 시달려야 했다. '바다 사정은 신만이 아시는 것'이라는 믿음을 갖고 산 어민은 텅텅 빈 그물 앞에서도 누구를 탓할 수 없었다. 그물 대여금을 갚을 능력이 없으면 노동력 제공으로 벌충했다. 니신카스 대금을 못 갚아 소작농으로 전락하는 경우와 흡사하다. 빚과 고단한 노동의 악순환이 이어졌을 것이다. 그래도 도저히 빚을 감당할 수 없을 때 도망쳤다. 야반도주하는 어민이 부지기수였다고 한다. 청어 어업이 낳는 부富는 오로지 자본가와 고리대금업자에게 흘러갔다.

니신카스를 생산하려면 일단 청어를 푹 쪄야 한다. 이 과정에서 엄청난 양의 땔감이 소모된다. 무분별한 나무 벌채는 피할 수 없는 일이다. 홋카이도의 아름드리 나무들이 무차별적으로 베어져

나갔다. 청어가 많이 몰려올수록 땔감 수요는 늘어 홋카이도 해안 인근의 삼림 파괴 속도는 빨라졌다. 홋카이도의 나무는 니신카스 땔감 용도 외에도 건설 목재용으로 쓰였다. 목재용 나무는 배에 실려 교토, 오사카로 대량 실려 나갔다.

해안지역 삼림이 파괴되면 바다도 황폐해진다. 생태계의 섭리다. 울창한 삼림지대는 빗물을 통해 다양한 유기물을 바다로 흘려보내 플랑크톤 성장에 큰 도움을 준다. 그래서 삼림 파괴는 바다 생물이 먹을 영양분을 앗아 가는 결과를 낳는다. 삼림의 상태와 청어 어획량은 유기적인 관계라고 할 수 있다.

이상하게도 1945년 태평양전쟁이 끝남과 동시에 홋카이도 앞바다에서 청어가 급감하기 시작했다. 1958년에는 사실상 어획량이 제로로 떨어질 만큼 청어의 씨가 말랐다. 1897년 어획량이 97만 톤으로 정점을 찍은 지 60년 만의 일이었다. 그야말로 상전벽해다. 그 이후 청어는 조금씩 돌아오기 시작해 1999년 어획량은 1만 톤 규모로 회복되는 듯했다. 그런데 왜 그런 일이 벌어졌을까.

학자들은 청어 급감의 원인으로 연안 개발과 삼림 파괴를 꼽는다. 전쟁을 치르기 위한 군수물자로 무수한 나무가 베어져 홋카이도 삼림은 몰라보게 훼손됐다. 이로 인해 육지에서 바다로 공급되던 흙 속의 영양분이 급격히 줄어 청어가 오지 않게 됐다는 것이다. 빛과 소음 공해도 원인으로 지적됐다. 삼림지대까지 철도가 깔리고 열차가 드나들어 밤에도 불야성을 이뤘는데, 인공적인 빛과 소음이 해안으로 몰려드는 청어를 쫓아냈다는 것이다. 결국 삼림 남벌이 청어 실종 사태를 초래했다는 주장이다.

이후 홋카이도 어민들은 청어를 다시 불러들이기 위해 수년간 나무 심기 운동을 벌였다. 분비나무 20만 그루가 심어졌다. 그 결과 청어를 비롯한 어류가 서서히 몰려오기 시작했다.

고치현 남부 어촌 아키安芸에는 '눈이 많은 해에는 새끼 고등어가 많다'는 속설이 내려온다. 봄에 눈이 녹아 바다로 흘러가는데 육지의 영양분도 함께 가져간다. 이 때문에 플랑크톤이 많아져 새끼 고등어가 자라는 데 좋은 환경이 조성된다. 적설량이 많을수록 새끼 고등어도 많아진다. 새끼 고등어가 많아지면, 이것들을 잡아먹는 가다랑어가 더 많이 몰려온다. 아키 어민의 타깃은 고등어가 아니라 가다랑어다. 결국 많은 눈은 가다랑어 풍년의 전조로 여겨진다. 아키 사람들은 경험적으로 이 인과관계를 터득했지만, 과학적 근거가 있다. 청어와 삼림의 관계, 고등어와 적설량의 관계처럼 육지의 생태환경과 바다의 물고기 서식환경은 밀접하게 연관되어 있다.

미가키니신, 니신카스 등 청어 전성시대는 150년가량 이어졌다고 하는데, 나중에는 홋카이도뿐만 아니라 아오모리, 아키타, 미야기 등 혼슈 북부 지역으로 청어 산업은 팽창했고, 1910년 한일 강제 병합 즈음에는 일본 청어잡이 배가 부산, 울산 앞바다까지 진출했다. 그러나 20세기 벽두부터 '청어시대'는 종언을 고한다. 질 소비료의 발명으로 청어가 더 이상 비료로 쓰일 필요가 없어졌기 때문이다. 때마침 청어 개체수도 급감해 해안을 하얗게 뒤덮었던 청어 풍년시대는 그렇게 아득한 역사로 남게 된다.

푸른 해안에 청어가 바글거리던 시절, 홋카이도의 아이누는 고된 노동을 달래며 청어를 구워 먹었을 것이다. 청어 껍질에서 꼬실꼬실 소리를 내며 기름이 흘러나와 불 위로 뚝뚝 떨어져 빠지직 빠지직 타버릴 때 한숨도 함께 태워버렸을 것이다. 다 익은 청어를 호호 불어가며 폭신폭신한 살점을 크게 한 입 베어 물면 잠시나마 고소함이 입안에 퍼졌을 것이다.

교토의 청어소바가 가지지 못한 맛이다.

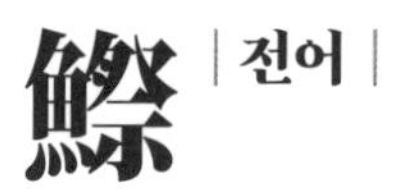

격세지감 몸값, 입맛은 변덕쟁이야

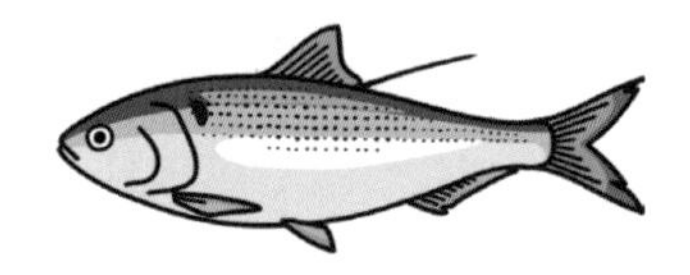

이번에는 물고기 두 분을 모시고 '나와 일본인'이라는 주제로 이야기를 나눠보겠습니다. 먼저 각자 자기소개 부탁드립니다.

- 고노시로: 안녕하십니까? 고노시로입니다. 한국에서 전어로 불리는 생선입니다. 학명 '코노시루스 푼크타투스Konosirus punctatus'에 떡하니 제 이름이 들어가 있어서 뿌듯합니다.
- 고하다: 처음 뵙겠습니다. 고하다라고 합니다. 저 역시 전어고요, 고노시로 형님보다 어리고 몸집도 작습니다.

같은 전어인데 왜 다르게 부르죠?

- 고노시로: 그건 제가 말하죠. 사람들은 우리를 출세어

라고 합니다. '성장 과정에 따라 호칭이 달라지는 물고기'라는 말이죠. 전어는 치어를 갓 지나면 신코新子, 자라면서는 고하다鰶, 나카즈미中墨, 고노시로鰶 이렇게 불립니다. 한국도 전라도인가 하는 곳에서 전어 중치를 엿사리, 새끼를 엽삭이라 부른다고 들었습니다. 방어, 숭어, 농어, 삼치도 자라면서 이름이 바뀌는 출세어에 속합니다.

- 고하다: 7~10센티미터 자라면 고하다, 15센티미터 넘어가면 고노시로라고들 하는데, 그건 표준어처럼 도쿄 사람들이 만든 기준이고, 지방에 따라 천차만별이에요.

어떤 물고기는 출세어고, 어떤 물고기는 아니고. 그 이유가 뭐죠? 출세어는 출세를 했다는 뜻인가요?

- 고하다: 자라면서 겉모습이 두드러지게 달라지는 물고기, 뭐 "몰라보게 컸네"라는 소리를 들을 만한 물고기가 출세어에 들어간다고 보시면 되고요. 옛날 에도 사람들은 길한 물고기, 즉 엔기縁起가 좋은 물고기를 출세어라고 했어요. '쑥쑥 잘 자란다=출세한다' 그런 해석을 한 거죠.
- 고노시로: 맞아요. 무가사회의 풍습이 물고기한테까지 감정이입이 되었다고나 할까요. 무사 집안 아이들은 집 울타리를 벗어나 세상 밖으로 나갈 때가 되면 이름을 바

꿨습니다. 13세 전후에 성인이 된다고 여겨 그즈음에 겐푸쿠元服라는 일종의 성인식을 치렀죠. 지방 통치자인 다이묘 정도 되면 겐푸쿠 이후에도 출세할 때마다 이름을 바꿨습니다. 다이묘 가운데 네댓 번 이름을 바꾼 경우도 허다합니다. 이름을 바꾼다는 건 '한층 성장한다, 훌륭한 인물로 큰다'라는 기대 혹은 믿음과 직결됩니다. 따라서 이름 바꾸기는 단순히 신체적 성장을 표시하는 풍습이라기보다 사회적 성장을 함의하는 풍습입니다. 무사들의 겐푸쿠 관례는 메이지시대에 호적법이 제정되고 나서야 사라졌으니 꽤 긴 역사를 가졌다고 볼 수 있죠.

히요시마루日吉丸라는 어린아이가 자라 출세하면서 기노시타 도키치로木下藤吉郎로, 그리고 하시바 히데요시羽柴秀吉로 이름을 바꾸다가 최고 권력자가 되었을 때 도요토미 히데요시豊臣秀吉라는 이름을 갖게 된 것처럼 말이죠?

• 고하다: 네. 그런데 길하다는 물고기에 출세어라는 타이틀을 붙인 건 맞는데, 전어가 꼭 길한 물고기 대접을 받은 건 아니에요. 불에 구우면 시체 타는 냄새가 난다고 하질 않나, 네코마타기猫跨ぎ라고 해서 고양이조차 거들떠보지 않는 생선이라며 놀리질 않나. 무사나 귀족들은

우릴 못 먹을 물고기 취급했으니까요. 관념적으로 길한 물고기라는 것과 실생활에서 사랑받는 먹거리는 서로 별개인가 봐요.

재미있네요. 길하다면서 먹기를 꺼렸다는 사실이….

- 고하다: 네, 전어는 서민의 생선이었죠. 그리고 무사들이 출세어라며 네 가지 이름을 부여한 이유를 무가사회 전통에서 찾기보다 상업적인 측면에서 접근한 설명이 더 설득력 있어 보여요. 자, 이런 거죠. 성장 정도에 따라 크기, 모양, 용도 차이가 두드러지는 물고기는 팔 때 선별해야 한다. 그럴 때 이건 뭐고 저건 뭐고 선별할 표식을 달아주자. 바로 이름표죠. 육안으로 구별하기 어려운 것들에 이름을 붙이면, 구분하고 기억하기 쉬워지는 것과 같은 이치입니다. 즉 상인이 판매할 때 수월하도록 선별하면서 생긴 이름 붙이기죠. 굳이 정의한다면 동인이명同人異名이라고나 할까요. 그렇게 되면 파는 쪽도 편리하지만, 사는 쪽도 어떤 것을 살지 판단하기 쉬워진다는 거예요. 상인과 구매자 사이에 생선 크기를 놓고 가격 다툼을 벌일 소지도 적어지고요.
- 고노시로: 꽤 그럴싸하게 들리지만, 무가 전통과 상업적

목적, 이 두 가지가 복합적으로 작용한 게 아닐까요. 의도는 상업적이었다 하더라도 동인이명이란 발상을 떠올리게 한 건 '맛의 차이'일지도 모릅니다. 성장 정도에 따라 맛 차이가 뚜렷한 것을 알게 되니 맛 차이에 따라 가격을 달리 매겨야겠다는 생각으로 이어지지 않았을까 합니다.

이름에 따라 몸값도 달라졌다는 말이군요. 출세어가 아닌 생선은 무게나 신선도를 보고 그때그때 값이 결정되는데, 출세어는 엄밀히 말하면 이름이 가격의 잣대가 됐다고 봐야겠네요.

- 고하다: 이름에 따른 가치가 어느 정도 정리되면 어민도 편해져요. 이 정도 크기면 버려야 하나 잡아야 하나 고민할 필요가 없어지는 거죠. 생선의 조업부터 소비까지 전반적인 과정이 질서정연해진다고나 할까요.
- 고노시로: 스시집도 동인이명 효과를 잘 활용합니다. 니기리즈시를 만들 때 스시 하나 분량으로 고하다는 반 마리를 쓰고, 그보다 어린 신코는 한두 마리 올리는 게 보통입니다. 많이 자란 고노시로는 가시가 억세 스시로는 별로예요. 구이나 초절임으로 많이 먹죠.

스시 얘기가 나왔으니 말인데요. 스시 매너에 '고하다를 가장 먼저 먹는 게 상례'라는 말이 있다던데 맞나요?

- 고하다: 스시집 카운터에 앉은 다음, 오마카세お任せ[58]가 아닐 경우 가장 먼저 고하다를 요청하면 "아, 저 사람은 스시 좀 먹을 줄 아는구나" 그런 소리를 듣는대요. 왜 그런가 하면, 고하다 자체의 맛도 특별하지만 고하다 스시가 스시 장인의 솜씨를 가늠케 한다는 속설 때문에 생겨난 말이에요. 니기리즈시용 고하다는 스酢에 재웠다 쓰고, 손님에게 낼 때는 소스를 살짝 바르잖아요. 거기서 스시 장인의 솜씨가 발휘된다는 거죠.
- 고노시로: '스시는 고하다로 숨통을 끊어놓는다'는 표현도 있습니다. 무사가 적을 쓰러뜨리는 결정적 칼놀림 한 방을 고하다에 빗댄 겁니다. 그래서 그런지 전어 중 고하다가 제일 비쌉니다. 나카즈미부터 싸집니다. 하지만 옛날에는 그 반대였어요. 사실 에도시대 후기에 니기리즈시가 인기를 끌기 전까진 고노시로구이가 가장 각광받았습니다.
- 고하다: 먹을 게 변변치 않은, 못사는 서민의 먹거리였어

58 메뉴 일체를 요리사에게 맡긴다는 뜻.

요. 물고기를 상중하로 등급 매겨놓은 17세기 문헌을 보면 전어는 '하어下魚'로 분류돼요. 중국 약학서 『본초강목』에는 "많이 먹으면 발진 난다"라고 적혀 있고요. 전어에 대한 대중적 인식이 그다지 좋지 않았죠.

- 고노시로: 맞습니다. 무사 계급이 우리를 싫어했다는 것을 설명할 때 인용하는 게 제 이름이에요. 고노시로가 '이 성この城'으로도 읽힌다면서 '고노시로를 먹는다', '고노시로를 굽는다' 등의 표현이 자신이 모시는 군주가 사는 성을 함락한다는 뜻도 된다고 봤어요. 그래서 하극상이나 쿠데타를 연상케 해 전어를 멀리했다고 해요. 불경시했어요.
- 고하다: 쿠데타를 꿈꾼 사람은 반갑게 먹었겠죠. 하하하. 실제 그런 장수가 있었대요, 오다 도칸大田道灌이라고. 그자가 탄 배 위로 파드득 전어가 튀어 오르더래요. 도칸은 그게 고노시로인 것을 알고 불길하게 생각하기는커녕 '그 성이 내 손에 들어온다는 길조'라고 생각했다는군요. 전어의 덕을 봤는지 훗날 도칸은 에도성을 축성하고 성의 첫 주인이 되죠. 도쿠가와 이에야스가 입성하기 40여 년 전의 일입니다. 고노시로의 별명 중에 '할복어切腹魚'가 있어요. 빠르게 상해 배가 금세 으스러진다고 해 붙은 별명이에요. 할복하는 무사에게 최후의 만찬 격으로 고노

시로를 구워주었다고 해요.

- 고노시로: 아까 시체 타는 냄새 얘기를 했잖아요. 그것에 얽힌 믿거나 말거나 할 민담이 있어요. 어느 부유한 상인에게 외동딸이 있었는데 고관대작 집안과 혼사가 성사됐답니다. 그런데 혼례식을 앞두고 상인은 딸이 임신한 사실을 알게 됩니다. 만약 그 사실이 사돈 귀에 들어가면 집안이 풍비박산 날 건 뻔할 뻔 자. 상인은 꾀를 냅니다. 자기 딸이 갑자기 아파하다 죽어버렸다고 소문을 냅니다. 그리고 눈속임 장례식을 치렀는데, 사람들을 불러놓고 관을 태웁니다. 관 속에는 고노시로를 잔뜩 넣어 두었죠. 관이 타면서 시체 타는 냄새가 났겠죠. 사람들은 그 냄새를 맡고 딸의 죽음을 기정사실화했다는 이야깁니다. 고노시로를 '자식 대신子の代'으로도 읽을 수 있다는 점에 착안해 창작된 이야기죠.
- 고하다: 아이를 낳으면 건강하게 잘 크고 출세하라는 바람으로 고노시로를 땅에 묻는 풍습도 있었대요. 그것도 '자식 대신' 독한 병이나 나쁜 기운을 전어 네가 대신 가져가라는 뜻이겠죠. 액막이 풍습이에요.

스시집은 아리아케해有明海에서 잡힌 고하다를 최고로 친다는데 왜 그렇죠?

- 고하다: 구마모토熊本 아시죠? 구마모토 앞바다를 아리아케해라고 부르는데, 내륙으로 움푹 들어간 내해內海로 일본에서 조수간만의 차가 가장 큰 바다입니다. 김과 짱뚱어의 최대 산지고 전어도 풍부하죠. 도쿄 도요스 시장豊洲市場의 고하다 경매가 최고액은 거의 언제나 아리아케해 고하다의 가격입니다. 그만큼 맛이 뛰어나답니다.
- 고노시로: 아리아케해가 전어로 유명해진 건 어제오늘 일이 아닌데요. 최근에는 미군 비행기로 더 유명해졌습니다. 무슨 얘긴가 하면 이렇습니다. 전어는 소리에 민감합니다. 미미한 소음만 들려도 휙 달아나 버립니다. 그래서 어부들은 전어를 잡을 때 어선 엔진을 꺼버립니다. 숨죽인 채 잡습니다. 아리아케해 인근 사가공항에 주일 미군 수직이착륙기 '오스프리'가 시험 배치됐을 때인데요. 어민들이 난리가 났었대요. 저공 비행하는 오스프리가 바다 위로 왔다 갔다 하면서 소음을 일으키는 바람에 전어가 달아나 버려 고깃배에 전어가 안 잡힌다는 거죠. 한바탕 소동이 벌어졌고, 어민들은 오스프리 배치를 철회해 달라고 정부에 강력히 요구했다죠. 결국 오스프리 배치는 수년간 연기됐고, 미국의 압박을 못 견뎠는지 일본 정부는 2019년에 오스프리 배치 계획을 발표하죠.

이야기가 살짝 옆길로 새긴 했지만 흥미롭습니다. 그럼 고하다는 어떤 계기로 에도시대 후기부터 인기를 끌었나요?

- 고하다: 다름 아닌 니기리즈시 열풍 때문입니다. 니기리즈시가 에도의 패스트푸드로 인기를 끄니까 고하다의 몸값도 덩달아 뛴 거죠. 1800년대 에도 시내에는 스시집이 소바집보다 더 많았다고 해요. 그 시절 니기리즈시 팀의 주전선수로 고하다, 신코가 발탁돼요. 그런데 "고노시로와 고하다는 하늘과 땅 차이"[59]라는 소리가 공공연히 떠돌면서 제가 갑자기 주목을 받죠. 1814년 간행된 풍속 기담집 『허섭스레기 이야기塵塚談』에는 "지금도 사족士族은 전어를 안 먹지만, 무사든 아녀자든 스시로는 즐겨 먹는다"라고 나와요. 당시에는 거리를 쏘다니며 고하다스시를 파는 장사꾼이 있었을 정도예요. 스시를 담은 동그란 나무통을 장대 양 끝에 탁 겁니다. 한쪽 어깨로 장대를 메고 다른 손으로 찻주전자를 들고 "고하다스시~이" 하고 외치며 다닙니다. 보테후리라는 행상인데 이들은 생선이나 채소도 팔았습니다. 보테후리는 에도시대의 대표적 소매 시스템입니다.

59 다케이 슈사쿠武井周作의 『어감魚鑑』(八坂書房, 1978) 중에서. 이 책은 1831년 처음 출간됐다.

- 고노시로: 재밌는 얘기 하나 해드릴까요? 혹시 밧테에라バッテーラ라고 들어보셨나요? 포르투갈 전통 보트 바테이라bateira를 닮았다고 해 오사카 사람들이 그리 부르는 고등어초밥입니다. 초절임 고등어를 밥 위에 올리고 나무틀에 넣고 하루쯤 꾹 눌러두는 스시입니다. 한때 스시집에서 고등어 대신 저를 밥 위에 올려서 스시로 팔았는데 꽤 쏠쏠했다는군요. 얌체 상술 같은 건 아니고요. 1880년대 말부터 오사카 앞바다에 갑자기 전어가 엄청 몰려들었대요. 한 스시집이 흔한 고노시로를 고등어 대신 사용했는데, 그게 먹혔어요. 고등어초밥은 당시 인기 있는 고가 스시였어요. 고노시로초밥은 고등어초밥과 외관이 비슷했습니다. 반면 값은 더 싸게 먹혔죠. 밧테에라를 잘 모르는 사람은 구분하기 힘들었을 겁니다. 착시 현상이죠. 이름까지 밧테라バッテラ로 써 붙이자 깜빡 속았겠죠. 그래도 일말의 양심은 있었는지 고등어초밥 밧테에라バッテーラ에서 장음 표시 '-'를 빼고 표기했다네요. 고노시로 어획량이 줄고 다시 고등어 어획량이 급증하면서 고노시로로 만드는 밧테라는 점차 사라졌어요. 지금은 두 단어의 구분은 사라지고 그냥 단음 밧테라로 쓰나 봐요.

그렇군요. 참, 어떤 연구자료를 보니까 도쿄 사람은 전어를 많이 먹지 않는 걸로 나온다는데, 잘 납득이 안 갑니다. 한국은 전어 소비량이 가장 많은 지역이 서울이라고 알고 있는데 말이죠.

- 고노시로: 아, 가가와대학香川大学 준교수 우네 사쓰키畦五月의 「고노시로의 식문화와 지역성」 말이군요. 그 자료에 따르면, 오늘날 일본에서 전어의 상당량은 사료용으로 가공 처리된다지요. 스시 용도의 고하다 외에는 한국처럼 불에 구워 먹는 경우가 드뭅니다.
- 고하다: 2003~2004년 전국을 대상으로 어패류 사용 실태를 조사했더니 보고된 사례 총 15만 7998건 중 고노시로를 집에서 요리해 먹었다는 건수는 689건으로 4.4%에 불과했습니다. 그리고 지역별로는 오카야마현岡山県이 16%로 1위, 교토와 도쿄는 1%도 못 미치며 18위와 29위를 차지했어요. 식생활에서 존재감이 미미한 생선입니다.

전어는 규슈의 구마모토현, 혼슈의 지바현, 히로시마현 등에서 주로 잡히는데 가정에서 가장 많이 해 먹는 지방이 오카야마현이라니 좀 놀랍네요. 전어가 생산·소비의 지역 편차가 강한 생선인 게 맞나 봅니다.

- 고하다: 오카야마에서 많이 먹는 건 일단 앞바다인 세토 내해에서 전어가 넉넉히 잡히고, 오래전부터 향토 요리로 굳어져서 그럴 거예요. 어패류 사용 실태에서 전어요리 빈도 1위는 초절임이고, 구이, 스시가 그 뒤를 잇고 있어요. 전어가 도쿄와 같은 대도시에서는 스시집에서 소비되는 생선이지 가정집에서 해 먹는 생선은 아니라는 사실이 저 조사에서 드러난 것이죠.
- 고노시로: 오카야마는 밴댕이 주산지이기도 합니다. 밴댕이는 비전문가 눈에는 전어와 헷갈릴 정도로 비슷합니다. 밴댕이를 다양하게 요리해 먹는 식습관이 자연스레 밴댕이 닮은꼴인 전어로 이어진 것이 아닌지 모르겠습니다. 전어를 오카야마에서는 쓰나시ツナシ라고 부른다죠.
- 고하다: 네, 맞아요. 오카야마에서는 고하다스시가 주로 명절이나 가을철 축제 때 먹는 음식이래요. 그리고 밴댕이를 내장만 도려내고 통째로 사용해 만드는 스가타즈시姿ずし가 토속 스시예요.

격세지감을 느낄 만하겠군요. 하긴 못 믿을 게 인간의 입맛이라잖습니까.

- 고하다: 옳으신 말씀입니다. 한국도 과거 한때는 가을만

되면 전어가 불티나더니 요즘에는 전어 열기도 팍 식었나 보더라고요.

- 고노시로: 옛날에는 하도 많이 잡혀 밥을 대신할 정도여서 고노시로飯の代라고도 했다는데…. 에휴, 참. 인간의 입맛이란 게 야박하더라고요. 우리는 안 변하는데 인심도 입맛 따라 변덕을 부리네요. 나는 기껏 살아봐야 3년이건만, 늙기도 서러운데 이제는 어린놈들한테도 밀리고….

鯖 | 고등어 |

팔자 고친 흙수저, 출세의 맛

센바지루船場汁는 소금에 절인 고등어의 머리, 뼈, 아가미로 끓이는 국이다. 살점을 발라내고 남는 부분이 주재료다. 서더리탕과 흡사하다. 고등어 건더기를 한 번 끓여서 건져 낸 다음 무, 다시마를 넣고 다시 끓인다. 간은 소금이나 간장으로 한다. 아주 소박한 이 센바지루는 오사카 센바船場의 상인들이 만들어 먹던 것이다. 오사카 상인 특유의 알뜰살뜰한 정신이 엿보이는 음식이다. 과거 센바는 오사카성 근처 강줄기를 따라 생긴 선착장 지역으로 바다와 육상을 잇는 물류 허브이자 상업 중심지였다.

센바지루를 알고 문득 어릴 적 집에서 곧잘 먹었던 고등어국을 떠올렸다. 고등어는 대개 조림이나 찌개로 먹지 국으로 끓여 먹지는 않는다. 하지만 경상도 남해안 지방과 제주도에서는 고등어국을 곧잘 해 먹는다. 고등어가 일단 싱싱한 생물이어야 한다. 고등어의 머리와 내장은 빼내고 살과 뼈를 통째로 한 번 삶는다. 삶은 물은 버린다. 고등어를 건져 내 곧바로 살점만 발라내듯 먹기 좋은 크기로 뜯어서 한데 모은다. 된장을 푼 솥에 넣고 다시 발라낸 살점들과 물에 불려 둔 시래기를 듬뿍 넣고 푹 끓인다.

고등어국은 부산 출신 어머니의 필살기 중 하나였다. 가족이 입맛 없어 할 때 쓰윽 꺼내놓으면 효과 만점이었다. 비린내가 적당하고 고등어와 된장 특유의 구수함이 절묘하게 어울려 고등어국 한 사발이면 밥 두어 공기는 너끈히 비웠다. 어머니는 고등어국을 고등어 추어탕이라고 불렀다.

센바지루와 고등어국의 차이점은 주인공이 뼈냐 살이냐 하는 정도이지 서민적 색채가 짙은 음식이란 점에서는 서로 같다. 한국에서나 일본에서나 1980년대만 해도 고등어는 매우 흔하고 값싼 생선이었다. 어릴 적 부산에 살 때 밥상 위에서 가장 자주 만난 생선이 고등어였다. 고등어국 이외에도 고갈비라 불린 고등어구이와 고등어 무조림은 절친한 밥반찬이었다. 돌이켜 보면 40여 년 전 그때가 고등어 전성기였다. 부산 어느 시장에 가더라도 싱싱한 고등어가 널려 있었고, 값도 쌌다. 그 시절 고등어는 정말 맛있었다. 명실상부 국민 생선이었다.

그런데 직장 초년병 시절, 광화문 인근 횟집에서 한 마리에 1만 원을 훌쩍 넘는 고등어회 가격표를 보고 깜짝 놀란 일이 있다. 고등어회란 것도 생소했지만, 아무리 서울이라고 해도 너무 비싸게 받는 것이 아닌가 갸우뚱거렸더랬다. 막상 먹어보니 식감도 별로였다. 얼핏 눈 뜨고 코 베이는 듯한 느낌이랄까. 고등어회가 대중화되기 시작한 건 그로부터 한참 후다.

주로 일식집에서 고등어회를 팔기 때문에 일본인이 고등어회를 많이 먹을 것 같지만, 그렇지 않다. 일본인에게 고등어회는 익숙하지 않다. 규슈 남쪽 지방과 서일본 연안 몇몇 지역을 제외하고는 고등어회를 즐기지 않는다. 사시미로 먹기보다 시메사바처럼 초절임이나 소금에 절여 스시로 먹는 걸 선호한다. 그런데 우리나라에서는 한때 미식가들을 중심으로 고등어회 붐이 유행병처럼 일었다.

그 무렵 구이든 조림이든 고등어요리의 값이 비싸졌던 것 같다. 다른 생선요리 값은 그다지 변하지 않았는데, 고등어만 유독 상종가를 친 이유가 무엇일까. 고등어에 무슨 일이 생긴 게 분명했다. 알고 보니, 남해안에 넘쳐나던 고등어가 언제 그랬냐는 듯 꼬리를 감췄던 것이다. 그 빈자리를 노르웨이산 등 수입산 고등어가 메웠다. 크고 값싸지만 맛은 토종만 못했다.

이런 사정은 일본이라고 크게 다르지 않았다. 1970년대에는 연간 고등어 어획량이 160만 톤 안팎으로 전체 생선의 16%를 차지했으나, 2000년대에는 30만 톤 수준으로 급감했다. 그러다 보니 수입산이 늘었다. 노르웨이산, 칠레산이 마트 진열장을 점령했다. 자국산 고등어가 설 자리는 점점 좁아지고 있다.

여기까지는 우리나라 고등어 시장동향과 대동소이하다. 그런데 그다음 전개되는 고등어의 도전 양상은 우리와 다소 온도 차가 있다. 한국에서는 예나 지금이나 간고등어, 염장고등어, 선어가 모두 똑같이 밥반찬으로 소비되는 데 비해 일본에서는 다양한 형태로 개발됐다. 생산자, 가공업자 단계에서 자국산 고등어를 중심으로 질적인 변신을 시도하고 있다. 고등어는 서민형 생선에 머물지 않고 고급 식재료로, 건강식으로 꾸준히 업그레이드 중이다. 고등어에게 제2의 전성기가 온 것이다.

음식점 정보·예약 서비스 업체 '구루나비ぐるなび'는 해마다 MVP급 활약을 하거나 큰 화제를 모은 음식을 뽑아 상을 준다. 이름하여 '올해의 한 접시今年の一皿' 상이다. 2018년도의 영예의 수상자는 고등어였다. 선정 이유가 흥미롭다.

2018년은, 일본 언론이 선정한 '올해의 한자'로 재난 '재災'가 선정될 만큼 일본에서 자연재해가 많이 발생했다. 초특급 태풍, 기록적 호우, 대형 지진이 연달아 서일본을 할퀴었다. 그로 인해 수많은 이재민이 생겼는데, 이재민 구호식량으로 고등어 통조림이 큰 역할을 했다. 이재민에게 다시 일어설 힘을 주고, 비상 구호식량의 중요성을 새삼 일깨웠다는 점이 고등어를 '올해의 한 접시'로 선정한 이유였다.

고등어와 재해의 인연은 2011년 동일본 대지진으로 거슬러 올라간다. 후쿠시마 원자력 발전소를 망가뜨린 바로 그 지진이다. 그해 3월 11일 후쿠시마현 먼바다에서 진도 9.0 규모의 기록적인

지진이 발생했다. 그 여파로 초강력 쓰나미가 발생했다. 쓰나미는 미야기현, 후쿠시마현, 이와테현 연안을 잇달아 덮쳤다. 미야기현 이시노마키시石巻市의 대형 통조림공장 키노야木の屋도 쓰나미를 피해 가지 못했다. 키노야가 생산하는 주력 제품은 고등어 통조림이었다. 그런데 쓰나미로 인해 시커먼 바닷물이 공장을 덮쳐 출하를 앞둔 통조림 수십만 개가 진흙더미와 건물 잔해에 묻히거나 유실됐다.

쓰나미가 휩쓸고 간 이시노마키 일대는 한동안 고립무원 상태였다. 전기와 수도는 끊기고, 밭작물은 쓸려 가고, 온갖 식재료도 떠내려가거나 훼손됐다. 이재민들은 당장 먹을 식량을 순식간에 잃어버렸다. 하지만 통조림이 구원의 동아줄이었다. 통조림은 겉만 더러워졌을 뿐 내용물은 말짱했다. 이재민들은 유실된 고등어 통조림을 주워 와 배고픔을 달랬다. 재해 며칠 후 키노야 직원들이 복구를 위해 공장으로 돌아왔다. 그들은 유실된 통조림 수습에 나섰다. 하지만 역부족이었다. 수도와 전기를 쓸 수 없어서 진흙투성이가 된 통조림을 되살리기란 불가능한 일이었다.

이 절망적인 소식은 키노야의 거래처인 도쿄 세타가야구世田谷区의 교도経堂 지역 상인들에게 알려졌다. 상인들은 고등어 통조림이 지저분해도 상관없으니 자신들에게 보내달라고 했다. 구호물자를 싣고 이시노마키로 들어간 화물차가 돌아갈 때 통조림을 실어서 도쿄로 날랐다. 도쿄에 도착한 통조림은 진흙투성이였다. 상인들은 통조림에 묻은 이물질을 일일이 물로 씻고 헝겊으로 닦았다. 그리고 통조림 3개당 1000엔씩 시민들에게 팔았다. 통조림을 판 돈은 모두 재해구호성금으로 쓰였다.

도쿄 상인의 고등어 통조림 미담은 언론에 보도됐다. 보도를 접한 시민들이 자원봉사를 자처하며 전국 각지에서 모여들어 통조림 세척에 힘을 보탰다. 통조림 22만 개가 말끔하게 재탄생했다. 용도 폐기될 뻔한 고등어 통조림은 순식간에 팔려 나갔고, 판매대금은 키노야 공장 복구에 보태졌다.

고등어 통조림은 대재난으로 충격에 빠진 일본 국민을 한데 묶어주었다. 그리고 고등어는 재해 복구의 상징이 됐다.

당시 쓰나미 피해를 입은 이와테현은 2년이 지난 2013년, 재해 복구 프로젝트의 일환으로 프랑스어 'ca va?'가 큼지막하게 찍힌 고등어 통조림을 시중에 내놓았다. 'ca va?'는 '괜찮니?', '잘 지내?'라는 뜻이다. 프랑스어 문구의 발음은 '사바?'로 일본어 고등어 발음 '사바'와 똑같은 데서 착안했는데, 재난을 당한 도호쿠 지방을 바라보는 일본 국민의 심정을 절묘하게 대변해 공감대를 얻었다. 사바 고등어 통조림 100만 개가 단숨에 팔렸다.

이시노마키 키노야의 고등어 통조림은 긴카사바金華鯖라는 고등어 종류로 만들어진다. 긴카사바는 일본에서 다섯 손가락 안에 드는 '브랜드 고등어' 중 하나다. 고등어가 다 거기서 거기 아니냐고 할지 모르겠지만, 그렇지 않다. 일본 연안에서 잡히는 고등어 종류는 서너 가지인데, 같은 종류라도 지역에 따라 맛이 다르다고 한다. 고등어 역시 전갱이처럼 어촌마다 '우리 마을 고등어가 더 맛있어'라는 믿음과 자부심이 만만찮게 배인 생선이다. 그런 분위기 속에서도 긴카사바는 전국에서 인정해 주는 '고등高等' 브랜드다.

브랜드 고등어는 일본에서 보통명사처럼 쓰인다. 수십 년 전 처음 등장한 이후 여러 브랜드를 낳았다. 역사가 만만찮다. 브랜드 고등어의 발단은 오이타현의 일촌일품一村一品 운동이다.

규슈 북동부에 자리한 오이타현은 1970년대 중반부터 인구 감소로 골머리를 앓기 시작했다. 경제 성장이 촉발한 이촌향도의 부작용이 표출된 것이다. 젊은 노동력이 일자리를 찾아 타지로 썰물처럼 빠져나가 농어촌은 바람 빠진 풍선마냥 활기를 잃어갔다. 농어업이 주축인 오이타현은 당시 전국에서 인구공동화 현상이 가장 심한 지자체였다. 그냥 손 놓고 있다가는 농어촌이 말라 죽을 판이었다.

히라마쓰 모리히코平松守彦 오이타현 지사는 농어촌 인구 감소의 해법으로 '지역 고유 특산품 개발'을 생각해 냈다. 그는 경쟁력을 갖춘 특산품이 생기면 수익이 늘어 지역 경제가 활성화되고, 농어촌도 활력을 되찾을 것이라고 판단했다. 그래서 탄생한 것이 일촌일품 운동이다. 각 마을마다 '물건'을 하나씩 만들어서 오이타현의 50여 개 자치체가 각자 자랑할 만한 지역 농수산물을 집중육

성해 판매하자는 것이 골자였다.

일촌일품 운동은 1979년에 닻을 올렸다. 결과는 대성공이었다. 유사한 고민에 빠진 다른 자치단체들이 일촌일품 운동을 벤치마킹했다. 일촌일품은 농·축·수산물 생산과 유통에 획기적인 새바람을 일으켰다. 일촌일품은 농어촌 혁신의 청사진을 제시하는 일로 평가받았고, '지방창생地方蒼生'이라는 신조어를 유행시켰다.

오이타현의 일촌일품 리스트 중 하나가 세키사바関鯖였다. 세키関란 관문이라는 뜻으로 육지와 육지 사이의 좁은 여울을 일컫는다. 생선 명칭 앞에 '세키'가 붙은 경우는 여울목에 산다는 것을 의미한다. 오이타현 호요해협豊予海峡에서 잡히는 고등어를 세키사바라고 하는데, 물살이 거친 곳에 살아서 살이 찰지고 기름기가 많지 않아 씹는 맛이 좋다고 한다. 기름기 많고 살이 통통한 이시노마키 앞바다의 고등어와 맛이 다르다. 난류와 한류, 물살 강한 해협과 평온한 대양이라는 자연환경이 초래한 차이다. 사시미로 먹으려면 세키사바, 조림이나 구이로 먹으려면 도호쿠 앞바다의 긴카사바가 낫다.

세키사바는 오이타현 일대에서 오래전부터 명성을 얻고 있었는데 일촌일품 운동으로 전국구가 됐다. 세키사바는 1997년 '브랜드 고등어' 자격을 획득해 당당히 명품 인증마크를 달고 시장에 진출했다. 일일이 낚싯대로 잡는 세키사바를 높이 쳐준다. 2024년 봄철 시세로 마리당 4만 원을 웃돈 놈도 있다. 그물로 퍼 올린 보통 고등어보다 10배가량 비쌌다.

세키사바의 성공에 고무되어 다른 고등어 명산지에서도 잇따라 브랜드 등록에 나섰다. 이시노마키의 긴카사바도 그중 하나였다. 긴카사바는 후발 주자인 셈이다. 이들 브랜드 고등어는 고급화를 승부처로 삼는다. 고등어 고유의 맛과 질을 최대한 끌어올려 하등품 생선이라는 선입견을 깨는 데 주력한다.

고등어 통조림 자체도 계속 진화 중이다. 맛을 다양화하고, 젊은이들의 취향을 고려해 포장 디자인부터 세련되게 변하고 있다. 좋은 고등어를 사용하는 건 기본이고 첨가되는 재료도 고품질을 지향한다. 가령 프리미엄 고등어 통조림을 표방한 'No.38' 제품은 오일갈릭, 후추, 카레 맛 등 여러 시리즈가 있는데, 190그램들이 캔 1개 가격이 2023년 기준으로 1600엔인 것도 있다. 똑같은 용량의 긴카사바 통조림들 가격보다 2배 이상 높다. 오이타현 세키사바가 들어간 통조림 중에는 1개에 5000엔짜리도 있다. '고등어 통조림은 저렴하다'는 통념은 이미 깨졌다. 한국에서는 고등어 통조림이 참치 통조림에 밀린 지 오래지만, 일본은 사정이 다르다. 적어도 소비자의 선택을 받기 위해 변신을 거듭하고 있다.

2000년대 들어서 일본에 헬시healthy 열풍이 불었다. 한국의 웰빙 열풍과 흡사하다. 헬시 열풍은 건강식에 대한 관심을 증폭시켜 등 푸른 생선을 재발견하는 계기가 됐다. DHA 등 필수지방산이 풍부한 등 푸른 생선, 특히 고등어가 관심을 끌었다. 헬시 바람을 타고 고등어 고급화 풍조가 일었다.

비린내를 제거하고 조리해 먹기 편리하게 변신한 고등어 통조림이 나오자 여성 소비자들은 고등어 통조림을 집어 들기 시작했다. 특히 2017년 〈마쓰코가 모르는 세계マツコの知らない世界〉라는 방송 프로그램에 고등어 통조림의 효능과 조리법 등이 소개되면서 고등어 통조림 판매가 폭발적으로 늘었다고 한다. 한 리서치업체에 따르면, 2017년 11월부터 이듬해 10월까지 고등어 통조림 판매액이 전년도 대비 1.5배 늘었다고 한다. 참치, 꽁치 등 다른 등 푸른 생선 통조림의 매출이 정체된 데 반해 유독 고등어만 가파른 상승세를 보였다. 해산물 통조림 시장에서 고등어가 차지하는 비율이 2018년 기준 32.2%를 차지했다.[60]

고등어 통조림은 이런 인기를 바탕으로 파스타, 카레라이스, 샌드위치 등 활동 영역을 점점 넓혀가고 있다. 소비 트렌드를 좇아 고등어 통조림이 변신을 멈추지 않고 있다. 건강식 추구 세태와 맞물려 고등어 통조림의 가치도 상승 중이다. 격세지감. 새로운 전성기. 고등어가 웃을 일이 식품업계에서 벌어지고 있다.

불교 사찰은 생선을 멀리한다. 하지만 예외가 있다. 바로 고등어다. 고등어는 부처님께 공양할 수 있는 유일한 생선이다. 그 이유는 고등어의 발음 '사바' 때문이다. 스님들이 불공 드리기 전

60 《도요게이자이東洋經濟》 2019년 3월 10일 자 인터넷판 신문 기사 'サバ缶大ブームでも水産会社が喜べない事情' 중에서.

제삿밥 올릴 자손이 없는 무연고 귀신이나 굶어 죽은 아귀들이 먹으라고 세 젓가락 떼어 보시하는 밥인 생반生飯 혹은 산반散飯과 발음이 똑같아서다. 그리고 『곤자쿠 이야기집今昔物語集』 같은 설화집에 고등어가 화엄경으로 변했다는 등 불교와 고등어에 얽힌 이야기가 적잖은 탓도 있는 듯하다. 그런데 과연 그런 이유들 때문에 사찰에 고등어를 들였을까. 정확히 알 수는 없지만, 아마 스님들이 고등어만은 먹고 싶어서 이런저런 이유를 만든 것이 아닐까. 고등어 맛을 본 자는 쉽게 그 맛을 잊고 살기 힘들다. 그러니 지나친 억측만은 아닐 것이다.

'가을 고등어는 며느리한테도 주지 마라.' 일본 속담인데, 두 가지 전혀 상반된 의미로 해석된다. 가을 제철 고등어는 맛이 좋아 며느리 주기 아깝다는 뜻과 가을 고등어는 기름기가 많아 금방 상해서 배탈 나기 쉬우니 며느리한테 주지 말라는 뜻. 싫은 며느리와 좋은 며느리 차이인 것일까, 아니면 고등어를 좋아하는 시부모와 싫어하는 시부모 차이인 것일까. 속담에서 간사이 사람은 전자로 풀이하고, 간토 사람은 후자로 해석할지 모르겠다. 왜 그런가 하면, 고등어는 간토보다 간사이에서 더 친숙한 생선이니까.

오래전부터 고등어의 대표적 산지로 오바마小浜가 꼽혔다. 버락 오바마가 미국 대통령에 당선됐을 때 일본 도시 중에서 가장 크게 박수 쳤다는 오바마는 교토 서북쪽 바다에 접한 도시로, 고등어가 좋아하는 리아스식해안이 발달해 있다. 중세시대 교토의 지배

계급 사람들은 오바마 일대에서 잡힌 고등어를 가져다 먹었다. 오바마 일대를 옛날에는 와카사 지방若狭国이라고 불렀는데, 와카사는 고대와 중세시대에 황실과 조정에서 소비할 해산물을 책임졌다. 그래서 어식국御食国이라고도 했다. 고등어를 비롯한 오바마산 해산물은 주로 봄가을에 교토로 이송했다.

고등어를 교토로 운반하기 전에 상하지 않도록 오바마에서 소금을 적당히 쳤다. 오바마에서 교토는 자동차로 2시간 거리지만, 중세시대에는 걸어서 꼬박 하루가 걸렸다. 혹여 고등어가 맛이 갈까 봐 짐꾼들은 밤에도 한숨 안 자고 걸었다고 한다. 생고등어에 소금을 뿌려놓고 하루쯤 지나면 고등어살에서 특유의 어즙이 빠져나오고 생선살에 탄력이 생기면서 비린내도 잡힌다. 소금기 머금은 오바마의 고등어는 교토에 당도하면 소금간이 딱 알맞게 배었다. 고등어 짐꾼들은 교토에서 고등어를 부리고, 그 대가로 쌀을 받아 돌아갔다. 고등어를 싣고 날랐던 길인 오바마-교토 18리[61]를 '고등어 길鯖街道'이라고 한다.

고등어 길은 고등어스시라는 음식을 낳았다. 고등어 길을 끼고 있는 마을들과 종착지인 교토에서는 염장된 고등어로 스시를 만들어 먹었다. 짭조름한 고등어 반쪽을 이불 덮듯 밥 위에 포갠 다음 다시마를 이용해 김밥 말듯 돌돌 싼다. 교토의 명물 사바즈

61 과거 일본의 거리 측정 단위인 1리里는 우리나라의 10리에 상당한다. 70여 킬로미터다.

시鯖寿司다. 사바즈시로 유명한 곳이 교토의 노포 '이즈우いづう'다. 이곳은 요즘 교토의 미식을 찾는 한국 여행객에게도 조금씩 알려지고 있는 모양이다. 사바즈시를 오사카에서는 '밧테라'라고도 한다.

스시에 쓰이는 고등어를 절이는 법은 크게 두 가지다. 소금절임과 초절임이다. '시메사바'라는 것이 초절임이다. 간사이 지방은 소금절임이 일반적이고, 간토 지방은 초절임 쪽이다. 소금을 구하기 어려운 내륙지역일수록 초절임 쪽으로 기운다.

오바마의 반대편으로 태평양을 접한 나라현奈良県 기이반도紀伊半島에도 그 옛날 고등어 길이 존재했다. 기이반도 해안가 어촌에서 잡힌 고등어가 내륙 산간마을로 운송됐다. 이때도 상하지 않게 소금으로 살짝 간을 해서 운반했다. 고등어 산지가 있는 곳에는 내륙으로 향하는 고등어 길이 있었던 것이다. 나라는 교토와 달리 다시마 대신 감잎으로 포장하듯 사바즈시를 말았다. 감잎초밥柿の葉寿司은 나라현의 고유 음식으로 지금까지 명맥을 잇고 있다.

일본의 고등어 길은 안동 간고등어 유통 경로와 닮았다. 부산, 울진 해안에서 잡힌 고등어가 소금에 절여져 내륙지역인 안동으로 향했는데, 그 루트가 고등어 길이 아니고 뭐겠는가.

옛날 내륙지방에서는 간고등어 내지 자반고등어刺鯖가 귀했다. 에도시대 초기 지방 영주들은 음력 7월 15일인 백중절이 찾아오면 최고 권력층 쇼군 가문에게 자반고등어를 갖다 바치는 관례가 있었다. 나중에 화폐 경제가 활성화되자 자반고등어 대신 돈으로 주었는데, 이 돈을 자반고등어값鯖代이라고 했다. 백중절에 감사의 마음을 담아 선물하는 관습은 지금도 남아 있다.

오바마시가 속한 후쿠이현 곳곳에는 모내기를 마치면 고등어구이를 먹는 풍습이 있다. 에도시대에 어떤 영주가 모내기로 지친 농민들의 영양보충식으로 구운 고등어를 권장하면서 생긴 풍습이라 한다. 지금도 오바마를 비롯한 후쿠이현 일부 지역 상점은 구운 고등어를 관광상품처럼 팔고 있다.

고등어는 내륙지역 농촌 백성들의 입맛을 돋우는 역할을 톡톡히 했다. 구수함과 비릿함을 겸비한 고등어는 내륙지역 사람들에게 신선한 바다의 맛을 선사했다. 바다의 맛은 활력을 주고 식욕을 돋웠다. 고등어는 내륙지역 서민에게 재충전의 음식이었다. 그들은 반갑고 귀한 고등어를 최고의 건강식으로 여겼을 것이다. 소금 같은 땀을 흘리는 짐꾼의 등짝에 업혀 산과 들에 비릿한 냄새를 흩날리며 재를 넘던 그때야말로 고등어의 최고 전성기가 아니었을까.

鯳 | 명태 |

어육소시지와 명란젓, 변신의 맛

이름에는 명명자의 태도와 관점이 담겨 있다. 물고기도 호칭을 보면 그 물고기가 어떤 취급을 받고 있는지 가늠할 수 있다.

명태를 보자. 한국에서는 생태, 동태, 황태, 깡태, 찐태, 먹태, 북어, 노가리, 코다리 등 명태를 세분화해서 부른다. 그만큼 쓰임새가 많다는 뜻일 것이다. 한국의 명태요리는 두 손으로 꼽을 수 없을 만큼 많다. 명태는 한국인에게 매우 친숙하고 고마운 먹거리다.

일본 명태의 호칭은 한국만큼 다양하지 않다. 그냥 스케토다라介党鱈(혹은 鯳)다. 줄여서 '스케토'라고 한다. 스케토의 어원설 가운데 하나가 사도佐渡에서 유래했다는 주장이 있다. 사도란 니가타현 앞바다의 섬 사도시마를 말하는데, 섬 주민들은 '스케토'라고 부른다. 오래전부터 이 섬에서 명태가 많이 잡혔다고 한다.

명태의 상태에 따라 여러 명칭으로 불렸을 것도 같은데, 그렇지 않다. 그건 쓰임새가 우리만큼 많지 않다는 방증이다. 게다가

스케토다라는 상당수 일본인에게 정체불명의 낯선 명칭이다. 왜냐하면 극소수 지역을 제외한 일본 다수 지역에서는 명태를 자주 조리해 먹지 않기 때문이다. 태평양전쟁 시기 배급 품목으로 자주 나왔던 명태는 전쟁이 끝난 후 식탁과 멀어졌다. 일본의 명태잡이 역사는 짧았고, 산지를 제외한 대다수 지역에서는 명태요리가 대중화되지 못했다.

스케토다라의 다라鱈는 대구를 말한다. 맞다, 명태는 대구과다. 명태는 상대적으로 날씬하고 대구는 통통하다. 아가리를 보면 둘 사이의 차이가 확연하다. 명태 아가리는 아랫부분이 튀어나왔고, 대구는 윗부분이 두툼하면서 볼록하다. 명태 아가리는 수중 플랑크톤과 작은 물고기를 잡아먹기 용이한 형태이고, 대구는 바다 밑바닥에서 먹이를 찾아 먹다 보니 입 언저리가 더 두툼해졌다. 대구는 밑바닥 모래 위에 알을 낳고, 명태는 수중에 알을 배출한다. 서식지가 서로 달라 그물잡이 방식도 다르다.

사실 일본인은 '순수한' 명태를 즐겨 먹지 않는다. 사시미－구이－끓이기, 생선을 요리해 먹는 순서를 대입해 보면 명태는 사시미와 구이에 적합한 생선이 아니다. 엄밀히 말해 사시미로는 영 못 먹을 맛이다. 맛은 둘째 치고 명태 몸속에 고래회충 같은 기생충이 살기 때문에 입에 대기 꺼려지는 생선이다. 기생충을 잡으려면 명태를 영하 20도 아래로 꽝꽝 얼리거나 팔팔 끓여야 한다. 성가신 생선이다.

생태는 탕이나 조림으로 푹 끓여 먹으면 무난하지만, 무슨 영문인지 일식에는 생태탕, 동태찌개 같은 명태 국물요리가 드물다. 실제로 명태 주산지인 홋카이도가 아니라면 명태를 끓여 먹는 가정이 이웃에게 신기하게 보일 판이다.

이제 명태는 거의 대부분 홋카이도 먼바다에서 잡힌다. 명태잡이 철은 한겨울이다. 일본인의 식성에 잘 맞지 않는 데다 혼슈에서 멀리 떨어진 한정된 지역에서 혹독한 날씨 조건 아래 조업해야 했으니 옛날에는 쉽게 접하지 못했다. 하지만 근대 이후 상황이 달라졌다. 조업기술의 발달로 대규모 어획이 가능해져 물량이 쏟아졌다. 그런 의미에서 명태는 어족자원의 후발 주자라고 할 수 있다. 청어, 꽁치, 고등어보다 한참 뒤늦게 일본인 식탁에 올라왔다.

하지만 명태는 참치, 도미처럼 여봐란듯이 자신을 드러내 놓지는 못해도 알게 모르게 일본인의 입맛을 사로잡아 왔다. 순수한 형태가 아니라 주로 가공된 형태로 소비됐다. 명태는 형체를 드러내거나 정체를 알리지 않고 입속으로 들어가는 생선이다.

언젠가 교토로 여행을 갔다가 허름한 대중식당 메뉴판을 보고 눈이 번쩍 뜨인 일이 있다. 분명 메뉴 중에 '어육소시지 정식'이 있었던 것. '어육소시지가 일본에서는 정식의 주인공 대접을 다 받네' 하고 놀랐다.

어육소시지. 우리나라 중장년 이상은 '진주햄 소시지'라고 하면 퍼뜩 알아차릴 것이다. 분홍색이 특징이라 일명 분홍소시지

라고 불린다. 전문가들은 시푸드소시지 혹은 피시소시지라고도 한다. 소비자들은 편하게 축약형 '어육소', 즉 '교니소ギョニソ'로 쓴다.

어육소시지의 주재료는 명태였다. 지금은 유럽식 정통파 소시지에 밀려 간신히 명맥만 유지하지만, 한때는 식당과 가정집 식탁에서 흔했고, 학생들 도시락 반찬의 최강자였다. 한국 중년층은 누구나 계란옷을 입혀 구운 분홍소시지에 관한 학창 시절 추억 1~2개쯤은 갖고 있다.

어육소시지는 일본의 발명품이다. 20세기 초부터 일본 각지의 수산물 시험장에서 어육을 이용해 서양식 햄 혹은 소시지를 만들려는 시도가 있었다. 그러다 1935년 농림수산성 산하 강습소의 한 교수가 참치를 가공해 햄을 만드는 데 성공했다. 이른바 '튜나햄', 즉 참치햄이다. 참치햄은 어육소시지의 조상뻘이다. 서양의 전통 육류 소시지를 모방해서 탄생한 일본식 변종이다. 어묵과 소시지가 결합한 하이브리드 식품이랄까.

> 내가 처음으로 어육소시지를 먹은 건 아마도 다이요어업의 어육소시지였을 거다. 빨간 셀로판지 포장의 원통 모양을 처음 봤을 때 느낀 '뭣에 쓰는 물건이야?'라고 할 충격과 셀로판지에 살짝 칼을 대면 쉬익 벗겨지는, 말로 표현 못 할 그 묘한 느낌은 지금도 선명히 기억한다.[62]

유명 음식 칼럼니스트이자 도쿄농업대학 교수인 고이즈미 다케오小泉武夫의 중학생 시절 경험담이다. 어육소시지의 등장은 일본인에게 신선한 충격이었다. 어육소시지는 특히 어린이의 입맛을 홀렸다. 먹어도 먹어도 또 먹고 싶어졌다. 중독되는 맛이었다.

어육소시지의 본격적인 상품화는 1950년대 다이요어업大洋漁業[63]이 이끌었다. 주원료는 참치와 고래의 살코기였다. 참치와 고래는 많이 잡히기도 했지만, 장기간 선도를 유지하기 힘들어 가공식품 원료로 쓰였다. 1950년대만 해도 생선 냉동시설은 보잘것없었다. 어육소시지가 첫선을 보였을 때 1개 가격이 30엔으로, 달걀 3개 혹은 고로케 6개 가격과 맞먹었다. 비교적 비싼 편이었다. 하지만 단백질 보충이 절실했던 시기에 어육소시지는 가뭄 속 단비 같은 존재였다.

어육소시지의 급성장은 뜻밖에도 수소폭탄이 촉발했다. 미국은 1954년 태평양 비키니섬에서 수소폭탄 폭파 실험을 실시했다. 폭탄이 터졌을 때 근처에서 참치 조업 중이던 일본 어선들이 방사능에 피폭됐다. 이 사실이 일본 내에 알려지면서 방사능 공포가 엄습했다. 히로시마와 나가사키에 원자폭탄이 떨어진 지 10년도 안 됐을 때니 일본인의 두려움은 컸다. 방사선 피폭 괴수가 일

62 고이즈미 다케오의 『음식으로 더듬는 일본의 기억食でたどるニッポンの記憶』(東京堂出版, 2017) 중에서.

63 지금의 수산가공업 분야 대기업인 마루하니치로マルハニチロ의 전신. 일제강점기에는 고래잡이로 부를 쌓았다.

본을 습격하는 영화 〈고질라〉가 개봉한 것이 그해 11월이다.

방사능오염 우려 때문에 일본 내 참치 소비가 확 줄었다. 참치 가격은 폭락하고 팔리지 않는 참치가 냉동고에 그득 쌓였다. 처치 곤란해진 참치는 어육소시지 공장으로 향했다. 한창 주가를 높이던 어육소시지 업계는 남아도는 참치가 반가웠다.

어육소시지는 생선살을 주원료로 한다는 점에서 어묵과 대동소이하지만, 어묵을 능가하는 장점을 지녔다. 고온살균을 거치기 때문에 냉장보관하지 않아도 수개월 동안 변질할 염려가 없었다. 이 장점은 어육소시지를 단기간에 급속도로 확산시켰다. 1960년 어육소시지 총판매액은 상품화 원년의 800배에 달했다. 이 무렵 가격도 싸졌다.

어육소시지 시장의 초고속 성장으로 서서히 참치와 고래 물량이 달렸다. 대체할 생선이 필요했다. 그때 어육소시지 업계의 눈에 명태가 들어왔다. 명태살을 냉동연육으로 만드는 기술이 개발돼 어묵산업에 활력을 불어넣고 있던 참이었다. 명태 냉동연육 개발은 어육소시지에게도 희소식이었다. 이로 인해 명태를 주축으로 임연수어, 전갱이 등이 참치, 고래를 밀어내고 어육소시지의 주전자리를 꿰찼다. 어육소시지 생산량이 정점을 찍은 1965년의 경우 한 가구당 연간 어육소시지 소비량이 4.37킬로그램, 개수로 환산하면 46개였다.

어육소시지의 원형은 어묵이다. 어육소시지를 어묵의 사촌이라 봐도 무방하다. 원료와 제조법이 어묵과 거의 같다. 또한 어육소시지 특유의 분홍 색깔도 어묵을 본떴다. 속살은 하얗고 겉은 분홍빛 감도는 어묵의 외양을 답습했다. 전통적인 어묵의 일종인 가마보코蒲鉾의 겉면은 분홍색이다. 붉은색이 좋은 기운을 불러온다고 여겨 어묵에도 붉은색을 입히다 보니 분홍빛을 띠게 된 것. 신생 어육소시지에 대한 거부감을 줄이고 친근감을 주기 위해 분홍 색소를 넣었다고 한다. 벚꽃의 분홍처럼 어묵의 분홍도 일본인에게 친근한 색감이다.

어육소시지를 감싸는 포장은 오렌지색 셀로판지다. 직사광선을 차단하기 위해 그렇게 한 것이다. 생선이 들어간다고 모두 어육소시지가 되는 건 아니었다. 생선 함유량이 최소 50%, 식물성 단백질이 20% 이상 돼야 어육소시지로 인정한다는 식품규정이 있었다. 이 규정은 2002년 폐지됐다. 최근의 어육소시지 맛이 수십 년 전에 먹던 그것과 다른 까닭은 아마 생선살 비율이 달라졌기 때문일 것이다.

어육소시지의 인기로 어묵 업계는 울상이 됐다. 어묵 판매량이 줄어든 것이다. 굴러온 돌이 박힌 돌을 빼는 격이었다. 어묵은 이제 사양산업이 됐다는 말이 공공연하게 나돌았다. 어묵 업체들은 하나둘씩 어육소시지 제조업으로 전환했다. 어육소시지가 최고 호황을 누릴 때 제조업체가 약 200곳이었는데, 그 가운데 150곳은 어묵 업체가 전업한 경우였다고 한다.

하지만 어육소시지의 전성기는 오래가지 않았다. 1970년대 고도성장기에 냉장보관 기술이 괄목상대하게 발달하고, 신선식품 종류가 늘고, 식생활이 고급화·다변화되면서 어육소시지는 싸구려 취급을 당했다. 이 틈을 비집고 유럽식 육류 소시지가 서민층을 파고들었다. 어육소시지는 점차 육류 소시지에 밀려 옛 명성을 되찾지 못했다.

그렇다고 명태가 갈 곳이 사라진 건 아니었다. 명태는 방향을 틀어 어묵으로 활동 무대를 옮겼다.

명태는 다획성 어종이다. 그물을 한 번 걷어 올리면 순식간에 어창은 명태로 가득해졌다. 수량도 많고, 몸집도 5년이 지나면 40센티미터 이상이 될 정도로 커서 가공용 어육으로 명태만 한 것이 드물다. 살코기가 하얗고 맛이 담백해 어묵 용도로도 적당하다. 원래 어묵의 주요 재료는 이와시, 갯장어, 조기 등이었는데, 1970년대 들어 명태가 바통을 이어받았다.

명태의 명암은 어육소시지 이전과 이후로 나뉜다. 어육소시지 이전에는 알만 빼내고 생선살은 죄다 바다에 버려졌다. 알만 쓸모가 있었다. 밥상 위에서는 스케토다라가 아니라 다라코鱈子[64]가 대접받았다.

1980년대까지만 해도 한국이나 일본의 바다에는 명태가 지

64 염장만 한 하얀 명태알.

천이었다. 내가 어릴 적에 우리 집은 겨울바람이 제법 심술을 부리기 시작할 즈음 사흘 걸러 하루꼴로 생태탕, 동태탕을 끓여 먹었다. 탕 냄비를 가운데 놓고 각자 국자로 제 몫을 퍼 가면서 대가리에서 꼬리까지 쪽쪽 빨아 먹었다. 온 가족이 전투하듯 먹다 보면 이마에 땀이 송골송골 맺혔다. 그러면 추위가 싹 가셨다.

베링해, 캄차카반도 근해, 북태평양에 어선만 띄우면 명태로 어창을 그득그득 채우던 호시절은 1980년 말을 기점으로 종언을 고했다. 러시아 트롤어선단이 우르르 가세하면서 바다 한가운데에서 한국·러시아·일본 어선 간에 명태잡이 삼국지가 펼쳐졌다. 얼마 후 명태는 해를 거듭할수록 눈에 띄게 고갈되어 갔다. 그러다 어느 순간 생태탕 1인분에 1만 원이 훌쩍 넘는 시대가 와버렸다.

일본의 젊은 세대는 스케토다라는 잘 몰라도 멘타이明太는 안다. 그렇다, 일본에서는 명태를 '멘타이'로 발음한다. 그런데 멘타이는 명태가 아니라 명태의 알, 즉 '명란', '명란젓'으로 통한다. 엄밀하게 말하면, 다라코는 순수한 명태알 혹은 소금에 재운 하얀 명태알을 가리키는 반면 멘타이는 매콤하게 조미한 명란젓을 지칭한다. 멘타이는 명란의 정식 명칭인 멘타이코明太子의 약칭이다. 명태라는 단어가 일본으로 건너가 명란젓이 된 데에는 그럴 만한 사연이 있다. 그 사연은 이렇다.

어육소시지가 서양 소시지를 본떴다면, 멘타이코는 한국 명란젓을 그대로 흉내 냈다. 그 중심에는 가와하라 도시오川原俊夫

라는 상인이 있다. '멘타이코의 아버지'로 불리는 인물이다. 그는 1913년 부산 보수동에서 장사꾼의 아들로 태어났다. 부산은 명란젓이 흔했다. 가와하라도 어릴 때부터 명란젓을 먹고 자랐다.

그는 부산에서 고등학교를 졸업하고 만주로 건너가 지내다가 일본의 패전 직후 본국으로 돌아갔다. 부모의 고향은 후쿠오카. 그는 1948년 후쿠오카 나카스 시장中洲市場에 식료품 가게를 열었다. 가게 이름은 후쿠야ふくや. 한동안 장사는 그럭저럭 돌아갔지만, 돌파구가 될 만한 신상품이 필요해졌다. '남녀노소가 항시 즐길 만한 밥반찬으로 괜찮은 게 뭐 없을까?' 하는 고민에 빠졌다. 그러다 부산 시절에 먹던 그것이 문득 떠올랐다. 명란젓!

뇌리에 박힌 맛은 부지불식간에 튀어나온다.

명란에 소금, 고춧가루, 술, 설탕, 그리고…. 그는 옛 기억을 되살려 가며 손수 명란젓을 만들어 보았다. 하지만 좀처럼 그때 그 명란젓 맛이 나오지 않았다. 몇 번의 실험 끝에 부산의 명란젓을 얼추 흉내 낸 명란젓을 만들어 냈다. 자가 명란젓의 첫 상품명을 '멘타이'로 지었다. 그는 나름 만족했지만, 찾아주는 이가 없었다. 후쿠오카 서민들은 멘타이가 낯설었다. 실패작이었다.

그는 바로 포기하지 않았다. 기억 속의 명란젓 맛을 되살리기 위해 연구와 실험을 거듭했다. 어떤 것은 짜기만 하지 매콤한 맛은 전혀 안 나고, 어떤 것은 맛은 괜찮은데 알이 흐물흐물해 식감이 영 아니었고, 어떤 것은 금세 상해버렸다. 엎어뜨리고 메치고,

갖은 방법으로 실험을 반복했지만 뜻대로 되지 않았다.

가장 큰 난제는 고춧가루였다. 일본인에게 익숙하지 않은 고춧가루를 어떤 식으로 배합해야 일본인이 좋아할 만한 맛을 만들어 낼 수 있는가가 관건이었다. 시행착오 끝에 미세한 파우더 형태의 고춧가루를 개발하는 것으로 난제를 풀었다. 멘타이코를 보면 알겠지만, 고춧가루가 있는 듯 없는 듯 배어 있다. 한국인은 그걸로 성이 안 찬다. 우린 고춧가루를 팍팍 뿌려 먹어야 직성이 풀린다.

여러 해 고군분투 끝에 1955년에 만족스러운 완성작이 만들어졌다. 명란젓은 뚜껑 달린 둥근 유리병에 담겨 진열됐다. 한국에 살아본 적 있는 일본인이나 자이니치在日(재일 교포)가 조금씩 찾기 시작했지만, 이렇다 할 이익을 안겨주지는 않았다. 그로부터 몇 년 후 상품명을 '아지노멘타이코味の明太子'라 붙이고, 조금씩 맛을 업그레이드해 나갔다. 아지노멘타이코는 당시 조미료 혁명을 몰고 온 '아지노모토味の素'의 명명법을 차용한 것이었다. 식품 이름에 '아지노' 어쩌고저쩌고하는 작명법이 유행할 때였다.

일본인의 기호에 적중했는지 후쿠야의 멘타이코는 입소문을 타고 점점 인기를 얻었다. 마침내 후쿠오카의 대형 백화점 및 호텔과 납품 계약을 맺었다. 백화점과 호텔은 멘타이코를 고급 식품으로 마케팅했다. 멘타이코는 이로 인해 고급스러운 식품이라는 이미지를 얻었다. 소비자의 반응은 예상외로 뜨거웠다. 멘타이코의 독점 공급을 통해 후쿠야의 사세는 쭉쭉 뻗어나갔다.

신종 음식이 스타로 뜨면 모방품이 쏟아지는 게 요식업의 생리다. 후쿠야의 성공을 지켜본 다른 식품업체에서 멘타이코 유사품을 자체적으로 만들어 팔기 시작했다. 멘타이코는 애당초 특허를 고려하지 않았기 때문에 아무런 제약이 없었다. 시중에 유사 '아지노멘타이코'가 범람했다. 특허를 내라는 권유가 쇄도했지만, 멘타이코 원조 후쿠야는 한사코 특허를 출원하지 않았다. "어차피 품질은 후쿠야가 최고이니 일본인에게 낯선 멘타이코가 널리 알려지면 후쿠야에게도 이롭다" 뭐 그런 계산이 서 있었다. 또 후쿠야만의 비법은 다른 곳에서 흉내 낼 수 없다는 자신감이 깔려 있기에 느긋할 수 있었다.

초창기 멘타이코는 지역구 스타였다. 후쿠오카 일대만 명성이 자자했지 타지 사람에게는 듣보잡 음식이었다. 멘타이코를 더 넓은 세상으로 데려가는 은인이 1972년 나타난다. 바로 산요신칸센山陽新幹線이었다. 후쿠오카에서 오사카를 잇는 쾌속열차다. 후쿠야의 멘타이코는 산요신칸센 하카타역 매장에 진출했다. 경제 성장을 배경으로 신칸센 이용객이 급증했는데, 후쿠오카에 왔다가는 사람은 오미야게土産, 즉 기념품으로 멘타이코를 사 갔다. 멘타이코는 금세 오사카 미식계를 사로잡았다. 맛으로 오사카를 감동시켰으니 전국적 흥행은 따놓은 당상. '후쿠오카 오미야게=멘타이코'라는 공식이 굳어졌다.

조선통신사도 후쿠오카를 거쳐 에도로 갔듯이 후쿠오카는 오래전부터 바깥으로 열린 도시였다. 육해공 식재료도 풍부하고, 서양요리, 동양요리 할 것 없이 거리낌 없이 포용해 온 도시다. 이런 지역 특성 탓에 부산의 명란젓이 이국땅에 안착하지 않았을까. 멘타이코는 한국과 일본의 입맛을 이어주는 매개자다. 한국인, 일본인 공히 거부감 없이 즐긴다.

어육소시지와 어묵은 멘타이코와 반대 방향, 즉 일본에서 한국으로 건너와 입맛의 매개자 역할을 소화했다. 이 모든 것의 한가운데에 명태가 있다. 어육소시지, 멘타이코, 어묵 모두 명태에서 시작하고, 명태에서 끝맺는다.

아 참, 명태가 주인공인 인기 가공식품이 또 있다. 탱글탱글 게맛살이다. 전후戰後 일본 식품의 3대 발명품에 속하는 게맛살. 그 주재료는 명태살이다. 게맛살의 게 맛은 '게 엑기스'라는 첨가물 맛이다. 엄밀히 말하자면, 게맛살은 명태살이다.

각종 통계에 따르면, 지금도 일본인의 절반 이상이 1년에 최소 서너 차례는 어육소시지를 먹고 있으며, 따끈한 밥 위에 올려 먹는 가장 좋은 밥친구로 짭짜름한 멘타이코를 첫손에 꼽는다고 한다. 명태는 음지에서 묵묵히 제 능력을 100% 이상 발휘하고 있다. 그러니 명태가 일본에서 홀대받는다는 주장은 틀렸다.

사카나
魚와
일본

4

무사의 칼맛

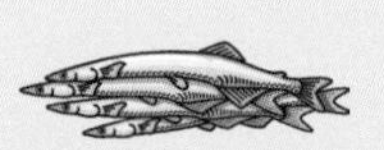

뱅어
부활하라,
로열 클래스의 맛

참치
사시미 문화,
극강의 맛

무사의 밥상
노부나가를 화나게 한
요리는?

도미
오모테나시, 접대의 맛

복어
침략주의자를 울리고 웃기다,
위험한 맛

아귀
미움받을 용기,
내강외유의 맛
N
W
E
S

鯛 | 도미 |

오모테나시, 접대의 맛

도미는 최고 대우를 받을 자격이 있다. 식욕을 당기는 붉은 빛깔, 수려한 외모, 탱글탱글한 살집, 찰진 식감. 굽든 찌든 삶든 극강의 맛을 뿜어낸다. 회로도 그만이다. 또한 낚시꾼에게는 극강의 손맛을 안겨준다. 예나 지금이나 일본인이 도미를 생선의 최고봉으로 추켜세우는 데에는 그만한 이유가 충분하다. 여기서 말하는 도미는 진정한 도미, 즉 참돔(마다이)真鯛이다.

본초학, 박물학 서적들은 도미를 극렵어棘鬣魚[65]라고도 쓰다가 1902년 일본 첫 국정교과서가 나올 때 '다이鯛'로 표기를 통일했다.

도미는 천황과 쇼군에게 올리는 진상품의 맨 앞자리를 차지했고, 명절이나 귀한 손님 접대상에 오르는 단골 생선이었다. 지금

65 가시가 말의 갈기처럼 돋아 있다는 뜻.

도 잔치나 축하 자리에 빠지지 않고 출연해 분위기와 미각을 돋우는 주역이다. 그래서 도미를 '접대의 왕'이라 한다. 먼 옛날 한때 손님 접대용 생선 순위에서 잉어가 도미보다 위에 있었지만, 에도시대에 순위는 역전했다. 에도시대 해산물 품평서들은 도미를 으뜸으로 꼽았다. 미식가들의 도미 예찬은 시대를 초월해 지금까지 이어져 오고 있다. 요컨대 도미는 불멸의 스타다.

도미만큼 다양하게 요리되는 생선이 또 있을까. 사시미, 회무침, 스시로도 사랑받고, 소금만 뿌려 구워도 그 맛은 감히 넘볼 자가 없다.

일본의 도미요리 가운데 찜이 유난히 많다. 일본 전통종이 와시日紙에 싸서 찌는 건 적잖이 고급스러운 방법이고, 짚풀에 싸서 쪄 내는 건 투박한 서민풍이다. 도미 배 속에 여러 식재료를 넣고 찌기도 한다. 우엉, 목이버섯, 은행, 콩비지에 간장, 미림을 넣고 손으로 섞은 후 도미 배 속에 넣고 쪄 낸 것이 도미비지찜이다. 다른 도미 살점과 참마를 한데 갈아 배 속에 넣고 찌기도 한다. 도미찜은 부수 재료와 찌는 방식에 따라 변화무쌍하다. 그 밖에 튀김, 국, 조림의 종류는 몇 가지라고 단정하기 힘들 만큼 많다. 기본적으로 도미라는 식재료가 가진 장점이 크기 때문에 요리도 무궁무진하다. 도미는 버릴 것이 없는 생선이라 통째로 요리하는 경우가 많다.

도미요리를 많이 알지는 못하지만, 가장 인상적이었던 걸 꼽으면 고쓰자케骨酒다. 이시카와현石川県 가나자와金沢의 명물이란다. 여럿이 모인 식사 자리의 분위기를 띄우는 음식이다. 내가 실제로 맛본 것이 아니라 글로 접한 요리인데, 읽는 순간 혀가 꿈지럭거렸다.

일단 도미를 한 번 굽는다. 그다음 큰 사기 사발에 도미를 통째로 넣고 나서 데운 일본 전통 술을 넉넉히 붓는다. 그리고 술에 불을 붙여 알코올을 날려 보낸다. 이 대목에서는 배석자들이 "와!" 하고 탄성을 지를 성싶다. 사발을 받쳐 들고 한 명씩 릴레이로 마신다. 두어 순배쯤 돈 다음 젓가락으로 도미살을 바른다. 술맛에 변화를 주기 위함이다. 마지막에 다시 한 순배 더 돌린다. 술맛이 강할까, 도미맛이 강할까. 궁금하다.

고쓰자케는 멀리서 막역한 벗이 찾아오거나 귀한 손님이 방문했을 때 대접하는, 연회 자리를 빛내는 요리로 명성을 날렸다고 한다. 가나자와의 생선은 얼굴 생김새부터 다르다는데, 고쓰자케 하나만 보아도 가나자와의 생선요리 내지 생선 미식 감각은 남다른 듯하다.

중국 문화권에서 빨간색은 옛날 황제나 왕 등 지존만이 사용하는 색상이었다. 존엄한 색, 추앙받는 색이다. 또 민간신앙에서 빨강은 악귀를 쫓는 효험이 있다고 간주했다. 그러다 보니 물고기도 붉은빛을 띠는 종류가 대접받았다. 앞서 본 이세에비, 대게가 그런 부류다.

붉은빛이 도는 데다 맛까지 뛰어나면 금상첨화. 도미 중에 참돔이 딱 그랬다. 도미는 왕족 혹은 지배계급에게는 자신들과 동일시되는 물고기였고, 일반 백성에게는 선망의 물고기였다. 도미는 군주시대와 함께 영광을 누렸다 해도 과언이 아니다. 사실 일본 식문화사를 들여다보면, 천황, 귀족, 쇼군에 얽힌 음식 일화 가운데 도미가 곧잘 등장한다. 일본 씨름인 스모 대회가 끝나면 대회를 석권한 우승자가 큼직한 도미를 들고 기념 촬영을 하는 관례가 있는데, 이 또한 도미가 지존을 상징하기 때문이다.

이 같은 도미의 위상은 고귀함의 대명사라는 이미지를 낳았다. 귀한 사람에게 귀한 것을! 귀한 손님에게 자신의 마음을 표현하기 알맞은 생선이 됐다. 자신이 정성을 다하고 있음을 표출하는 징표로서 하나의 표준이 됐다. 그래서 도미는 점차 접대 자리에서 빠져서는 안 되는 존재가 됐다. 여기서 접대란, 가정에서 손님을 맞는 경우부터 권력자가 외교사절을 맞이하는 경우, 또 기업이 거래처 바이어에게 식사 대접을 하는 경우 등까지 모든 공적·사적 접대를 포괄한다. 낯선 길손에게 차 한 잔 내는 것도 접대다.

일본인은 접대를 중시한다. 일상적인 접대도 중요한 사교 기술로 받아들인다. 접대의 방식도 아주 디테일하다. 그러니 학문처럼 갈고닦지 않으면 안 되는 분야다. 일찌감치 일본에서 접대 문화가 자리 잡은 것도 그런 배경을 무시하지 못한다. 접대 문화에 힘입어 도미요리는 질적으로나 양적으로 풍성해졌다. 도미가 접대

문화에서 어떤 위치를 점하는지 상징적으로 보여주는 장면이 있다. 그 전에 접대 문화를 대변하는 키워드 '오모테나시おもてなし'와 '고치소御馳走'를 이해해야 한다.

오모테나시의 범칭 모테나시もてなし는 사전적 의미로 환대, 접대지만, 원래 뜻은 다르다. 적어도 근세시대까지는 개인의 행동거지 혹은 몸가짐을 뜻했다. 개인 차원의 행동규범을 지칭했다. 하지만 줄곧 혼자 사는 경우가 아닌 바에야 행동규범이란 상대방과의 관계를 상정하지 않을 수 없다. 그래서 모테나시 개념은 점차 남을 대하는 도덕률로 확장됐다. 나의 규범에서 집단 혹은 사회의 규범으로 범위를 넓혔다.

한 집의 가장과 방문한 손님 사이, 식당 주인과 손님 사이, 위정자와 외국사절 사이, 이 모든 경우 손님을 어떻게 대해야 하는가에 대한 준칙이 생겨났다. 압축해서 표현하면 '역지사지로 대접하라'다. 즉 나에게 대하듯 상대방에게 대하라는 일종의 자율준칙이다. 쉽게 말해 '온 정성으로 대해라'라는 말일 터다. 모테나시에 공손함을 표현하는 접두어 '오御'가 붙은 오모테나시가 상대방에 대한 매너를 뜻하는 용어로 더 널리 쓰였다. 화폐 경제가 무르익고 여행 문화가 생기면서 오모테나시의 중요성은 한층 부각됐다. 오모테나시는 어느 틈엔가 단순한 매너를 넘어 접대 문화로 일상생활에 뿌리내렸다.

1960~1970년대에는 과도한 오모테나시가 사회 문제화됐

다. 뭐가 됐든 지나치면 탈이 나기 십상이다. 당시 경제 호황을 바탕으로 정치, 경제, 사회 전반에서 접대가 붐을 이뤘다. 자연히 유흥접객 산업이 급성장했다. 고급 술집과 과도한 선물, 요정 문화와 정경유착이 이 시기를 상징하는 단어였듯 음침한 거래를 둘러싸고 접대 향응이 많았다. 진심 어린 접대가 아니라 흑심 가득한 접대가 횡행한 것이다. 오모테나시가 변질됐다. 도미는 숱한 밥상 위에서 정경유착과 접대 향응의 장면을 목격했을 것이다.

접대의 꽃은 뭐니 뭐니 해도 음식이다. 정성을 다해 푸짐하게 차려 내 상대방의 만족감과 호의를 불러일으키는 게 접대의 관건이다. 그러려면 질 좋고 진귀한 식재료를 먼저 마련해야 한다. 대형마트나 시장에서 신선한 식재료를 손쉽게 구할 수 없는 시대에 손님을 맞는다고 가정해 보자. 질 좋고 싱싱한 채소와 생선을 장만하려면 여기저기 수소문하고 다녀야 한다. 하인이나 가족 구성원을 총동원해 '말을 타고 달려서'라도馳走 사방팔방 분주히 뛰어다녀야 한다.

'아주 잘 먹었습니다', '잘 대접받고 갑니다'라는 뜻의 '고치소사마데시타御馳走さまでした'의 '고치소'는 말을 달려서 음식을 구하는 행위를 말한다. 그래서 고치소는 푸짐함, 융숭함, 사치 등의 의미로도 쓰인다.

집 안에 구비된 것으로만 음식을 만들어서 "차린 건 없지만 많이 드시고…"라고 하는 것은 제대로 된 접대로 인정받지 못한다.

말을 달려서라도 좋은 재료를 구해 와 상다리 부러지게 차려 내는 것이 상대를 위한 예의다. 그 개념이 고치소다. 고치소는 일상다반사가 아니라 관혼상제, 명절 등 특별한 때에 풍성하게 차려 내는 별식이다. 검소함이 미덕으로 자리 잡기 이전에는 고치소가 미덕이었다.

에도시대에 고치소닌御馳走人이라는 공무원이 있었다. 관청에 소속된 직책으로 중요한 공공 행사나 외국사절 방문 때 의식주에 관한 모든 것을 도맡았다. 말하자면 의전 담당자였다. 오모테나시를 기획하고 관리하는 실무책임자인 셈이다. 고치소닌이라는 직책까지 둘 정도였으니 정부 차원에서 오모테나시 및 고치소를 얼마나 중시했는지는 물어보나 마나다.

한때 고치소가 사치, 허례허식과 동의어가 되어 경계해야 할 도덕적 해이로 인식되기도 했으나, 근대에 들어와서 고치소는 '있는 그대로를 정성껏 차려 낸 음식'이라는 의미로 바뀌었다. '고치소사마'는 이젠 식사를 마치며 건네는 '감사히 잘 먹었습니다'라는 관용표현으로 굳어졌다.

오모테나시가 꽃피운 시기는 무로마치室町 막부시대(1336~1573)와 뒤이은 센고쿠시대다. 강력한 무사 집단이 정치 전면에 등장하면서 실권을 거머쥐고 창칼을 앞세워 서로 패권을 다툰 시대다. 힘의 시대다. 힘으로 굴복시키고, 충성을 다짐받는 것이 가장 중요한 정치 행위였다. 하지만 전투를 할 때에도 자신의 출신을 밝히고, 무기 종류를 사전에 정하는 등 예법을 정해두었던 게 일본 중세의 무사 사회 아니던가. 전투가 아닌 평상시 파워 게임이나 정치 행위는 두 말할 필요도 없다. 먹고 마시는 자리도 아무렇게나 이뤄지지 않았다. 특히 서열 관계가 뚜렷할 때는 지켜야 할 규칙 혹은 매너가 엄격했다.

서열이 낮은 자는 자기보다 높은 권력자를 맞이할 때 성대한 향연을 준비한다. 향연은 엄격한 절차에 따라 호화롭고 정중하고 절도 있게 치러졌다. 향연이 파하면 진귀한 선물로 마음을 대신했다. 이들은 자신을 낮추고 상대를 한껏 떠받드는 식사 의례를 '오모테나시'라고 불렀다. 무사 집단에서 오모테나시란 일종의 충성 언약 같은 역할을 했다. 권력 관계에서 벌어지는 오모테나시는 점차 일반 백성으로도 번져 하나의 접객 문화로 뿌리내렸다.

일본 역사에서 오모테나시의 하이라이트는 1711년의 조선통신사 접대가 아닐까 한다. 그 이전에 이루어진 몇 차례의 통신사 접대는 그다지 융숭하지 않았다. 임진왜란 직후였던 데다 도쿠가와 막부 정권 초창기라 사회가 안정되지 않아서 그랬다고 한다.

1711년 조선통신사 일행이 일본 땅을 밟을 때 막부는 각 번에 통신사 접대에 만전을 기하라고 통고했다. 통신사가 에도로 향하는 여정에서 기착지로 예정된 지방 각 번은 오모테나시 준비에 돌입했다. 여러 번 가운데 가장 인상적인 곳이 히로시마번이다.

히로시마번은 무사뿐만 아니라 주민 210명을 동원해 6개월

전부터 오모테나시를 준비했다. 미리 가신을 대마도의 쓰시마번에 파견해 통신사의 입맛과 취향까지 꼼꼼히 조사하도록 했다. 그리하여 쓰시마번은 조선인이 좋아한다는 음식 목록을 만들었고, 이를 각 번에 전달했다. 각 번은 받은 목록을 바탕으로 향응 상차림을 준비했다. 그 속에는 도미도 들어가 있었다. 400명 안팎의 통신사가 묵을 숙소와 음식을 마련하는 일이 만만치 않았지만, 히로시마번 사람들은 열의를 다했다. 요즘 말로 하면 민관 혼연일치였다.

후쿠오카번은 히로시마번과 대조적이다. 후쿠오카번은 활어 조달에 어려움을 겪었다. 특히 도미가 턱없이 모자랐다. 그래서 히로시마번에 속한 섬 가마가리蒲刈로 사람을 파견해 도미를 수소문했다. 하지만 가마가리는 다른 번에게 도미를 빌려줄 여력이 없었다. 포기하고 돌아가려는 찰나 가마가리의 어민이 다른 섬으로 안내해 주었는데, 천만다행으로 그곳에는 도미가 있었다. 대나무로 엮은 가두리 형태의 수조 속에 참돔 약 600마리가 헤엄치고 있었다. 후쿠오카번 파견 관리는 수조를 통째로 예인해 무사히 후쿠오카번까지 돌아갔다. 꽤나 먼 바닷길이었지만, 귀로에 죽은 도미는 17마리에 불과했다고 한다.

후쿠오카는 통신사가 히로시마로 가기 전 거치는 곳이었다. 후쿠오카번의 도미 조달 소동은 히로시마번에게 알려졌고, 히로시마번은 도미를 비롯한 접객 음식 준비상황을 더욱 면밀히 체크했다. 히로시마번은 사전 준비를 철저히 한 탓에 무난하게 통신사 일행을 접대할 수 있었다.

통신사 일행이 조선으로 돌아간 후 막부는 줄곧 통신사를 수행하며 길잡이 역할을 한 쓰시마번 측에게 어떤 번의 오모테나시가 가장 훌륭했는지 물었다. 쓰시마번은 '히로시마의 고치소가 최고'라고 아뢰었다. 실제로 그랬다.

이후 히로시마의 조선통신사 접대 사례는 오모테나시의 모범으로 회자된다. 히로시마현 구레시呉市 근해 시모카마가리지마下蒲刈島에는 조선통신사 관련 자료전시관인 고치소이치반칸御馳走一番館이 있다. 전시관 내부에는 통신사를 접대한 향응 상차림이 그대로 재현돼 있다. 물론 도미도 당당히 접대상 한쪽을 차지하고 있다.

조선통신사는 상다리 부러지는 대접만 받은 것이 아니었다. 이들은 조선 음식을 만드는 법을 알려주기도 했다. 그중 하나가 소고기와 돼지고기를 맛있게 굽는 방법이었다. "얇고 넓적하게 자르고 꼬챙이에 꽂아 기름과 간장을 묻혀 굽는다. 익힌 후에는 후추를 뿌린다." 1711년 조선통신사가 좋아하는 음식을 작성한 문서 『통신사 통과 경로 비망록의 부록 조선인이 좋아하는 것信使通筋覚書 朝鮮人好物附之写』에 나오는 내용이다. 우리네 불고기와 비슷한데, 석쇠구이가 아니라 꼬치구이인 점이 이채롭다. 기름은 아마도 참기름 종류일 듯한데, 소고기와 돼지고기를 요리할 때 기름과 간장을 사용하는 레시피는 당시 일본인에게는 매우 낯설었다. 야키니쿠의 한반도 전래설 혹은 불고기 원조설을 지지하는 사람은 이 대목을 그 역사적 증거로 제시하고는 한다. 당시 일본인은 육식을 배척했기 때문에 통신사와 동행한 조선인 요리사가 육식 요리를 맡았다.

메이지시대 이전까지 공개적으로 소·돼지 요리를 금지했지만, 독실한 불교 신자가 아니라면 상류층과 서민층 사람들은 몰래몰래 소·돼지를 잡아먹었다. 그런 이들에게 간장맛 불고기는 별천지의 맛이 아니었을까. 이 조리법은 조센야키朝鮮焼라는 신조어를 만들었다. 조센야키라는 요리가 처음 등장하는 문헌이 『요리진미집料理珍味集』인데 1764년에 출간됐다. 다만 재료가 소·돼지가 아니라 도미다. 즉 도미를 잘라 간장에 한참 재워놓은 후 익히는 것이 전부다. 생선이니까 도미구이보다 도미조림으로 해석하는 편이 더 적합하겠다.

조센야키 레시피는 간단하지만, 핵심 포인트는 간장이다. 직화로 굽다가 나중에는 철판 위에서 볶았을 것이다. 연기가 안 나고 조리하기 간편한 철판구이가 더 선호됐을 것이다. 그러니 조센야키를 우리말로 옮기면 조선구이도 되고 조선볶음도 된다. 조선의 외교관들이 소개한 불고기가 도미 양념구이(조림)까지 이어진 걸 보면, 요리란 문화 교류의 용광로라는 말이 딱 들어맞는다. 그리고 도미와 조선통신사의 인연이 참 유별나다는 느낌을 준다. 조선통신사는 외교사뿐만 아니라 일본 음식사에도 무시 못 할 흔적을 남겼다. 요즘의 조센야키는 주로 간장 등으로 양념한 소·돼지볶음을 가리킨다.

크고 작은 행사와 외교적 접대가 많은 막부로서는 늘상 도미가 필요했다. 하지만 막부가 원하는 만큼 공급이 따라주지 못했다. 막부에 생선을 대던 야마토야 스케고로大和屋助五郎라는 중간 도매상인은 고민에 빠졌다. 가끔 도미 조달이 여의치 않았기 때문이다. 에도성에서 성대한 연회라도 열리면 도미가 최대 5000마리까지 필요했다. 물량 부족이니 흉어기라느니 하는 변명은 막부에게는 먹히지 않았다.

그는 언제 어느 때라도 활도미가 달리지 않도록 비축해 둬야 했다. 그래서 고안해 낸 것이 거대한 바구니 형태의 대나무 가두리였다. 바다에 가두리를 설치하고 그 속에 도미를 가둬놓았다. 역사에 기록된 최초의 도미 축양畜養이다. 축양은 양식과 달리 잡은 도미를 일정 기간 살려서 보관하는 것이다. 축양이 발전하면 양식이 된다. 그는 시즈오카 스루가만駿河彎 일대의 어촌 18곳에 가두리 수백 개를 설치했다. 이즈반도를 낀 내해라서 가두리로는 안성맞춤인 지형이었다.

하지만 수중 깊은 곳에서 서식하는 도미가 수면에서 멀지 않은 대나무 우리 안에서 한동안 살아 있으려면 달라진 수압을 견뎌야 한다. 스케고로는 기발한 방법으로 이 문제를 해결했다. 이른바 '침 놓기'라는 기술을 개발한 것이다. 도미의 부레를 끝이 뾰족한 대나무 침으로 콕 찔러서 터뜨리는 방식이다. 도미 가두리는 수온이 높은 여름이나 수온이 낮은 겨울철에는 폐쇄했다.

스케고로는 에도판 쓰키지 시장인 니혼바시 어시장을 무대로 생선 유통업에 큰 획을 그은 인물이다. 그는 활도미 가두리 외에 밭떼기하듯 어촌에 선불을 주고 어촌의 어획량을 입도선매하는 방식을 처음 도입했다. 그는 그 밖에 획기적인 방식을 앞세워 어업 분야에서 막대한 부를 쌓았다.

앞서 후쿠오카번 파견 관리가 대나무 수조를 배에 매달아 끌고 갔다고 했는데, 그때가 1711년이고, 스케고로가 니혼바시 어시장에 등장한 것이 1610년대다. 18세기에 이미 도미 등 활어를 바닷속 시설물에 가둬놓고 필요할 때마다 건져 내어 쓰는 일이 일반화된 것으로 보인다.

호랑이는 죽어서 가죽을 남긴다지만, 도미는 죽어서 뼈를 남긴다. 언뜻 생뚱맞은 소리로 들리겠다. 도미 뼈를 어디에 쓴단 말인가. 실제로 살을 발라 먹고 난 후 버리지 않고 오래도록 보관하는 도미 뼈가 있다. 도미 안의 도미, 즉 다이노다이鯛の鯛다. 다이노다이는 호랑이 가죽만큼은 아니어도 귀중품으로 취급받는다. 생선 뼈 가운데 가장 호사를 누리는 뼈가 아닐까 싶다.

도미 머리와 아가미 부위를 꼼꼼히 발라 먹다 보면 다이노다이를 발견할 수 있다. 길이는 어른 손가락만 하고 동그랗게 뚫린 눈, 머리, 몸통, 긴 꼬리 등이 흡사 도미 축소판이다. 자세히 보면 그냥 일반적인 생선 모양인데, 출처가 도미다 보니 도미 닮은꼴이라고 말할 뿐이다.

다이노다이는 가슴지느러미를 작동시키는 기관이다. 이 뼛조각은 주인을 잘 만나 호강하는 뼈가 됐다. 행운의 뼈로 취급받기 때문이다. 도미를 먹다가 다이노다이를 발견하면 "심봤다!", "네잎클로버 찾았다!" 하고 소리칠 만큼 반가운 일이라고 한다. 다이노다이를 몸에 지니고 다니면 재복이 굴러들어 오기 때문이란다. 물론 믿거나 말거나 한 속신이다. 엔카의 여왕 미소라 히바리가 다이노다이를 모았다는 둥, 공연 전 통도미찜을 자주 먹고 다이노다이를 소지한 채 무대에 오른다는 둥 하는 풍문이 있다. 이 역시 믿거나 말거나지만, 대중은 혹했다.

최근에는 매장에서 도미 대가리를 잘라 내고 파는 경우가 많아 희소가치가 더해졌다. 다이노다이 수집가도 있고, 우표처럼 사고팔기도 한다. 임연수, 쥣방어도 다이노다이에 버금가는 뼈가 있지만, 도미만큼 수집 가치가 없다. 나중에 도미를 먹을 때 다이노다이를 챙겨놨다가 로또라도 사봐야겠다.

마나하지메真魚始め. 아이에게 생후 처음으로 생선을 먹이는 일본 전통의식이다. 에도시대에는 생후 120일째 되는 날, 그 이후에는 20개월 전후에 거행하기도 했다. 마나하지메 때 주로 먹이는 생선이 바로 도미다. 단단한 도미 머리처럼 아기 머리도 빨리 여물기를 바라는 마음에서였다고 한다. 도미가 상스럽고 축복을 주는 생선이라는 믿음의 연장선에서 생긴 관습이다.

'생선 중의 생선', '행운의 생선', '축복의 생선'. 다양한 찬사가 따라다니는 도미는 오랜 세월이 지나도 일본인 의식 속에 존귀한 이미지가 박혀 있다. 그런 이미지는 서민의 군것질거리에도 영향을 주었다.

다이야키鯛焼き. 묽은 밀가루 반죽에 달콤한 팥소를 듬뿍 넣고 구워 낸 추억의 과자. 한국 붕어빵의 원조 격이 다이야키다. 참돔을 본떴기에 다이야키, 즉 도미빵으로 불린다.

다이야키는 메이지시대에 등장해 아이들 군것질거리로 큰 인기를 모았다. 또한 설탕을 녹여 도미 모양으로 굳힌 설탕과자도 비슷한 시기에 골목길 야타이(일본식 포장마차)에서 팔렸다. 내가 어렸을 적에도 설탕과자를 파는 리어카 상인이 수시로 동네를 찾아오고는 했다. 리어카 위에는 갖가지 동물 모양을 본뜬 설탕과자가 걸려 있었다. 토끼, 거북이, 학, 호랑이 등등. 크기도 제각각이었다. 아이들은 코 묻은 동전 몇 푼을 내고 뽑기 게임을 해 그 결과에 따라 설탕과자를 받았다. 확률적으로 크기가 자잘한 설탕과자가 뽑힐 가능성이 높았고, 제법 큰 놈은 잘 뽑히지 않았다. 그 설탕과자 중에 가장 컸던 것이 어른 팔뚝 길이만 했는데, 바로 도미 형태였다. 도미를 알지 못했던 나는 그것이 잉어라고 생각했다. 호랑이와 학도 헤비급 축에 들었지만, 도미와 견주어 보면 왜소했다. 도미가 왕이었다. 도미 설탕과자도 일본에서 건너온 군것질 문화다.

도미는 해부학적으로도 흥미로운 요소가 많다. 익힌 도미살을 다 발라내면 항문 쪽 가시에 작고 동그란 혹이 붙어 있는 것이 보인다. 소용돌이 뼈鳴門骨다. 나루토鳴門라는 명칭은 시코쿠섬 북동쪽의 나루토해협에서 따왔다. 우리나라 명량해협처럼 썰물 때 물이 울음소리를 낸다고 나루토라는 이름이 붙었다. 일본에서 물살이 가장 거칠고 소용돌이가 많기로 정평이 난 바다인데, 나루토산 도미는 뼈마디에 혹이 붙어 있다. 거친 물살에 적응하는 과정에서 자연스럽게 생겼는데, 자연선택설을 알 리 없었던 옛사람들은 재미난 이야기를 덧씌워 그럴듯하게 추론했다. 나루토에 서식하는 도미가 거친 물살에 밀리지 않으려고 몸무게를 불릴 목적으로 돌을 삼켰는데, 그 돌들이 몸속에서 뼈가 됐다는 것. 물살에 단련된 나루토산 도미의 살은 찰지고 탱탱하다. 당연히 시가는 다른 도미보다 높다.

그 밖에 대룡大龍, 소룡小龍, 죽마竹馬, 투구뿔鍬形, 이석耳石 등 뼈에 일일이 은유적인 명칭을 부여했다. 도미를 발라 먹다가 이들 뼈를 모두 찾아내면 행운이 찾아온다고 한다.

에도시대 화가들은 물고기도감과 화보집을 남겼다. 그중 1856년경 간행된 『수족사진水族写真』은 매우 독특하다. 이 책 한 파트에는 총천연색으로 도미만 90종 그려져 있다. 엉성하지만 도미 해부도도 실려 있다. 도미만 그려놓은 도감은 사상 초유였다. 작가는 오쿠구라 다쓰유키奥倉辰行라는 독특한 인물이다. 채소가게 아들로 태어나 어릴 때부터 거의 독학하다시피 그림을 깨우쳤고, 물고기에 빠져 수시로 니혼바시 어시장과 어촌을 들락거리며 물고기를 공부했다. 『수족사진』은 그 결과물 중 하나다. 하지만 애석하게도 그는 물고기를 그리고, 책들을 펴내는 일에 몰두한 나머지 가업인 채소 장사를 등한시하고, 가산마저 탕진한다. 스스로 호를 물고기 신선, 즉 '어선魚仙'으로 지었다. 이쯤 되면 물고기에 미쳐도 단단히 미친 사람이다.

그런데 일본 앞바다에 사는 도미 종류가 90가지나 될 턱이 없다. 분류학상 도밋과로 분류할 수 있는 종류는 14가지라고 한다. 에도시대 도감, 어보魚譜를 비롯한 각종 서적에서 끝이 '~다이'로 끝나는 물고기는 300개 남짓이다. 도미가 고급 어종으로 취급받고 잘 팔리기 때문에 개나 재나 "옛다, 너도 도미"라고 했으려나.

이런 사이비 도미는 우리나라에도 많다. 도미와 엇비슷해 인간이 깜빡 속겠다 싶으면 '돔' 자를 갖다 붙인다. 돗돔, 돌돔, 금눈돔, 실꼬리돔. 모두 도밋과가 아니다.

'벚꽃은 교토의 벚꽃이고, 도미는 아카시明石의 도미'라는 말이 있다. 미식가들은 효고현의 해안 도시인 아카시의 도미를 으뜸으로 친다. 그러고 보니 아카시란 지명에도 돌이 들어 있다. 아카시 앞바다에 나루토 해협이 있다.

우리는 '사쿠라桜'를 어설프고 조악한 모조품에 빗대고는 하지만, 일본은 정반대다. 최고의 품질을 가리킬 때 쓴다. 초봄에 제철을 만나 맛이 최고조에 달한 물고기에게 사쿠라라는 수식어를 붙인다. 사쿠라다이桜鯛는 최고의 도미다. 벚꽃 필 즈음에 잡은 도미가 가장 찰지다나 어떻다나. 산란을 마친 6월의 도미살은 거슬거슬해서 '밀짚 도미'라고 한다.

잡아서는 안 되는 도미도 있다. 지바현 가모가와시의 다이노우라鯛の浦 연안에서 멋모르고 낚싯대를 드리웠다가는 낭패를 볼 수 있다. 이곳 해안가는 바글바글 도미 세상이다. 대개 도미는 수심 깊은 곳에 살기 마련인데, 다이노우라 도미는 수심 10~15미터에서 산다. 배가 지나가다 먹을 것을 던지면 새우깡을 본 비둘기마냥 우르르 몰려든다고 한다. 도미답지 않게 떼 지어 다닌다. 일본은 물론 세계 어디에서도 보기 드문 광경이다. 이곳 도미는 1967년 특별천연기념물에 지정돼 국가의 보호를 받는다.

법화종을 창건한 승려 니치렌日蓮이 다이노우라 근방에서 태어났다고 한다. 니치렌에 얽힌 신묘한 전설이 더해지면서 이곳 도미는 오래전부터 잡아서는 안 되는 미물美物이 됐다. 존귀한 이미지에 종교적 신비주의까지 더해져 극강의 아우라를 띤 물고기. 도미가 아니라면 얻기 힘든 자격이다.

白魚 |뱅어|

부활하라, 로열 클래스의 맛

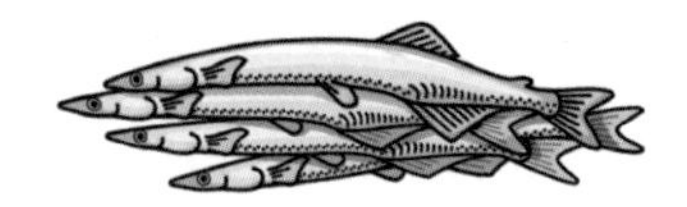

특혜도 이만한 특혜가 없다. 도쿄 시내를 가로지르는 스미다가와에 살던 뱅어. 시라우오白魚라 불리는 뱅어는 천하를 통일한 도쿠가와 이에야스가 콕 집어 자신의 밥상에 올리도록 명령한 생선이다. 그를 포함해 에도성에 거주하는 가족 외에는 입에 대지도 못하게 했다. 에도시대에 뱅어는 대대로 최고 권력자 쇼군의 총애를 한 몸에 받았다. 일반 백성은 바라보는 것만으로 만족해야 하는 생선이었다. 덕분에 뱅어잡이 어부들은 남들이 넘보지 못할 특혜를 받았다. 뱅어는 고귀함과 시샘의 대상이었다. 그런데 뱅어의 무엇이 그리 대단하길래 특별 대우를 받았던 것일까.

몸길이는 어른 집게손가락만 하고 굵기는 연필심만큼 가느다란 뱅어. 뱅어포의 그 뱅어? 웬만한 어른이면 "그거 알지. 먹어봤지" 하겠지만, 사실 우리는 뱅어를 거의 만난 적이 없다. 뱅어포에는 뱅어가 거의 없다. 뱅어포에 그물처럼 얽혀 있는 생선은 실치다. 하천오염으로 뱅어는 수십 년 전부터 사라지기 시작해 비슷한 생김새의 실치가 뱅어를 대신하게 됐다. 뱅어는 어느덧 이름으로만 살아 있는 생선이 됐다.

실치와 뱅어는 혈통이 엄연히 다르다. 실치는 베도라치의 치어다. 뱅어는 다 자라봐야 10센티미터 미만이다. 둘은 쌍둥이 같은 외모를 지녔지만, 완전 별개 어종이다. 서해안 당진의 봄철 명물인 실치는 일본에서도 봄철에 얕은 바다에서 주로 잡힌다. 반면 뱅어는 12~2월 한겨울 강에서 만날 수 있다. 뱅어는 실치와 달리 바다에서 하구 기수역으로 올라와 알을 낳는 습성이 있다.

뱅어와 실치는 먹는 방식도 약간 다르다. 뱅어는 스시나 회로 먹고, 실치는 주로 오도리구이踊り食い, 즉 헤엄치는 놈 대여섯 마리를 뜰채로 떠서 호로록 입속에 넣는다.

한국에서는 실치를 듬뿍 집어 초장에 찍어 회로 먹는다. 충청남도 당진 장고항의 실치회를 알아준다. 매년 4월이면 실치회 맛에 이끌린 미식가들이 당진으로 향한다.

실치와 뱅어를 혼동하는 건 일본인도 마찬가지다. 혼동은 명칭 탓이 크다. 실치는 '시로우오素魚'인데 뱅어의 '시라우오白魚'와 발음이 유사하고, 흰 백白 자가 '시라'로도, '시로'로도 읽히니 시라우오와 시로우오가 동일한 생선으로 인식됐을 것이다. 시간이 흐르면서 명칭과 실체가 뒤죽박죽되는 경우가 종종 있는데, 뱅어가 그렇다.

후쿠오카현 무로미가와室見川 하구 주민들은 이 착오를 한 번 더 꼬아버렸다. 이들은 실치에 대해 표기는 백어白魚라 쓰고, 읽기는 시로우오라고 읽는다. 사투리인지 실수인지 명확하지 않다. 이쯤 되면 호칭만으로 "뱅어네, 실치네" 하는 것은 부질없어 보인다.

뱅어는 머리 쪽에 하얀 문양이 있다. 엄밀히 말하면 문양이라기보다 미세한 점이다. 빛이 통과할 것만 같은 투명한 몸체에 우유 빛깔 점이 인상적으로 보였는지 일본인들은 문양으로 규정했다. 외모상 특징이랄 게 없는 생선이라 미세한 점 하나에도 특이점을 부여하려다 보니 그리된 것이리라. 하지만 이 점 하나가 뱅어의 팔자를 고쳐주었다. 뱅어의 점은 쇼군 도쿠가와 가문과 인연을 이어주는 끈이 되었고, 뱅어가 오랜 세월 특권적 지위를 누리는 단초가 됐다.

어느 날 스미다가와에서 어부들이 뱅어를 건져 올렸다. 처음 보는 물고기였다. 가만히 뜯어보니 머리에 접시꽃 비스름한 무늬가 있었다. 아니 이런! 접시꽃은 도쿠가와 가문의 상징 문양家紋이 아니던가. 어민들은 신묘하다고 여겨 이 물고기를 관아에 신고했다. 관아의 관리들은 긴가민가 고개를 갸웃거렸다. 그래도 혹시나 하는 마음으로 이를 상부에 보고했다. 접시꽃 문양 생선을 발견한 사건은 마침내 쇼군 이에야스의 귀까지 들어갔다. 그런데 이에야스는 별로 놀라는 기색 없이 "그 물고기라면 내가 좀 알지. 내가 미카와三河에 있을 때 어부들이 먹어보라고 가져왔었지" 하며 껄껄

웃었다. 미카와는 지금의 아이치현 동부 지방으로 이에야스의 고향이자 도쿠가와 가문의 영지領地였다. 이에야스는 그 물고기를 에도에서 만나다니 길조가 아니고 뭐냐며 자신에게 갖다 바치라고 명령하고, 아무나 함부로 잡거나 먹지 못하도록 했다. 그 물고기가 다름 아닌 뱅어였다.

뱅어를 신고한 어민들은 사실 수년 전 이에야스의 집권으로 오사카에서 에도로 이주한 사람들이었다. 이에야스가 이주를 권유했다. 이들은 계획적으로 에도로 이주시킨 사상 첫 어민 집단이었다.

이에야스가 천하를 평정하기 전 세상은 100여 년간 크고 작은 전쟁이 끊이지 않았다. 바로 센고쿠시대다. 교토에 체류 중이던 이에야스가 오사카의 신사로 참배하러 가다 곤경에 처한다. 강을 건너던 배가 모래톱에 걸려 옴짝달싹 못 하게 된 것이다. 그때 사고 지점 인근인 쓰쿠다무라佃村 어민들이 그 사실을 알고 달려가 이에야스 일행을 구출했다. 쓰쿠다무라는 오사카의 요도가와淀川 하구 모래섬에 터 잡은 자그마한 어촌이었다. 이후 이에야스는 한동안 쓰쿠다무라에 피신해 있었다. 그동안 어민들은 이에야스를 지극정성으로 보살폈다.

그 사건 직전 교토에서는 난세의 호걸 오다 노부나가가 부하 장수의 배반으로 최후를 맞게 되는 '혼노지의 변本能寺の変'이 발생했다. 노부나가 측 무장인 이에야스는 졸지에 수장을 잃고 쫓기

는 신세로 전락했다. 이에야스는 적들에게 언제 무슨 변고를 당할지 몰랐다. 쓰쿠다무라에서 몸을 가눈 이에야스는 어민들의 도움을 받아 무사히 오사카 땅을 벗어났다. 이에야스에게 어민들은 절체절명의 위기에 빠진 자신을 구해준 은인이었다.

장수는 은혜를 잊지 않았다. 이에야스는 센고쿠시대를 수습하고 패자霸者에 등극하자 쓰쿠다무라 어민들을 에도로 이주시켰다. 논공행상이랄까. 가까이 두고 고마움을 갚고 싶었을 것이다. 또 충성심에 대한 기대 심리도 있었을 것이다.

에도로 이주한 어민들이 살 터전을 마련하기 위한 개발사업이 시작됐다. 얕은 산자락을 깎아 거기서 나온 흙으로 스미다가와에 인공섬을 만들었다. 어마어마한 인력과 비용이 투입된 택지조성 공사였다. 무력을 등에 업고 천하를 통일한 막강한 신생 정권이었기에 가능한 일이었다. 인공섬의 명칭은 어민들의 고향마을 쓰쿠다무라에서 한 글자만 바꿔 쓰쿠다지마로 지었다. 섬의 위치나 환경은 고향 쓰쿠다무라를 그대로 본떴다고 한다.

초기 이주 어민은 20여 명으로 조촐했지만, 일당백의 역할을 했다. 이들은 쓰쿠다지마와 이웃한 쓰키지마月島 하안의 매립공사를 지휘하고, 이에야스 군대가 세토내해를 통해 이동할 때는 해상 길잡이 임무를 맡았다. 당시 세토내해는 해적이 득시글했다. 지나가는 선박을 약탈하거나 통행세를 뜯었다. 쓰쿠다지마 어민은 제 손금 보듯 바닷길에 훤했고, 해적을 다룰 줄도 알았다. 쓰쿠다지마 어민과 함께 항해하면 안심이었다. 이 때문에 쓰쿠다지마 어민이 해적과 내통하는 무리가 아니었을까 추정하는 학자도 있다.

중세시대 하층민 연구로 유명한 역사학자 아미노 요시히코網野善彦는 중세시대 세토내해 어민 군락의 특징으로 해적질과 어업 겸업을 든다. 실제로 어민들은 전쟁이 벌어지면 손에서 그물을 놓고 무기를 집어 들었다. 병력과 물자를 운송하는 수군水軍으로 활약했다. 바다에 관한 한 그들은 일인자였다. 이래저래 공적을 쌓은 쓰쿠다지마 어민들은 뱅어뿐 아니라 다른 물고기도 마음껏 잡을 수 있는 독점적인 권리를 막부로부터 부여받았다. 이른바 어용어민御用漁民의 자격이었다. '어용'이란 타이틀은 왕이나 정부를 위해 일하는 사람에게 주었다. 쓰쿠다지마 어민들은 물고기를 세금조로 에도성에 일정량 조달했다. 나머지는 자신들이 먹거나 내다 팔았다. 일종의 특혜였다. 이들이 생선을 팔던 장소가 니혼바시 어시장인데, 훗날 일본 최대 어시장인 쓰키지 시장으로 성장한다. 니혼바시 어시장은 쓰쿠다지마 어민들 손에 개설됐고, 그들의 주무대였다.

옛날 쓰키지 시장에는 가게 이름에 '쓰쿠다佃'를 넣은 곳이 흔했다. 주인이 쓰쿠다지마 출신이라는 표시다. 에도성은 이들 어용어민을 통해 필요한 해산물을 조달했다. 대신 어용어민에게 해산물 도매 독점권을 부여했다. 쓰쿠다지마 어민은 물고기를 연결고리로 막부, 즉 정부와 직접 소통하는 존재였다. 특권 어민이다.

어용어민의 특권은 세습되는 권리였다.[66]

이들의 어업기술은 에도 토박이 어민보다 한 수 위였다. 17세기까지만 해도 간사이 어민의 바다 지식과 어업기술이 간토보다 훨씬 앞섰다. 굴러온 돌이 박힌 돌을 빼는 현상이 벌어졌다. 그러다 보니 다른 어촌의 시샘과 견제가 뒤따랐다. 급기야 소송전까지 벌어졌다. "바다가 개인 소유도 아닐진대 누구는 다 잡게 하고, 누구는 제한하는 게 이치에 안 맞다." 이웃 어촌에서 쓰쿠다지마의 어업특권을 취소해 달라는 청구 소송이 잇따랐다. 하지만 번번이 쓰쿠다지마 어민이 승소했다. 정권은 쓰쿠다지마 어민을 감싸주었다. 쓰쿠다지마의 어업특권은 메이지시대까지 끄떡없었다.

어용상인과 정부의 상부상조 관계는 재벌기업이라는 공룡들을 탄생시켰다. 어용상인의 존재는 자본과 권력의 상부상조 구조를 만들었다. 어용상인을 정치상인, 즉 정상政商이라고도 한다. 오늘날 정경유착이라는 악습은 거슬러 올라가면 어용상인 제도와 만나게 된다.

가령 일본의 3대 재벌 중 하나인 미쓰이三井는 막부에 의류를 대는 어용상인이었다. 에도시대에 어용 포목점으로 급성장했다.

66 에도시대에는 니혼바시 어시장 성장에 자극을 받아 소형 어시장이 생겼는데, 그런 곳을 자코바雜魚場라고 했다. 막부와 무관하게 백성끼리 생선을 자유롭게 사고파는 곳으로, 에도 토착 어민과 상인이 주축이 돼 꾸려나갔다. 에도시대에는 잡어雜魚가 '막부에게 갖다 바치지 않는 생선'을 의미했다. 값어치 없는 자잘한 생선이라는 잡어의 의미는 나중에 생겼다.

에도 막부 말기에는 시세를 잘 읽고 막부 편에서 막부 타도 세력으로, 즉 메이지유신 세력으로 말을 갈아타는 바람에 쇠망할 뻔한 운명을 피했다. 메이지 정부로부터 백화점 영업 등 각종 비지니스에서 특혜를 얻었다. 일제강점기에는 여러 전쟁에서 군수품 특수로 막대한 부를 축적했다. 근대화 시기에도 제조와 판매 영역에서 적잖은 특혜를 입었다.

요즘에는 어용학자, 어용지식인 같은 단어가 많이 쓰인다. 모두 부정적인 뉘앙스인데, 일본의 경우만 봐도 그 연유를 알 것 같다. 원래 어용이란 말 자체는 공용公用이라는 단어처럼 부정적 뉘앙스를 띠지 않았다. 군주정시대가 저물며 '평등'과 '자유 경쟁'의 가치가 중시되면서 어용은 전근대적인 말이 됐다. 또 어용 임무를 행하는 자들이 사익에 눈이 멀어 공익을 등한시하는 경우가 많아 어용은 점차 몹쓸 단어로 변했다.

뱅어잡이는 한겨울 밤에 이루어진다. 두 명이 한 팀이 되어 나룻배를 타고 사수망四手網이라는 뱅어잡이 전용 그물을 수중에 살짝 드리운다. 사수망은 한 변이 1.5미터가량 되는 정사각형 그물로 네 꼭짓점 끝에 대나무살 2개가 대각선으로 어긋나게 연결돼 있다. 펼치면 바람에 날리는 방패연처럼 휘는 뜰채 모양이 된다. 사수망을 수중에 드리우고 배 위에서 화톳불을 활활 지핀다. 불빛으로 뱅어를 꾀기 위해서다. 잡는 방법은 간단했다. 뱅어가 사수망 위로 몰려오면 사수망을 그대로 들어 올리기만 하면 된다. 겨울밤

스미다가와의 뱅어잡이 풍광이 얼마나 볼만했던지 뱅어잡이를 묘사한 우키요에浮世絵[67]도 많이 만들어졌다.

뱅어잡이도 한철이다. 어민들은 뱅어가 없는 여름부터 가을 시즌에는 쓰쿠다니를 만들어 팔았다. 쓰쿠다니는 자잘한 생선을 소금 혹은 간장과 설탕을 넣고 불에 졸인 음식이다. 흔히 시라스シラス라 불리는 멸치, 청어, 은어 따위의 치어로 쓰쿠다니를 만들었다. 그 밖에 김, 새우, 우엉, 다시마, 콩 등도 에도시대 쓰쿠다니의 주재료였다. 우리가 밥반찬으로 즐겨 해 먹는 콩자반, 연근조림, 멸치볶음 등이 쓰쿠다니 계통의 음식이다.

쓰쿠다니와 쓰쿠다지마. 눈치챘는지 모르겠지만, 둘은 깊은 연관성이 있다. 쓰쿠다니는 쓰쿠다지마에서 탄생했다. 고기잡이를 나간 어민들이 출출할 때 배 위에서 밥반찬으로 먹기 위해 고안했다고 한다. 쓰쿠다니는 반찬의 혁신이었다. 그 이전까지 그런 보존식은 없었다. 오랫동안 상하지 않는 보존성, 어디든 갖고 다닐 수 있는 간편함, 밥과 잘 어울리는 짭짤한 맛. 전례 없는 고효율 반찬이었다. 간장으로 진하게 졸인 데다 설탕을 입히면 설탕 피막 때문에 미생물이 침투하지 못한다. 만들기 쉽고 재료도 평이해 서민층으로 급속히 번졌다. 쓰쿠다니는 보존식의 신기원을 열었다.

참근교대, 즉 에도로 파견근무 온 무사들이 소임을 마치고

67 에도시대에 서민 계층 사이에서 유행한 목판화.

귀향할 때 챙겨 가는 에도 특산품 중에 쓰쿠다니가 빠지지 않았다. 그 바람에 쓰쿠다니는 전국구 음식이 됐다.

도쿄 쓰쿠다지마에 있는 다나카야田中屋와 덴야스天安. 오랜 세월의 흔적을 고스란히 간직한 두 가게가 엎어지면 코 닿을 곳에 사이좋게 서 있다. 그리고 이 둘과 약간 떨어져 있는 쓰쿠다니 마루큐つくだに丸久. 일본에서 가장 오래된 쓰쿠다니 3대 노포다. 개점 연도가 불명인 한 곳을 빼곤 각각 1837년, 1856년에 문을 열었으니 모두 180세는 족히 넘는다. 쓰쿠다니의 역사를 써가고 있는 문화재급 노포들이다. 지하철을 타고 쓰키시마역月島駅에서 내려 조금만 걸어가면 세 노포를 만날 수 있다.

쓰쿠다지마는 오사카 이주민만의 거주지였다. 그 인연으로 오랫동안 간사이 사람들이 모여 살았다. 그래서 쓰쿠다지마는 도쿄 속의 이방인 동네였다. 도쿄 토박이에게는 이국적인 정취가 물씬 나는 동네였다. 쓰쿠다지마와 도쿄인의 관계를 코믹하게 설명하는 이야기가 있다. 메이지시대가 배경인 듯한데, 줄거리는 대강 다음과 같다.

도쿄에 사는 두 사내가 도쿄만 앞바다로 배낚시를 나갔다. 화창한 날씨에 조황도 좋아 둘은 희희낙락 시간 가는 줄 몰랐다. 그런데 느닷없이 비구름이 몰려오고 돌풍까지 분다. 설상가상으로 그들은 비바람에 시달리다 노와 삿대마저 놓쳐버린다. '이러다 죽는구나!' 가슴 졸이며 하룻밤을 꼴딱 샌다. 다시 해가 뜨고, 비바람은 언제 그랬냐는 듯 멈춘다. 얼마나 지났을까. 그들이 탄 배는 낯선 해안가로 떠밀려 올라간다. '도대체 여기가 어디지?' 사방을 두리번거리는데 저만치 사람이 지나간다. 행색은 보통 어부 같은데, 피부는 유난히 검붉고 눈은 부리부리하다. 생김새가 도쿄 사람과 다르다. '아마도 남쪽 먼바다의 이름 모를 섬에 표류했나 봐.' 그들은 크게 소리 질러 낯선 이를 부른다.

"우린 일본인. 알아들으시겠습니까? 여기는 도대체 무슨 나라입니까?"

그러자 행인은 떨떠름한 표정을 짓는다.

"뭐야, 이 얼간이들은. 여긴 쓰쿠다지마라고!"

옛 에도 사람은 쓰쿠다지마 주민에게 이질감 내지 편견을 가졌음을 시사하는 이야기다. 어업특권, 고립된 섬 생활, 간사이 이주자. 이런 점들은 쓰쿠다지마 주민이 에도 토박이 공동체와 어울려 사는 데 장애물이 되지 않았을까.

도쿄 명물인 스미다가와 뱅어는 1945년부터 사라지기 시작한다. 무분별한 하구 매립과 수질오염이 원인이었다. 패전 직후 황망한 와중에 강 수질관리에 신경 쓸 겨를이 있었겠나 싶다. 강의 환경이 바뀌면 서식하는 생명체는 직격탄을 맞는다. 뱅어는 생활환경에 민감해 수온이 미세하게 변해도 죽고 만다. 스미다가와가 변하니 뱅어도 떠나버렸다.

뱅어 실종 사태는 곧 쓰쿠다지마의 상심이었다. 뱅어가 사라지자 쓰쿠다지마 주민 대부분은 조업을 접고 쓰키지 시장에서 생선중개업이나 잡역부 등에 종사했다고 한다. 수십 년 전 어떤 어촌 출신 문인은 젊었을 때 도쿄로 상경해 쓰쿠다지마 근처에 일자리를 구하고 살았다는데, 그 이유가 쓰쿠다지마 옆을 지나면 바닷가 고향마을 냄새가 나서란다. 쓰쿠다지마는 어민, 어업에 대한 향수를 자극하는 요소가 있는 것이 분명하다. 물론 이제는 옅어졌겠지만.

환경에 민감한 뱅어는 살던 물이 바뀌거나 짧은 거리만 이동해도 이내 죽어버린다. 따라서 대중음식점에서 활어 상태로 손님의 식탁에 올라가는 일은 상상하기 어려웠다. 하지만 2010년경 꿈이 현실이 됐다.

아오모리현에서 식당을 운영하는 에비나 마사나오蛯名正直라는 요리사는 마법사처럼 뱅어를 '복원'했다. 그는 '뱅어를 산 채로 손님에게 제공하겠다'는 일념으로 뱅어 연구에 몰두했다. 그는 뱅어가 사는 데 적합한 수온, 염분 농도, 산소 농도 등을 차례차례 알아냈고, 빛을 차단한 용기에 담아 운반하면 잘 죽지 않는다는 사실도 알아냈다. 시행착오 끝에 강물 밖에서 최장 140일 동안 뱅어를 살려놓는 데 성공한다.[68]

68 에비나 마사나오가 실험에 사용한 뱅어는 아오모리현 북단에 위치한 호수 오가와라호小川原湖에 사는 것들이었다. 오가와라호는 바다로 물길이 뚫려 있으며, 뱅어와 빙어 어획량이 일본 1위인 곳이었다.

마침내 아오모리에서 수도권 일식집까지 택배로 뱅어를 살려서 배송해 산 채로 손님 앞에 내놓을 수 있게 됐다. 실치나 빙어처럼 산 채로 먹는 오도리구이가 가능해졌다. 불가능이 현실이 되기까지 자그마치 25년이란 시간이 걸렸다.

에도의 뱅어는 오사카에서 건너왔다는 주장이 있다. 도쿠가와 이에야스가 오사카에서 맛봤던 뱅어를 에도에서도 먹고 싶어 가져오도록 명령했고, 아랫사람들이 오사카 뱅어를 운반해 스미다가와에 풀어놓았다는 이야기다. 하지만 뱅어의 습성과 마사나오의 시행착오에 비춰보면 이 이야기는 한낱 픽션에 지나지 않는다. 에도시대 말기에 나온 백과사전 『모리사다만고守貞謾稿』에는 교토와 오사카에는 뱅어가 없다고 적혀 있다.

마사나오는 2014년부터 쓰쿠다지마 어업협동조합과 함께 스미다가와에 뱅어를 방류하는 사업을 펼쳤다. 이들은 수백 년 전 그들의 선조가 그랬듯 다시 도쿠가와 이에야스 후손들에게 살아 있는 뱅어를 선물했다. 스미다가와 뱅어가 부활하고, 뱅어의 전성기가 다시 도래하기를 기원하며.

鮟鱇 | 아귀 |

미움받을 용기, 내강외유의 맛

'서쪽 복어, 동쪽 아귀.'

서일본에 복어가 있다면, 동일본에는 아귀가 있다는 말이다. 생선으로 끓인 전골 음식, 즉 나베모노鍋物의 서일본과 동일본 대표 선수들이다. 정확히 말하면, '서쪽은 복어탕, 동쪽은 아귀탕'이 되겠다. 과연 시원한 국물 맛은 이 둘을 따라올 자가 좀체 없다.

그 밖에 이 두 생선의 주요 산지는 상반되지만, 사시미가 별미라는 공통점도 있다. 투박한 생김새와 달리 부드럽고 섬세한 맛을 준다는 점도 닮았다. 동쪽과 서쪽을 대표해 자웅을 겨룰 만한 치명적인 마력의 소유자들이다. 복어와 아귀는 겉으로 얕잡아 봤다가는 뒤통수 맞을 맛을 지녔다.

아귀는 태평양 연안에서 주로 잡히는데, 특히 이바라키현茨城県 앞바다의 아귀를 알아준다. 예로부터 '도쿄의 부엌'이라는 이바라키현. 찬 바람 부는 계절이 오면 도쿄 사람들은 겨울 별미인 아

귀 도부지루どぶ汁(아귀탕)를 싸고 푸짐하게 먹기 위해 이바라키현을 찾는다.

도부지루의 핵심 병기는 아귀 간이다. 간의 맛을 극대화한 요리법이 개성 만점이다.

가장 먼저 질냄비에 간을 듬뿍 넣고 주걱으로 으깨가며 약한 불에 서서히 익힌다. 간에 기름이 많아 한동안 익혀도 잘 타지 않는다. 간이 걸쭉해지고 자글자글 소리와 고소한 냄새가 올라오면 미소된장과 생선살을 차례차례 넣는다. 맨 나중에 배추, 무, 파 등 채소를 듬뿍 털어 넣고 냄비뚜껑을 닫는다. 자작자작 끓는 소리가 휘몰이장단으로 변할 때까지 기다린다.

아귀는 물컹물컹 물살이다. 끓이면 살과 껍질에서 물이 흘러나온다. 그래서 물을 따로 붓지 않는다. 어부들이 선상에서 해 먹던 요리라서 물을 사용하지 않는다. 출항한 배는 생수 한 방울이라도 귀하게 여겼기 때문이다. 도부지루의 '도부'란 도랑을 말한다. 간이 녹아 되직하고 탁해진 국물이 도랑물처럼 보였을 것이다. 아귀 간은 겨울철에 기름이 잔뜩 배어 특유의 고소한 맛이 강해진다. 사계절 중 겨울이 진미다. 이바라키에서는 아귀 간이 '바다의 푸아그라'로 통한다. 바닷물고기 간 중 으뜸이라는 뜻이다.

양질의 아귀 간 가격은 때때로 아귀 완전체 값에 필적한다. 아귀를 잡자마자 간부터 쏙 빼내어 따로 팔기도 한다. 생선의 간 중 아귀의 것만큼 귀한 대접을 받는 간이 또 있을까 싶다.

일본인은 아귀 간 요리를 "고쿠미コク味가 있다"라고 입버릇처럼 말한다. 고쿠미는 일본인이 높이 쳐주는 맛이다. 고쿠미를 한마디로 정의하기는 힘들다. '깊이 있는 감칠맛', '뒷맛이 강하게 남는 깊은 맛', '깊고 진한 맛' 등등 사전마다 뜻풀이가 미세하게 다르지만, '깊은 맛'이 핵심임을 알 수 있다. 고쿠미의 깊은 맛이란 단순히 진하고 센 맛이 아니라 강렬하면서 여운을 남기는 맛이다. 고쿠미는 호불호가 갈리는 맛이다. 처음 먹을 때의 강렬한 미각 경험 탓에 다시 찾거나 다시는 거들떠보지 않거나 둘 중 하나다. 하지만 한번 맛들이면 헤어나기 힘든 맛이다. '고쿠'의 원형이 한자 혹酷(심하다, 지독하다)이라는 설이 유력한데, 어원만 봐도 임팩트가 있는 맛이다.

고쿠미는 여러 가지 맛이 복합적으로 날 때 해당한다. 한 가지 맛이 두드러지면 고쿠미가 없는 것이다. 또 '고쿠미가 있다'가 곧 '맛있다'를 의미하는 것은 아니다. 맛있는 범주는 아니지만, 왠지 나를 끌어당기고 뇌리에 남는 맛이다. 일상적으로 맥주, 커피, 카레, 스튜 맛을 표현할 때 많이 쓴다.

해산물 가운데 기름기 많은 간을 비롯해 일본의 3대 진미라는 성게알, 어란(가라스미), 해삼 내장(고노와타)이 고쿠미 부류다. 알은 간에서 생성하기 때문에 둘 사이에는 공통 물질이 존재한다. 그 물질이 고쿠미의 실체일지 모른다. 아무튼 호불호가 또렷이 갈리지만, 마성을 지닌 맛이다. 고쿠미를 제6의 미각이라고도 하는

데, 과거 다시마에서 감칠맛이라는 우마미旨味의 실체를 찾으려 애쓴 학자가 있었던 것처럼 고쿠미의 정체를 파헤치는 학자도 있다.

『맛있는 감각과 언어おいしい感覚と言葉-食感の世代』는 흥미로운 책이 있다. 이 책에는 2000년대에 '맛있다'라는 표현이 어떻게 쓰이는지에 대한 데이터 분석이 실려 있다. 분석 결과, 나이가 많을수록 '고쿠미'를 언급하는 빈도가 높고, 언급 횟수는 남성보다 여성층에서 더 빠르게 감소했다. 고쿠미는 서양요리에는 드물고, 전통요리 특히 향토요리에서 발산하는 맛이다. 나이를 먹어갈수록 고쿠미에 끌리는 까닭은 어릴 적 친근한 내 고장의 맛, 향토요리의 맛이 그립기 때문일 것이다. 일종의 입맛 회귀 현상이다. 고쿠미에 끌리는 대중이 많아진다는 것은 서양요리와 패스트푸드에 대한 반감이나 식상함이 증대한 결과이기도 하다.

또한 최근 일본인들 사이에서 '쫄깃쫄깃, 쥬시하다, 감칠맛 난다'는 표현이 고쿠미를 대체하고 있다고 한다. 세월 따라 입맛도 변하니 맛 표현도 변하나 보다.

'고쿠미가 있다'를 사람에게 대입하면 '그 사람 진국이네'쯤 되겠다. 아귀무사鮟鱇武士라는 표현이 있다. 입은 대쪽이지만, 속은 겁쟁이인 무사를 비꼬는 표현이다. 입만 살아 있는 무사다. 아귀 입이 유별나게 크기만 할 뿐 쓸모가 없어서 생긴 비유일 것이다. 하지만 입만 보고 아귀를 판단하면 안 된다. 아귀의 참맛을 알려면 간肝을 봐야 한다. 사람도 마찬가지다. 간이 콩알만 한지, 큼직한지

봐야 한다. 거짓과 부정을 접했을 때 순응하기보다 용감하게 맞서는 자세, 즉 용기가 있는지 없는지로 사람을 판단해야 한다. 적어도 진정한 무사라면 미움받을 용기를 칼처럼 몸에 지니고 다녀야 한다. 훌륭한 장수라면 아귀무사를 멀리해야 한다.

매화의 고장이기도 한 이바라키현은 에도시대 미토번水戶藩의 땅이다. 미토번을 다스린 영주 가운데 가장 유명한 인물을 꼽으라면 일본인은 도쿠가와 미쓰쿠니德川光圀(1628~1701)를 든다. 현명한 영주, 선정을 베푼 영주, 문무에 출중한 영주, 외세 침입을 대비한 선견지명의 리더로 인식된다. 그는 사후에도 픽션이 가미된 각종 영웅담으로 불멸이 됐다. 그의 영웅담은 길거리 연극이나 구전 이야기로 전해졌고, 20세기 들어와서는 TV 드라마와 영화, 무협만화의 단골 소재가 됐다.

미쓰쿠니는 쇼군 도쿠가와 이에야스의 손자다. 이에야스가 가장 늦게 본 열한 번째 아들 도쿠가와 요리후사德川賴房의 셋째 아들이 미쓰쿠니다. 이에야스는 요리후사에게 지금의 이바라키현 일대를 영지로 하사하며 미토번의 초대 영주로 삼았다. 미쓰쿠니는 두 형을 제치고 미토번의 2대 영주가 된다. 명석함 탓인지 5세에 일찌감치 차기 영주 자리를 이을 후계자로 지목된다. 하지만 어린 미쓰쿠니는 자라면서 정치나 통치에 도통 관심이 없었다. 몽상을 즐기고 놀기 좋아하는 철부지 무사였다. 적어도 18세까지는.

그의 인생을 뒤흔든 사건이 18세 때 일어났다. 책 하나가 그의 인생을 바꾼다. 사마천의 『사기史記』. 그는 『사기』를 접하고 단번에 빠져들었다. 특히 『사기』 열전에 수록된 〈백이전伯夷傳〉이 그를 사로잡았다. 백이전이란 중국 은나라 백이와 숙제 두 형제의 이야기다. 자신의 나라가 멸망하자 새로 들어선 주나라가 주는 먹거리로 먹고살 수 없다며 깊은 산속으로 들어가 고사리 같은 나물을 뜯어 먹다 생을 마감했다는 줄거리다. 메시지는 '참된 신하는 두 군주를 섬기지 않는다'라는 충신불사이군이다.

미쓰쿠니는 〈백이전〉에서 자신이 평생 추구하게 되는 사상 내지 이데아를 발견했다. 바로 의義! 이후 그는 '의로움이란 무엇인가'라는 질문을 늘 품에 안고 살았다. 그에게 세상사 가장 숭고한 가치는 '의'라는 한 단어로 압축할 수 있다 해도 과언이 아니었다. 군주와 신하 사이에는 의로움이 있어야 한다는 군신유의君臣有義, 즉 충忠의 사상이다. 백이, 숙제의 가르침은 유교라는 테두리에서 보면 충이라는 실천윤리에 가장 가깝다.

미쓰쿠니는 백이와 숙제처럼 의로움을 지킨, 큰 의를 위해 목숨을 던진 역사 속 인물을 흠모했다. 그리고 일본 역사에서 그런 인물을 발굴하고 널리 알리고 싶어 했다. 당대는 물론 미래도 의로움을 알고, 의로움을 실천하며 사는 세상이 이뤄지기를 꿈꿨다. 그런 의미에서 그는 유교 철학에 심취한 이상주의자였다.

그는 결심했다. '이런 역사서를 만들고 싶다.' 그렇게 하려면 우선 우수한 학자들을 모으고 학문을 일으켜야 했다. 그는 과단성 있는 영주였다. 통치자로서의 정해진 삶을 접고 학문진흥에 몰두하기로 결심했다. 『사기』 속 백이와 숙제처럼 형을 건너뛰고 영주에 지명된 미쓰쿠니는 차기 영주 자리를 조카에게 물려주었다. 일본 역사에서 매우 드문 권력 이양 사례였다.

그가 조카에게 양위한 까닭이 있었다. 조카의 아버지, 즉 친형에 대한 일종의 사죄와 과거 바로잡기의 발로였다. 마땅히 장자인 형이 2대 영주가 됐어야 함에도 서자庶子 출신이며 셋째 아들인 그가 형을 추월해 권좌에 올랐던 것이다. 그는 그 사실이 항상 마음에 걸렸다. 형에 대한 미안함과 그로 인한 고뇌를 되새김질하면서 자랐다. 언젠가 이것을 바로잡고 싶었다. 그것이 유교적 가르침에 충실한 길이라 여겼다. 〈백이전〉에 꽂힌 이유도 백이와 숙제 이야기가 자신의 상황과 겹쳐 보였기 때문이었다. 역사에서 왕좌를 놓고 형제끼리 유혈극을 벌이는 대목이 적잖은데, 그에 비하면 미쓰쿠니는 참 이례적인 영주였다.

정치 일선에서 물러난 그는 역사서 편찬이라는 초대형 프로젝트를 일생의 위업으로 삼았다. 쇼고칸彰考館이라는 사서 편찬 연구소를 짓고 실력 있는 학자들을 초빙했다. 그들 중에는 명나라가 망하자 일본 땅으로 망명한 유학자 주순수朱舜水도 있다. 주순수는 백이, 숙제처럼 망국의 한을 가슴에 품고 망명한 지식인이었다. 주순수는 미쓰쿠니가 직접 영입해 왔다. 그는 중세 일본의 주자학 발전에 지대한 영향을 끼쳤다. 주순수는 미쓰쿠니의 학문적 스승이

자 멘토가 됐다. 당대 내로라하는 유학자들은 미쓰쿠니의 지원 아래 독특한 사상 체계를 쌓아 올렸다. 이른바 미토학水戸学이다.

미토학은 말하자면 일본식으로 재구축한 주자학인데, 천황과 쇼군이 상존하는 막부 체제의 정치가 가야 할 길을 탐색하는 통치론이라고 할 수 있다. 그 통치론 속에 의로움, 즉 충의 사상이 강조되고 있다. 미토학을 간명하게 설명하기에는 내 역량이 부족하지만, 아무튼 미토학은 에도시대와 그 이후 근대 일본의 정치·외교에 막대한 영향을 주었다.

미토학은 나중에 메이지유신의 밑거름이 된다. 의로움을 절대시하고 충성의 실천을 지고지순한 과제로 둔 미토학은 천황을 떠받드는 이념적 기둥으로 수용됐다. 존왕사상은 천황에 대한 맹목적 충성파인 사무라이를 길러 냈고, 서구 열강이 쇄도해 오자 이 사무라이들은 '존왕양이(천황을 받들고 외적을 물리친다)' 기치 아래 메이지유신을 이끈다. 미쓰쿠니는 자신이 주춧돌을 놓은 미토학이 훗날 막부 정권을 쓰러뜨리는 무기로 돌변할 줄은 꿈에도 몰랐을 것이다.

근세 이전까지 미토학은 반체제적인 불경한 이데올로기로 지목됐다. 상급 무사 혹은 출세한 무사들은 미토학을 배척했다. 반면 가난한 하급 무사나 불평불만이 쌓인 식자층은 미토학에 매료됐다.

미토학은 가령 천황의 정통성 같은 민감한 문제를 서슴없이 건드렸다. 14세기 일본에 남북조시대라는 것이 있었다. 천황 가문 혈통끼리 권력 다툼을 벌인 끝에 남조와 북조로 조정이 쪼개져 60년간 그 체제가 이어진 시기를 말한다. 북조의 천황은 무사 아시카가 다카우지足利尊氏 세력을 등에 업고 정통으로 군림했고, 남조의 천황은 실권에서 밀려났다. 핏줄은 같아도 공식적인 천황은 북조에서 계속 나왔다. 하지만 백성들은 남조의 천황에게 동정심을 가졌다. 미토학은 여기에 기름을 부었다. 고난의 길을 감내하면서 남조의 천황을 받든 신하들을 진정한 충신이라며 높이 평가했다. 마치 백이와 숙제를 찬미하듯이.

미토학의 역사관은 보기에 따라 남조를 정통으로 간주하는 것처럼 보였다. 북조를 계승한 현 체제 지배층은 당연히 미토학을 위험한 사상으로 경계했다. 메이지시대에 남북조의 정통성을 따지는 논쟁이 벌어져 정계, 학계가 발칵 뒤집히는 일이 있었는데, 그때도 미토학은 정부 비판 세력의 실탄이 됐다.

미쓰쿠니의 주도 아래 1657년 닻을 올린 사서 편찬 사업은 그 맥이 끊어졌다 이어지기를 반복하며 1906년 마무리된다. 소요된 시간이 자그마치 250년. 총 397권에 이르는 『대일본사大日本史』가 편찬된다. 의로움을 추앙한 『대일본사』는 새 시대를 열망하는 무사들의 필독서가 됐다. 그리고 군국주의 시대의 일본 군인들에게 깊은 영감을 주었다. 그들은 의로움을 좇으며 천황주의와 일본주의에 눈이 먼다. 대의를 앞세우며 동아시아 이웃 국가를 유린

한 일본 제국 군인이나 태평양전쟁 말기 미군 함대를 향해 돌진한 가미카제 특공대도 의로움의 사상에 눈먼 자들이었다. 『대일본사』는 결과적으로 일본 군국주의라는 비뚤어진 신념을 낳았다. 그로 인해 조선을 비롯한 아시아 여러 나라 인민의 터전은 처참하게 짓밟혔고, 무고한 생명이 수없이 죽어나갔다. 통한의 역사서가 아닐 수 없다.

미쓰쿠니는 특이한 영주였다. 왕성한 호기심을 쏟아 내면서 써 내려간 학문 편력도 그렇거니와, 식탐 많고 쿠킹cooking 애호가란 점도 다른 최상급 무사들과 달랐다. 그는 최초로 라멘과 교자餃子를 먹은 일본인으로 기억되고 있다. 그가 중국 학자 주순수로부터 중화면 만드는 법을 배우고, 주순수에게 자신이 직접 만든 면요리를 먹였다는 기록이 남아 있다.[69]

주순수가 알려준 중화면은 돼지 뼈로 육수를 냈다고 하는데, 가쓰오부시와 다시마, 멸치 등으로 육수를 내는 일본 전통요리에는 없는 새로운 방식이었다. 1690년경의 일이다. 어쨌거나 그는 다른 영주와 달리 음식에 해박했고, 요리하는 것을 즐겼다. 특히 수타면 만들기에 일가견이 있었다고 한다.

그는 또한 금기시되는 육식을 마다하지 않았다. 식용할 동물을 직접 사육하고, 소젖을 짜 치즈를 만들기도 했으며, 수입한 조

69 중국에서 전래된 일본 라멘의 원형이 주순수의 면요리에서 시작된 것으로 보는 학자도 있다.

선 인삼으로 술을 담가 먹기도 했다.

에도시대 쇼군은 '자고로 무사란 소박한 식사를 할지어다'라는 이념을 지향하며 포식과 미식을 경계했고, 무사들은 공식적으로는 이를 지키려 애썼다. 그런 관점에서 보면 미쓰쿠니는 유별난 영주였다. 또 요리하는 것은 지체 높으신 분에게는 체면 깎이는 일이라고 보는 시각이 강했는데, 그는 남의 시선을 전혀 아랑곳하지 않았다. 직접 칼을 쥐고 고기를 잘랐고, 밀가루 반죽을 치며 국수를 뽑았다. 이런 일화가 있다.

미쓰쿠니가 영주 자리에서 내려와 은거隱居하던 어느 날 한 측근 신하가 방문했다. 그는 "더위로 몸이 축 처지는구나. 절에서 밀가루를 준 게 있으니 수타 냉소바나 만들어 먹으세. 자, 구경하시게"라고 말한 후 요리를 시작했다. 신하는 미쓰쿠니의 반죽 만드는 품새와 칼질 솜씨에 깜짝 놀랐다고 한다.

그는 영지를 시찰할 때 수시로 특산물로 요리를 만들어 맛을 보았다고 한다. 그중에 아귀 도모즈鮟鱇共酢라는 요리가 있다. 으깬 아귀 간에 미소된장, 식초 등을 배합한 양념장에 익힌 아귀살과 껍질을 찍어 먹는 요리다. 이바라키현 토속 음식으로 전해 내려온다.

최고의 자리를 내놓고 역사서 편찬에 매달리고, 스스럼없이 백성 앞에서 칼을 잡고 요리하는 영주. 이런 그의 면모를 주변 사람들은 이해했을까. 그렇지 않았을 것이다. 하지만 그의 진가는 사후 오랜 시간이 지나서야 발휘됐다. 처음에는 입에 안 맞다가 한참 후에 참맛을 알게 되는 고쿠미처럼 말이다.

사마천의 『사기』에 꽂힌 또 다른 인물이 있었다. 미쓰쿠니보다 150여 년 후에 활동한 사상가 라이 산요頼山陽다. 그는 히로시마번의 유학자 집안에서 태어난 수재였다. 21세 때 무슨 뜻을 품었는지 갑자기 고향을 떠나 교토로 올라간다. 에도시대에 자기 번을 허가 없이 이탈하는 탈번은 중죄였다. 하지만 얼마 못 가 숙부에게 붙들려 왔고, 가택연금 신세가 된다.

감금 생활은 그에게 전화위복이 됐다. 산요는 유폐 3년 동안 역사서 『일본외사日本外史』 초고를 완성한 것이다. 그 이후 『일본외사』는 보완·수정 과정을 거쳐 20여 년 만에 완성됐다. 『일본외사』는 『대일본사』의 사료를 많이 참조했다고 한다.

『일본외사』는 도쿠가와, 아시카가足利 등 4대 무사 가문의 역사를 축으로 도요토미 히데요시, 다케다 신겐 등 센고쿠시대 무장들의 전기를 곁들여 역사를 기술한다. 『사기』의 세가世家 체제를 차용했는데, 간결하고 평이한 한문체는 가독성이 높아 널리 읽혔다. 무사 이야기를 바탕으로 존왕사상을 내세웠고, 황실을 도쿠가와 쇼군 가문보다 우위에 두는 사관을 취했다. 막부 정권의 심기를 건드리는 도발적인 역사서였다. 하지만 정권에 불평불만을 품은 무사들은 열광했다. 『일본외사』는 막부 말기 베스트셀러가 됐다. 『대일본사』처럼 『일본외사』도 존왕사상을 따르는 젊은 무사들에게 큰 영향을 끼쳤다.

아귀 간의 고쿠미를 말하다 뜬금없이 무슨 역사책 이야기를 하나 할지 모르겠다. 하지만 삼키기 전에 조금 더 꼭꼭 씹어보자. 소화를 잘 시키기 위해서라도.

미쓰쿠니는 아귀의 본고장에서 나고 자랐으니 아귀요리가 익숙할 테지만, 산요가 아귀를 만날 기회는 드물었을 것이다. 산요는 생애 대부분을 히로시마와 교토에서 보냈으니까 말이다.

그런 그가 48세 때 벗이자 동지로부터 아귀요리를 대접받았다. 그가 『일본외사』를 막 완성했을 시점이다. 귀한 생선요리를 마주했으니 얼마나 인상적이었을까. 현대인이 별식을 마주하면 스마트폰부터 꺼내 인증샷부터 찍고 보듯이 그도 아귀와의 조우를 시로 남겼다. 〈아귀 먹은 노래食華臍魚歌〉(화제어華臍魚는 아귀의 별칭이다)라는 장문의 시다.

시 초반부는 모처럼 귀한 아귀를 접한 즐거움과 요리 과정을 그렸다. 마지막 몇 구절을 소개한다.

> (중략)
>
> 파를 잘게 썰고 양념을 써서 풍미를 더하네.
>
> 갑자기 손발에 봄날 따스함이 감도는 게 느껴진다.
>
> 세상 사람들이 복어를 즐겨 먹는다는데 가소로운 일이다.
>
> 복어의 부드러운 맛은 속임수이고 진실을 어지럽히는 위선자와 진배없다.

> 아아, 너 아귀야. 네가 저 복어의 음험 흉악함과 똑같다고
> 말해지는 걸 알고 있느냐.
> 네가 겉은 추하고 무서워도 속은 순수하고 매끈매끈하지.
> 구밀복검의 이임보. 어찌 된 일인지 나는 사랑스러운 위
> 정공을 만났구나.

시 곳곳에 뼈가 있다. 간신과 충신을 등장시켜 소인배와 나 자신을 구분 짓는 시적 은유는 한시에서 심심찮게 만나는데, 이 시가 그렇다. 이임보李林甫는 권모술수에 능한 당나라 간신이고, 위정공 위징魏徵은 당나라 충신이다. 이임보는 복어이고, 위정공은 아귀다. 복어처럼 음험하고 흉악한 소인배, 즉 이임보 같은 무리란 누구를 빗댄 것일까.

『일본외사』는 당대 대다수 주자학자들이나 실권을 쥔 무사에게 폄훼당했다. 정통에서 벗어난 이설異說이라는 것이 주된 이유였다. 이들은 『일본외사』의 서술방식에 비난 세례를 퍼부었고, 사실이 아닌 것을 역사로 기록했다고 트집 잡았다. 시쳇말로 "소설 쓰고 앉아 있네"라는 투였다. 산요는 주자학자임에도 학문의 실용성을 중시했다. 정통이라는 중국 주자학을 벗어나고자 했다. 정통 주자학을 고집하는 자세는 허명을 좇는 것이라고 봤다. 그런 자신을 '아웃사이더'로 취급하는 정통주의자들이야말로 그가 보기에 간신배였다. 〈아귀 먹은 노래〉는 당시 무사 위정자들을 향해 진정

한 무사의 길을 직시하라고 꼬집는 시였다.

산요 역시 사후 오랜 세월이 흐른 후에야 진가를 인정받았다. 산요의 주장에 옳고 그름의 잣대를 댈 순 없으나, 그를 높이 평가한 무리가 결국 역사의 승자가 됐다. 산요는 당대 사람의 입에 쉬이 받아들여지지 않은 맛이었지만, 곱씹을수록 발견되는 맛이었다. 고쿠미가 있었다.

『대일본사』와 『일본외사』는 역사서이면서 정치적 교양서이기도 했다. 근대 일본인에게 충군애국 사상을 심어주었기 때문이다. 충군애국이 침략주의와 만난 것이 바로 일본의 근대다. 일본이 수차례 침략전쟁을 일삼은 야만의 시대에 두 역사서는 제국주의의 도구로 이용됐다. 우리에게는 달갑잖은 역사서다.

미쓰쿠니와 산요가 살았던 시대에도 아귀는 주둥이 외에 버릴 것이 없는 생선이었다. 껍질, 간, 지느러미, 아가미, 위, 몸통살, 난소 등 7개 부위를 '일곱 도구七つ道具'라 통칭하며 살뜰히 요리해 먹었다. 일곱 도구란 원래 무사 집단의 용어였다. 갑옷, 투구, 칼 등 전투에 나서는 무사가 갖춰야 할 7가지 필수 장비를 지칭했다. 생선 부위를 무사 언어로 표현하는 경우가 적잖다. 아귀는 도드라지게 무사 문화를 빗댔다. 그러니 산요가 아귀를 통해 진정한 무도武道를 역설했던 것이 억지만은 아니다.

아귀 손질법은 독특하다. '매달아 자르기吊るし切り'라는 방식인데, 꽤 전통 있는 손질법이다. 아귀의 아래턱을 걸쇠에 꿰어 머

리가 위로 가도록 거꾸로 매달아 껍질, 살, 내장 등 각 부위를 순차적으로 해부하듯 분해한다. 도축 소를 매달아 놓고 발골하는 장면이 오버랩된다. 흐물거리는 아귀 몸통을 눕힌 채 칼질하면 형체가 망가지고 힘이 많이 들어서 그랬을 것이다.

매달아 자르기는 구경꾼에게 볼거리를 제공하는 기능도 했다. 일종의 쇼다. 칼잡이 사회의 '칼의 문화'를 선전하는 쇼였다. 큰 칼을 능수능란하게 휘두르며 흉측하게 생긴 물고기를 난도질하는 모습은 제법 볼만했을 터다. 아오모리현 가자마우라風間浦는 겨울철마다 아귀축제가 열리는데, 이때 관광객을 위한 볼거리로 아귀 해체쇼가 상연된다.

사실 요리사와 칼은 떼려야 뗄 수 없는 관계다. 요리사를 호쵸包丁 또는 호쵸닌包丁人이라고도 하는데, 호쵸란 원래 요리용 칼을 가리키는 말이다. 호쵸의 한자는 중국에서 온 말이다. 포정해우庖丁解牛, 신기에 가까운 솜씨를 뜻하는 사자성어다. 포정은 고전 『장자莊子』에 등장하는 인물로, 소를 잡고 뼈를 발라내는 솜씨가 뛰어난 인물이다. 이후 그가 소를 해체하던 도구인 칼을 일컫게 됐다. 그래서 포정인 혹은 호쵸닌은 칼 다루는 솜씨가 뛰어나고, 조류, 생선을 잘 다루는 요리기술자를 의미한다. 호쵸닌은 곡물이나 식물 재료는 취급하지 않았다. 그것들은 호쵸닌 아래 조리인들이 담당했다. 조리인들은 칼을 만질 수 없었다. 호쵸닌은 메뉴와 재료 선정, 주방관리 등을 총괄하며, 실제 요리 과정에는 재료 손질 단계까지만 관여했다. 일종의 마스터 셰프다.

중세시대 귀족층은 요리의 외관을 매우 중시했다. 그래서 그릇에 예쁘게 담는 것 못지않게 식재료를 보기 좋게 자르는 것도 중시했다. 식재료를 자른 단면이 잘 빠져야 좋은 요리였다. 최대한 매끄럽고 자연스럽게 잘려야 좋은 요리였다. 그러려면 요리사의 칼 솜씨가 무엇보다 중요하다. 칼 관리, 칼질, 칼 갈기 등 모든 것이 칼 같아야 한다. 그래서 칼을 잡는 요리사는 아무나 할 수 없는 고도의 장인으로 인정받았다. 모찌 자르는 것도 요령이 있다고 한다. 일본요리를 '눈으로 먹는 요리' 또는 '보여주는 요리'라고 평가하는 바탕에는 뛰어난 칼 솜씨를 중시한 중세 음식문화 전통도 깔려 있다. 결국 일본요리는 칼맛이다.

칼을 쓰는 이는 무사다. 호쵸닌은 주로 무사 계급과 관련이 깊다. 아귀를 손질한 칼은 보통 식칼보다 가늘고 기다랗다. 무사가 허리춤에 차는 칼인 와키자시脇差와 흡사하다. 에도시대 후기의 유명한 호쵸닌 중에는 무사 출신이 적지 않다. 검술에 유파가 있듯 호쵸닌도 몇 갈래 유파가 있었다.

이에야스가 천하를 통일한 후 250년 이상 전쟁이 없었으니 무사의 칼은 다른 쓰임새를 찾아 요리 분야로도 진출했다. 또 생활이 궁핍해진 무사는 배운 거라곤 칼질뿐이라 먹고살기 위해 호쵸닌이 되거나 요리사로 전업하기도 했다. 아귀 해체쇼를 보는 백성들은 호쵸닌의 칼놀림에서 무사의 도검술을 느낄 수 있었을 것이다.

아귀 해체쇼가 종료되면 갈고리에는 아귀 주둥이만 대롱대롱 남는다. 아귀 주둥이는 바로 버려졌다. 날카로운 이빨이 빼곡히 박혀 있어 먹을 엄두가 안 났기 때문이다. '아귀 입'은 쓸모없는 것의 대명사가 됐다. 입만 살아 있는 아귀무사는 그래서 아무짝에도 소용없는 존재를 비유한다.

복어회만큼 아귀회도 쫄깃하고 담백한 게 별미지만, 살아 있는 아귀를 바로 잡지 않으면 회로 먹기 힘들다. 아귀회는 쉽게 접할 수 없다. 그러니 오래전부터 아귀의 별미는 뭐니 뭐니 해도 간이었다. 아귀의 진가는 간에 있었다. 마찬가지로 무사의 진가도 간에 있었다. 간이 크다는 말도 있듯이 간은 곧 용기와 통한다. 시류와 타인의 시선에 영합하지 않는 용기 말이다.

鮪 | 참치 |

사시미 문화, 극강의 맛

> 옛날에는 마구로 먹은 것을 남한테 얘기할라치면 귀엣말로 은밀히 말했다. 지금은 높으신 분의 요리로도 나온다니 희한하다.

1810년 발간된 시바무라 모리카타柴村盛方의 수필집 『아스카가와飛鳥川』에 나오는 내용이다. 마구로란 참치다. 지금이야 참치가 바닷물고기의 황제이지만, 한때는 맛있게 먹고도 남한테 떳떳이 말하지 못하는 생선이었다. 싸구려 내지 불량식품 취급을 받았던 것이다. 그런 참치도 1810년쯤에는 귀하신 몸이 되었나 보다. 그사이에 참치에게 혹은 어식 생활에 무슨 일이 벌어진 걸까.

5000년 전 유적에서 참치 뼈가 발견됐으니 일본인과 참치의 인연은 아주 오래됐다. 하지만 극소수 어촌을 제외하면 참치를 입에 대는 일은 매우 드물었다. 참치는 연안이 아니라 먼바다에서 잡히기 때문에 어업이 발달하지 못한 시대에는 구경하기 어려웠다. 간혹 사람이 손에 넣었더라도 금세 변질해 참치 본연의 맛을 알기 힘들었다.

"아파 누울 각오를 하지 않으면 먹지 마라", "참치는 하루 지나면 상한다". 이런 말들이 나돌 만큼 상태가 온전한 참치를 맛보기란 하늘의 별 따기였다. 사실 참치는 핏덩어리라 해도 과언이 아니다. 낚싯바늘이나 그물에 걸린 참치는 끌어 올려질 때 격렬히 저항한다. 이 과정에서 다혈질인 참치의 피가 온몸에 퍼진다. 이런 참치를 잘라보면 참치살에 검붉은 빛이 돈다. 새까만 참치살을 본 어부들은 "맛쿠로真っ黒(새까맣다)"를 연발했다. 그러다 '마구로'가 됐다. 핏덩이 참치살은 냄새가 강할뿐더러 맛이 없었다.

요즘에는 참치가 잡히면 곧바로 내장을 빼내고 그 자리에 얼음을 채우거나 배에서 즉시 냉동시킨다. 안 그러면 참치를 날것으로 먹지 못한다. 냉동이라는 개념조차 없던 시대에 당연히 참치는 주목을 끌 수 없었다.

또 참치를 마구로라고 부르기 이전에는 '시비'라고 했는데 죽음(제삿날을 뜻하는 시비死日와 같은 발음)을 떠올리게 한다며 굶주린 자가 아니면 손사래 치는 생선이었다. 아마 참치를 먹고 배탈이 나는 일이 흔해서 그랬을 것이다. 더구나 귀족과 무사들은 참치처럼 크기가 큰 물고기를 기분 나쁘게 여겨 먹기 꺼렸다.

어업이 다소 발달했어도 에도시대 중반까지 일본 근해 참치 어장은 센다이 앞바다와 나가사키 서쪽 바다 정도였다. 그 지방에서 잡힌 참치가 최대 소비지 에도까지 당도하려면 빨라도 7일은 소모됐다. 냉장보관을 하지 않은 채 7일이 걸려 에도에 도착한 참치. 제맛이 날 턱이 없다. 썩지 않으면 다행이다. 참치가 하등급 싸구려 생선으로 분류된 건 당연지사였다.

하지만 19세기에 접어들어 사정은 달라진다. 참치의 진가를 서서히 알게 된 것이다. 변화는 바다에서 시작됐다.

바닷물의 온도 변화 탓인지 1810년 이후 수년간 에도에서 가까운 해안지역인 이즈 및 사가미相模 연안으로 대규모 참치 떼가 회유했다. 당시 하루 동안 1만 마리를 잡아 올렸다는 기록이 있으니 어군魚群의 규모가 어느 정도였는지 짐작하고도 남는다. 참치 개체수가 많았기 때문에 이곳 어촌들은 바다 길목 곳곳에 정치망을 설치해 놓고 참치를 잡았다. 참치는 1960년대 초반까지 아쉽지 않을 만큼 잡혔다.

도쿄는 별안간 싱싱한 참치가 넘쳐흘렀다. 더 이상 먼 곳에서 참치를 실어 오지 않아도 됐다. 그 이전까지 에도 주민들은 참치를 주로 간장에 절인 '즈케' 형식으로 해 먹었는데, 드디어 사시미로 즐길 수 있는 길이 열렸다. 와사비를 푼 간장에 꾹 찍었다 뺀 참치 사시미 한 점에 사람들은 눈이 휘둥그레졌다. 혀에 닿기 무섭게 사르르 녹는 이 맛은 뭔가! 참치가 이런 맛을 내기도 하다니!

참치 맛이 재발견됐다. 이제부터 참치는 어제의 그 참치가 아니다.

참치는 뭐니 뭐니 해도 날로 먹는 맛, 즉 사시미가 최고다. 궁극의 참치요리로 스시를 꼽는 사람이 많다. 이들은 스酢와 흰 밥알이 참치와 어우러져야 비로소 비장의 참치 맛이 살아난다고 주장한다. 일리가 있다. 하지만 일본 사람들에게 사시미로 먹고 싶은 생선이 무엇이냐고 물었을 때 참치라고 답한 사람이 가장 많았다.[70]

가이센돈海鮮丼. 우리에게는 아직 익숙하지 않지만 일본 대중식당 메뉴로는 흔하다. 밥을 반쯤 담은 그릇에 각종 사시미와 알, 새우 등 해산물을 수북이 담은 음식이다. 가이센돈 재료는 가게마다, 지역마다 다르지만, 연어와 참치 사시미는 거의 빠지지 않는다.

일본 식문화의 국보급이라 할 만한 사시미의 역사는 그리 길지 않다. 일식의 정체성을 설명할 때 할주팽종割主烹従이란 단어가 곧잘 언급된다. '칼을 쓰는 것이 우선이고, 불을 쓰는 건 그다음'이라는 뜻이다. 식재료를 되도록 익히지 않고 본연의 맛을 구현해야 한다는 원칙론이다. 인위적이고 인공적인 것보다 자연상태가 낫다는 의식이 요리에도 깔려 있다고 할 수 있다. 그래서 식재료를 마주한 요리사가 가장 고민해야 할 요리법은 '어떻게 하면 날것 그대로의 맛을 잘 살릴 것인가'로 귀결된다. 날것으로 만든 요리가 영

70 마루하니치로 주식회사가 2017년 실시한 '생선의 날에 대한 조사'. 2위는 가다랑어, 3위는 도미였다.

순위. 그 말인즉슨 생선요리에선 사시미가 최우선 고려 대상이라는 것이다.

식재료의 가도角를 보면 요리사의 실력을 안다는 말이 있다. 가도란 귀퉁이를 의미하는데, 요리에서는 칼로 식재료를 잘랐을 때 칼이 처음 닿는 부분을 가리킨다. 특히 사시미요리에서 중시된다. 가도가 매끄럽고 반듯하면 요리사의 기술이 뛰어난 것이고, 가도가 오돌토돌하거나 으스러져 있으면 아직 멀었다는 뜻이다. 가도는 요리사의 기술 가운데 칼 솜씨를 가늠하게 하는 척도다. 도제식 일식 주방은 요리사를 교육할 때 가도의 중요성을 누누이 강조한다.

참 실력이란 구구절절 말로 표현되는 것이 아니다. 척 보면 알아야 하는 법. 타인의 실력을 한눈에 간파하는 눈썰미도 실력을 갖춰야 가능하다. 하나를 보면 열을 안다고 가도를 보면 나머지 요리 실력은 견적이 나온다.

소설 『미야모토 무사시』에 이런 일화가 등장한다.

전설의 검객 무사시가 검술 고수 야규 세키사이에게 한 수 배우기 위해 그가 사는 마을을 찾는다. 세키사이는 은둔한 채 좀처럼 외부인과 접촉하지 않는 신비의 인물이다. 마침 무사시의 앙숙인 무사가 세키사이와 한번 겨뤄볼 심산으로 마을에 와 있다. 둘은 공교롭게도 같은 여관에 투숙한다. 앙숙은 심부름꾼을 통해 세키사이에게 한판 겨루기를 청한다. 세키사이의 응답은 종이에 싼 작약 한 송이. 앙숙은 '이게 뭐냐'며 눈만 멀뚱거리다 기분이 상한다. 세키사이는 앙숙을 만나주지 않는다.

우연히 그 작약을 보게 된 무사시. 흠칫한다. 칼로 잘린 작약 줄기의 단면이 눈에 들어왔기 때문이다. 단면이 예사롭지 않다. 그는 작약 줄기의 단면을 보고 세키사이가 보통내기가 아닌 검호劍豪임을 알아차린다. 무사시는 자신의 검으로 그 작약 줄기를 자른다. 그리고 심부름꾼을 시켜 그 작약을 세키사이에게 전달한다. 얼마 후 세키사이로부터 답신이 온다. "당신은 내가 만나줄 만한 무사다." 작약 줄기 단면, 즉 '가도'만 보고 서로의 칼 솜씨를 알아본 고수들.

칼이라는 공통분모를 가진 무사와 요리사. 무사 문화가 뿌리 깊은 탓인지 일본에서는 두 부류의 칼 솜씨를 판별하는 척도가 사뭇 닮았다.

근대 이전 일본 귀족 및 무사 집단의 주방에는 계급이 엄연했고 그에 따른 서열이 확고했다. 마스터 셰프 격인 최고 서열 '호쵸닌', 그 수하의 요리인을 통칭 '이타마에'라고 했다. 호쵸庖丁란 식칼로 해석되는데, 옛날에는 무사의 칼처럼 가늘고 길었다. 대형 참치를 해체할 때 쓰는 기다란 사시미칼을 연상하면 되겠다. 식칼보다 검에 가깝다.

중세 귀족과 상류층 무사는 귀한 손님을 대접할 때 직접 요리칼인 호쵸를 잡고 도미 같은 고급 생선을 손질했다. 눈알과 내장을 빼고, 머리를 자르고, 뼈를 제거하는 장면을 손님에게 보여주었다. 관전 포인트는 얼마나 유려하고 정확하게 생선을 해체하느냐, 얼마나 칼을 잘 다루느냐였다. 이 일을 호쵸시키庖丁式라고 했는데, 하나의 의식이자 버라이어티 쇼였다. 일본의 사무라이 문화는 요리를 만드는 일마저 '칼의 의식'으로 해석했다.

이타마에는 '도마 앞에 선 사람'이란 의미로, 호쵸닌이 잘라 낸 재료를 끓이고 굽는 조리기능인이다. 현재의 요리사에 가까운 개념은 호쵸닌이 아니라 이타마에다. 그런데 이타마에는 함부로 칼을 잡지 못했다. 호쵸닌 아래 이타마에, 즉 주방의 서열 관계는 칼로 자르는 일이 불을 사용하는 업무보다 고귀하다는 사실을 보여준다. 무가 정권이 몰락하면서 기세등등하던 호쵸닌 계급은 사라지고, 단순히 직업인을 뜻하는 이타마에가 요리사를 지칭하게 됐다.

한국인과 일본인의 사시미 취향은 조금 다르다. 한국인은 갓 잡은 생선을 회로 떠서 먹는 것을 선호한다. 활어회파다. 일본인은 선어회파다. 생선회를 뜬 다음 얼마간 숙성시킨 후 먹는 것을 즐긴다. 한국인은 탱글한 생선살을 좋아하고, 일본인은 연한 생선살의 식감을 좋아한다. 그래도 사시미는 물고기의 선도가 관건이다. 냉장고가 없던 시절에는 바닷가 지역이 아니면 웬만해서는 신선한 사시미를 먹지 못했다. 어떻게 하면 날것 본연의 맛을 살려 탈 없이 먹을 수 있을까. 사시미의 역사는 생선 선도 보존의 투쟁사라고 할 수 있다.

사시미는 14세기 일본 문헌에 처음 등장한다. 교토 어느 신사의 신관信官이 기록한 『스즈카가키鈴鹿家記』 속 1399년 6월 10일 항목에 "사시미指身 잉어, 이리자케, 와사비"라고 적힌 구절이 가장 오래된 기록이다. 잉어 사시미를 이리자케煎り酒에 찍어 먹었다는 것으로 해석된다. 그때 이미 와사비를 곁들여 먹은 점도 놀랍다. 그런데 사시미를 指身로 썼는데, 오늘날 표준어 刺身와 다르다. 刺身가 정착되기 전에는 사시미를 지칭하는 한자어로 指身, 指味, 差味, 刺躬 등 다양하게 썼다.

14세기 이전에도 사시미 외에 물고기를 날로 먹는 문화가 존재했다. 바로 나마스다. 나마스는 날생선을 가늘게 썰어 식초를 넣고 버무린 것이다. 거기에 파, 미소된장 등 조미료를 첨가한다. 우리네 생선회무침 혹은 초무침을 떠올리면 이해가 쉽겠다.

나마스는 한자로 회鱠라고 쓰는데, 일본이 만들어 낸 글자다. 중국에서 온 '육류의 날것'을 의미하는 글자 회膾에 육고기를 뜻하는 부수 글자 육달월月 대신 물고기 어魚 자를 넣었다. 물고기의 날것을 뜻했다. 기원전 중국의 역사를 기록한 『한서漢書』의 〈동방삭전東方朔傳〉에 회膾의 정의가 나온다. 생육위회生肉為膾. 여기서 회膾란 날고기를 말한다. 그럼 날고기란 무엇인가. 중국인에게 날생선을 먹는 식습관이 드문 것으로 보아 날고기란 대체로 발 달린 짐승의 고기를 의미했을 것이다. 각종 고대 문헌에서도 어魚와 육肉을 엄밀히 구분해서 쓰고 있지 않은가.

일본인은 꿩 같은 조류를 날것으로 썰어 조미료를 넣고 버무려 먹었는데, 이때도 나마스라 부르며 한자는 회膾로 썼다. 사시미가 하나의 독립적인 단어로 쓰이기 전에는 '사시미나마스'로 썼다. 사시미의 근본이 나마스에 있다는 증거다.

일본식대로 하면 육회와 광어회의 '회'는 서로 다른 한자가 된다. 일본인에게 '육 사시미'라고 말하면 이해는 하겠지만, 재밌는 표현이라고 웃을지도 모르겠다. 한국식 소고기 육회는 ユッケ(윳케)로 쓴다. 한국어 육회 발음을 그대로 모사한 외래어다. 그러고 보면 소고기를 날로 먹는 관습이 일본에 없었던 것으로 보인다. 일부 지역이지만 오래전부터 말고기와 닭고기는 날로 먹었다.

회무침은 한국인과 일본인 모두에게 익숙하다. 그렇다면 일본인도 물회를 먹을까. 나마스에 차가운 물을 부은 미즈나마스水膾가 있는데 물회로 봐도 무방하다. 한국 물회는 대개 고추장으로 맛을 내지만, 일본 물회는 미소된장을 풀어 맛을 낸다.

나마스와 사시미는 일단 식촛물인 스를 묻힌다는 점이 같다. 차이점은 '자르는 방식'과 '먹는 방식'에 있다. 나마스는 잘게 썬 다음 각종 조미료와 한데 버무려 먹는 것이고, 사시미는 도톰하게 잘라 먹을 때마다 하나씩 조미료를 찍어 먹는다.

일식에서는 기리미切り身를 대단히 중시한다. 보기 좋고 먹음직스럽게 잘라 낸 식재료를 '기리미가 있다'고 한다. 예리함, 칼맛,

반듯함 등을 함의하는데, 마땅히 대체할 한국어를 찾기 힘들 만큼 일본 고유 습속이 밴 단어다. 무사 문화가 깃든 단어이기도 하다. 하지만 무사들은 날것을 멀리했기에 사시미를 소 닭 보듯 했다.

사시미의 '사시'는 '찌르다'라는 뜻이다. 굳이 기리미라 하지 않고 사시미라 이름 붙인 까닭이 뭘까. '자르기切り'가 칼로 사람의 몸을 벨 때 쓰는 말이라 기피해서 사시미가 됐다는 설이 있다. 또 잘라 낸 생선살을 접시에 담아 다른 사람에게 내놓을 때 무슨 생선인지 알려주기 위해 지느러미 1~2개를 살점에 콕 찔러 두는 관습에서 생겨났다고도 한다. '이것은 도미입니다' 하는 식으로 가르쳐 주니까 사시미指身와도 통한다.

옛날에는 사시미를 꼭 식초의 일종인 스酢에 적셔 먹었다. 생선의 비린내를 잡고, 질감을 부드럽게 하고, 부패를 지연시키기 때문이다. 스가 살균효과가 있다고 믿은 탓도 있었다. 스에 와사비, 생강, 여뀌 빻은 것을 섞은 후 찍어 먹었다. 에도시대에는 이리자케煎り酒라는 새로운 조미료가 나타났다. 이리자케는 술에 우메보시, 게즈리부시[71]를 넣고 푹 졸여 엑기스로 만든 조미료였다.

알다시피 와사비는 참치와 궁합이 좋다. 반면 가다랑어, 전갱이, 이와시는 생강과 잘 어울린다. 에도시대에 와사비는 아주 비쌌다. 잎사귀가 도쿠가와 가문의 심벌과 유사해 막부 정권이 직접 관

71 가쓰오부시나 말린 고등어, 이와시를 얇게 긁어 낸 것.

리하는 땅에서만 재배했기 때문이다. 와사비는 깨끗한 물을 끊임 없이 공급해 줘야 제대로 자란다. 재배법이 여간 까다롭지 않다.

일본인은 무를 즐겨 먹는다. 무는 사시미에도 따라다닌다. 생선구이에는 갈아 낸 무를 곁들이지만, 사시미에는 가늘게 채 썬 무채를 곁들인다. 무채를 겐劍이라고도 하는데, 아주 가늘게 썰어 놓은 모양이 칼과 비슷하기 때문이다. 회 한 접시에 무채가 따라다닌 지는 아주 오래됐다. 무채 외에 해초와 생강 등과도 함께 먹었다. 와사비, 무채, 해초, 마늘, 생강, 푸른 잎사귀 등 사시미 한 접시를 더 멋있게, 더 맛있게 보조하는 사시미 도우미를 '쓰마'라고 한다. 쓰마의 한자가 '아내 처妻'일 거라는 해석도 있는 것으로 봐서 주인공 사시미를 돕는 '내조'의 의미가 담겨 있는 듯하다.

사시미를 담아낼 때 쓰마를 곁들인 이유는 무엇일까. 냉장기술이 없던 시대에는 사시미로 인한 식중독이 빈번하게 일어났다. 식중독을 잡기 위해 식중독 예방에 좋다는 무, 생강, 마늘 등을 곁들여 먹은 것이 발단이었다. 인삼이나 국화꽃처럼 살균에 도움이 되는 식물이라면 쓰마가 될 자격이 충분했다.

사시미는 간장을 만나면서 날개를 달았다. 간장이 등장하기 전까지 날생선을 나마스 형태로 먹었다. 간장과 더불어 사시미는 새 생명을 얻었다. 그리고 간장은 사시미의 묘미를 끌어내어 극대화했다. 사시미가 오늘날까지 일식의 주전급 요리로 남아 있는 이유도 간장의 내조 때문이라 해도 과언이 아니다.

간장은 14세기에 만들어졌지만 엄청 비싸서 상류층 일부만 먹었다. 소비 지역도 교토, 오사카에 국한됐다. 한참 후에 간토에 전해졌다. 그래서 고가인 데다 희소한 간장을 사시미에 찍어 먹는 식습관은 보편적이지 않았다. 또 간사이 간장은 묽은 간장薄口醤油이어서 사시미와 잘 맞지 않았다.

간장과 사시미의 찰떡궁합은 간토의 진한 간장濃口醤油과 함께 시작됐다. 간토에서 간장을 만들기 시작한 건 18세기부터다. 그 이전에는 간사이에서 만든 간장을 사 먹었는데, 간토로 오는 간사이 간장은 질이 좋지 않았다. 더구나 비싸기까지 해서 서민은 입맛만 다셨다. 그러다 지금의 지바현인 조시銚子, 노다野田로 이주한 간사이 어민들이 간장 제조업을 시작했다. 간토 고유의 진간장이 탄생한 것이다. 1730년대에는 이 지역 간장이 간토 시장에서 간사이 간장을 제압했다. 간장 명품이라는 '야마사 간장ヤマサ醤油'의 고향이 조시와 노다다. 에도 서민들도 어렵지 않게 간장을 접하게 되자 사시미도 확산했다. 사시미, 스시, 생선구이, 덴푸라, 오뎅…. 간장의 쓰임새는 폭발적으로 늘었다. 1821년에 에도 사람 1인당 간장 소비량은 연간 90리터였다고 한다. 오늘날 도쿄 주민 소비량의 15배다.

일본인은 낯선 식재료를 만나면 우선 간장부터 집어 든다고 한다. 간장맛 과자, 간장 양갱은 애교 수준이고, 심지어 아이스크림도 간장에 찍어 먹는다고 한다. 바닐라 아이스크림에 간장을 첨가하면 캐러멜 맛이 난다는데, 한번 도전해 보시길. 아무튼 간장은 일식에서 본능 같은 존재다.

참치가 대중화된 시기는 간토 지방에 참치 풍어가 찾아왔을 무렵이다. 지금처럼 싱싱한 참치살을 접할 기회가 극히 드물어 사시미가 미처 대중화되지는 못했을 때다. 요즘과 달리 참치를 간장에 푹 담갔다가 먹었다. 참치 간장절임醤油漬이 일반적이었다. 이때 아카미赤身라는 참치의 붉은 살만 썼고, 기름기 많은 뱃살 '도로トロ'는 먹지 않고 버렸다. 간장이 제대로 안 배어든다는 것이 그 이유였다. 또한 도로는 실온에 조금만 놔둬도 갈색으로 변하면서 식감을 잃었다. 도로는 빈민이나 육체 노동자들이 주로 먹었는데, 날것이 아니라 끓여 먹는 것이 일반적이었다. 참치살과 대파를 큼직하게 썰어 넣고 끓이는 네기마나베ねぎま鍋가 그 전형적인 예다.

1960년대 들어서야 비로소 사람들은 도로의 참맛을 느끼기 시작했다. 그 이후로 붉은 살과 도로의 가치는 역전됐다. 사람들이 도로의 참맛을 알기 시작하면서 참치는 하등급 생선에서 일약 고급 미식으로 발돋움했다. 경제 호황과 미식 붐을 타고 참치회와 참치초밥은 고급스러운 이미지를 굳혀갔다.

전 세계 곳곳에 체인점을 두고 있는 스시 전문점 요시노야吉野屋는 1879년 어시장이 위치한 니혼바시에서 창업했다. 첫 출발은 자그마한 야타이(일본식 포장마차)였다. 요시노야 주인이 어느 날 참치 뱃살을 재료로 니기리즈시를 만들어 손님에게 내놓았다. 설마

했는데, 손님들의 반응은 아주 좋았다. 뱃살초밥을 먹고 난 손님이 "입안에서 사르르(도롯토)とろっと 녹네요"라며 극찬을 했다는 것. 손님의 말에 영감을 얻은 요시노야는 뱃살 부위 초밥을 '도로'라 명명하고 메뉴에 당당히 올렸다고 한다. 도로가 탄생한 내막이다. 이때가 다이쇼시대(1912~1926)다. 하지만 도로가 대중화되기까지는 그로부터 수십 년의 세월이 걸렸다.

육식을 멀리하던 시절에는 육류의 지방질과 다를 것이 없다며 생선의 기름기를 멀리했다. 기름기 많은 다랑어, 고등어, 전어, 이와시 종류는 쇼군의 거처인 에도성에 반입이 금지됐다. 기름기 좔좔 흐르는 생선살이 제대로 평가받은 건 메이지시대 이후니 얼마 되지 않았다. 서양요리가 들어오고 천황이 육류 먹기를 솔선수범하면서 육식 금기가 해제됐다. 이때부터 기름기 많은 요리의 참맛을 본격적으로 느끼기 시작했다. 참치회, 특히 도로의 몸값도 이즈음 격상했다. 그 이전에는 고양이도 참치를 거들떠보지 않는다고 할 정도였다. 근대 이후 참치회가 주목받기 시작했으니 참치는 사시미계의 신예였다. 잉어와 도미가 근대 이전 수천 년간 사시미계를 주름잡았다. 사시미에도 순혈주의 내지 정통주의가 있다면, 분명 도미와 잉어가 "나요, 나!"라고 하며 두 손을 번쩍 들 것이다.

흥미롭게도 사시미에서도 교토와 에도의 차이가 드러난다. 옛 교토 사람은 도미회를 쓰쿠리미作り身, 붕어회를 사시미라고 불렀다. 참치는 거들떠보지 않았다. 반면 에도 사람은 잉어회를 아라이洗い, 참치회는 사시미라고 했다. 아라이는 '씻는다'라는 뜻인데, 잉어 살점을 아주 차가운 물에 박박 씻어야 하기 때문이다. 그래야 특유의 흙냄새가 잡히고 살점이 탱글해진다. 도미는 축제, 경축일 같은 특별한 날에만 먹었다. 생선살을 차가운 물에 씻어 먹는 것을 아라이라고 구분해서 불렀다. 한국에서는 '회' 한마디로 통하는 것이 일본에서는 지연 따지고 혈통 따지고… 아무튼 복잡하다.

사시미를 접시에 담는 법도 지역에 따라 달랐다. 에도는 대열을 맞춰 가지런히 살점을 배열한 데 비해 교토는 막회를 담듯 아무렇게나 수북하게 쌓아 올렸다. 에도가 외관을 따졌다면, 교토는 실용성을 중시했다.

참치가 염장에 부적합해서 사시미로 진로가 정해진 측면도 있다. 어지간한 물고기는 염장해도 먹을 만한데, 참치는 소금을 쳐 놓으면 영 맛이 안 난다. 자연스럽게 사시미가 최선이라는 결론에 도달했다. 전화위복이다.

야타이와 니기리즈시는 참치에 날개를 달아주었다. 참치회는 야타이를 통해 서민층을 파고들었고, 참치 니기리즈시는 야타이의 인기메뉴가 됐다. 에도시대 후기에 생긴 사시미 전문 야타이 '사시미야刺身屋' 같은 존재는 간사이에는 없다. 참치회는 간토 지방에서 히트를 쳤다. 사시미야는 참치와 가다랑어가 주력품이었다. 일반음식점에 비해 생선의 질은 낮고, 값은 쌌다. 손님이 직접 접시를 들고 와서 원하는 만큼 사시미를 퍼 담아 갔다고 하는데, 패스트푸드로서 인기 만점이었다고 한다.

앞에서도 말했지만, 참치가 사시미의 최정상 자리에 오른 건 1960년대 후반의 일이다. 영하 60도로 급속냉동해 보관하는 기술이 확보되면서부터다. 참치를 얼렸을 때 모든 부위가 골고루 본연의 맛을 유지하는 온도가 영하 60도라고 한다. 사람들이 영하 60도의 마법을 터득한 후에라야 참치의 국가 간 이동이 가능해졌고, 참치회와 참치초밥은 전 세계로 뻗어나갈 수 있었다.

1970년대 후반부터 참치 가격은 급등한다. 참치 시세는 그날그날 도쿄의 도요스 어시장 경매가격으로 결정되는데, 통상 1킬로그램당 평균 단가가 기준이다. 1970년대 중반까지 1킬로그램에 수백 엔대였던 참치 가격이 1983년에는 3200엔대로 치솟았다.

그러고 보면 일본이 참치 왕국으로 우뚝 선 지 50년이 채 안 된다. 이제 일본인은 전국 어디서나, 그리고 언제든 공평하게 참치회를 즐길 수 있다. 하지만 일본 내에서 참치 소비의 지역 편차는 상당하다. 앞서 교토 등 간사이 지방은 참치를 거들떠보지 않았다고 했는데, 그 관성은 현재까지 작동한다.

참치 소비는 동고서저가 뚜렷하다. 2006년 《일본 총무성 가계조사》에 따르면, 1인당 참치 소비량 부문에서 1위는 시즈오카현, 2위는 야마나시현山梨県, 3위는 군마현群馬県 순이었고, 나가사키가 최하위, 오사카 27위, 교토 31위를 기록했다. 참치가 간토의 생선이라는 점은 수치로도 증명된다. 반면 1인당 도미 소비량에서는 서고동저 현상이 나타난다.

3위까지는 해마다 순위가 오르락내리락하지만, 1, 2위는 부동이다. 두 곳만 연간 1인당 참치 소비량이 4킬로그램을 넘는다(2017년 총무성 조사 기준). 시즈오카현은 대표적인 참치잡이 지역이니 그렇다 쳐도 내륙 산간지역인 야마나시현이 참치를 많이 소비하는 건 얼핏 이채롭다. 야마나시현 토박이가 타지방 식당에서 흰살 생선을 사시미라며 내놓는 걸 보면 의아해서 눈이 휘둥그레진다는 우스개가 있다. 슈퍼마켓 진열대에서 참치살을 찾기는 쉽지만 흰살 생선 횟감을 찾기는 어려운 곳이 야마나시다. 야마나시에서는 사시미가 곧 참치회이고, 참치회가 곧 사시미다.

야마나시가 참치회를 가장 애정하게 된 이유가 있다. 야마나시는 내륙이기는 해도 중심 도시 고후甲府에서 인근 시즈오카현 어항까지 직선거리로 60킬로미터 안팎이다. 바다가 그다지 멀지 않다. 중세시대부터 시즈오카현에 누마즈沼津와 고후를 잇는 해산물 운송로(나카미치오우칸中道往還, 가마쿠라오우칸鎌倉往還)가 자리 잡았다. 말을 타고 가면 하루 하고 반나절 지나 목적지에 도착했다. 활어 운송도 충분히 가능한 거리였다.

태평양 해안 어촌에서 활어가 도달할 수 있는 한계지점에 야마나시현 고후가 위치한다. 생선을 해안에서 내륙으로 부패시키지 않고 운반할 수 있는 거리 혹은 범위를 전문용어로 어고선魚尻線이라고 한다. 고후는 참치 어고선의 맨 가장자리에 위치한다. 시즈오카현 어항에서 아침 일찍 잡아 올린 물고기는 생선 도매상과 운송상인의 손을 거쳐 오후 4시쯤 출발해 밤길을 걸어 이튿날 저녁 무렵 고후에 도착하는 것이 통상적인 스케줄이었다. 그 시간이면 싱싱한 참치도 맛볼 수 있었다. 고후는 '참치회의 북방한계선'이었던 셈이다. 음식의 지정학이 있다면, 야마나시현과 참치는 지정학적으로 절묘한 관계에 있다 하겠다.

2000년 일본 식품회사 아지노모토가 전국의 5000명을 대상으로 음식 선호도를 조사했다. "가장 좋아하는 반찬은 무엇인가?"라는 질문에 최다 응답이 사시미였다. 2위 야키니쿠, 3위 스키야키를 가볍게 제쳤다. 사시미 선호도는 연령대별로 골고루 분포했다. 우리는 사시미를 메인메뉴 개념으로 받아들이지만, 일본인은 메인메뉴에 곁들이는 반찬으로 받아들이는 것이 차이라면 차이라고 할 수 있다.

일본에서는 처음 찾은 식당의 수준과 주방장 실력을 알려면 사시미를 먹어보라고 한다. 그냥 날생선살 한 점일 뿐이라고 생각하면 오산이다. 사시미 한 점에 생선 식별력, 식칼 다루는 솜씨, 간장과 와사비의 질 등 많은 것이 담겨 있기 때문이다. 사시미가 풀죽은 사람마냥 축 처져 있으면 장사가 안되는 가게라는 뜻이다. 필시 손님이 뜸해서 한참 묵혀놓았거나 주인이 식재료를 건성건성 다뤘을 테니까. 그러니 사시미는 일식집의 리트머스지다.

河豚 |복어|

침략주의자를 울리고 웃기다, 위험한 맛

복어는 웬만한 일본 앞바다에 두루 서식한다. 그래도 수심이 얕고 물이 맑으며, 모래와 자갈이 많은 곳을 좋아한다. 복어과로 분류되는 어종만 120종이라는데, 식용은 그중 몇 종류 안 된다. 일본인 식탁에 오르는 것은 자주복, 참복이 주류다. 맛으로 따지면 자주복을 더 쳐준다.

복어는 하돈河豚으로 쓰고 '후구ふぐ'로 읽는다. 하돈은 '하천에 사는 돼지'라는 뜻으로 중국어에서 왔다. 복어를 민물고기로 착각했던 것일까. 맞다. 중국인이 주로 잡아먹은 복어는 양쯔강 하류에 사는 황복이었기 때문이다. 황복은 바다에서 자란 후 산란기에 강으로 거슬러 올라와 알을 낳는 습성이 있다. 양쯔강에 알을 낳으러 왔던 복어가 인간의 그물에 걸려든 것이다.

왜 하필 돼지였을까. 우는 소리가 꿀꿀꿀 돼지 목소리를 닮아서였다. 그러나 일본은 바다에서 복어를 잡아먹으니 하돈이라는 이름은 좀 안 맞다. 복어가 신경질을 잘 부린다고 진어嗔魚, 취토어吹吐魚, 기포어気包魚라고도 불린다. 복어의 볼록한 배가 뾰로통 화난 것처럼 보였을 수도 있겠다. 사족이지만 바다의 돼지로 해석되는 해돈海豚은 돌고래다.

복어는 천국의 맛이라고들 한다. 제대로 먹으면 천국에 온 듯 느끼지만, 잘못 먹으면 실제로 이 세상에 하직 인사를 고하고 천국에 갈 수 있기 때문이다. 극과 극을 한 몸에 지닌 생선이다.

복어를 악명 높은 물고기로 만든 장본인은 테트로도톡신Tetrodotoxin이라는 독성물질이다. 어떤 복어의 독은 청산가리보다 600배 강한 독성을 지녔다고 한다. 같은 종류라도 계절에 따라, 암수에 따라 테트로도톡신의 세기가 다르다.

복어는 허다한 목숨을 앗아 갔다. 복어의 독이 난소와 간에 있다는 사실을 잘 몰랐던 에도시대에는 각 번에서 무사들에게 복어 금식령을 내렸다. 금식령은 나중에 백성에게도 적용됐다. 그러거나 말거나 사람들은 관리의 눈을 피해 복어를 잡아먹었다. 적발되어도 3~5일 가택연금 처벌만 감수하면 그뿐이었다. 복어 명산지를 둔 조슈번長州藩(현재 야마구치현 일대)은 복어를 먹으면 재산몰수형에 처하도록 했다. 하지만 실제로 재산몰수까지 간 경우는 극히 드물었고, 대개 솜방망이 처벌에 그쳤다. 하지만 메이지시대 초반까지 일부 지역이었지만 복어 규제가 남아 있었다.

17세기 시인 마쓰오 바쇼松尾芭蕉는 복어를 탐하는 사람들을 이해하지 못했다. 그래서 다음과 같은 시로 풍자했다.

> 어라 별거 아니네, 어제는 지났으니, 복어 국물
> あら何ともなやきのふは過ぎてふくの汁

목숨 내놓고 복어를 먹는 세태를 꼬집은 내용이다. 복국을 먹은 다음 날 아침 눈을 뜨자마자 '어라 괜찮네. 다행이다!' 하며 내심 안도하는 모습을 형상화했다. 호기롭게 복국을 들이켰지만, 속으로는 무섭지 않았냐는 소리다. 바쇼는 사실 무서워하면서 복어를 왜 먹으려 드느냐고 비아냥댄다. 이런 복어 하이쿠俳句[72]도 있다.

> 복국이라니, 도미도 있건마는, 분별없구나
> 河豚汁や鯛もあるのに無分別

바쇼는 도미도 있는데 굳이 왜 복어를 먹느냐며 분별없는 복어 애호가를 타박한다. 하지만 바쇼의 복어 하이쿠는 되레 복어요리에 대한 관심과 호기심만 키웠다. 바쇼의 절창은 읽기에 따라 어떤 이에게는 복어에 대한 경계심보다 입맛을 다시게 만들었다.

72 5, 7, 5의 3구 17자로 된 일본 특유의 단시.

18세기 시인 고바야시 잇사小林一茶는 바쇼와 반대로 복어 예찬론자였다. 그가 더 에돗코江戸っ子(에도 토박이) 기질에 근접한다. 에돗코 기질이란 호탕함, 호기로움, 허영심 등이다. 그의 시 중에는 이런 시가 있다.

> 복어 안 먹어본 자에게는 보여주지 마라, 후지산
>
> 河豚食わぬ奴には見せな富士の山

복어를 먹어보지 못한 자는 후지산을 볼 자격도 없다니. 복어쯤은 먹어봐야 사나이 소리를 들을 자격이 있다는 뜻인데, 바쇼의 태도와 정반대다.

이다지 위험한 생선이 어떻게 뭇사람의 사랑을 받게 됐을까.

다른 생선은 흉내 내기 힘든 담백하고 개운한 맛. 일단 복어는 위험을 무릅쓸 만한 마력의 소유자다. 위험하면서 담백하며, 도전을 통과하면 더 개운한 '치명적인 매력'이 탐식가들을 유인했다. 그리고 복어는 화제성이 강했다. 맛이 기막히더라, 누가 먹고 죽었다더라. 좋든 나쁘든 뉴스가 끊이지 않았다. 이름난 마니아들의 시식 경험과 예찬론이 심심찮게 이어졌다. 복어는 호기심을 자극했고, 호기로움을 뽐내고 싶은 자들을 끌어당겼다. 바쇼와 잇사 같은 가객들도 결과론적으로 복어를 알리는 데 기여하지 않았을까.

자칭 복어 애호가들은 스릴을 맛보고 자신의 용기도 과시할 겸 눈 딱 감고 복어요리를 맛보고는 했다. 또한 내심 '설마 내가 죽으려고?' 하면서 복어 먹기 내기를 하는 이들도 있었다. 복어는 호기로움과 무모함을 구분 못 하는 인간에게 어필했다.

이런 부류의 인간을 꼬집은 이야기가 있다. 해학적인 문학 장르 라쿠고 중 〈복어탕河豚鍋〉이란 작품이다. 내용은 이렇다.

술집 주인과 호칸幇間[73]이 복어탕을 앞에 두고 먹을까 말까 고민하고 있다. 때마침 거지가 구걸하러 들어온다. 순간 두 사람에게 좋은 아이디어가 떠올랐다. '이 복어탕을 거지에게 먹여보고 아무 탈 없으면 우리도 먹자.' 그리고 거지한테 복어탕을 조금 나눠주고 돌려보낸다. 이들은 얼마 후 거지가 어찌 됐는지 살피러 간다. 그런데 복어탕 담아 간 그릇이 깔끔히 비워져 있고, 거지는 멀쩡하다. '그렇다면 안심이다.' 둘은 돌아와 복어탕을 국물 한 방울 남김없이 비운다. 잠시 후 거지가 다시 찾아온다. 그리고 이렇게 말한다. "아까 나한테 줬던 그건 다 드셨나요?" '아, 이 거지가 복어에 맛 들였구나!' 하고 생각한 술집 주인은 "안됐지만 전부 먹어치웠다네" 하며 손사래 친다. 그러자 거지는 "그렇습니까? 그럼 저도 감사히 잘 먹겠습니다"라고 말한 뒤 총총히 사라진다.

비슷한 이야기가 중국에도 있다. 주인공은 『적벽부』와 동파육의 소동파다.

73 술자리에서 개그, 춤 등으로 취흥을 돋우는 직업적 예능인.

그가 양쯔강 인근에 지방관으로 부임했을 때다. 어느 날 고을 유지가 그를 잔치에 초대한다. 잔칫상에 복어요리가 올라왔다. 장난기가 발동한 고을 유지는 병풍 뒤에 몸을 숨긴다. 소동파가 복어를 어찌하나 엿보려는 속셈이었다. 복어를 발견한 소동파. 젓가락을 들어 한 점 입에 넣더니 한차례 길게 숨을 내쉰다. "죽음과 맞바꿀 만한 가치가 있구나."

병풍 뒤 유지의 표정이 궁금하다. '어머나'였을까, 아님 '역시나'였을까? 아마 전자에 가까웠을 것이다. 백면서생 젊은 공직자를 골탕 먹이려는 꿍꿍이였으니까.

소동파는 복어 애호가였다. 그런데 소동파가 복어를 먹고 탈이 났다는 얘기는 못 들어봤다. 그는 당연히 독소가 있다는 부위를 제거하고 먹었다. 그래도 안심을 못 해 해독효과가 있다고 알려진 약초와 식물을 함께 넣고 복어를 끓여 먹었다고 한다.

양어養魚 기술이 발달해 자주복도 무독성으로 길러 낸다지만, 어쨌거나 복어는 공포감을 주는 생선이다. 오죽했으면 대포나 총포를 뜻하는 철포(뎃포)鐵砲라는 별칭이 붙었을까. 제대로 한 방 맞으면 끝장난다는 강철 포환. 독성과 중독성을 동시에 함축한 복어의 특징을 철포만큼 잘 축약한 단어도 없겠다. 복어요리 전문점 상호에 '철포'를 넣은 경우도 드물지 않다. 이제는 철포가 공포감보다는 '죽여주는 맛'이라는 은유로 받아들여지니까 그럴 것이다.

철포만큼 강력하지는 않아도 치명성을 강조하는 복어 별칭으로 북침(기타마쿠라)北枕도 있다. 베개를 북쪽으로 둔다는 뜻이다. 북침은 사람이 죽으면 머리를 북쪽으로 향하도록 시신을 눕히는 불교식 장례에서 비롯된 단어다. '복어=죽음'이라는 섬뜩한 경고를 담고 있다.

패총에서 복어 뼈가 발견된 것으로 미루어 보아 고대 일본인도 복어를 먹었던 것으로 추정된다. 복어가 얕은 바다에 서식해 비교적 쉽게 손에 넣었을 것이다. 복어의 유혹은 오랫동안 끈질기게 이어져 온 셈이다.

일본에서 복어 고장은 시모노세키下関로 통한다. 우선 많이 잡힌다. 그리고 복어에 얽힌 굵직굵직한 사건도 적잖이 간직하고 있다. 그러고 보니 시모노세키는 에도시대 조슈번의 땅이다. 조슈번이 복어 금식 규정을 강력하게 적용한 까닭을 알 만하다. 많이 잡히니 많이 먹게 되는 건 뻔한 이치. 당연히 비명횡사도 많았을 것이다.

시모노세키는 한국과 인연이 깊다. 조신시대 통신사가 부산포를 출발해서 처음 닿은 도시가 시모노세키였다. 일제강점기에는 부산-시모노세키 항로가 열려 정기 연락선이 다녔고, 지금도 매일 여객선이 운항되고 있다. 오래전부터 시모노세키는 동북아의 관문 도시였다. 한·중·일 역사에서 빼놓을 수 없는 도시다. 시모노세키는 일본이 이웃 국가와 벌인 전쟁과 외교 드라마의 주요 무대이기도 했다. 때때로 그 무대 위로 복어가 감초 배우로 출연했다.

독을 품은 복어의 등장은 드라마의 긴장도를 한층 높였다.

임진왜란 때다. 조선 침략에 나선 도요토미 히데요시 휘하 병사들은 시모노세키로 모여들었다. 시모노세키는 조선 침략의 전진기지였다. 병사들은 각지에서 왔다. 복어의 '복' 자도 못 들어본 자도 많았다. 내륙 산간지역 출신일수록 복어에 대해 깜깜했다. 이들은 복어를 여느 생선처럼 거리낌 없이 회로 치고, 국을 끓였다. 아니나 다를까. 픽픽 쓰러지는 병사가 속출했다. 생사람이 죽어나가니 분위기가 흉흉해졌다. 병력 손실과 사기 저하를 걱정할 지경에 이르렀다. 사태의 심각성을 전해 들은 총사령관 히데요시는 급기야 복어 금식령을 발동했다. "이렇게 생긴 생선을 먹으면 안 된다"라고 적힌 포고문에는 복어 그림이 그려져 있었다. 이를 계기로 복어 금식령은 각 지방으로 확산했다. 복어 금식령은 도요토미 히데요시에 의해 시모노세키에서 처음 포고됐다.

메이지유신 이후 서민들 사이에 복어요리가 급속히 확산돼 급사하는 사례가 늘었다. 이에 메이지 정부도 복어요리 금지령을 내렸다.

복어는 동북아 근대사의 진로를 바꾼 시모노세키조약 때도 등장한다. 청일전쟁 후 보상문제 등을 논의하기 위해 청나라 측 대표 리훙장李鴻章과 일본 측 대표 이토 히로부미伊藤博文는 1895년 봄 시모노세키의 최고급 음식점 테이블에 마주 앉았다. 슌판로春帆楼라는 곳이다. 호텔급 연회장을 연상하면 되겠다. 슌판로의 주무기가 복어요리였다. 이토가 슌판로를 회담 장소로 정한 배경에는 복어와 얽힌 나름의 인연이 있었다.

조슈번 무사 계급인 이토 집안은 슌판로가 개업했을 때부터 물심양면 지원했다. 두 곳의 막역한 관계는 히로부미에게로 이어졌다. 술, 여자, 담배 세 가지를 좋아한 히로부미도 청년 시절부터 야마가타 아리토모山縣有朋, 다카스기 신사쿠高杉晋作 등 훗날 막부 정권을 전복하고 메이지유신을 도모하는 동지들과 함께 종종 슌판로를 드나들었다. 슌판로는 히로부미의 단골 유흥주점이자 동지들의 아지트였다.

메이지유신 20년 후인 1887년 겨울, 내각 총리대신 히로부미는 슌판로에 머물게 됐다. 가는 날이 장날이라고, 그날은 혹한의 날씨 탓에 바다 조황이 나빠 슌판로는 마땅히 요리할 해산물을 구하지 못했다. 고작 복어 몇 마리 정도였다. 슌판로는 고심 끝에 복어를 조리해서 슬쩍 식탁에 올렸다. 그때까지만 해도 복어 금식령이 살아 있었다. 슌판로 주인은 "처벌할 테면 하시오"라는 투로 총리대신 면전에서 대놓고 법을 어겼다.

하지만 히로부미는 별다른 내색 없이 복어요리를 깨끗이 먹어치웠다. 그러고는 "아주 맛있다!"라며 만족감을 드러냈다. 슌판로의 위법행위를 눈감아 준 것이다. 사실 그도 젊은 시절 복어를 안 먹어본 건 아니었다. 그는 얼마 후 관할 관청에 지시해 야마구치현에 한해서만 복어 금식령을 해제하도록 했다. 이로써 슌판로는 '복어요리 공인 제1호점'이 됐다. 이런 표현이 적합할지 모르지만, 복어는 300여 년 만에 드디어 자유의 몸이 됐다.

슌판로는 시모노세키조약 체결 장소로 유명하다. 청일전쟁의 후속 처리를 위해 1895년 3월 청나라와 일본은 슌판로에서 회담을 열었다. 일본 측 대표자는 53세의 이토 히로부미, 청나라 측 대표자는 72세의 백전노장 리훙장. 청일전쟁의 승자 히로부미는 자신의 홈그라운드라 할 만한 시모노세키, 그중에서도 자신이 익숙한 요정 슌판로로 패자들을 불러들인 것이다.

일본 측은 리훙장 일행을 위해 음식을 준비했지만 거절당했다. 숙식을 자체적으로 해결하겠다는 것이 청나라 측 입장이었다. 리훙장 일행은 식재료는 물론 요리사까지 데리고 왔던 것이다. 혹시 독살될 위험이 있으니 적이 제공하는 음식은 먹지 않는 관습 때문이었던 듯하다.

세 차례 회담에도 휴전 협상은 진척이 없었다. 일본의 요구조건에 청나라가 난색을 표했기 때문이다. 그러던 중 돌발 사건이 터졌다. 회담을 마치고 숙소로 돌아가던 리훙장이 괴한에게 피격당한 것이다. 총격을 가한 자는 휴전 협상 반대파였다.

세계열강 사이에서 청나라 동정론이 커졌고, 일본 비판론이 비등했다. 이후 협상은 급진전돼 시모노세키조약이 체결됐다. 이 조약으로 청나라는 조선을 독립국으로 인정해야 했고, 그 결과 조선에 대한 장악력을 잃는다.

리홍장의 총상 치료 때문에 청나라 대표단은 시모노세키에서 자그마치 29일가량 머물렀다. 그동안 리홍장은 여러 차례 슌판로를 드나들었지만, 슌판로에서 제공한 복어요리를 먹었다는 기록은 없다. 독살을 우려해 자국 요리사가 만든 음식을 먹었으니 독을 품은 복어로 만든 요리를 입에 댔을 리 없다.

시모노세키조약 이후 히로부미는 공적을 인정받아 후작侯爵이 되었지만, 리홍장은 매국노 취급을 당하며 한직으로 물러났다.

중국은 시모노세키의 복어가 달갑지 않을 것이다. 굴욕적인 역사를 떠올리게 하니까 말이다. 거꾸로 시모노세키에게는 복어가 그야말로 복스러운 물고기, 복어福魚다. 지역을 홍보해 주고, 강대국 중국을 한때 무릎 꿇린 장면을 상기시켜 주기 때문이다. 시모노세키 주민들은 복어를 '후구'로 발음하지 않고, 센 억양으로 '후쿠'라고 발음한다. '후쿠'는 사투리지만 공교롭게도 복스러울 복福의 발음과 같다.

히로부미와 슌판로의 인연은 그 이후로도 쭉 이어졌다. 1899년부터 그가 사망하는 1909년까지 60차례나 슌판로를 방문했다는 기록이 있다.

초대 조선통감을 지내고 한국병합을 획책하던 히로부미는 1909년 10월 만주 시찰 여행에 나선다. 일본을 떠나기 전 그는 슌판로에서 하룻밤 묵었다. 슌판로는 먼 길을 떠나는 그를 위해 복어국을 차려주었다. 그는 복어국을 가볍게 비우고 나서 일행과 함께 시모노세키항에서 배에 올랐다. 그 후 조선 땅을 가로질러 만주로 갔다.

이후 벌어진 일은 한국인이라면 다 아는 역사적 순간이다. 만주 하얼빈역에 도착해 플랫폼에 내리는 그를 안중근 의사가 저격했다. 히로부미가 일본을 떠난 지 10일 만의 일이다. 슌판로의 복어국은 히로부미가 고국 땅에서 먹은 마지막 요리가 됐다. 최후의 만찬인 셈이다. 일명 '철포'인 복어국을 즐긴 그가 진짜 철포에 맞아 목숨을 잃었으니 참 아이러니하다. 슌판로는 분점까지 두며 오늘날까지 고급 복어요리의 대명사로 건재하다.

복어요리의 공포가 옛말이 되기는 했지만, 아직도 일본에서는 복어 중독 사고가 심심찮게 발생한다. 위험을 무릅쓰고 진미 맛보기. 탐식성이란 인간의 본성인지 참 질기기도 하다. 그래서 에도시대 사람들이 흥얼거렸다는 다음 센류川柳[74]는 수백 년이 흘렀어도 유효하다. 혀와 가슴을 자극하는 맛이 얼얼하다. 그리고 이 센류의 맛은 여전히 살아 있다.

> 복어는 먹고 싶고, 목숨은 아깝고
>
> 河豚は食いたし, 命は惜しし

74 에도시대부터 유행한 한 줄짜리 정형시. 통속적이고 세태 풍자적인 내용이 많다.

武 | 무사의 밥상 |

노부나가를 화나게 한 요리는?

'풍림화산' 글씨가 박힌 깃발을 휘날리는 막강 기마군단으로 적군을 벌벌 떨게 한 다케다 신겐. 용맹하고 지휘력이 출중한 센고쿠시대 무장이었던 그는 야마나시현에서 최고 영웅으로 존경받는다. 신겐을 낳고 기른 곳이 야마나시이기 때문이다.

도쿄 바로 서쪽에 이웃한 야마나시는 바다가 없고 산과 들뿐이다. 그런데 야마나시의 대표적 향토 음식을 꼽자면 전복 간장조림あわび煮貝이 빠지지 않는다. 산간 내륙지역인 야마나시가 어째서 전복요리 명산지가 됐을까. 그 연원을 파고들어 가면 신겐이 등장한다.

16세기 중엽 어느 날 신겐은 시즈오카현 스루가만 근처를 지난다. 그는 이때 전복을 처음 맛봤다. 그리고 전복에 홀딱 반했다. 그는 행상들에게 야마나시로 전복을 운반해 달라고 했다. 스루가만에서 야마나시까지는 가깝다고 할 수 없는 거리. 날것 그대로 운반하다가는 변질될 것이 뻔했다. 그래서 고안해 낸 방법이 간장에 절인 전복. 행상들은 전복을 간장에 담가두면 오래 보관할 수 있다는 사실을 알고 있었다.

전복은 간장에 푹 잠긴 상태로 며칠이 지나 야마나시에 도착했다. 신겐이 나중에 자신의 성에 도착했을 때는 전복에 간장맛이 알맞게 배어 있었다. 신겐은 매우 흡족했다. 그 이후 간장에 빠진 전복 맛을 알게 된 야마나시 사람들은 점차 맛을 극대화하는 조리법을 터득했다. 그렇게 해서 야마나시만의 전복 간장조림이 탄생했다. 적어도 신겐 시절에는 간장이 흔치 않았으니 전복 간장조림은 극소수만 즐긴 미식이었을 것이다.

센고쿠시대 무장들은 휘하 군사의 사기를 북돋우기 위해 출정 전 식사 자리에 우치아와비打鮑, 가치구리勝栗, 다시마 등 세 가지를 내놓았다고 한다. 우치아와비는 전복을 얇게 썰어 눌러 편 다음 말린 것으로 발음상 '적 섬멸'의 뜻이 담겨 있고, 가치구리는 말린 밤인데 가치勝, 즉 '승리'를 의미하며, '기뻐하다'와 발음상 흡사한 다시마는 '승전의 기쁨'을 뜻한다. 음식을 통해 승리의 주문을 읊는다는 발상이다. 신겐 군대가 전투에서 승승장구할 때마다 전복 소비량도 늘었다고 한다.

'무사는 먹은 것이 없어도 느긋하게 이쑤시개 질을 한다.' 에도시대 무사가 지녀야 할 덕목을 압축한 말이다. 아무리 곤궁해도 궁색한 티를 내서는 안 된다는 뜻이다. '우리가 돈이 없지 가오가 없나'라는 정신주의다. 가오顔란 얼굴이며, 체면과 본새를 비유한다. 가오 정신을 잘 대변하는 무장은 센다이번의 초대 번주 다테 마사무네伊達政宗다.

그가 얼마나 가오를 중시했으면 후대에 그의 이름을 딴 다테메가네伊達眼鏡, 다테샤伊達者라는 말이 생겼겠는가. 다테메가네는 멋내기용으로 쓰는 도수 없는 안경이고, 다테샤는 남의 시선을 의식해 패션과 치장에 신경 쓰는 사람을 뜻한다. 음식 중에도 가오 잡는 녀석이 있었으니, 바로 다테마키伊達巻다.

생선살, 새우살을 한데 으깬 후 설탕, 계란을 푼 다시물에 넣고 계란말이처럼 구워 낸 다테마키. 흰살 생선이 쓰였는데 살이 부드러운 넙치 종류가 영순위였다. 처음에는 황실에서 먹다가 귀족과 무사 계급으로 전파됐다. 짠 음식이 득세한 에도시대 초기에 야들야들 달달한 다테마키는 새로운 맛이었다.

마사무네는 다테마키를 즐겨 먹었다. 이 별난 계란말이는 마사무네가 좋아하는 음식이라고 소문나 이윽고 뭇사람은 마사무네의 성을 따 '다테마키'라고 불렀다.

마사무네는 임진왜란 때 병졸을 이끌고 조선 땅을 밟았다. 이때 가오 정신이 유감없이 발휘됐다. 휘하 병졸에게 고깔 모양의 모자를 씌우는 등 요란하게 치장하고 행군했다. 그는 전시효과와 심리전술이 무엇인지 아는 장수였다. 아니나 다를까, 그의 보스 도요토미 히데요시의 눈에 확 띄었다. 자기 어필에 일가견이 있는 장수였다.

요리에 대한 마사무네의 어록 몇 가지가 전해지고 있다. "요리란 가짓수보다 마음을 쏟아 일품을 만드는 것, 거기에 몇 가지만 보충하는 걸로 충분하다", "접대 음식이란 제철 식재료를 눈치 보지 않고 꺼내어 주인이 직접 요리해 대접하는 것이다" 등등.

하지만 마사무네는 표리부동했다. 자신은 말한 대로 먹지 않았다. 양보다 질이라고 말했지만, 정작 자신은 요란하고 푸짐하게 먹었다. 그가 정월 명절 음식으로 1즙16채, 즉 밥과 국 외에 16가지 반찬을 차려서 먹었다는 기록이 있다. 이세에비구이, 고래 돌구이, 잉어회 등을 비롯해 일본식 떡국인 조니雜煮에도 고급 재료를 듬뿍 넣었다. 귀족들이 특별한 날에 상차림을 빽적지근하게 했다고는 하지만 무사들은 그 반대로 간소함을 미덕으로 삼았다. 그렇지만 마사무네는 그런 미덕을 무시했다. 한 끼에 16가지 반찬을 곁들이는 건 무사의 1인분치고는 꽤 많은 편이다. 마사무네에게 호사스러운 취향이 있었던 것일까. 아니면 먹성이 좋았던 것일까. 아마 전자일 듯하다.

마사무네는 식단에 음양오행설을 적용하기도 했다. 백·황·흑·녹·적 다섯 가지 색상의 요리를 오세치お節(명절이나 특별한 행사) 상차림에 포함시키도록 했다. 그는 또 전문 저장시설을 갖추고 미소된장 개발을 주도한 것으로 잘 알려져 있다. 그 덕택에 미소된장의 명품이라는 '센다이 미소仙台味噌'가 탄생했다. 그는 센다이번의

초대 영주였다. 그가 조선에 출병했을 때 대량의 센다이 미소를 싣고 갔는데, 다른 부대의 미소된장은 진군 도중 상해버렸지만, 센다이 미소만은 멀쩡했다고 한다.

일개 병졸들은 야전에서 무엇을 먹었을까. 임진왜란 때 왜군들은 밥을 쪄서 말린 호시이이干飯를 지니고 다녔다. 뜨거운 물이나 국물에 호시이이를 불려 먹었다. 맛과 영양가를 좀 더 고려해서 만든 효로간兵糧丸도 대표적인 군용식량이었다. 쌀, 메밀가루, 밀가루, 콩가루, 어분, 깨 혼합물에 미림, 술을 적당히 넣고 손으로 동글동글 뭉친 후 쪄서 햇볕에 말리면 완성이다. 먹을 때는 역시 뜨거운 물이 있어야 한다.

효로간에 들어가는 재료는 각 군대, 즉 번마다 달랐다. 어느 번의 군대가 무엇을 넣는가 하는 것은 서로 비밀이었다. 어제는 아군이었던 번이 내일은 적이 되는 일이 비일비재했기 때문인 듯하다. 맛집에서 비법을 공개 안 하는 것과 비슷한 심리도 깔려 있었을 것이다. 맛집의 맛이란 기실 '다른 집보다 나은 맛'이다. 경쟁자가 있어야 빛을 발하는 상대적인 맛이다. 번끼리 군대의 야전 식량으로 은근히 경쟁했다. 우에스기 겐신上杉謙信 군대의 효로간은 장어구이를 으깨어 넣었다 하고, 다케다 신겐의 것은 대마 씨를 첨가했다고도 한다.

그 밖에 흥미로운 야전 식량으로 토란대끈芋がら縄이 있다. 토란대는 말리면 매우 딱딱해지고 좀처럼 끊어지지 않는다. 토란대

끈이란 바짝 말린 토란대 여러 가닥을 새끼줄처럼 꼰 것이다. 병사들은 참전 때 이 끈을 허리띠로 차거나 물건을 묶는 용도로 쓰다가 식량이 궁해지면 반찬으로 사용했다. 끈을 잘게 찢은 다음 물에 불려 된장국을 끓일 때 넣어 먹었다. 다용도 토란대끈은 누가 고안했는지 몰라도 상당히 기발하다. 우메보시도 휴대하기 편해 군용식량으로 두루 쓰였다. 병졸의 사기를 끌어올리기 위해 복용한 가쓰오부시도 빼면 섭섭할 전투식량이었다.

마사무네의 백부 모가미 요시아키最上義光는 소문난 연어 마니아였다. '연어 나리鮭様'라는 별칭이 따라다닐 정도였다. 센고쿠시대 지략가이자 야마가타번 영주였던 요시아키는 연어요리를 자주 먹었고, 공적을 세운 가신에게도 연어를 하사했다. 또 선물할 곳이 있으면 연어를 보냈다. 조카 마사무네에게도 연어를 배송했을지 모를 일이다.

1600년 세키가하라 전투는 센고쿠시대의 운명을 결정한 건곤일척의 사건이다. 당시 세키가하라 외에 여러 곳에서 크고 작은 전투가 동시다발적으로 벌어졌다. 요시아키가 다스리는 지역에서도 격전이 벌어졌다. 요시아키의 군대는 아이즈번의 우에스기 가게카쓰上杉景勝의 군대와 격돌했다. 전투 규모가 크고 격렬해서 '북쪽의 세키가하라 전투'라고 불린다. 가게카쓰는 우에스기 겐신의 양자다.

이 전투는 야마가타현 일대 곡창지대를 손아귀에 넣기 위해 가게카쓰 군대가 진격한 형국이었지만, 연어 쟁탈전 성격도 띠었다. 연어가 대거 회귀하는 모가미가와最上川가 전장에 포함돼 있었던 것. 강을 지키느냐 뺏기느냐, 이는 곧 연어 나리에게는 명운이 달린 문제였다. 엎치락뒤치락 연어 쟁탈전은 치열했다. 결국 최종 승리는 연어 나리 요시아키에게 돌아갔다.

모가미가와는 굽이굽이 229킬로미터를 흐른다. 회귀하는 연어는 강을 거슬러 머나먼 내륙 깊숙한 곳까지 올라갔다. 최상류에 연어강鮭川이라는 지류도 있다. 연어가 내륙지역 거주자에게 얼마나 소중한 생선이었을지 구구절절 설명할 필요는 없을 것 같다.

다혈질의 무장 오다 노부나가의 최후는 요리와 얽혀 있기도 하다. 1582년 노부나가가 파죽지세로 세력권을 넓혀 가장 막강한 다이묘로 우뚝 섰을 때의 일이다. 그해 5월 15일에서 16일에 노부나가는 산 정상에 요새처럼 우뚝 솟은 아즈치성安土城으로 동맹군 장수 도쿠가와 이에야스를 초대해 진수성찬을 대접한다. 다케다 신겐의 아들 다케다 가쓰요리武田勝頼를 격파할 때 함께 싸운 이에야스를 격려하고 치하하기 위한 자리였다. 빽적지근하게 차려낸 요리는 때때로 한 패거리를 단단히 결속시키는 역할을 한다. 주객이 허리띠를 풀고 즐겁게 먹고 마시는 사이 둘의 관계는 한층 더 끈끈해진다. 노부나가가 베푼 대향연 자리도 그런 성격이었다. 노부나가는 이틀 동안 네 차례에 걸쳐 상다리가 휘어지도록 음식을 차렸다. 그때 대접한 요리 내역이 기록으로 남아 있다. 가짓수만 따져도 100가지에 육박한다. 접대성찬 오모테나시의 끝판왕이다.

도미구이, 문어숙회, 잉어회무침, 후나즈시, 우루카(은어 내장젓), 멍게, 전복, 갯장어, 가다랑어 사시미, 고래고기, 소라, 청어, 농엇국, 게, 다시마 등 웬만한 수산물을 망라한다. 심지어 해파리 사시미도 있다. 산해진미가 수두룩하다.

센고쿠시대 무장의 접대성찬이 휘황찬란했던 까닭이 있다. 서로 패권을 다투던 무장들은 상대방에게 자신의 힘을 과시할 필요가 있었다. 향응 같은 접대 상차림도 위압적이어야 했다. 진수성찬이 즐비한 초호화 상차림은 자신의 재력과 자원력을 과시하는 일종의 전술이었다. 메뉴가 호화로우면 호화로울수록 상대방을 주눅 들게 만든다고 생각했다. 기선 제압용이었던 것이다.

일단 고급 식재료의 가짓수로 압도했다. 밥상을 보면 그 집의 곳간 사정이 보이듯 접대상을 보면 영주 혹은 무장의 재력을 가늠할 수 있다. 접대상이 호화로울수록 재력이 막강하다는 의미다. 접대받는 상대방도 상차림에서 그런 메시지를 읽어낸다. 센고쿠시대는 요리가 곧 재력 과시 수단으로 통하던 때였다. 도요토미 히데요시, 도쿠가와 이에야스도 정작 본인은 간소한 식사를 기본으로 했지만, 접대만은 성대했다. 접대는 식사 대접 차원을 넘어서는 하나의 정치 수단이었기 때문이다.

요리로 기선을 잡는 식사정치는 센고쿠시대 폐막과 더불어 쇠락한다. 도쿠가와 이에야스가 패권을 잡고, 전쟁 없는 시대가 도래하자 식사정치의 필요성이 사라졌다. 강자와 약자의 서열 관계가 정립되고 사회가 안정되면서 접대상은 과시형에서 내실형으로 변모했다. 가장 먼저 접대상의 요리 가짓수가 줄었다. 2즙5채 혹은 1즙7채로 간소해졌다.

아즈치성 호화 만찬 때만 해도 천하를 석권할 것만 같았던 노부나가는 불과 40여 일 후 비운의 최후를 맞는다. 최측근 무사 아케치 미쓰히데明智光秀의 배반으로 교토의 절간 혼노지에 머무르던 주군 노부나가는 급습을 당한다. 무방비 상태에서 측근에게 뒤통수를 맞은 노부나가는 미처 도피할 기회도 얻지 못하고 궁지에 몰린다. 그리고 스스로 목숨을 끊는다. '혼노지의 변本能寺の変'이라는 사건이다. 이 돌발 사건은 센고쿠시대의 세력 판도를 뒤흔들었다. 역사의 물줄기를 바꿔버렸다. 천하통일을 목전에 둔 노부나가가 갑자기 죽으면서 충복 중 하나였던 도요토미 히데요시가 기회를 잡고 급부상했기 때문이다.

그런데 미쓰히데는 도대체 왜 주군 노부나가에게 배반의 칼을 들이댔을까. 이 물음은 아직도 시원하게 풀리지 않은 일본사의 미스터리 중 하나다.

미쓰히데의 배신 배경을 추정하는 가설은 많다. 노부나가가 여러 차례 미쓰히데를 업신여겨 미쓰히데가 앙심을 품었다느니, 갈수록 잔악무도해지며 살육전을 일삼는 노부나가를 더 이상 두고 볼 수 없어서 내린 결단이라느니 하고 말이다. 그 가운데 밥상과 음식에 얽힌 해석이 눈길을 끈다.

정사正史는 아니지만, 도쿠가와 이에야스를 접대한 상차림이 배반의 방아쇠 역할을 했다는 주장이 존재한다. 미쓰히데는 의전 담당 고위급 무사였다. 그는 이에야스에게 베풀 접대 향연 준비를 총괄했다. 식단, 식기, 의식 등 모든 부분에 세세하게 관여했다. 접대 행사는 순조롭게 치러졌다. 그런데 이에야스 일행이 돌아간 후 사달이 났다. 미쓰히데를 불러 세운 노부나가는 얼굴이 울그락불그락해졌다.

"아니, 도쿠가와가 쇼군이라도 되는가. 마치 쇼군의 상차림처럼 차려 냈더구나."

노부나가는 향응 내내 마뜩잖았던 속내를 숨김없이 드러냈다. 지위로 보나 세력 관계로 보나 자신보다 아래에 있는 이에야스를 마치 지존인 쇼군처럼 대접한 미쓰히데의 행태가 괘씸했다. 사실이라면 섬기는 주군에 대한 어마어마한 불손이었다. 노부나가의 불만은 또 있었다.

"도대체 어떻게 관리했길래 상한 음식을 내놓을 수 있는가. 제정신이냐!"

노부나가는 가신들 앞에서 미쓰히데를 호되게 꾸짖었다. 울지 않는 새는 바로 죽여버린다는 노부나가가 아니었던가. 보나 마나 살벌했을 것이다.

가신들은 그 장면을 빤히 지켜보았다. 미쓰히데는 심한 모멸감을 느꼈으리라. 크고 작은 불만이 쌓여가던 차에, 노부나가의 불호령이 미쓰히데의 변심을 촉발하는 방아쇠가 됐을 수 있다. 그리고 기회를 엿보던 미쓰히데는 마침내 결행의 순간을 포착했고, 혼노지로 말을 달려 주군을 향해 칼을 빼 들었다.

노부나가가 상했다고 타박한 음식이 후나즈시가 아닐까 하는 추정이 있다. 후나즈시는 비와호의 명물이고, 아즈치성은 비와호와 지척이다. 그래서 접대상에 후나즈시가 올라왔을 가능성이 농후하다. 후나즈시는 붕어와 밥을 푹 삭혔기 때문에 냄새와 생김새가 고약하다. 특히 후나즈시를 처음 대면한 사람은 상한 음식으로 오해하기 십상이다. 노부나가가 후나즈시를 보고 부패한 것으로 오인했을까. 아니면 이에야스가 후나즈시라는 음식을 이해하지 못해 불쾌감을 표출했던 걸까. 실상은 알 수 없지만, 이 이벤트 직후 미쓰히데는 향응 담당 총책임자에 준하는 직책에서 잘렸다는 사실은 기록으로 남아 있다.

밀리언 셀러 역사소설을 많이 남긴 시바 료타로는 저서 『이 나라의 형상この国のかたち』에서 '독재자' 오다 노부나가의 두 부하 장수 아케치 미쓰히데와 도요토미 히데요시를 비교했는데, 미쓰히데가 보스와 사이가 틀어진 까닭을 짐작하게 한다.

미쓰히데는 군대 통솔력뿐만 아니라 인맥 관리도 출중했다. 교토의 쇼군 가문, 고위 관리들과 교류하며 그들을 자기 편으로 끌어들이는 능력이 뛰어났다. 하지만 그는 노부나가의 또다른 부하

장수 도요토미 히데요시와 큰 차이점이 있었다. 히데요시가 전공을 세워도 모든 것을 자신의 보스 노부나가에게 돌리는 등 야심을 감춘 채 몸을 움츠린 데 반해 미쓰히데는 자신의 자질과 전공을 거침없이 표출했다. 눈치를 보거나 보스에 묻어가는 예스맨이 아니었다. 또한 내부 정치에 둔감한 장수였다. 이런 스타일의 부하라면 보스에게 직언도 서슴지 않았을 것이다. 보스가 머리로는 신뢰하지만, 마음으로는 섭섭한 부하였을 것이다.

그리고 노부나가는 전공을 세운 두 장수에게 보상으로 영지를 하사했는데, 히데요시는 "저는 필요 없사옵니다"라며 사양한 데 반해 미쓰히데는 영지를 감사히 받아 기아 해소 대책 등 백성 본위의 정책을 펼치며 당시로선 이상에 가까운 봉건정치를 실행했다. 보스의 눈에 위협적인 존재로 비친 부하는 둘 중 누구였을까.

작가 료타로는 "노부나가는 그런 미쓰히데가 눈꼴사납고, 마음에도 안 들었을 것"이라고 추정했다.

도요토미 히데요시는 보리밥과 미소된장을 좋아했다. 시골 출신이라 그런지 미식을 좇지 않고 소박하게 먹었다. 도쿠가와 이에야스도 말년에 옥돔 맛에 반했다는 기록이 있다는 것 외에 이렇다 할 미식을 탐하지 않았다. 둘 다 평소에는 하루 두 끼를 준수했고, 끼니마다 1즙3채로 배를 채웠다.

무사들의 식사를 한마디로 표현하면 '소박'이다. 하루 두 끼가 기본이고, 한 끼에 1즙3채가 권장됐다. 이에야스는 집권 후 하타모토旗本 이하 중하급 무사 계급에게 결혼식 때 1즙6채, 그 밖의 축하연에서는 1즙4채를 넘지 않도록 하라는 연회 가이드라인을 하달했다. 식단은 육식 금지 관례에 따라 기름진 음식 대신 생선, 채소 위주로 구성됐다. 이처럼 무사의 소박한 밥상은 과거의 권력 집단인 귀족의 호화로운 밥상에 대한 반작용이었다.

일본 역사상 첫 무사 정권인 가마쿠라 막부는 귀족 세력을 누르고 실권을 거머쥐었다. 초대 쇼군인 미나모토 요리토모源頼朝는 정권 초기 기강을 다잡기 위해 무사들이 사치스러운 귀족 문화에 젖지 않도록 엄격히 단속했다. 그 일환이 식사의 거품 빼기였다. 음식 가짓수를 줄이고, 연회석 밥상 사이즈도 줄였다.

연회를 보면 귀족과 무사의 밥상 차이가 확연하다. 귀족 연회의 밥상 다이반台盤은 주빈主賓의 것이 가로세로 1미터 길이였고, 주빈보다 신분이 낮은 참석자들은 가로세로 2미터 크기의 밥상에 여러 명이 마주앉았다. 반면 무사 연회의 밥상 오젠お膳은 가로세로 세 뼘이 될동말동했다. 밥, 국, 반찬 다섯 가지만 놓아도 꽉 차는 오젠은 지금도 일식을 취급하는 식당에 가면 접할 수 있다. 고위급 무사들은 시간 차를 두고 여러 개의 오젠을 대접받았다. 오젠은 직사각형 나무 식판에 발이 달린 것이고, 발이 없는 것은 오시키折敷라고 불렀는데, 서민층이 주로 이용했다.

귀족 연회가 중국의 영향을 받은 것인 반면 무사 연회는 일본의 독자적인 문화다. 좁은 오젠 안에 반찬 몇 가지를 차리려다 보니 그릇과 접시의 크기가 작아질 수밖에 없었다. 일본 전통 식기의 크기가 아담한 것은 미적인 이유라기보다 실용적인 필요에서 비롯됐다.

일본인은 밥그릇, 국그릇을 한 손으로 들어 올려 입에 바짝 댄다. 이런 식습관은 발이 안 달린 나무쟁반 오시키와 솟다리 밥상인 오젠을 쓰다 보니 자연스럽게 생겼다. 오시키, 오젠 위에 밥을 그냥 놓고 먹으면 입과의 거리가 멀어 도중에 젓가락 사이로 밥알이 떨어지고는 했다. 그렇다고 볼품없게 고개를 푹 숙여 먹을 수도 없는 노릇이었다. 이만저만 불편한 게 아니다. 그래서 한 손으로 그릇을 들어 입 가까이 가져와야 했다.

사기, 유기 등 크고 무거운 밥그릇을 사용한 한국에서는 밥그릇을 들고 먹는 문화가 생기기 어려웠다. 그래서 밥그릇을 들고 먹으면 상놈이니, 버릇없는 짓이니 하는 말은 근거가 없다. 밥상머리에서까지 유교적 윤리를 강조하다 보니 생긴 말일 것이다. 밥그릇을 들거나 놓거나, 윤리 도덕과 무관하다. 그냥 자연스럽게 정착한 식관습일 뿐이다.

노부나가가 이에야스에게 대접한 것은 혼젠요리本膳料理다. 혼젠요리는 각자의 오젠을 격식에 맞춰 서너 차례 순서대로 제공한다. 무가에 연찬 접대 방식으로 정착한 혼젠요리는 형식미가 핵심이다. '얼마나 맛있게 하나'보다 '어떻게 보이나'가 중요하다. 혼네本音보다 다테마에建前가 더 강조됐다. 상대방의 기선을 잡기 위한 접대 문화도 한몫했을 것이다. 혼젠요리는 상차림 자체로 제 소임을 다하는 요리다. 그래서 화려해졌다. 혼젠요리의 절정이 노부나가의 접대상이었다. 일식이 자칭타칭 '눈으로 먹는 요리'라고 하는 데에는 혼젠요리의 영향이 깊이 스며 있기 때문이기도 하다. 혼젠요리는 무사의 시대가 끝나면서 폐습으로 여겨져 타파됐고, 이젠 결혼식이나 장례식 정도에서만 그 자취를 찾을 수 있다.

불변하는 관습은 없다. 소박한 무사의 밥상도 어느 순간부터 호화로워졌다. 에도시대 후반기에 사치풍조가 만연해 그 영향이 밥상까지 미쳤다. 발단은 부를 쌓은 상인을 비롯한 초닌町人[75]이었지만, 무사 집단도 서서히 사치풍조에 물들어 갔다. 고급 음식점이 늘고, 향응 문화가 발달했다. 나라 재정 상태를 걱정해야 할 지경으로 사치풍조는 심각했다.

막부는 사치풍조에 제동을 걸기 위해 검약령儉約令을 내렸다. 1789년 간세이寬政 개혁과 1830년 덴포개혁은 재정난을 타개하고 호화 사치풍조를 억누르기 위한 긴축정책이었다. 두 개혁의 성격은 사회 기강을 바로 세우겠다는 보수화 정책이다. 결과적으로 실효를 거두지는 못했다. 중국 옛 성현이 '음식남녀飮食男女'라고 일갈했듯 먹는 행위는 인간 본성이다. 예나 지금이나 인위적인 정책으로 먹고 마시는 행위를 제어하겠다는 발상은 통하지 않는다.

75 에도시대에 농어촌이 아닌 도시에 거주한 상공업자 혹은 서민 계급.

5

신묘한 신성의 맛

고래
그들은 왜 고래에 집착하는가,
허황된 맛

문어
축제와 신령 그리고 다코야키,
길거리의 맛

김
아사쿠사의 미스터리,
다면적인 맛

연어
신이 내린 선물,
아이누의 맛
쏘기미
못난이가 산으로 간 까닭,
웃겨주는 맛
전복
제주 해녀와 해적,
전설의 맛
N
W
E
S

蛸 | 문어 |

축제와 신령 그리고 다코야키, 길거리의 맛

오사카 서민 요리의 일종. 대중적인 간편식으로 사랑받는다. 오코노미야키お好み焼き만큼 역사가 길지 않고, 제2차 세계대전 후에 오사카에서 탄생했다는 설과 메이지시대 중엽에 아카시明石에서 탄생했다는 설이 있다. 막과자 가게의 초보야키チョボ焼き가 조상이라는 설도 있다. 초보야키는 자그마한 홈들이 파인 동판에 밀가루물을 살짝 넣은 후 파, 홍생강, 간장 한 방울을 떨어뜨려 만든다. 또 데친 문어를 넣지 않는 라디오야키ラジオ焼き가 있다. 양배추, 튀김옷 부스러기, 홍생강, 대파 등에 소스, 파래 가루, 가쓰오부시가 들어간다. 커다란 나팔을 부착한 라디오를 틀어놓고 걸어 다니며 손님을 유혹했다. 다코야키蛸焼き는 골프공 크기의 둥근 홈이 파인 철판에 계란 노른자를 섞은

> 밀가루물을 붓고 큼직하게 자른 문어, 곤약, 건새우, 튀김옷 부스러기, 파, 홍생강, 가쓰오부시를 넣는다. 소스를 바른 다음 파래 가루를 솔솔 뿌린다. 따끈따끈할 때 먹는 전형적인 호식糊食이다. 끈적끈적하지 않아 이빨에 끼지 않고, 아삭아삭한 식감이 장점이다. 오사카 특유의 다시마 육수와 잘 어울린다. 오코노미야키와는 정반대의 경로로 1963년쯤 도쿄로 유입됐지만, 오사카에서만큼 사랑받지는 않는다.

『음식기원사전たべもの起源事典』에 나오는 다코야키 설명이다. 오사카, 간편식, 동그란 형태, 다양한 아류, 그리고 문어. 다코야키의 특징이다. 다코야키는 정식 식사라기보다 이벤트나 마쓰리가 있을 때 즐기는 군것질거리다. 거리를 거닐며 먹을 수 있는 대표적 간식이다.

식문화 연구가 구마가이 마나熊谷真菜가 쓴 『다코야키たこやき』라는 책은 다코야키에 관한 한 독보적인 연구 서적으로 꼽힌다. 이 책에 따르면, 다코야키는 크게 세 갈래로 나뉜다.

첫 번째는 메이지시대 중엽, 즉 19세기 말에 탄생한 것으로 추정되는 다마고야키玉子焼. 다시마 혹은 가쓰오부시로 우려낸 국물에 적셔 먹는다. 아카시야키明石焼로 많이 알려져 있다. 들고 다니며 먹기에는 다소 불편해 테이블 위에 놓고 먹는다.

두 번째는 다코야키. 쇼와시대(1925~1989) 초기에 생겼다. 라디오야키에서 발전한 것이며, 원래 간장만 찍어 먹었다.

세 번째는 1945년 이후 등장한 다코야키로 진한 소스를 바르고 가쓰오부시 분말, 파래 가루, 마요네즈 등을 뿌려 먹는다. 첫 번째와 두 번째 다코야키를 '오사카 다코야키'라고도 한다.

세 가지 다코야키의 공통 요소는 재료인데, 밀가루, 계란, 다시 국물이 필수다. 세 가지를 바탕으로 첨가하는 속재료와 조미료가 다양하게 변주된다. 가게마다 천차만별이다. 문어를 넣기도 하고, 홍생강, 덴카쓰를 넣기도 한다. 만드는 사람 마음이다.

오늘날 오사카 다코야키로 통하는 것은 두 번째 갈래의 다코야키다. 이 다코야키는 원조집이 있다. 여러 군데 체인점을 거느리고 있는 오사카의 아이즈야会津屋다. 아이즈야 홈페이지를 보면 1933년 야타이 형태로 창업한 것으로 나온다. 처음에는 라디오야키를 팔았으나 2년 후에 다코야키를 개발했다고 한다.

구마가이 마나가 쓴 책 『다코야키』에 아이즈야의 창업자인 엔도 도메키치遠藤留吉의 인터뷰가 실려 있다.

> 당시 엔니치縁日 때면 신사 같은 데에 매일 밤 야점夜店이 들어섰지. (중략) 요즘처럼 오락거리가 없어서 엔니치의 신명과 떠들썩함은 누구에게나 오락거리였어. 그래서 야타이를 해볼까 하는 생각이 들어 센니치마에(오사카에 있

는 지역 이름)의 잡화점 거리에 가서 라디오야키 장비를 샀지.

엔니치란 원래 불교 용어로 본존불을 기리는 날이다. 불교의 개념이 차츰 신토神道로 유입돼 신사에서 제례가 거행되는 날도 엔니치로 불린다. 엔니치에는 사람들이 사찰과 신사로 모여든다. 군중이 있는 곳에는 으레 장터가 들어선다. 엔니치가 되면 사찰과 신사 경내 혹은 주변에 장이 섰다. 고대부터 일본의 시장과 상점가는 절과 신사 근방에 형성됐다. 그리하여 두 종교는 상인 집단과 밀접한 관계를 맺게 됐고, 오랫동안 공생 관계를 구축했다.

근대 이후 엔니치는 곧 마쓰리의 날이다. 마을 단위로 시끌벅적한 축제가 벌어진다. 신사와 절 경내에 야타이와 노점이 들어서고, 각종 먹거리, 볼거리, 놀거리가 넘쳐난다. 엔니치는 야타이 문화를 키웠다. 여름철에는 밤늦도록 야타이에서 먹을 것을 판다. 엔니치 야타이의 터줏대감은 뭐니 뭐니 해도 다코야키다. 뒤에서 다시 언급하겠지만, 문어를 신성시한 서민 문화와 엔니치의 단골 음식 다코야키는 자연스럽게 조화를 이룬다.

다시 아이즈야 창업자의 이야기로 돌아가자. 묽은 밀가루 반죽에 파, 곤약, 튀김 부스러기, 홍생강 따위를 넣은 라디오야키의 주 고객층은 어린이였다. 도메키치는 라디오야키가 어른 입맛에는 맞지 않다고 여겼다. 야점, 즉 야시장은 가족 단위 혹은 커플 단위로 북적인다. 어린이만 상대해서는 수지타산이 안 맞겠다고 판단했다. 타깃을 넓혀야 했다. 그는 자녀와 부모가 똑같이 즐길 수 있게 라디오야키를 변형하기로 했다.

"여러 가지를 넣어보았지만, 모두 신통찮았어. 그런데 어느 날 간장맛이 밴 소고기를 잘라서 넣었더니 의외로 괜찮길래 바로 팔아봤지."

그로부터 1개월가량 지났을 무렵 어떤 손님이 이렇게 말했다고 한다. "오사카는 소고기인가 보죠? 아카시明石에서는 문어를 넣던데."

도메키치는 그 손님의 말을 흘려듣지 않고 소고기 대신 데친 문어를 넣어보았다. 그리고 아지노모토味の素라는 조미료를 넣어 맛을 조절했다. 당시 문어는 소고기보다 값이 쌌다. 비용은 적게 들고, 맛은 더 좋으니 "이거야!" 하고 쾌재를 불렀을 것이다. 오사카 다코야키는 이렇게 탄생했다. 그렇다면 오사카 다코야키를 있게 한 아카시 문어란 무엇인가.

고베 남서쪽 해안도시 아카시. 아카시는 내해를 끼고 있어서 각종 해산물이 풍성한데, 특히 문어의 질이 좋다. 아카시 문어는 전국에서 알아주는 문어다. 어획량도 많지만, 그 맛이 다른 곳 문어는 넘볼 수 없이 독보적이라 한다.

아카시 문어가 맛있는 이유는 '근육질'이기 때문이다. 아카시 앞바다는 좁은 해협 지형이라 물살이 거칠고 암초가 많아 문어가 살기 적당하고 먹잇감도 풍부하다. 거친 물살 속에서 살다 보니 저절로 근육질이 됐다. 근력이 좋아 '아카시 문어는 꼿꼿이 서서 걷는다'는 우스갯소리가 있다. 근육질의 탱탱한 살은 익혔을 때 탱글탱글한 식감을 준다.

이런 아카시 문어의 명맥이 끊어질 뻔한 적이 있다. 1963년 아카시 앞바다 수온이 확 내려가 문어의 씨가 말라버린 것이다. 전전긍긍하던 아카시 어민들은 타지방 문어를 이주시키기로 했다. 그들은 구마모토현 아마쿠사天草에서 새끼 문어 3만여 마리를 받아와 방류했다. 아마쿠사는 아카시 앞바다와 흡사한 해협지대를 끼고 있었다. 다행히 이주 문어는 잘 정착했고, 아카시는 문어 명소 타이틀을 지켜낼 수 있었다. 최근에도 기후변화로 인해 또다시 아카시 문어가 줄어 타지에서 공수해 왔다는 뉴스를 읽었다. 바다생물의 혈통을 따지는 건 부질없는 짓이지만, 엄밀히 말하면 현재의 아카시 문어는 순수한 아카시 문어가 아니다.

남획과 기후변화 탓에 아카시 문어 같은 일본의 참문어는 눈에 띄게 줄었다. 상당수는 아프리카 등지에서 수입한다. 오사카 시내에서 팔리는 다코야키 속 문어도 십중팔구 수입산이다.

문어가도タコ街道라는 곳이 있을 정도로 구마모토현 아마쿠사 역시 문어 명소다. 암벽이나 장대에 문어를 널어놓고 말리는 광경이 이곳에서는 흔하다고 한다. 문어를 말려 먹는 식습관은 일본에서 흔치 않다. 그런데 아마쿠사 어민들은 오래전부터 건조 문어를

출출할 때 구워 먹었다고 한다. 술안주로 사랑받고 있다.

위도상 한국의 38도선과 비슷한 지점에 위치한 야마가타현 최북단의 외딴섬 도비시마飛島의 문어 이야기도 이색적이다. 가까운 육지 항구에서 여객선으로 1시간 남짓 걸리는 도비시마는 2022년 4월 기준으로 인구 176명이 사는 자그마한 섬이다. 그런데 예전에 이 섬에는 독특한 풍습이 존재했다.

이 섬 주변에는 암초가 무수히 많은데, 암초 곳곳에 '문어 굴'이라 불리는 문어 서식처가 산재해 있다. 예전에 주민들은 집집마다 이 문어 굴을 여러 개씩 소유했다. 배타적 소유권이 인정됐다. 그런데 각 가정의 딸이 결혼하게 되면 부모는 자신들이 소유한 문어 굴 1~2개를 딸에게 주었다. 혼수품을 주듯 양도했던 것이다. 문어 굴에는 등기부등본처럼 소유권을 증명하는 문서 같은 건 없었다. 출가한 딸이 나중에 또다시 자기 딸이 결혼하면 문어 굴을 물려주었다. 문어 굴은 대대로 딸들에게 세습됐다. 아들에게는 주지 않고 딸에게만 주었다.

문어 굴 소유와 양도 관례는 아마 식량 마련을 위한 배려에서 생겼을 것이다. 외따로 떨어진 섬 생활은 혹독해지기 쉽다. 의식주 모두 걱정거리이기 때문이다. 물고기가 안 잡히면 먹거리 마련에 낭패를 겪기 마련이다. 그럴 때는 문어 굴에서 문어를 잡아서 요리해 먹으면 안심이었을 것이다. 문어 굴은 평소에도 안정적으로 문어라는 먹거리를 제공해 주었을 테니까 든든한 바다 곳간 같은 존재였을 것이다. 일종의 저축예금이나 보험 같은 것이었다. 이런 풍습은 니가타현 서쪽 먼바다의 사도시마에도 존재했다고 한다.

서양에서는 악마의 물고기로 불리는 문어. 거대한 선박을 덮치는 크라켄이나 지구 침공 이야기 속 외계인은 문어 형상이다. 그러나 일본에서는 오랫동안 고마운 해산물로 대접받았다. 문어와 관련된 일본 민속을 들여다보면 문어는 신묘한 힘을 지녔으며, 그 힘을 발휘해 인간을 돕는 존재로 그려진다.

오사카부 기시와다시岸和田市에 다코지조蛸地蔵라는 해안가 동네가 있다. 지명을 풀어보면 '문어 지장보살'이라는 뜻이다. 옛날 옛적 큼지막한 문어가 여러 차례 나타나 그 마을을 지켜주었다는 전설에서 유래한 지명이다. 옛날 그 마을에 적군이 쳐들어와 성이 함락될 찰나 바다에서 문어들이 홀연히 나타나 적을 물리쳤고, 태풍이 몰려왔을 때는 지장보살이 문어를 타고 나타나 비바람을 멈추게 했다고 한다. 마을 사람들은 불교의 지장보살처럼 고난에 빠진 중생을 구원하는 힘이 문어에게 있다고 믿었다. 이쯤 되면 문어는 식량자원 차원을 뛰어넘어 마을의 수호신이 된다. 문어 굴은 바다의 곳간을 뛰어넘어 용궁으로 격상된다.

진공청소기보다 강력한 문어 다리의 흡반은 상처에 대면 나쁜 독을 빨아들여 낫게 한다는 믿음을 낳았다. 치병治病에 신통방통하다는 불교의 약사여래에 빗대 '문어약사蛸薬師'라는 별칭까지 붙여주었다.

교토 에후쿠지永福寺라는 사찰의 본존불은 다름 아닌 문어다. 문어 형상의 약사여래, 즉 문어약사다. 사마귀, 눈병 따위를 앓는 이가 이 문어한테 빌면 치료에 도움을 받는다는 믿음이 존재한다. 옛날 병을 앓는 신자에게 에후쿠지 스님이 신자가 좋아하는 문어를 사다 먹였는데, 그 후로 병이 나았다는 이야기가 전해져 내려오면서 에후쿠지는 문어와 치병으로 유명해졌다.

문어는 풍어를 가져다주는 생물이기도 하다. 어부가 그물을 끌어 올렸더니 문어가 불상을 잡고 있었는데 이후 풍어 대박을 맞았다는 이야기가 있다. 어느 어촌에서는 조업 중 풍랑을 면하게 해 달라는 의식으로 연을 날린다고 한다. 연의 일본어 발음은 '다코たこ'인데 문어 발음과 똑같다. 간사이 지방에서는 한여름 절기인 하지를 조금 지나 문어를 먹는 세시풍습이 있다. 벼가 논바닥에 착 달라붙어 별 탈 없이 추수 때까지 무럭무럭 자라기를 바라는 소망에서 생겨난 농경 풍습이다. 문어의 흡반처럼 벼 뿌리가 흙을 꽉 움켜쥐라는 바람이었을 것이다. 가가와현香川県에는 동일한 이유로 모내기 철에 문어를 재료로 각종 요리를 해 먹는 풍습이 있다.

문어가 뱀으로, 뱀이 문어로 변하는 변신 설화가 일본 각지에 산재한다. 뭍의 뱀과 바다의 문어. 변신술은 두 세계를 이어주는 장치다. 문어는 육지와 바다를 이어주는 신비한 생물로 받아들여졌다. 아마 뱀과 문어의 생김새와 속성이 서로 닮았다고 여겨 변신 이야기가 자연스럽게 생성된 듯하다.

학자들은 뱀과 문어의 '변신 이야기'를 민속학적으로 케褻와 하레晴れ의 개념을 빌려 와 해석하고는 한다. 케란 일상생활을 가리키며, 하레란 의식, 예식 등 비일상적인 이벤트를 뜻한다. 마쓰리와 세시풍속이 대표적인 하레다. 케는 때 묻음, 불결, 세속의 의미를 내포하고, 하레는 청결함, 성스러움을 내포한다. 하레와 케는 일본인의 전통적 세계관과 생활관습을 압축적으로 범주화한 개념이다.

문어는 하레를 상징하는 생물이다. 일본인 의식 속에서 문어는 신비롭고 신성한 힘을 지닌 존재다. 적군, 질병, 풍랑 등 악한 세력을 물리친다. 힘없는 민초들 입장에서는 힘 있는 구세주, 선량한 구원자의 대명사다. 민초들의 이런 기대감은 문어가 가진 특유의 강인함에서 연유했을 것이다. 근육과 흡반은 강력한 힘을 발산하고, 위기에 봉착하면 제 다리를 스스로 잘라 내 위기를 모면하며, 얼마 후 잘린 부분에 새 다리가 난다. 인간에게는 없는 질긴 생명력이다. 나약한 민초들이 닮고 싶은 강인함이다. 마치 마블 영화의 어벤져스 같은 슈퍼 울트라 파워를 지닌 존재다.

엔니치를 맞이한 오사카 곳곳은 흥겨운 마쓰리가 열리고, 신사 주변을 비롯해 곳곳에 먹거리 장터도 펼쳐진다. 이때 다코야키가 빠질 순 없다. 엔니치는 하레의 날이다. 문어는 하레에 즐기는 맛이다. 슈퍼 울트라 파워인 문어는 잿날의 속성과 딱 들어맞는 생물이다. 다코야키가 마쓰리 같은 잿날 먹거리로 자리 잡은 이유가 거기에 있다. 엔니치에 오사카 야타이에서 파는 3대 군것질거리가 솜사탕, 당고団子, 그리고 다코야키다. 어릴 적 아빠, 엄마 손에 이끌려 간 마쓰리에서 다코야키를 맛본 이들에게 다코야키는 촉촉한 추억의 맛이다. 단순한 군것질거리가 아니다.

문어라고 다코야키만 있을 리 없다. 간사이에서는 생문어, 즉 문어회도 먹는다. 덴푸라 형식의 다코텐たこ天도 있고, 볶음밥이나 야키소바에 넣기도 하고, 미소된장국에 넣기도 하고, 고로케 재료로도 쓴다.

1970~1980년대 대도시 커리어 우먼을 중심으로 몸에 좋으면서 볼품 있는 패션 푸드fashion food 바람이 일었는데, 이때 샐러드 양식의 문어세비체가 유행했다. 데친 문어 다리를 어슷하게 썰어 레몬즙을 듬뿍 뿌리고 채소를 곁들인 상큼한 문어세비체는 대중적인 문어요리로 자리 잡았다. 이처럼 문어를 해 먹는 방식은 다채롭다. 하지만 서민에게 가장 친근한 문어 음식은 아마 다코야키일 것이다. 적어도 오사카에서는 그렇다.

오사카는 밀가루 음식을 사랑한다. 다코야키, 오코노미야키, 야키소바 등 밀가루 음식을 통칭하는 고나몬粉もん이라는 단어는 1980년대 오사카에서 탄생했다. 유독 오사카가 밀가루 음식을 좋아하게 된 역사적 배경이 있다.

제2차 세계대전 직후 일본이 궁핍했던 시기 서민들은 밥보다 밀가루, 즉 분식粉食으로 주린 배를 달래야 했다. 미군정은 자국에서 넘쳐나던 밀가루를 대량으로 일본에 공급했다. 명목상은 무상원조였지만, 미국은 그 대가로 일본 주둔 미군의 군사비용이나 군 기지와 관련한 특혜를 챙겼다. 어찌 됐건 일본은 굶주린 배부터 달래야 했다. 쌀은 비싸서 사 먹기 힘들었고, 밀가루가 쌀을 대신하기 시작했다. 밀가루를 이용한 음식이 퍼졌다. 학교 급식에 빵이 등장하고, 새로운 서양식 밀가루 음식이 속속 선보였다. 그 여파는 지금까지 이어져 오사카, 고베, 히로시마 등 간사이 주요 도시의 빵 소비량은 다른 지역을 크레 웃돈다. 이 도시들은 일본의 빵 문화와 밀가루 음식 유행을 선도한다.

곡류를 가루로 갈아 물로 반죽해 만드는 분식은 7세기에 일본에 소개됐다. 610년 일본에 건너간 고구려 승려 담징이 분식을 전해주었다. 일본 역사서 『일본서기日本書紀』에는 담징이 수력을 이용해 맷돌을 돌리는 법을 일본에 처음 알려주었다고 나온다. 맷돌이란 연자방아로 추정된다. 모찌, 당고, 면麵, 화과자和菓子는 그 이후 생겼다. 하지만 근대 이전까지 분식은 명절, 경축일에 먹는 특별식이었지 일상적인 음식은 아니었다. 분식은 주식이 아니라 간식이었다.

쌀을 주식으로 삼고 살아온 일본 서민에게 서양식 밀가루 음식은 무척 낯설었다. 정부는 밀가루 음식을 해 먹는 방법을 널리 알릴 필요가 있었다. 그래서 등장한 것이 키친 카kitchen car였다. 크기와 구조가 요즘의 푸드트럭을 닮았다. 키친 카는 전국 각지를 돌면서 주부들에게 밀가루요리를 시연하며 밀가루 사용을 권장했다. 돈가스, 핫케이크가 이때 서민 가정으로 퍼졌다. 이 키친 카가 첫선을 보인 곳이 바로 오사카다. 키친 카와 밀가루 음식은 새로운 트렌드로서 주부들의 관심을 끌었다. 메이지유신 이후 서양 문물을 남달리 기민하게 수용했던 일본이 아니던가. 주부들과 대중음식점은 서양 밀가루 음식을 빠르게 받아들였다.

밀가루 소비가 늘면서 다코야키도 많이 만들어 먹게 됐다. 밀가루 확산세를 타고 다코야키는 오사카를 넘어 간사이 여러 지역으로 퍼져 나갔다.

간사이 사람은 다코야키를 반찬으로 삼아 밥과 함께 먹기도 한다. 군것질거리인 다코야키를 반찬으로? 간토 사람에게는 낯선 식습관이다.

제2차 세계대전 이전에도 오사카 사람들은 밀가루 음식을 좋아했다. 1930년대 일전양식壹錢洋食이라는 오코노미야키의 원형격인 음식이 서민 대중에게 사랑받았다. 1전짜리 값싼 군것질거리였다. 양식으로 명명했지만, 실제 서양요리를 받아들인 것이 아니라 서양식으로 조리했다는 뜻이었다. 쌀, 물, 솥을 기본으로 하는 일본 전통 식문화의 테두리에서 볼 때 밀가루, 기름, 철판은 분명 이질적인 서양 문물이다. 철판에 기름을 둘러 가볍게 구워 내는 방식은 일본 전통 요리법을 탈피한 일대 사건이었다. 산업화 덕분에 누구나 손쉽게 두껍고 튼튼한 철판을 요리에 사용할 수 있었으니 이 또한 요리의 서양화라고 봐도 될 것이다.

일전양식은 우리네 부침개, 지짐이와 여러모로 흡사하다. 다시마 등을 넣고 우려낸 다시에 밀가루를 푼 반죽물을 뜨거운 철판 위에 동그랗게 펼친다. 그 위에 파, 양배추 등을 올려 굽는다. 초창기에는 간장에 찍어 먹었고, 나중에는 우스타소스를 뿌려 먹었다. 레시피라고 할 것도 없는 간단한 조리법으로 뚝딱 만들어지는 일전양식은 순전히 아이들 간식이었다. 전쟁 시기와 미군정시대 아이들은 골목 어귀 일전양식 노점 앞에 쪼그려 앉아 재잘거리며 허기를 달랬다.

일전양식 맛의 핵심은 다시에 있었다. 교토와 오사카는 일찌감치 다시를 베이스로 한 다시 음식이 발달했는데, 이런 다시 문화가 일전양식을 낳았다고 해도 크게 틀리지 않는다.

일전양식을 업그레이드한 버전이 오코노미야키다. 오코노미야키에서 '오코노미お好み'의 뜻은 '좋아하는 것', '기호대로'다. 오코노미야키는 자신이 원하는 재료들을 넣고 입맛대로 조리하는 음식이다. 재료에 제약이 없는 음식이다. 오코노미야키에 들어가는 재료는 소고기, 돼지고기, 계란, 홍생강, 우동면발 등으로 점차 다양해졌다. 오코노미야키의 유행 역시 미국산 밀가루가 대량 유입되는 시기와 맞물려 있다.

오코노미야키는 히로시마의 솔푸드soul food다. 2021년 통계에 따르면, 히로시마현은 인구 10만 명당 오코노미야키 가게 숫자가 41곳으로 전국 1위다. 2위는 17곳인 도쿠시마현으로, 2위에 비해 1위가 압도적으로 많다. 오사카부는 16곳이다. 반면 도쿄도는 4곳에 불과하다. 다코야키처럼 오코노미야키도 서일본 음식이라는 사실이 통계로도 확인된다.

10월 10일은 오코노미야키의 날이다. 얼마나 유명세가 있는 날인지 모르지만, 오코노미야키를 굽는 소리를 본떠 택일했다고 한다. 익힐 때 나는 의성어 '주우~'가 10의 발음과 흡사해서란다. 이날의 창안자는 히로시마에 소재한 오코노미야키 소스 제조회사다. 오코노미야키의 소비를 촉진하기 위해 만들어 유포했는데, 오코노미야키를 향한 히로시마 사람들의 애정을 엿볼 수 있는 단면이다.

오코노미야키는 거의 문어를 안 쓴다. 오코노미야키에는 문어의 신화성 혹은 하레로 상징되는 민속성이 없다. 오코노미야키는 일상성이 강한 음식이다. 아무 때나 마음 내키는 대로 만들어 먹는다. 유희성이 강하다. 이런 간편함과 실용성은 근대의 식문화 특성을 대변한다. 다코야키와 오코노미야키는 밀가루 베이스의 간편 음식이라는 점에서는 닮았지만, 속을 헤집어 보면 내포하는 속성이 크게 다르다.

虎魚 |쑤기미|

못난이가 산으로 간 까닭, 웃겨주는 맛

맨손으로 만지다 여차하면 119 구급차를 불러야 하는 수가 있다. 등지느러미 가시들이 창끝처럼 예리하고 맹독성이라 제대로 찔리면 몸져눕기 십상이다. 머리부터 꼬리 끝까지 생긴 것이 흉악망측. 처음 보는 사람은 흠칫한다. 피부는 칙칙하고 까슬까슬. 갯바위 표면 같다. 문어처럼 주위 환경을 복사해 제 몸 색깔을 바꾼다. 은신술의 귀재다. 생김새는 마치 해초가 엉겨 붙은 돌덩이 같다. 돌처럼 가만히 있다가 몸집 작은 물고기가 가까이 오면 덥석 문다. 원샷 원킬. 아메리칸 스나이퍼 저리 가라다. 추한 외모는 호신용 위장술이자 사냥용 무기다. 게다가 건드리면 곧장 황천길로 보내버리는 독가시까지 장착했으니 무지막지한 물고기다. 자기방어와 일발필살 기술을 완벽하게 겸비한 물고기는 흔치 않다. 그러니 못생겼다고 깔보면 안 된다. 서해안에 주로 사는 삼세기(흔히 삼식이로 불린다)와 한 핏줄이 아닌가 싶을 정도로 닮았는데, 삼세기 가시에는 독이 없으나 이놈의 가시는 치명적인 흉기다.

일본어로 오코제オコゼ라는 물고기로 몸통 무늬가 호랑이의 그것과 닮아 호어虎魚라고 불리며, 무서움을 강조해 귀호어(오니오코제)鬼虎魚라고도 한다. 순우리말로 범치, 표준어로는 쑤기미다. 제주도에서는 쏠치, 여수에서는 쐬미라고 한다. 통영에서 나고 자란 사람에게는 쑤기미탕, 쑤기미회가 낯익다. 그 밖의 지역 출신들에게 쑤기미를 아느냐고 물어보면 고개를 절레절레 흔든다.

쑤기미탕과 자주 헷갈리는 것으로 탱수국이 있다. 탱수국은 쑤기미와 생김새가 유사한 삼세기로 말갛게 끓여 낸다. 허영만 작가의 만화 『식객』에도 소개된 바 있는 마산 지역의 추억의 해장국이다.

쏨뱅이의 일종인 쑤기미는 남일본 바다에 주로 분포하며, 갯바위가 발달한 해안에 많다. 세토내해에서 많이 잡히는데, 5월에 식감이 가장 좋다고 한다. 맛은 담백하다. 회로도 먹고, 맑은탕으로도 먹는다. 맑은탕은 숙취 해소에 좋다고 한다. 등지느러미만 버리고 위, 간도 먹는다. 냉장고에 넣어 두어도 하루만 지나면 제맛이 나지 않는다고 하니 잡자마자 바로 먹는 것이 좋다.

임신부가 먹으면 젖이 잘 나온다고 해서 일본 어촌에서는 산후조리용으로 먹었다. 아이 백일 밥상에 쑤기미국을 올리면 그 아이는 평생 생선 가시가 목에 걸리는 일이 없다는 속신도 있다.

그건 그렇고, 이제 이야기는 산으로 간다.

일본 속담에 '산신령한테 쑤기미'라는 표현이 있다. 평소 좋아하던 것을 마주쳐서 희희낙락하는 상황을 가리킨다. '강아지한테 뼈다귀'쯤 되겠다. 산신령이 쑤기미를 좋아한다는 말일 텐데, 도대체 쑤기미의 무엇이 지엄하신 산신령님의 마음을 끌었던 것일까.

산신령과 쑤기미의 관계에 선구적으로 주목한 일본 학자가 있다. 삼라만상에 호기심을 가졌던 괴팍한 천재 미나가타 구마구스南方熊楠다. 그는 쑤기미가 사람들과 함께 깊은 산을 누비고 있다는 사실을 들었고 또 목격했다. 물고기가 어찌하여 산사람들의 필수품이 된 것일까. 그의 호기심에 불을 댕겼다. 인류학자이기도 한 구마구스는 그 연원을 파고들었다. 그는 나름의 연구 끝에 학회지에 산신령과 쑤기미의 관계를 다룬 논고를 1911년 발표했다.[76] 짤막한 논고의 내용은 대강 이렇다.

> 『화한삼재도회』라는 1712년 출간된 백과사전에 호고세乎古世라는 물고기가 나온다. 호고세는 오코제의 음차 표기다. 호고세는 곧 쑤기미다. 쑤기미는 신령스러운 물고기이며, 어부가 산신령에게 순풍을 기원할 때 쑤기미를 공양하는 풍습이 전해져 내려온다.

76 미나가타 구마구스의 「산신령이 쑤기미를 좋아하는 까닭山神'オコゼ'魚を好むと云う事」(東京人類學會雜誌, 1911) 중에서.

와카야마현 니시무로군西牟婁郡 히로미가와広見川 지역에 내려오는 이야기가 있다. 나무꾼들이 나무를 베어 산더미처럼 쌓아놓았는데 강이 말라 옮길 방도가 없었다. 궁리 끝에 산 아래 신사에서 살아 있는 쑤기미를 산신령에게 바치며 제사를 올렸다. 이튿날 아침, 나무꾼들이 일어나 보니 강물은 불어 있었다. 덕분에 인력으로 감당하기 힘든 거목들을 강에 띄울 수 있게 됐다. 나무꾼들은 큰 힘을 들이지 않고 무사히 나무를 옮길 수 있었고, 그 후 나무꾼 마을은 잘 먹고 잘살았다는 스토리다.

구마구스는 또 산속에서 사냥꾼들이 산신제를 올리는 모습을 목격한 이야기를 한다. 산신령을 위해 차려놓은 음식 중에 유독 그의 눈길을 끈 것이 있었다. 바짝 말린 쑤기미다. 사냥꾼들은 한 명씩 돌아가며 차례대로 쑤기미를 향해 손가락질하며 키득키득 웃었다. 흉보는 듯, 깔보는 듯 기분 나쁜 웃음소리가 한동안 릴레이하듯 이어졌다. 산신제의 클라이맥스는 '쑤기미 비웃기'가 분명했다. 구마구스는 이 해괴한 광경에 지적 구미가 당겼다. 저 흉측한 물고기가 산속으로 온 까닭이 무엇이며, 왜 사냥꾼들의 웃음거리가 됐을까.

구마구스가 만났던 사냥꾼들이 지닌 '야생의 사고'는 이랬다. 산신령은 여자인데 추한 얼굴을 갖고 있다.[77]

추녀 산신령이 가장 싫어하는 것은 아름다움이다. 질투심이 강한 산신령은 아름다운 것을 보면 화를 내거나 심술을 부린다.

"거울아, 거울아. 세상에서 누가 제일 예쁘니?" 『백설공주』 속 그 마녀는 산신령의 심정을 이해하리라. 자연재해, 숲속 인명사고는 산신령의 노여움을 사서 일어난다. 사냥 성적의 난조도 산신령의 노여움에서 비롯된다. 그러니 산신령을 기쁘게 해드려야 인명사고가 없고 사냥도 잘 풀린다.

어떻게 하면 산신령이 흡족할까. 사람들이 찾아낸 해법은 '산신령의 외모를 추켜세워 기분 좋게 만들기'였다. "미인이십니다"라는 칭찬을 듣고 안 좋아할 여성이 있겠는가. 그런 판단에서 찾아낸 결론이었다. 그래서 못생긴 외모의 제삼자와 대비시켜 산신령이 미모美貌임을 부각하기로 했다. 그럼 못생긴 몰골을 한 피조물로 무엇이 적당할까. 시행착오 끝에 낙점한 것이 다름 아닌 쑤기미였다.

당시 저명한 민속학자 야나기타 구니오는 구마구스의 쑤기미 논고를 읽고 무릎을 탁 쳤다. 그는 부랴부랴 구마구스에게 편지를 썼다. 자신도 다른 지방에서 수렵꾼이 쑤기미로 산신제를 지내는 풍습을 수집했다는 내용으로, 반가움과 놀람이 뒤섞인 편지였다. 두 학자는 서로 일면식조차 없는 사이였다.

편지는 단발에 그치지 않았다. 수차례 편지 왕래가 이어졌다. 그러는 동안 둘은 서로 친분이 생겼고, 민속문화 분야에 대해 고루

77 일본 신화나 토템 신앙에서 산신령은 대체로 여성의 형상을 띤다.

의견을 나누는 협력 관계로 발전했다. 쑤기미가 두 걸출한 학자를 이어준 셈이다.

구니오가 쑤기미에 대해 쓴 내용은 이랬다.

수렵꾼들이 쑤기미를 종이로 겹겹이 싼 뒤 품속에 넣고 사냥을 다닌다. 산짐승이 안 잡히는 날이나 수렵꾼 무리 중 누군가가 다치면 쑤기미를 밖으로 끄집어낸다. 수렵꾼들은 "쑤기미님, 쑤기미님. 오늘 멧돼지 한 마리 잡게 해주시면 그 보답으로 당신에게 이 세상의 빛을 보여드릴게요" 하며 주문을 외듯 중얼거린다. 주문 읊기와 동시에 쑤기미 싼 종이를 한 장 한 장 벗겨 낸다. 쑤기미를 한꺼번에 보여주지 않고 조금씩 천천히 보여준다. 감질나게 만드는 전략이다. 산신령의 애를 태워 기쁨을 극대화하려는 노림수다.

두 학자가 수렵꾼 집단의 '쑤기미=산신령 신앙'을 발표한 후 여러 곳에서 쑤기미의 활약상이 보고됐다.

미에현三重県의 어느 마을 어민들은 그물에 쑤기미가 걸려 올라오면 산 채로 산신령에게 바치고는 했다. 또 사냥 때 품속에 넣고 다니다가 산짐승을 잡으면 품 안에서 쑤기미를 꺼내는 척 시늉만 하며 감사 기도를 올린다는 고치현의 풍습도 있었다. 구마모토현에서는 아름드리나무를 베기 직전 쑤기미를 꺼내놓고 산신령에게 고마움을 전하며 무사히 나무를 베게 해달라고 빈다는 풍습도 들려왔다.

농민들은 산신령의 전령인 늑대가 쑤기미를 좋아한다고 믿기도 했다. 실물 쑤기미를 본 늑대는 그 보답으로 농작물을 휘젓고 다니는 멧돼지처럼 해로운 짐승을 쫓아준다는 것이다.

산신령을 달래는 제물祭物 쑤기미는 한 번 쓰고 버리는 물건이 아니었다. 물기 하나 없이 바짝 말린 놈을 닳아 없어질 때까지 사용했다. 다른 생선과 달리 잘 썩지 않는 특성으로 말미암아 쑤기미가 선택됐을 수도 있다. 사냥꾼과 같은 산악지대 사람에게 쑤기미는 구하기 어려운 생선이었으니 애지중지했을 것이다. 또한 쑤기미의 영험함과 사용빈도는 비례한다는 믿음도 깔려 있어서 최대한 오래 보관하려 했다.

쑤기미의 표피는 여느 물고기보다 내구성이 뛰어나 말려놓으면 잘 변질되지 않는다. 쑤기미를 보관할 때 일본 전통종이인 와시和紙를 여러 겹 감쌌는데, 와시는 좀이 스는 것을 막아주는 효과가 있다고 한다. 대대로 수렵에 종사해 온 어떤 수렵꾼[78]이 200년 동안 대물림하며 보관 중이라는 쑤기미의 실물 사진을 인터넷에서 본 적이 있다. 마치 새까만 미라 같았다. 200년 동안 썩지 않았다니, 참으로 신묘한 물고기다. 쑤기미는 수렵꾼 무리에서 대대로 물려주고 물려받는 보물이다.

산을 터전으로 삼은 옛사람들은 산신령과 자연재해의 인과관계를 믿었다. 이런 민속신앙은 일본이라고 예외가 아니다. 그 가

78 아주 먼 옛날부터 수렵을 업으로 삼으며 산속 생활을 하는 사람들을 마타기マタギ·又鬼라고 부른다. 도호쿠, 홋카이도 일대 산악지대에서 주로 활동했다.

운데 학계에 보고된 쑤기미=산신령 풍습은 300가지 이상이라고 한다. 쑤기미가 등장하는 설화도 적잖다. 쑤기미는 접시 위에서뿐만 아니라 민간신화 속에서도 당당히 한 자리를 차지하고 있다. 일부 지역에서는 쑤기미를 가리켜 대놓고 "산신령님"이라고 부른다.

벌목꾼, 숯꾼, 수렵꾼, 약초꾼, 화전민 등 숲 생활권 사람들은 어김없이 산신제를 지냈다. 이른바 산신신앙을 지녔다. 산에서 얻는 모든 산물은 산신령이 인간에게 베풀어 준 것이라 믿었다. 산신령의 은혜에 감사하며 앞으로도 계속 은혜를 베풀어 달라는 소망을 담아 잔치를 열거나 독특한 제사를 올렸다. 그때 단연 두각을 나타낸 생선이 쑤기미였다.

산신신앙은 일본 고유의 것이 아니라 중국 대륙과 한반도에서 건너온 것이라는 학설이 있다. 우리나라의 산신굿, 산신당 등은 산신신앙의 일종이다. 중국과 한반도에서 전해 내려오는 산신령 그림을 보면 산신령 옆에 호랑이가 있다. 호랑이는 산신령의 전령 혹은 화신이다. 쑤기미를 '호랑이 물고기', 즉 호어라고 표기하는 까닭도 쑤기미에게 산신령의 전령 지위를 부여하려는 믿음의 발로일지 모른다. 실제로 쑤기미 몸에는 호랑이와 비슷한 줄무늬가 있기도 하다. 쑤기미가 호랑이의 대체물인 셈이다.

『본초강목』에 "바닷속 호사虎鯊 자주 호랑이로 변하다"라는 문구가 있다. 사鯊는 원래 상어를 가리킨다. 하지만 물고기도감 같은 것이 있을 리 없던 옛날, 일본인은 중국 문헌 속 글귀만으로 무슨 물고기인지 종잡을 수 없었을 것이다. 호랑이와 유사한 이미지를 떠올리며 쑤기미일 것이라고 추정했을 가능성이 있다. 호랑이 이미지와 쑤기미, 그리고 산신령의 전령 이미지는 그렇게 연결됐을지 모른다. 일본 땅에는 호랑이라는 동물이 존재하지 않았다. 고대 사람에게 호랑이는 중국, 한반도에서 건너온 그림으로만 접하는 상상 속 동물이었다. 고대 일본인의 산신신앙 속 산신령의 전령은 늑대 혹은 멧돼지였다. 애니메이션 〈원령공주〉를 떠올려 보라. 산신령의 메타포로 등장하는 원령공주가 수족처럼 부리는 동물이 바로 늑대다.

쑤기미는 기우제의 제물로도 쓰였다. 옛날 시즈오카현 쪽 후지산의 남쪽 지방 누마즈에서는 가뭄이 극심하면 산에 올라 쑤기미를 제단에 올려놓고 기우제를 지냈다. 쑤기미가 용신龍神을 화나게 만들고, 용신이 화나면 벼락을 불러들이고 비를 뿌려댄다고 믿었다. 용의 형상을 한 용신은 호랑이와 앙숙지간이라 호랑이 '호'자만 들어도 버럭 화를 낸다는 것. 그런데 쑤기미가 호랑이 무늬의 물고기, 이름도 호랑이고기虎魚 아니던가. 둘 사이에 모종의 관련성이 있어 보인다.

규슈 일부 지역에서는 쑤기미와 닮은 쏨뱅이를 지칭해 '산신령'이라 부르기도 한다. 어차피 쑤기미와 붕어빵 외모이다 보니 쏨뱅이도 쑤기미처럼 흉액을 물리치는 신통력을 발휘할 거라고 믿었을 것이다. 사실, 얼핏 봐선 쏨뱅이와 쑤기미를 구분하기 쉽지 않다. 니가타현의 섬 사도시마 어민은 악귀나 불운을 쫓기 위해 말린 쏨뱅이를 처마 끝에 걸어두고는 했다.

쑤기미와 쏨뱅이의 경우처럼 치명적인 가시를 지닌 생선이 액막이, 즉 악귀 쫓기에 특효라고 생각한 듯하다. 인간처럼 악귀도 가시를 무서워하고, 콕 찔리면 고통스러워할 것이라고 여겼을 터다.

가시가 살벌한 생선으로 말할 것 같으면 단연 가시복이다. 고슴도치처럼 온몸이 뾰족뾰족 가시투성이다. 가시복 역시 악귀 퇴치용으로 사용된다. 일본에서 가시복을 말려 현관문 밖에 매달아 두는 풍습을 가진 지역은 한두 곳이 아니다. 악귀가 멋모르고 집 안으로 들어오다가 가시복 가시에 눈이 찔려 내뺀단다.

지역에 따라 털게 껍질, 아귀 머리뼈를 문밖에 걸어두는 관습도 있는데, 이 또한 악귀 퇴치용이다. "악귀야 올 테면 와봐, 콱 찔러버릴 테니." 가시 돋친 바다생물이 악귀를 물리쳐 주리라는 믿음과 바람은 일본인의 민속에 깊이 똬리를 틀고 있다.

신령은 산속에만 있지 않다. 흔히 용왕신이라고 부르는 바다 신령님도 있다. 풍어, 흉어는 바다 신령의 뜻이며, 쓰나미 같은 재해도 신령의 노여움을 산 대가라고 믿었다. 바다를 터전으로 살아가는 사람도 바다에서 나온 것은 모두 신이 준 것이라 여기고, 인간은 그것들을 겸손한 마음으로 넙죽 엎드려 받으면 그만이라 믿었다. 쑤기미를 품고 다닌 산사람들이나 산촌 농민과 비슷한 사고

방식이다. 심지어 해안에 표착한 선박도 바다 신령이 주신 선물로 여겨졌다. 주인이 따로 없어 먼저 발견한 사람이 임자였다. 옛날엔 난파선의 화물, 부유물 따위를 그냥 주워 가도 아무런 규제를 받지 않았다. 오직 신령의 은혜에 감사할 따름이었다.

모든 해산물은 물론 선박, 죽은 고래, 나뭇조각, 돌멩이 등 바다에서 떠밀려 온 것은 모두 뭍에 닿는 순간 고마운 선물이 된다. 일본어로 요리모노寄り物라고 한다. 신령이 가져다주었기 때문에 원소유자가 소유권을 주장해 봤자 소용없다. 요리모노를 먼저 습득한 자가 임자다. 그것이 해민海民 혹은 어민 사회의 불문율이었다.

이 불문율은 적어도 17세기 중반까지 유효했다. 1667년 난파선 처리에 관한 법령이 발동되기 전까지는 말이다. 난파선 처리 법령은 표류하는 화물을 건진 자는 화물의 20분의 1을 가져갈 수 있고, 나머지는 관할 관청에 신고하도록 명시했다.

요리모노는 단순한 횡재 그 이상이었다. 요리모노는 행운의 징표였다. 보잘것없는 나뭇조각 하나라도 그것이 요리모노일 때는 습득한 사람에게 행운이 따른다고 믿었다. 요리모노가 신과 사람을 연결해 주는 매개물이었기 때문이다. 바다 신령이 보낸 메시지로 여겨졌다. 그래서 바닷가에서 주운 요리모노는 마을의 신사로 가져가 신단에 모셔놓기도 했다. 일종의 신격화 관습이다. 떠밀려 온 나뭇조각을 신으로 모시는 기목대명신寄木大明神 풍습이 일본 해안 각지에 산재해 있다고 한다. 요리모노가 고래 같은 생물이라면 더 값진 선물로 여겨진다. 옛날 일본어에서 기부寄附라는 단어의 원래 뜻은 '바다에서 밀려와 해안에 닿은 물건'이다. 선의, 뜻밖의 보탬, 고마운 도움. 기부와 요리모노의 의미는 서로 통한다.

어부들에게는 '에비스 신앙'이 있었다. 에비스恵比寿는 칠복신七福神[79] 중 하나로, 오른손은 낚싯대를 들고 왼손은 큼직한 생선을 쥐고 있다. 어업의 신神이다.

에비스는 원래 '미지의 이방인'이라는 뜻이다. 오랑캐 혹은 이민족을 뜻하는 이夷, 융戎, 만蠻, 호胡 네 글자 모두 '에비스'로 읽힌다. 고대 일본인에게 미지의 이방인은 수평선 너머 저 먼 중국이나 한반도에 거주한 사람들이었다. 이들은 일본 땅에 흘러들어 선진 어업기술과 조선 및 항해기술을 전파했다. 그물로 물고기를 잡는 법도 이들이 전수했다고 한다. 통칭 해민이라 불린 집단이다. 이들은 바다와 연안지대를 누비며 물물교환에도 능했다. 토착 일본인이 보기에 그 이방인들은 장사의 신이기도 했다. 그래서 에비스는 풍요를 가져다주는 고마운 존재라는 믿음이 일본 어촌에 뿌리내렸다. 오늘날 도시인은 에비스 앞에서 '돈 잘 벌게 해달라'며 기도를 올린다.

도쿠시마현, 가고시마현 등 여러 어촌의 신사는 이석夷石을

79 일본인들은 예부터 무수한 신을 받들었다. 그 가운데 가장 대표적인 일곱 신을 칠복신이라 불렀으며, 복을 가져다준다고 믿었다.

모셔놓고 있다. '이방의 돌'이라는 뜻의 이석은 그물에 걸려 올라온 바닷속 돌로 그냥 평범한 돌덩이다. 하지만 에비스 신앙을 믿는 어민에게 그 돌은 신성한 물건이다. 어민들은 돌 앞에서 두 손을 모아 경건한 마음으로 풍어를 기원한다.

저 먼바다에서 온 생명체는 죽은 것이든 산 것이든 모두 에비스라 불렸다. 심지어 익사체도 에비스에 포함됐는데, 공포와 혐오의 대상이기보다 길조의 증거였다.

가장 반가운 에비스는 죽은 고래다. '고래 한 마리면 일곱 어촌이 배부르다'는 말처럼 고래는 로또급 선물이었다. 고래는 곧 현실적인 풍요였고, 미래의 풍요를 약속해 주는 에비스였다. 수렵꾼에게 산신령이 있듯, 어부에게는 수호신으로 에비스가 있었다. 우리에게는 맥주 브랜드 혹은 도쿄의 트렌디한 거리로 더 익숙한 이름이지만.

쑤기미를 즐겨 먹는 곳이 한국에서는 통영이라면, 일본은 히로시마다. 몸에 독을 품고 있으면서도 별미를 주는 공통점 때문에 복어에 비견되기도 한다. 겨울철에 복어 맛이 한껏 오르는 데 비해 쑤기미는 초여름에 가장 맛있다. 쑤기미를 '여름철의 복어'라고 부르는 이유다. 등지느러미와 내장만 제거해 통째로 기름에 튀기는 쑤기미튀김은 복어로는 구사하지 않는 조리법이다. 사시미부터 탕까지 내는 쑤기미 풀코스 요리는 복어 풀코스 요리 못잖게 비싸다. 사람이든 생선이든 외모만 보고 판단해서는 안 된다.

쑤기미를 먹어본 자는 그 맛을 안다. 맛이 생긴 것과는 딴판인 데다 다른 생선과 비교하기 어려운 독특함을 지녔다고 한다. 과거 미식가들 사이에서는 쑤기미를 현어玄魚로 불렀다. 검을 현玄 자가 붙은 까닭은 외관이 거무튀튀한 탓도 있지만, 맛이 참으로 '현묘玄妙'한 점도 참작됐다. 헤아릴 수 없는 미묘한 경지의 쑤기미 맛. 그 맛이 못내 궁금하기만 하다.

海苔 | 김 |

아사쿠사의 미스터리, 다면적인 맛

'라멘에 왜 김을 넣지?' 일본식 라멘집에서 라멘을 먹다가 이런 생각이 든 적이 없는가. 구이김 두서너 장이 무슨 이유로 라멘 국물에 하반신을 담그고 들어앉아 있는 것일까. 나는 그런 시시껄렁한 궁금증을 발동한 적이 있다. 라멘을 더 맛있게 하려는 의도일까, 아니면 보기 좋으라고 한 치장일 뿐인가. 이도 저도 아니면 도대체 무엇일까. 주변에 물어봐도 시원찮은 대답만 돌아왔다. 도통 종잡을 수가 없었다.

김이 들어간 라멘은 주로 돈코츠 계열이다. 다른 종류의 국물에는 삼간다는 걸 보면 장식 효과가 주목적은 아닌 듯하다. 돈코츠 라멘은 돼지 뼈로 국물을 우려낸다. 그렇다면 김이 돼지 뼈 육수와 어울리기 때문일까.

돈코츠와 간장을 혼합한 국물을 쓰는 라멘 브랜드 '이에케라멘家系ラーメン'은 김을 빠뜨리지 않는다. 시금치와 김 토핑이 이에

케라멘의 특징이다.

'라멘과 김의 인연'이 언제부터 시작된 건지 콕 집어 말할 수는 없다. 하지만 발상지는 간사이가 아니라 도쿄라는 점에는 이견이 없는 듯하다. 라멘에 김을 넣는 지역을 조사해 보니 도쿄, 가나가와현 등 간토가 두드러졌다고 한다. 20년도 더 된 조사라서 요즘은 사정이 달라졌을 수 있다.

라멘의 조상은 중국 면요리다. 일본으로 건너간 중국인이 도쿄 곳곳에서 중화요릿집을 차리면서 중국 면요리가 서서히 대중화되기 시작했다. 그때가 1920년대라고 한다. 중국 면요리에 일본식으로 간장을 첨가하거나, 돼지고기 차슈 혹은 각 지역 특산물을 고명처럼 추가하면서 일본풍으로 개조된 면요리가 속속 등장했다. 그래서 라멘은 맹아기에 중화소바中華蕎麦라고 불렸다.

라멘의 발상지로 꼽히는 라이라이켄来々軒은 도쿄 아사쿠사에서 1910년 개업한 중화요릿집이다. 이 가게의 주메뉴는 완탕, 샤오마이, 중화소바였다. 중화소바는 일본인의 주목을 끌었다. 일본인은 라이라이켄의 중화소바를 약간 수정해 라멘으로 유행시켰다.

그렇다고 라멘이 중화소바를 지워버리지는 않았다. 둘은 그 후 쭉 공존해 오고 있다. 중화소바가 중국인 경영자가 운영하는 중화요릿집에서 중국인 요리사가 만드는 것이라면, 라멘은 일본인 경영자가 운영하는 라멘집에서 일본인 요리사가 만드는 것이라는 점이 다를 뿐이다. 물론 요리법이나 재료가 조금씩 다르기는 하다.

중화소바는 대중음식 영역에서 숱한 프랜차이즈 음식점과 경쟁하며 동네 골목 한편에서 묵묵히 명맥을 이어오고 있다. 허름하지만 연식이 오래되고 손맛 있는 한국의 동네 중국집처럼.

여하튼 신종 면요리 라멘에 대한 반응은 좋았다. 라멘은 값싸고 먹기 간편해 서민층 기호에 딱 들어맞았다. 도쿄에서 중화요릿집 숫자는 눈에 띄게 늘어갔다. 신종 음식이 유행하면 유사한 종류를 취급하는 음식점은 영향을 받는다. 라멘의 유행으로 전통 소바가게는 손님을 빼앗겼다. 불안해진 소바집들은 하나둘씩 라멘집으로 업태를 바꾸거나 메뉴판에 라멘을 추가하기 시작했다. 바로 그때 김은 라멘을 만난다.

원래 소바집에는 항시 김이 구비돼 있었다. 구이김은 소바집의 대표적인 술안주감이자 소바 재료였다. 손님은 메인요리인 소바가 나오기를 기다리는 동안 구이김을 안주 삼아 니혼슈日本酒를 홀짝이는 것이 통례였다. 또 면발이 보이지 않을 정도로 김가루를 듬뿍 뿌린 하나마키소바花巻そば는 소바집의 대표적인 메뉴였다. 자루소바에도 얇게 자른 김 조각이 올라간다.

소바와 김은 떼려야 뗄 수 없는 사이였다. 당연히 전통 소바집에서 간판은 갈았어도 김은 그대로 있었다. 소바에서 라멘으로 업종을 전환한 가게는 늘 옆에 두던 김을 라멘에 넣었을 개연성이 크다. 소바나 라멘이나 면인 건 매일반이니 뭐 어떻겠는가. 장식효과도 있어서 그럴싸하게 어울린다. 그렇게 무심코 발생한 '라멘

속의 김'은 오늘날까지 맥이 끊기지 않았다.

장국에 '찍먹' 하는 자루소바는 화룡점정처럼 김을 실처럼 잘라 면 위에 솔솔 뿌린다. 꽤 오래 묵은 원칙이다. 장국을 '부먹' 하는 가케소바에도 김이 들어간다. 그런데 이 경우는 선택사항이다. 가케소바의 토핑 재료는 김 외에 다양하다.

가케소바의 일종인 하나마키소바. 장국에 젖은 김이 흐물흐물 떠 있는 모습이 흡사 연못 위를 수놓은 벚꽃잎 같아서라는데, 비유치고는 좀 과하다. 거무칙칙한 김 부유물이 주는 삭막함을 덜어 내기 위해 벚꽃을 끌어다 쓴 것이 아닌가 싶다. 김을 '갯바위에 핀 꽃'이라고도 했다는데, 차라리 그쪽으로 해석하는 편이 더 나았겠다.

소바집은 에도시대 중기에 생겨 스시집, 덴푸라집과 더불어 에도의 외식 문화를 견인했다. 소바는 에도의 3대 패스트푸드로 꼽힌다. 그런데 니기리즈시, 덴푸라, 소바 중 가장 패스트푸드 속성이 옅은 것이 바로 소바다. 다른 두 가지에 비해 주문 후 대기 시간이 길기 때문이다.

소바집 요리사는 손님의 주문을 받고 나서야 수타 과정을 거쳐 면을 뽑았다. 그래서 소바집 손님은 기다리는 것이 일이었다. 순서가 밀려 있으면 만만치 않은 시간을 기다려야 했다. 자칫 지루해지기 십상이다. 손님들은 소바가 나오기 전 막간의 시간을 술로 때웠다. 한 잔 두 잔 홀짝이며 지루함을 덜어 냈다. 이때 흔한 술안주가 김이었다. 술 한 모금에 구이김 한 장. 그러다 보면 주문한 소바가 나온다.

그래서 술과 김은 소바집의 중요한 세일즈 포인트였다. 소바 못지않게 김맛과 술맛이 좋으면 손님이 꾀었다. 어떻게 해야 김맛을 돋울 수 있을까. 관건은 굽기에 있다. 김 굽기에도 요령이 필요하다. 어느 소바집이 김을 더 맛있게 굽느냐에 따라 판매성적이 갈렸다. 김 굽기, 만만하게 봐서는 안 된다.

에도시대 소바집은 화로를 썼으니까, 김을 손으로 잡고 숯불 위에서 네댓 번 쓱쓱 번갈아 뒤집기만 하면 끝. 이랬을 것 같지만, 전혀 아니다. 일반 가정집은 몰라도 소바집은 김 굽는 도구를 따로 구비했다. 직사각형 나무상자 형태의 호이로焙炉라는 김 굽는 도구를 썼다. 김상자海苔箱라고도 한다. 김 한 장 넉넉히 들어가는 크기에 깊이는 한 뼘이 족히 넘는다. 호이로를 이용한 김 굽는 과정은 대강 이렇다.

작은 종지에 숯 한두 덩이 넣고 불을 붙인다. 호이로는 찬합처럼 2층 구조인데, 종지는 맨 밑바닥에 놓는다. 숯불 위, 즉 상자의 상단 부분에 일본 전통종이 와시를 덮는다. 그리고 4분의 1 크기로 자른 김 여러 장을 와시 위에 지그시 올려놓고 뚜껑을 닫는다. 숯불이 하얗게 변했을 때 김을 꺼낸다. 여기서 끝난 것이 아니다. 상단에 걸친 종이를 걷어 내고 거기에 석쇠를 건다. 석쇠 위에 다시 김을 올려 굽는다. 이때 김을 두 장씩 올려 마치 계란프라이를 만들듯 한 번만 뒤집으면 된다.

일식이 섬세하다고는 하지만 김 한 장 굽는 데도 여간 까탈스러운 것이 아니다. 호이로에서 초벌구이를 하면 김 특유의 향이 강해진다고 한다. 구운 김을 먹는 동안에도 호이로를 쓴다. 다시와시 위에 김을 포개놓고 숯불의 잔열이 은근하게 김에 닿도록 한다. 술잔을 기울이는 동안 김에 습기가 차서 눅눅해지는 것을 막아준다.

가정에서 김 굽는 요령 한 가지. 한 장보다 두 장씩 구우면 김 맛이 더 좋다고 한다. 김 성분의 30~40%는 단백질이다. 구우면 단백질이 열변성을 일으켜 수축한다. 한 장만 불에 올려 양면을 구워버리면 양쪽에서 수축해 수분이 많이 날아가 쉬이 바스러진다. 반면 두 장을 포개어 구우면 한쪽 면만 불을 쬐어 수축도 적어지고 열을 받아 날아가는 수분과 향이 옆 김에 스며든다. 그래서 두 장씩 구우면 더 맛있다고 한다. 다 아는 사실이려나.

호이로는 원래 김을 굽는 용도의 도구가 아니다. 차茶의 습기를 제거하고 향을 돋우기 위해 쓰던 것이다. 차 제조업자가 사용한 호이로는 신발 포장박스 정도의 크기가 아니라 소형 냉장고 크기였다고 한다. 요즘에는 호이로로 김을 굽는 소바집을 찾기 힘들다. 향수를 불러일으키는 유물이 됐다.

701년 제정된 일본 최고最古 법전 대보율령은 조세 품목으로 29가지 수산물을 열거해 놓았다. 그 가운데 해초가 8가지인데, 김도 포함돼 있다. 대보율령이 시행된 날을 추산해 보니 2월 6일이더란다. 그래서 김 양식업자들은 2월 6일을 '김의 날'로 지정했고, 이 날 다양한 판촉 이벤트를 벌인다.

김은 해태海苔라고 쓰고, '노리'라고 읽는다. 현존하는 문헌에 김이 처음 등장하는 시기는 8세기 초로, 그 문헌은 『히타치국 풍토기常陸国風土記』다. 어촌을 지나가던 천황이 햇볕 아래에서 말리고 있는 김을 보았다는 내용이다.

에도시대에는 아사쿠사 김이 김의 대명사였다. 에도시대 중기부터 강 하구에서 김 양식이 활발해졌다. 아사쿠사 김은 고가품이기는 해도 빠르게 식생활 속으로 흡수됐다. 김은 누구나 거부감 없이 먹을 수 있기 때문이다. 그러나 아사쿠사 김은 이제 멸종위기종이 되어 몇몇 곳에서만 간신히 명맥을 잇고 있다.

도쿠가와 막부시대에 비로소 성장한 '계획도시' 에도는 먹고 마시는 문화에서 교토, 오사카에 밀렸다. 도시의 역사가 상대적으로 짧아 식문화는 교토, 오사카에 비하면 걸음마 수준이었다. 교토의 귀족 문화, 오사카의 상인 문화는 다채롭고 테크니컬했다. 반면 에도의 요리법과 식재료는 단조롭고 투박했다. 적어도 에도시대 중기까지는 그랬다.

강물이 위에서 아래로 흐르듯 문화도 상류에서 하류로 흐른다. 요리법과 진미는 교토, 오사카에서 출발해 에도로 흘러갔다. 식재료도 교토, 오사카에서 소비되고 남은 것들이 에도로 넘어갔다.

에도로 넘어가는 산물을 총칭 구다리모노下りもの라고 했다. '위에서 아래로 내려간 것'이라는 뜻이다. 술이든 조미료든 구다리모노는 신선도가 떨어지거나 질이 낮은 것 일색이었다. 구다리모노는 곧 2등품을 의미했다. 하류의 2급수인 것이다.

식문화에도 콧대라는 것이 있다면 에도를 향한 교토와 오사카의 콧대는 하늘 높은 줄 몰랐다. 오랜 역사의 전통 도시가 갓 탄생한 신도시에 대해 갖는 우월감과 비슷하다. 에도 사람의 식食 자존심은 적이 상했을 것이다. 명실공히 쇼군의 도시이자 수도라는 위상은 식문화에 관한 한 공허했다. 구겨진 에도의 자존심을 그나마 펴준 것이 바로 아사쿠사 김이다. 김 결처럼 빳빳하게.

아사쿠사 김은 에도가 당당히 내세울 수 있는 먹거리 대표선수였다. 구다리모노와 반대로 에도에서 생산돼 교토, 오사카로 진출했다. 콧대 높은 교토, 오사카는 김 맛에 깜짝 놀랐다. 바싹하고 바다 내음 물씬 풍기는 건조김은 독특한 매력을 발산했다.

상품성을 인정받은 김은 사실 에도가 원조다. 참근교대 차 에도로 온 지방 무사나 여행객은 에도의 김맛에 감탄해 고향으로 돌아갈 때 선물용으로 김을 챙겼다. 김은 부피가 작고 가벼워 장거리 여행에 딱이었다. 김은 어느새 최고의 에도 오미야게(토산품, 여행지 선물용 기념품)가 됐다. 부유한 상인, 고위급 무사들은 엔니치 같은 경축일이나 명절 선물로 김 다발을 주고받았다.

한국을 찾은 일본 관광객이 너 나 할 것 없이 한국산 조미김을 바리바리 사 가던 때가 있었다. 자기도 먹고 지인에게 선물할 겸 무던히 사 갔다. 에도를 거쳐 간 지방 무사들처럼 말이다. 일본에서 김을 첨가해 만든 센베이와 화과자는 현대 오미야게의 인기 품목이다. 선물용 김 상품 종류는 무수히 많다. 김이란 것이 원래 오미야게의 속성을 타고났는지도 모르겠다.

그런데 어째서 '아사쿠사 김'일까. 아사쿠사가 김 산지라는 말인가? 한 번이라도 아사쿠사에 가본 적이 있는 사람이라면 고개를 갸웃거릴 것이다. 김은 바다에서 나는 걸로 알고 있는데, 아사쿠사는 바다와 한참 멀지 않은가. 아사쿠사에는 바다가 없다. 그런데 무슨 연유로 아사쿠사 김이라 불렸을까? 미스터리가 아닐 수 없다.

아사쿠사에서 김을 채취해서 그렇다는 설도 있고, 아사쿠사에서 김을 제조했기 때문이라는 설도 있고, 아사쿠사의 유명 사찰 센소지浅草寺 앞에 김 판매점이 즐비해서 그렇다는 설도 있다. 이름에 얽힌 미스터리는 아직 풀리지 않았다. 아마도 세 가지 연유가 복합적으로 작용했을 개연성이 크다.

16세기 에도 지도를 보면 아사쿠사는 지금보다 훨씬 바다에 인접했다. 당시 에도는 강줄기가 실핏줄처럼 여기저기 뻗어 있었고, 못과 습지 천지였다. 1590년 도쿠가와 이에야스가 에도성에 입성한 이후 에도의 습지는 꾸준히 흙으로 메워졌다. 에도 앞바다도 수백 년 동안 조금씩 매립됐다. 그러면서 아사쿠사와 바닷물은 멀리 떨어지게 됐다.

먼 옛날에는 아사쿠사 인근 스미다가와까지 바닷물이 들락거렸다. 바닷물이 들락거리는 강의 기수역은 김이 잘 자란다. 16세기의 아사쿠사 앞 스미다가와는 김이 잘 자라는 환경이었다. 강가 백성들은 소규모로나마 김을 채취했다. 하지만 매립과 강변 개간이 이어지면서 김이 잘 자라지 못하는 환경이 됐다.

김이 많이 채취된 곳은 따로 있었다. 아사쿠사보다 훨씬 남쪽에 떨어진 스미다가와 하구의 어촌 오모리大森였다. 그곳은 아사쿠사보다 김 생육 조건이 좋았다. 당연히 김 채취가 활발했다. 김 채취는 오모리에서, 김 가공과 판매는 아사쿠사에서. 분업 시스템이 서서히 자리 잡았다. 오모리와 아사쿠사의 혈연적 근친 관계가 분업을 안착시킨 동력으로 작용했다. 오모리 어민의 상당수가 아사쿠사에서 이주한 사람들이었다. 아사쿠사의 강변 개간 등 재개발사업으로 강변 어민들이 오모리로 이주했던 것이다. 사는 곳은 나뉘었지만, 가족이자 이웃이었던 이들은 김 하나로 계속해서 연을 이어갔다.

김 한 장의 통상적인 규격은 가로 21센티미터, 세로 19센티미터이다. 이 크기는 1973년 규격화됐다. 에도시대 아사쿠사 김은 가로 여덟 치(24.2센티미터), 세로 일곱 치 반(22.7센티미터)이었다. 김의 대량 생산 시기에 김 포장 용기의 크기에 맞추다 보니 가로 20.6센티미터, 세로 18.8센티미터로 변경됐고, 1973년에 가로세로 길이를 반올림해서 지금의 사이즈로 통일했다. 그런데 오늘날 규격은 아사쿠사 김에서 유래한다. 수학 공식처럼 궁리 끝에 찾아낸 규격이 아니라 어쩔 수 없이 그리됐다. 종이의 규격과 깊이 연관돼 있다.

에도시대 아사쿠사에는 넝마주이가 많았다. 1970년대까지는 우리나라 여느 도시에도 넝마주이가 흔했다. 커다란 대바구니를 등에 걸머진 채 기다란 쇠집게로 길바닥에 떨어진 종이나 폐품을 줍던 사람을 넝마주이라고 했다. 넝마주이는 폐종이를 주워 고물상에 팔았다.

에도에서도 다 쓴 종이를 넝마주이가 회수해 재활용했다. 폐종이를 물에 풀어 다시 떠서 재생지를 만들었다. 재생지는 먹물이 남아 회색 빛깔이 감돌고 표면이 거칠었다. 필기용으로 부적합해 화장지로 썼다. 말이 재생지였지 코를 풀거나 뒤를 닦을 때 쓰는 똥종이였다. 아사쿠사에는 똥종이를 만드는 시설과 종사자가 몰려 있었다. 일명 똥종이 산업단지였다. 이 똥종이를 '아사쿠사 종이浅草紙'라고 했는데, 그 사이즈가 가로 여덟 치, 세로 일곱 치 반이었다.

물에 씻고, 불리고, 뜨고, 마지막으로 말리기. 휴지 만드는 공정은 건조김을 만드는 공정과 똑같았다. 그래서 종이 제조틀을 이용해 김도 만들었다. 하나의 기계로 생김새만 비슷하고 성격은 전혀 다른 두 가지 물품을 찍어 낸 것이다. 자연스레 아사쿠사 종이와 김은 판에 박은 듯 규격이 같아졌다.

객쩍은 소리 하나. 히야카시冷やかし라는 단어에 관한 것이다. 히야카시란 글자대로 해석하면 '차갑게 식히기'라는 뜻이다. 그런데 의미가 확장돼 일상생활에서는 '살 마음도 없으면서 물건을 뒤적거리고, 값을 흥정하는 행위' 혹은 '노닥노닥 시간 때우기'라는 뜻으로 많이 쓰인다. 이 뜻은 아사쿠사 종이 내지 김 만드는 일꾼들에서 유래했다. 종이 제조 과정 중에 히야카시 공정이 있다. 종이를 찬물에 2~3시간 담가 불리는 공정이다. 차갑게 식히는 것이다. 이때 생긴 짬을 이용해 일꾼들은 아사쿠사 옆에 있는 요시와라吉原 유곽으로 놀러 갔다. 요시와라 유곽은 인위적으로 조성한 매춘지대였다. 일꾼들은 삼삼오오 무리 지어 유곽 거리를 어슬렁거리면서 유녀들에게 농을 걸다 시간이 되면 돌아가고는 했다. 이들은 돈을 내고 유녀의 서비스를 살 처지가 못 되거나 살 마음이 없었다. 시시껄렁한 농담을 던지거나 흥정하는 척만 했다. 유녀들에게 이런 일꾼들의 모습은 주접떠는 날파리로 보였을 것이다. 유곽에서는 핀잔하는 투로 이런 주접떨기를 '히야카시'라고 불렀다.

원래 아사쿠사 김은 자연산이었다. 양식 김은 17세기 말경 등장한다. 김 양식은 에도 시나가와에서 시작됐다. 역시 오모리 어민이 주축이었다. 소형 책자 『시나가와구 향토독본品川区郷土読本』에 김 양식의 유래가 소개돼 있다.

도쿠가와 이에야스가 에도로 온 후로 어부들은 하루도 거르지 않고 어패류를 잡아다 바쳤다. 그러던 중 오랫동안 비바람이 세차게 몰아쳐 조업을 나갈 수 없는 일이 발생했다. 적잖은 기간 동안 어패류 조달에 차질이 생겼다. 비바람이 지나가고 난 후 어부들은 머리를 맞댔다. 이런 비상사태는 앞으로 언제든 닥칠 수 있었다. 악천후로 조업을 못 나가도 이에야스가 기거하는 에도성으로 어패류 납품은 계속돼야 한다는 숙제를 앞에 두고 어부들은 고민에 빠졌다. 답은 유비무환에 있었다. 항시 물고기를 보관해 둬야 한다는 결론에 다다랐다. 바다에 목책이나 대나무 다발로 가두리를 만들어 물고기를 저장해 두는 방안이 강구됐다. 그런데 뜻밖에도 설치해 둔 목책과 대나무에 김이 달라붙어 자라는 것이 아닌가. 어부지리였다.

어민들은 대나무보다 잔가지가 촘촘한 싸릿대를 논에 모 심듯 얕은 바다에 꽂아두었다. 시간이 지나자 싸릿대마다 보랏빛 김이 무성하게 달렸다. 김 양식의 시초다. 나중에는 버들가지를 쓰기도 했다.

농사도 절기를 따르듯 김 양식도 때를 맞춰야 한다. 추분에 싸릿대를 설치하고, 12월부터 3월 사이에 채취했다. 한겨울 얼음장 같은 바닷물에 맨손을 담가야 했으니 김 따기는 여간 고역이 아니었다. 섬에서 나고 자란 소설가 한창훈이 책에 쓴 적이 있다. 김을 따고 말리는 것이 얼마나 힘든 줄 알면 김을 함부로 대하지 못한다고. 21×19센티미터 김 한 장에는 일반인의 상상을 뛰어넘는 어민의 고충이 담겨 있다.

어쨌든 아사쿠사 김은 만들기 힘든 만큼 보상도 컸다. 어민과 판매 상인의 벌이가 쏠쏠했다. 그래서 농한기인 김 수확철에 인근 농촌에서 노는 일손이 몰려들었다. 하지만 아사쿠사 김 양식은 아무나 하지 못했다. 비법이 있었기 때문이다. 바다에 싸릿대만 꽂는다고 김이 달리지는 않는다. 아사쿠사 김 양식 비법은 100년 동안 에도 밖으로 유출되지 않았다고 한다.

김의 풍작·흉작 여부는 온전히 자연의 손에 달렸다. 수확량은 해마다 들쭉날쭉했다. 김 양식은 벼농사보다 예측불허였다. 김 양식에 종사하는 어민들은 김 생육에 대해 깜깜 무지렁이였기 때문이다. 김이 겨울에 자란다는 사실 정도만 알았지, 여름철에는 어디서 무엇을 하는지 알아내지 못했다.

김의 라이프 사이클은 1949년에 와서야 영국인에 의해 밝혀진다. 여름철에는 김의 포자가 조개 속에서 산다는 것이다. 포자가 육안으로 식별하기 힘들 만큼 미세한 데다 조개 속에 꼭꼭 숨어 있으니 아무리 눈 씻고 쳐다봐도 알 수 없었던 것이다. 요즘에도 김 양식에 조개껍데기를 활용한다.

에도시대에 김 소매는 행상이 도맡았다. 김 행상 무리는 나가노현 산골 스와諏訪 출신이 많았다. 농사로 먹고사는 내륙지역의 스와 농민들은 농한기에 에도로 상경해 김을 사들인 다음 가도를 타고 지방으로 내려가 김을 팔았다. 일부는 에도를 누비며 장사했다. 이렇게 번 돈으로 다시 더 많은 김을 사들였다. 김은 가벼우니 짊어질 수 있는 만큼 최대한 구입했다. 그 김을 짊어지고 귀향길에 올랐다. 행상들은 중도에 김을 팔거나 고향에서 팔아치워 제법 짭짤한 수익을 거뒀다. 돈 되는 장사이다 보니 사돈에 팔촌 할 것 없이 달라붙었다. 그래서 김 유통은 스와 출신이 휩쓸었다. 오늘날에도 전국에서 김을 취급하는 상인 중에 스와 출신 자손이나 스와에 연고가 있는 사람이 많다.

스와 일대는 손꼽히는 메밀 산지다. 그래서 이 지방 사람들은 오래전부터 메밀로 만든 소바를 즐겨 먹는다. 앞에서 소바와 김의 인연을 언급했는데, 둘 사이를 이어준 중매꾼이 스와 사람일 수도 있겠다.

영원한 비밀은 없다. 아사쿠사 김 양식 비법도 결국 타지방으로 유출된다. 유출 주범은 스와 행상들이었다. 행상들은 지방을 떠돌며 김 양식에 대해 보고 들은 것을 현지 어민들에게 귀띔해 주었다. 사실 에도시대 행상들은 식문화 지식의 전파자였다. 농법, 어법, 요리법 등 허다한 식문화 지식이 이들의 발과 입을 통해 각지로 퍼졌다.

이윽고 김 양식은 도호쿠로, 간사이로 확산됐다. 19세기 초반의 일이다. 이 무렵 아사쿠사 상인이 독점하던 김 제조판매업도 니혼바시 어시장 상인의 손에 넘어갔다. 아사쿠사 상인들은 니혼바시 어시장의 자금력과 유통망을 따라갈 수 없었다. 아사쿠사 김의 황금시대는 그렇게 저물었다.

현재 일본 최대의 김 양식지는 규슈 북부 사가현佐賀県의 아리아케해다. 아리아케해는 육지로 움푹 들어간 내만 지형으로 일본에서 만조와 간조의 차이가 가장 크다. 갯벌 면적도 넓어 김이 생장하기에 최적지다. 옛날에는 아사쿠사 김을 으뜸으로 쳤지만, 오늘날은 아리아케 지방산을 최고로 친다. 일본 전체 소비량의 40% 이상이 그곳에서 생산된다. 아사쿠사 김은 도쿄 앞바다가 오염되기 시작한 1950년대를 기점으로 거의 자취를 감췄다. 아사쿠사 김은 이제 상품명으로만 남아 있을 뿐이다. 김은 이제 도쿄가 아니라 사가현의 자랑거리가 됐다.

김은 어떤 식재료와 만나든 초간편이다. 김 자체가 이미 완성된 음식이니 별도의 조리 과정을 거치지 않고도 어떤 요리와도 바로 결합한다. 그렇기는 해도 김의 단짝으로는 라멘, 소바 같은 면류보다 밥이 제격이다. 퍼뜩 김밥이 떠오른다.

김은 웬만한 요리를 다 품는다. 포용력 하나만큼은 타의 추종을 불허하는 해산물이다. 포용력에 걸맞은 일식 용어라면 '마키巻'가 있다. 말아서 감싸고 품으면 그게 포용력 아니겠는가. 김의 성격과 가장 잘 어울리는 형태도 마키다. 김의 실존이 '감싸기'라면 과장일까.

니기리즈시가 뜨기 전에는 아사쿠사 김으로 만든 노리마키海苔巻き가 사랑받았다. 일명 마키즈시巻鮓다(나중에는 巻寿司로도 썼다).

직역하면 김말이, 즉 김밥이다.

명칭에서 드러나듯 김밥은 스시의 일종으로 분류됐다. 밥을 더 다채롭고 맛있게 먹기 위해 고안된 요리법이라는 스시의 본질이 김밥에도 고스란히 적용됐다. 마키즈시라는 글자가 등장하는 가장 오래된 문헌은 『요리산해향料理山海郷』으로 1750년에 간행됐다. 그로부터 26년 후 출간된 요리서 『새로 펴낸 식단 분류집新撰献立部類集』에 김밥 마는 법이 쓰여 있다.

"대나무발에 아사쿠사 김 혹은 복어 껍질을 깔고, 그 위에 밥을 올리고 나서 생선을 눕힌 다음 돌돌 만다." 김밥 마는 법이 별것 있으랴마는 복어 껍질을 김 대용으로 썼다는 사실이 이채롭다. 이 두 문헌으로 추정컨대 김밥은 적어도 18세기 말에는 에도에서 낯선 먹거리가 아니었다. 그리고 마키즈시는 김에만 국한된 용어는 아니다. 복어 껍질뿐만 아니라 미역, 대나무 잎사귀 등도 김 대용으로 썼기 때문이다.

김밥은 변화무쌍하다. 들어가는 속재료가 무궁무진하기 때문이다. 간사이와 간토의 차이도 또렷하다. 간사이는 속재료가 다채로운 후토마키太巻를 즐긴다. 오사카의 두툼한 에호마키恵方巻き가 대표적이다. 절분節分, 즉 입춘 전날 밤 에호 쪽[80]을 보며 김밥을 통째로 들고 한 입 크게 베어 무는 관습이 아직도 남아 있다.

80 음양오행상 행운이 온다는 방향으로, 매년 달라진다.

에호마키 풍습이 정확히 언제부터 시작됐는지 모르지만, 20세기 초반에 생겼을 것으로 추정된다. 1932년 오사카의 스시 상인조합이 마케팅의 일환으로 홍보 전단을 배포한다. 전단에는 입춘 전날 에호 쪽을 향해 서서 소리 내지 않고 김말이초밥을 한 입 크게 베어 물면 한 해 내내 복이 깃든다는 내용이 적혀 있었다. 이 마케팅으로 에호마키가 널리 퍼졌다. 1960년대에는 스시 상인조합과 오사카의 김 판매업자 조합이 합심해 유사한 마케팅을 펼쳤다. 이 마케팅은 민속학적인 근거는 부족해도 왠지 그럴싸해 보였다. 대중에게 썩 잘 먹혔다. 에호마키 풍습은 언론 보도에 힘입어 오사카를 넘어 전국에 소개됐다. 그런데 일본인 대다수는 에호마키 먹기를 역사 깊은 전통 세시풍속으로 알고 있다.

간토에서는 한두 가지 재료를 엄선한 호소마키細巻가 주류가 이룬다. 간사이의 후토마키보다 지름이 작다. 옛날부터 호소마키에는 우엉이 주로 들어갔다. 오늘날 우리도 김밥에 우엉을 쓰고는 하니까 에도시대 김밥 맛이 그저 상상 속의 맛인 것만은 아니다.

밥알 덩이를 김으로 넉넉히 돌려 말고 연어알, 성게알, 게살 등을 올리면 군함마키軍艦巻き가 된다. 군함 형상이라고 해서 군함마키인데, 군함 위에 무엇을 태우든 상관없다. 왜냐하면 김은 포용력이 크니까.

鮑 | 전복 |

제주 해녀와 해적, 전설의 맛

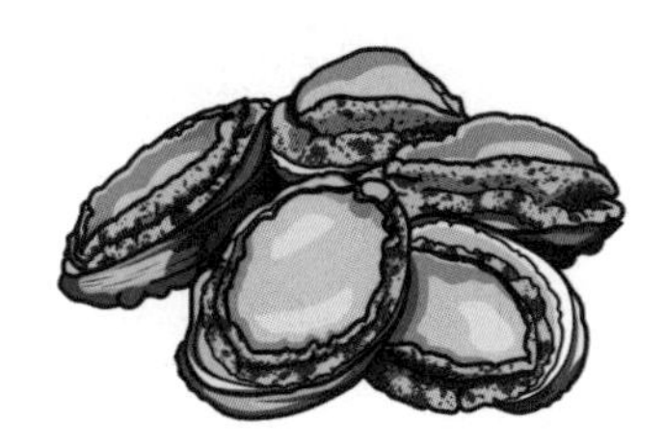

미에현 이세시 우지야마다역宇治山田駅. 매일 아침 6시 9분에 역 플랫폼을 떠나는 새빨간 열차가 있다. 발차 약 2시간 30분 후 종착지인 오사카에 도착한다. 오사카행은 하루 단 한 차례뿐이다. 객실 3량짜리 열차에 승객이라고는 몇몇 생선장수가 전부고, 객실 공간은 사람보다 많은 스티로폼 박스로 발 디딜 틈이 없다. 스티로폼 박스 안에는 싱싱한 생선과 조개류가 그득하다.

오사카까지 12개 역을 정차했다가 가는 완행이지만, 도중에 타는 사람은 드물다. 간혹 해산물이 든 스티로폼 박스만 타거나 내린다. 일본에 하나뿐인 전설의 선어열차鮮魚列車다.

선어열차는 수십 년 전부터 오사카로 비릿한 냄새를 실어 날랐다. 과거에는 이세–오사카를 운행하는 선어열차가 많았지만, 이제는 딱 한 대만 남았다. 열차는 이세의 생선장수 협동조합의 임대료로 운영된다. 속칭 임대열차다. 이세의 생선장수들은 이른 새

벽 부근 해역에서 갓 잡힌 해산물을 구매한 후 오사카에 있는 음식점과 생선 도매상에 납품한다. 때로는 소비자에게 직접 팔기도 한다. 오사카의 거래처는 대부분 가족들이 운영하는 생선가게다. 이런 이세의 생선 판매방식은 수십 년간 면면히 이어져 왔는데, 더 거슬러 올라가면 중세시대까지 이른다.

오사카로 향하는 해산물의 상당수는 이세시의 남동쪽 시마志摩에서 온다. 반도 지형의 시마는 무수한 섬을 품은 다도해다. 리아스식 해안이라 어종이 풍부하고 어패류 양식에 적합하다. 천혜의 해산물 보물창고다.

일본에서는 고대부터 바다를 터전으로 살아간 '아마(해민 혹은 해인)'라는 집단이 있었다. 근대 이전 일본 어업의 진화는 간사이에서 간토로, 남쪽에서 북쪽 방향으로 이뤄졌다. 그 일익을 담당한 집단이 바로 아마다. 아마는 대대로 시마를 비롯한 미에현 일대에 많이 거주했다. 그들은 바다를 읽고 예측하는 능력이 뛰어났을 뿐 아니라 잠수, 낚시 등 실용적인 기술도 겸비했다.

시마는 아마의 땅이자 해녀의 땅이다. 해녀海女의 발음도 '아마'다. 전국 해녀의 절반이 시마를 비롯한 미에현에서 활동한다. 해녀의 역사는 2000년이 넘는다. 여성이 물질을 해서 조개류와 해초를 따는 풍광은 일본과 한국 외에는 찾아보기 힘들다. 일제강점기 이후 무수히 많은 제주도 해녀가 일본의 태평양 연안 각지로 원정 물질을 다녔다. 이들 가운데 일본에 눌러앉은 경우도 있었다.

해방 후에도 해녀의 일본행은 완전히 단절되지 않았다. 물질 솜씨가 일본 해녀보다 월등해 앞다퉈 제주 해녀를 모셔 갔다고 한다. 제주를 떠나 원정 물질을 떠난 해녀를 출향 해녀라고 하는데, 출향지는 일제강점기 이후 중국 다롄, 칭다오 및 러시아 블라디보스토크에 이른다.

흔히 제주 해녀의 일본 원정설은 근대에 국한해서 설명된다. 그런데 어쩌면 우리가 배운 것보다 훨씬 더 오래전부터 제주 해녀들이 일본 땅을 드나들었는지 모른다. "설마 그럴 리가"라고 할 사람이 적지 않겠지만 모를 일이다. 갈등의 골이 깊은 한일 관계와 민족주의를 강조하는 교육 탓에 동아시아 역사에 관한 우리의 상상력은 넓지 않고 경직돼 있다. 조금만 역사적 상상력을 발휘하면 국가 의식이나 국민 의식이 희박했던 먼 옛날, 제주 땅 해녀 혹은 어부들이 배를 타고 제주와 일본 해안지역을 아무렇지 않게 드나들었으리라 짐작할 수 있다. 진시황의 부하 서복이 불로초를 찾아 제주도 서귀포까지 왔다 가지 않았는가. 고대의 동북아시아는 우리가 생각하는 것보다 훨씬 가까웠다.

나라시대奈良時代인 8세기 초반 시마 일대에는 시마국志麻国이라는 나라가 존재했다. 나라시의 옛 궁궐터에서 발견된 목간木簡에는 시마국 귀족들이 받은 공납품 목록이 적혀 있다. 그 가운데 "탐라 전복 여섯 근耽羅鮑六斤"이라는 문구가 있다. 탐라는 제주도의 옛 명칭이다. 제주도 전복이 1000여 년 전에 멀고도 먼 시마까지 건너갔다는 것일까. 사료는 "그렇다"라고 말한다. 720년에 완성됐다는 『일본서기』에도 '탐라'라는 단어가 여러 군데 적혀 있다고 한다. 고대의 제주도와 일본은 바닷길을 통해 연결돼 있었음을 추정할 수 있는 대목이다.

땅이 척박한 탐라국은 농경에 애로가 많아 중국, 백제, 신라, 일본 등 이웃 나라와의 물물교환으로 부족한 식량 자급력을 메웠다. 때로는 강대한 나라에 조공을 바치며 생존을 이어갔다.

탐라의 물산 중에 가장 진귀한 것이 전복이었다. 조선시대에는 임금에게 올리는 진상품이었다. 중국에서는 불로장생 음식으로 신성시됐다. 진시황의 불로초와 서복 전설이 연관되어 생긴 믿음일 수도 있다. 전복은 천황 가문 및 쇼군에게 진상하는 품목이기도 했다. 그 때문에 일본인은 오래전부터 탐라 전복을 탐냈다. 중국과 일본의 중간지대인 탐라는 무역 허브였거나 전복의 생산기지였을 수 있다. 하지만 탐라 해녀의 입장에서 보면 전복이 고단한 노동의 원인 제공자였을 것이다.

역사학자 아미노 요시히코가 쓴 『쌀 백성 천황米·百姓·天皇』에 이런 대목이 나온다.

> 조용租庸의 부담자는 성인 남자이기 때문에 당연히 여자의 이름은 절대 나오지 않습니다. 시마의 탐라 전복도 해녀가 잡았을 테지만, 목간에는 남자가 갖다 바친 것으로 돼

> 있습니다. 이 때문에 지금까지 여성의 양잠이나 해녀는 거의 무시되었다고 할 수 있습니다.

요시히코가 말하고자 하는 바는 역사에서 해녀 혹은 여성이 거의 드러나지 않은 배경이다. 여성은 남성 못지않게 일상과 사회 유지에 공헌했지만, 여자라는 이유만으로 기록에서 배제됐다는 주장이다.

옛 사람들은 해녀도 통칭 '아마'라고 했다. 언어의 유사성을 보건대 해민과 해녀의 뿌리가 같음을 알 수 있다. 아미노 요시히코 같은 이는 미에현 일대의 아마가 일본 각지로 퍼져 나가 어업을 전파했다고 본다. 바다를 터전으로 살며 배를 잘 다루고, 어패류잡이에 능수능란한 무리였던 해민. 옛날 미에현 일대와 세토내해 해적 집단도 해민과 같은 뿌리에서 나왔다고 한다. 뱅어 이야기 때 언급한 바 있는 에도로 이주한 어민 집단도 아마의 후손이라는 학설이 있다.

시마 앞바다는 닭새우 이세에비와 전복이 풍부하다. 이곳의 이세에비와 전복은 전국적으로 알아준다. 사실 전복이 있는 곳에 해녀가 있다. 해저로 자맥질해야 크고 튼실한 전복을 얻을 수 있기 때문이다.

전복은 두 종류다. 검은 전복과 흰 전복. 검은 전복이 더 쫄깃하고 더 비싸다. 전복은 태아의 시력을 좋게 만든다고 여겨져 임신부에게 권장됐다. 눈병이 난 사람이 전복껍데기를 갈아 먹으면 효과가 있다고 여겼다. 전복을 한방에서는 석결명石決明이라 부른다. '돌과 같은 결명자'라는 뜻으로 결명자는 눈을 밝게 해주는 약재로 쓰였다.

시마는 이세신궁을 지척에 두고 있다. 이세신궁은 천황의 조상들을 모신 곳으로 다른 신사와 차원을 달리한다. 천황가를 떠받드는 나라에서 이세신궁은 국가와 민족의 통일성을 환기하고 각인하는 성스러운 장소다. 2000여 년 전부터 시마의 전복은 이세신궁에 봉납됐다. 전복은 이세신궁에 봉납되는 해산물 가운데 가장 귀한 대접을 받았다.

옛날에 해녀들이 전복을 따는 광경을 우연히 보게 된 천황이 전복을 바치라고 한 후 전복 봉납이 시작됐다. 율령이라는 법체제가 채 생기기 전인 이때는 신이나 조정에 농수산물을 세금조로 바쳤다. 이것을 니에贄라고 한다. 역사 시간에 조용조租庸調에 대해 한 번쯤은 들은 적이 있을 것이다. 조용조는 중국 문화권 옛 왕조들의 조세 체계다. 백성이 나라에 바쳐야 하는 의무적인 세금을 말한다. 조租는 곡물, 용庸은 몸으로 때우는 부역, 조調는 지역 특산물이다. 니에는 정식 세금은 아니지만, 성격상 조調에 해당한다.

니에는 주로 지역 특산물인데, 바닷가 어촌 백성의 니에 품목은 해산물이 주종이었다. 해산물 니에 목록을 보면 도미, 이와시, 고등어, 연어, 은어, 다시마 등 다종다양하다. 물론 전복도 포함된다. 니에는 신성한 존재에게 갖다 바치는 공물이라는 형식을 띠었지만, 실은 천황 일가의 주요한 식량원이었다.

달리 말하자면, 니에는 천황의 보호를 받는 대가이자 절대복종의 표시였다. 아마는 천황에게 복종하는 징표로 전복을 헌상했다. 어패류가 니에의 품목에 들어가면서 아마가 니에 조달을 전담했다. 식재료 조달을 통해 천황과 황실 식구들의 식탁을 책임진 것이다.

이들은 그 대가로 어업, 해산물 거래 사업, 해상 물류 등에서 독점권을 부여받았다. 공인받은 해역에서 독점적으로 어로 활동을 하고 잡은 해산물을 황실로 보냈다. 남은 해산물은 임의로 팔아서 이득을 봤다. 이들은 이 과정에서 해산물을 취급하는 상인 집단으로 급성장했다. 바다라는 전천후 공장과 유통망을 장악한 해민은 차곡차곡 부를 쌓았고, 연안의 물적·인적 네트워크를 구축했다. 어느새 사무라이들도 무시 못 할 세력으로 컸다. 이렇듯 아마는 백성 신분에 속했지만, 일반 백성과 다른 대우를 받았고 역사적으로 다른 길을 걸었다. 아마를 특권 백성이라고도 한다. 천황제가 울타리가 되어 그 특권을 보장해 주었다.

니에는 영어로 새크리파이스sacrifice다. '희생'으로 번역되는데, 희생은 원래 신에게 제사를 지낼 때 제단에 올리는 짐승을 이른다. 신이 드실 음식, 즉 공물供物이다. 천황은 신의 자손이니 공물을 먹어도 된다는 논리가 형성됐다. 그래서 니에는 단순한 식량 공급, 그 이상의 의미를 지녔다.

중국 황제와 조선 왕과 달리 일본 천황은 신의 자손으로 여겨졌다. 이른바 신성왕神聖王이다. 성격상 남미 잉카제국의 왕과 유사하다. 그래서 신에게 바치는 공물을 천황한테도 바쳤다. 율령이라는 일정한 법률을 지닌 체제 아래에서도 초법적이고 독특한 니에가 존재할 수 있었다. 니에는 율령제에 근간을 둔 조용조 납세 시스템 바깥에서 건드릴 수 없는 제도로 존속했다. 천황제와 니에가 공생 관계였기에 가능했다. 니에는 일반 백성이 천황을 신적인 존재로 받아들이는 데 한몫했고, 천황의 '신성왕 이미지'를 강화했다. 이 점은 같은 유교적 율령체제를 시행한 중국과 한반도의 여러 왕조와 크게 대비되는 부분이다. 중국 대륙과 한반도의 왕조시대에는 없던 제도였다.

니에 제도는 일본 고유의 식문화 내지 고대 일본인의 음식 관념의 뿌리와 맞닿아 있다. '먹다'라는 뜻의 일본어 다베루食べる는 다마와루賜る에서 파생된 말이라고 한다. 다마와루의 뜻은 '(하늘에서) 내려주시다', '선사하다' 등이다. 먹을 것, 즉 음식은 하늘에서 내려주신 것이라는 의미가 내포돼 있다. 산, 들, 바다에서 나는 모든 식재료는 하늘이 주신 것이며, 이것들을 신체 속으로 받아들이는 행위가 곧 '먹다食べる'라는 행위다. 하늘이란 곧 신일 터. 그러니 농작물을 수확하거나 수산물을 채취했을 때 신에게 감사하고, 수확 채취한 것을 음식으로 만들어 가장 먼저 신의 밥상인 제단 위에 올렸던 것이다.

'잘 먹겠습니다'에 상응하는 일본어는 '이타다키마스いただきます'다. 일본인이라면 어른, 아이 할 것 없이 식사를 시작하기 전에 마치 주문을 외듯 "이타다키마스"라고 내뱉는다. 원래 뜻은 '받들겠습니다'로, 모시는 분이나 윗사람으로부터 무엇인가를 하사받을 때 쓰는 표현이다. 그렇다면 이 표현이 '먹다'라는 의미를 띠게 된 연유는 무엇일까. 이는 음식은 곧 신의 하사품이라는 관념에서 비롯한다. 신이 주신 음식을 앞에 두고 감사히 받들어 모시겠다는 마음가짐이 곧 먹는 행위의 기본 애티튜드가 된 것이다. 의례적인 이 표현은 일상에서 관용화해 어느 순간 '잘 먹겠습니다'라는 뜻의 상투어로 변했다.

신이 내려주신 음식을 인간이 먼저 누리기 전에 답례의 표시로 일정한 분량을 다시 신에게 올렸는데, 그것이 바로 니에다. 이런 니에 시스템을 지탱한 집단을 니에비토贄人라고 하는데, 해민 혹은 아마가 그 대표 격이다.

'니에비토'로서의 아마는 백성일까, 아닐까. 이게 무슨 말인가 하겠지만, 일본 역사학계에서 한때 논쟁거리가 됐던 사안이다. 우리와 달리 일본에서는 '백성'이란 곧 농민을 일컫는다. 그런데 바다를 터전으로 살아가는 아마는 그 백성에서 배제됐다. 그게 주류 역사학의 관점이었다. 주류 학계는 사농공상士農工商이라는 인식 틀 안에서 사회구성원을 설명한다.

그런데 아미노 요시히코는 다른 주장을 내놓았다. 해민, 수렵 부족 등 농업을 하지 않는 피지배 집단도 백성의 범주에 넣어야 한다고 주장하며 논쟁을 불러일으켰다. 그는 아마가 고대부터 사회 시스템에서 무시 못 할 역할을 차지했으며, 아마가 농민화한 경우도 많다는 사실을 실증해 보였다. 그는 역사학에서 푸대접받던 아마 집단이나 다른 비농업 집단의 면목을 재발견하는 작업에 힘썼다. 그는 사농공상으로 에도시대를 설명하는 방식은 메이지유신 때 만들어진 것이며, 그런 프리즘으로 역사를 해석하고 후세에 교육하는 것은 타당하지 않다고 주장했다. 여성을 비롯해 니에 같은 비농업 분야에 종사한 사람들의 중요성을 간과해서는 안 된다는 것이다.

애니메이션의 거장 미야자키 하야오는 요시히코의 학설에 공감했고, 〈원령공주〉 같은 애니메이션에서 잊힌 비농업 백성의 세계를 훌륭하게 그려냈다. 이야기가 옆길로 샜지만, 아무튼 아마 집단은 식문화사에서도 중요한 역할을 했다는 것을 짚어두고 싶다.

이세신궁 봉납품이었던 전복은 생전복, 말린 전복 외에 통칭 '노시 전복熨斗鮑'이라 불리는 것, 모두 세 가지 형태였다. 노시 전복이란 전복을 사과 껍질 깎듯 길고 가느다랗게 잘라 납작하게 눌러 펴서 말린 것이다. 일종의 전복포인데, 모양은 서너 가지였다.

전복포는 헤이안시대 귀족의 술상에도 올랐다. 물에 불린 후 술안주로 삼았다. 전복포는 우리 옛 선조들도 즐겼던 것 같다. 정약전은 『자산어보』에서 "살코기는 맛이 달아서 날로 먹어도 좋고 익혀 먹어도 좋지만, 가장 좋은 방법은 말려서 포를 만들어 먹는 것"이라고 했다.

무사 정권이 들어선 가마쿠라시대에 전복을 선물하는 풍토가 생겼다. 권세 있는 무사들은 말린 전복을 선물로 사용했지만, 여유가 없는 무사는 상대적으로 값싼 노시 전복을 선물했다. 전복 1개로 노시 전복 여러 개를 만들 수 있어서 노시 전복의 값이 쌌기 때문이다. 노시 전복을 선물하는 관습은 오늘날까지 남아 있다.

노시란 간단히 말하면 경사스러운 날 선물하는 물건을 담는 종이 장식품이다. 전복포를 선물할 때 노시에 넣어서 주는 바람에 노시 전복이라는 용어가 정착됐다. 노시 전복은 장기 보존이 가능하고 좋은 의미를 담고 있어서 선물용으로 적당했다. 노시 전복은 장수, 출세를 의미한다. 전복포를 기다랗게 늘린 것은 오래 살라는 뜻이자 쭉쭉 뻗어 나가라는 뜻이다. 일본 고문헌은 노시 전복의 효용을 연장유구延長悠久로 표현했다. 진시황이 불로초를 찾아오라며 동방으로 파견 보낸 서복이 찾아낸 것이 다름 아닌 전복이며, 전복이 100세 이상 산다는 '카더라식' 소문은 민초들 사이에서 사실로 받아들여졌다.

센고쿠시대 무사들에게는 삼헌 의식三献の儀이라는 것이 있었다. 전투에 나가기 직전 장수와 군졸이 모여 술잔을 세 번 잇따라

비우며 승리를 다짐하는 의식이다. 헌献은 접시처럼 납작한 술잔이다. 삼헌이란 세 번의 술잔이라는 말인데, 삼헌 의식은 한 잔에 전복포, 한 잔에 다시마, 한 잔에 밤을 안주로 먹는 의식이다. 잔을 비운 후 잔을 바닥에 내동댕이쳐 깨뜨리고 일정한 구호를 외치며 사기를 충전했다. 일종의 출정 의식이다. 전복포는 음운상 '적군 섬멸'을 의미했다.

또 전복껍데기는 집 안에 걸어두면 악귀를 물리친다고 여겨졌다. 껍데기 안쪽 면이 햇빛을 받으면 프리즘처럼 갖가지 빛을 발산하는데, 그 빛을 보고 악귀가 섬찟 놀라 뒷걸음친다는 것이다. 이세신궁에 바치는 공물이니 신통력이 있을 거라고 믿었던 것은 아닐까.

신의 밥상에도 오르고, 인간들 사이에서는 장수와 출세를 보장하는 음식으로 통한 전복. 한마디로 길운을 부르는 해산물이다. 길조가 깃든 생물 혹은 물건을 통칭 엔기모노縁起物라고 한다. '엔기'란 불교에서 만물의 이치를 설명하는 연기설, 연기관이라고 할 때의 그 연기다. 만물이 인과관계를 맺고 있다는 관념어인데, 불교 영향을 받고 살았던 옛 일본인들은 삶에서 엔기를 중시했다. 엔기는 세상만사 흉조를 예방하고 길조를 도모하는 물건 내지 행위다. 그들은 매사에 길흉을 따져서 자신의 행동을 결정했다. 길한 물건과 흉한 물건을 구분해 사전에 흉액을 차단하려는 심리가 강했다. 이런 심리는 먹거리에도 짙게 뱄다. 전복 외에 팥, 도미, 이세에비, 만물 가다랑어, 출세어, 다시마 등이 대표적인 엔기모노 해산물이다.

전복처럼 승전을 기약하는 음식으로 수군전골水軍鍋이 있다. 히로시마 향토 음식으로 가지가지 좋다는 해산물들을 한 냄비 안에 넣고 보글보글 끓이는 해물 모듬전골이다. 문어, 도미, 꽃게, 전복, 붕장어, 송어 등이 푸짐하게 들어간다. 수군은 바다를 전장으로 삼는 무장 병력으로 인식되지만, 중세시대의 일본 수군은 해적 무리를 의미한다. 먼 옛날 세토내해를 주름잡던 해적, 이른바 무라카미 수군村上水軍이 큰일을 앞두고 건승을 다짐하며 먹었다는 요리가 수군전골이다. 세토내해산 각종 해산물을 듬뿍 넣고 끓였다. 각각의 재료가 엔기모노, 즉 행운을 부른다는 식재료지만, 핵심은 바로 문어다. 8개 다리를 지닌 문어는 팔방八方의 적을 먹어치우기 때문이다.

세토내해를 끼고 있는 히로시마현의 구레항呉港은 무라카미 수군의 본거지였다. 이런 전통을 이어받아 근대 일본 해군도 구레항에서 탄생한다. 해군사관학교 격인 해군병학교가 세워졌고, 해군기지가 들어섰으며, 태평양전쟁 때는 해군의 주력 함대들이 구레항에 집결했다. 지금은 해상 자위대가 위치해 있다. 일본 해군이 과거의 해적과 하나의 끈으로 이어져 있다는 사실이 기묘하다.

동양 최대 거함이었던 야마토大和 전함은 태평양전쟁 말기 구레항에서 출항한 후 바다에서 최후를 맞았다. 야마토 전함에 탑승

한 장교와 병사들도 마지막이 될지 모를 출항을 앞두고 수군전골을 먹었을까.

흉액을 부른다며 꺼리는 음식물도 있다. 가령 과일 중에는 배가 해당된다. 배는 일본어로 나시なし인데, '없을 무無'와 동음이의어다. '재산이 안 모인다'로 해석하고는 한다. 배가 들으면 속상할지 모르겠다.

단무지도 칼을 쓰는 무사에게는 피해야 할 음식이었다. 단무지는 여러 토막으로 잘라서 팔았기 때문에 칼싸움에서 내 몸이 단무지처럼 토막 나는 것은 아닌지 불안했기 때문이다. 사시미도 그런 의미에서 입에 대지 않는 무사들이 적잖았다.

사실 엔기모노 심리는 어느 사회에서나 목격된다. 불교의 영향력이 강했던 동아시아에서 강도만 예전과 다를 뿐 엔기모노 심리가 여전하다. 가령 우리나라 수험생은 미끄러져 낙방한다 해 수능 날 미역국을 먹지 않고, 일본 수험생은 주먹밥인 오무스비お結び를 먹곤 한다. 글자대로 풀이하면 '매듭 짓기'라는 뜻이다. 시험날 먹는 주먹밥은 합격까지 잘 매듭 짓겠다는 자기 주문이다. 중국과 대만 수험생은 합격 기원 음식으로 돼지족발을 먹곤 한다. 당나라 때 생긴 관습인데, 돼지족발의 발음이 과거시험 장원급제자 이름을 써놓은 게시판의 발음과 같아서라고 한다.

사회 변천에 따라 엔기모노는 사라지거나 바뀌었다. 바뀌지 않은 것이라면 인간이 음식을 대하는 길흉 심리일 것이다. 나쁜 일은 오지 말고, 좋은 일이 찾아오기를 바라는 기대심리. 현대에는 그 변종이 무슨 무슨 날에 먹는 무엇 무엇이 아닐까 한다. 빼빼로데이, 삼겹살데이, 밸런타인데이, 블랙데이 등등. 이런 음식 트렌드를 상업주의 탓으로 돌리며 마뜩잖아하는 사람이 있는데, 그리 심각해질 필요는 없을 것 같다. 인간이란 오래전부터 음식 앞에서 길운을 빌었고, 트렌드를 만들어 문화처럼 향유해 왔으니까, 당연지사라 생각하면 속 편하겠다.

서양에서는 전복이 엔기모노가 아니라 불운의 해산물로 여겨졌다. 껍데기가 한쪽뿐이라 전복을 먹으면 사랑에 실패한다고 믿어 전복을 멀리했다고 한다. 해양수산학자 황선도는 전복이 조가비 한 쌍으로 이뤄진 이매패류二枚貝類가 아니라 복족류腹足類임을 몰라서 그랬을 것이라고 말한다.[81]

복족류는 다리가 복부에 달린 연체동물이다. 소라, 고둥, 달팽이가 복족류에 속한다. 전복을 조개의 일종이라 생각하면 착각이다.

일본인도 전복을 패류로 여겼던 듯하다. 라쿠고 〈전복 노시鮑のし〉를 보면, 주인공이 세 들어 사는 집주인 자녀의 결혼식에 가서 전복을 내밀었다가 집주인의 분노를 유발해 전복이 패대기쳐지는 장면이 나온다. 부정 탄다는 이유에서였다. 주인공은 전복이 짝사

81 황선도의 『우리가 사랑한 비린내』(서해문집, 2017) 중에서.

량을 함의한다는 사실을 미처 몰랐던 것이다.

노시 전복은 여전히 이세신궁의 공물이다. 때가 되면 하얀 목면 옷을 입은 해녀들이 전복을 들고 이세신궁으로 향하는 행사가 재현된다. 이세신궁 근처에 가면 참배객들이 '차야茶屋'라는 고풍스러운 간판을 단 식당에서 전복솥밥 같은 전복요리를 먹는 모습을 볼 수 있다.

전복과 해녀의 고장 시마는 고대부터 헤이안시대까지 어식국御食国으로 불렸다. 어식국이란 천황 일족의 식사를 책임지는 지방을 뜻한다. 천황 가문과 신사 제례에 쓸 니에를 조달한 어식국은 3곳이다. 시마 외에 아와지淡路(시코쿠 섬 일대), 와카사若狭(후쿠이현 일대 연안지역)가 포함된다. 모두 해산물이 풍부한 지역이다.

신을 위한 공물 조달이라는 신성한 임무를 수행한 어식국의 아마, 즉 해민들은 니에비토였을 뿐만 아니라 근대 이전까지 해산물 유통망의 중추였다. 이들은 오랜 세월 동안 해산물을 조달해 오면서 해산물의 운송 및 판매 루트를 뚫었고, 공물 조달의 대가로 조정으로부터 특정 해산물의 판매 독점권을 얻기도 했다. 해산물 도소매 상인의 상당수가 이들 니에비토 혈족이었다. 생선을 담은 통을 머리에 이고 동네방네 돌아다닌 행상도 니에비토 출신이 대다수였다.

특이한 점은 직접 니에를 운반하던 사람이든 서민에게 생선을 팔았던 행상이든 십중팔구 여성이었다는 사실이다. 먼 옛날부터 전복을 따고, 니에비토로서 전복을 신전으로 옮기고, 주택가를 누비며 팔러 다니는 일은 여성이 도맡았다. 일본 생선장수의 원형은 니에비토에 있으며, 특히 여성이 핵심적인 역할을 했다. 그 여성들은 억척스러웠다. 두 발은 멀고 험한 길을 마다하지 않았고, 두 손은 부르트고 생선 비린내가 떠나지 않았다. 하지만 억척스럽게 사지를 놀려 가계를 돌보고 자손을 길러 냈다.

해녀와 여성 생선장수를 말하려니 스코틀랜드의 '청어 소녀herring girls'가 오버랩된다. 19세기 중반 스코틀랜드 연안에 청어가 떼 지어 왔을 때 등장한 청어 소녀는 항구에서 청어의 배를 가르고 분류·운반한 여성 노동자다. 이들은 청어 떼를 따라 전국 어항을 누비며 억척스럽게 일했다. 그들의 노동은 당시 스코틀랜드의 어업을 떠받쳤고, 경제 성장에 일조했다. 한 집안의 살림은 물론, 한 공동체, 한 나라의 살림도 빛냈다. 독립심과 자기주장이 강했던 청어 소녀들은 남성 못잖은 솜씨와 끈기로 성평등 개념이 생소하던 시대를 거침없이 돌파했다. 동서양 할 것 없이 바닷가 여성들은 강인하다.

근대 이전 시대의 장사란 한 집안의 사업이었다. 일가친척을 모두 가동해 장사를 꾸리고 키워나갔다. 가족 일원이 분점을 내면 옥호屋號를 그대로 가져다 썼다. 세대를 거치며 같은 옥호를 지닌 가게는 늘어나지만, 그 뿌리는 하나였다. 아무리 허름하고 왜소한 동네식당이라도 그런 역사를 가진 식당은 옥호에 대한 자부심이 대단하다. 옥호를 지키는 일이 곧 가업이라는 의식이 바탕에 깔려 있기 때문이다. 옥호는 대개 출신지나 성씨를 붙인다.

옥호는 세월이 흐르면 가지를 치고 또 친다. 각지로 흩어져 장사를 이어간다. 그것들은 한 핏줄로 이어져 있기 때문에 장사에 관한 한 온 정성을 다해 서로 밀어주고 당겨준다. 자연스레 끈끈한 네트워크가 구축된다.

"에도에 많은 건 이세야, 이나리 신사稲荷神社, 개똥." 에도시대에 유행한 말이다. 에도에서 가장 흔해 빠진 가게의 옥호가 '이세야'였다는 뜻이다. 실제로 에도시대 말기 등록된 상점이 2058개였을 시기 '이세야' 옥호를 지닌 곳은 601곳으로 최다였다. 2위는 377개를 기록한 에치고야越後屋였다. 오사카 상인, 오우미 상인과 더불어 이세 상인을 일본 3대 상인으로 꼽는다. 억척스러움과 끈끈한 네트워크를 기반으로 이세 출신 상인은 꾸준히 성장했다. 큰 부를 쌓고 거상이 된 사람도 적잖이 배출됐다.

"이세야, 아직 먹을 수 있다며 가다랑어를 파네." 에도시대에 자주 회자된 시구다. 가다랑어 철이 지났거나 상했는데도 이세야는 아직 맛이 괜찮다며 가다랑어를 판다는 뜻인데, 이세 상인의 흥정 기술과 돈에 집착하는 장삿속을 비아냥거리는 풍자다. 이세야가 에도시대 생선가게의 대표주자라는 사실도 짐작케 한다. 이세 상인은 일본판 유대인, 일본판 베니스의 상인이다.

이세 상인은 억척스러운 장사꾼의 대명사로 통한다. 현대 이세 상인의 뿌리를 찾아가다 보면 먼 옛날 니에비토 여성들을 만나게 된다.

선어열차를 타는 생선장수를 '깡깡부대カンカン部隊'라고 한다. 깡깡이란 양철통 혹은 함석통을 뜻하는 말로 이 통을 두드리면 나는 소리를 본뜬 의성어다. 깡깡부대는 생선을 양철통, 함석대야 등에 담아 팔러 다녔기 때문에 붙은 생선 행상의 별명이다.

깡깡부대는 이세 지역뿐만 아니라 아와지시마淡路島 등을 비롯해 효고현, 와카야마현 어촌의 생선 행상을 가리키기도 한다. 이들의 상당수는 어부의 아내 혹은 친척이었는데, 수산물 통제가 풀리는 1950년부터 1970년대까지 활약했다. 생선을 이고 지고 오사카와 나라 일대의 도시 주택가를 누볐다.

깡깡부대는 철도망의 발달과 궤를 같이한다. 아침 일찍 어항에서 생선을 모아 열차 및 전철 한 칸에 생선을 싣고 도시로 갔다. 산지직송이다. 시장 한편에 좌판을 펼쳐놓고 도시 일반 가정을 상대로 팔기도 했지만, 생선가게, 고급 요정, 식당 등에 해산물을 공급하기도 했다. 깡깡부대가 취급한 품목은 다양했다. 공식적인 해산물 공급 루트인 대형 중앙어시장 외곽의 공급부대였기 때문에 이들이 취급한 해산물은 중앙어시장에서 볼 수 없는 종류가 많았다.

내가 자란 부산에는 1980년대 초까지 아침마다 "재칫국(재첩국) 사이소!" 하며 함석 양동이를 이고 다닌 재첩 아지매들이 있었다. 1960년대 이전만 해도 오사카 일대에는 이른 아침 동네 골목을 다니며 "재첩, 바지락~"을 외치며 아침 국거리를 팔러 다닌 행상이 있었다고 한다. 이들 역시 깡깡부대다.

깡깡부대는 이제 일본인에게 아주 생경한 용어가 됐다. 온갖 먹거리가 스마트폰 하나로 집 앞까지 배달되는 시대에 행상은 역사 저 멀리 사라진 존재가 됐다. 그래서 깡깡부대는 아날로그 시대 서민의 신산한 삶과 생선 행상들의 비릿한 추억을 소환하는 단어다. 그리고 이제는 멸종을 눈앞에 둔 단어이기도 하다.

선어열차는 오사카의 밤을 뒤로하고 다시 이세로 돌아간다. 집으로 돌아가는 생선장수들은 좌석에 모로 누워 피로를 달래거나 막간 꿀잠을 잔다. 이들 가운데 그 옛날 아마의 후손도 있을지 모른다.

鮭 | 연어 |

신이 내린 선물, 아이누의 맛

1669년 홋카이도를 뒤흔든 샤쿠샤인沙牟奢允(아이누어로 사쿠사이누)의 전란. 아이누 촌락 연합체를 대표하는 지도자 샤쿠샤인이 외래 침입세력인 사무라이들에 항거해 유혈 충돌한 사건이다. 그런데 격돌의 방아쇠를 당긴 건 인간이 아니라 연어였다.

16세기까지만 해도 홋카이도는 아이누족의 독무대였다. 혼슈 일본인의 입김이 거의 닿지 않았다. 혼슈에게 홋카이도는 인종, 문화, 체제 모든 면에서 이국異國이었다. 혼슈 사람들은 홋카이도를 에조치蝦夷地라 칭했는데, 에조치란 오랑캐 땅이자 야만인이 사는 땅을 의미한다. 중국 한족漢族이 동서남북 변방의 이방인을 일컬어 남만북적南蠻北狄이라 한 것처럼 중세 일본의 지배계급도 자기를 중심에 놓고 통치력이 미치지 않는 곳에 사는, 잘 알지 못하는 집단을 오랑캐로 규정했다. 그리하여 홋카이도의 아이누족은 일본인에 의해 아주 오랫동안 미개인 혹은 야만인으로 낙인찍혔다.

하지만 아이누는 독립된 고유 시스템으로 돌아가는 사회를 꾸리며 살았다. 정치는 발달하지 못했고 문화는 폐쇄적이었지만, 경제는 개방적이었다. 아이누는 바다 건너에 있는 도호쿠 지방을 오가며 자유로운 무역 활동을 펼쳤다.

벼농사가 거의 불가능한 땅에 사는 아이누는 도호쿠의 쌀이 필요했다. 무엇으로 쌀을 얻을 수 있을까. 아이누에게는 연어가 있었다. 그들은 연어를 주고 쌀을 받았다. 물물교환의 주력품은 연어를 가공한 가라자케干鮭였다. 가라자케는 천장에 매달아 놓고 수개월 동안 훈연한 연어다.

아이누의 거래 상대는 도호쿠의 토착 상인들이었는데, 도쿠가와 막부가 들어서면서 비즈니스 파트너가 바뀐다. 마쓰마에번이다. 도호쿠의 호족이 막부에 충성을 맹세하고 마쓰마에씨로 개명해 영주 자격을 얻으면서 마쓰마에번을 열었다. 홋카이도 최남단에 성을 짓고 홋카이도 지역을 지배했다. 마쓰마에번의 등장은 아이누의 물물교환 경제에 통제가 가해진다는 것을 뜻했다. 결국 마쓰마에번은 아이누의 생활 전반까지 간섭했다.

홋카이도와 도호쿠는 변변한 소출을 내는 농지가 희소했다. 달리 말하면 마쓰마에번이 거느리는 관리와 무사들에게 녹봉으로 나눠줄 농지가 부족했다. 그래서 마쓰마에번은 하급 무사에게는 쌀 대신 돈으로 녹봉을 지급했고, 상급 무사인 가신들에게는 아키나이바商場라는 독특한 영지를 하사했다. 아키나이바는 일종의 무역시장으로 아이누와 물품을 거래하는 장소다. 아키나이바를 소유하고 운영권을 갖는다는 것은 아이누와의 상거래를 독점한다는 뜻이다. 아키나이바는 척박한 땅인 마쓰마에번에서만 보이는 형태인데, 농지와 쌀을 녹봉으로 지급하는 에도시대의 석고제를 깨는 특수한 사례로 여겨진다.

마쓰마에번 관리들은 아키나이바를 운영해서 식솔을 먹여 살렸고, 수완을 발휘하면 적잖은 부를 쌓을 수 있었다. 아키나이바에서는 본토에서 건너온 쌀과 아이누 원주민이 잡아 온 해산물이 주로 거래됐다. 아이누에게 마쓰마에번의 등장이나 아키나이바의 설치는 좋지 않은 뉴스였다. 독점무역이 초래하는 폐해가 고스란히 표출됐기 때문이다.

마쓰마에번과 아키나이바 소유주들은 연어와 쌀의 교역조건을 단숨에 바꿨다. 쌀 한 가마니당 가라자케 100마리. 예전과 비교했을 때 아이누 측에 매우 불리한 조건이었다. 홋카이도가 불모의 땅인 점을 악용한 마쓰마에번의 억지였다. 하청업체에게 단가를 후려치는 원청업체의 횡포나 다름없는 상황이 벌어진 것이다. 아이누는 울며 겨자 먹기로 응하는 수밖에 없었다. 아이누의 불만을 억누르기 위해 마쓰마에번은 아이누 부락 어린이들을 볼모로 잡아두었다. 착취나 다름없는 불평등한 무역이 홋카이도를 지배했다.

시간이 흐르면서 아이누의 불만과 고통은 눈덩이처럼 쌓였다. 아이누는 러시아인 등 다른 파트너와 거래를 텄지만, 그마저

마쓰마에번의 방해로 차단당했다. 끓어오르던 울분이 마침내 폭발했다. 부족장인 샤쿠샤인의 지휘 아래 여러 부족이 연합해 마쓰마에번 타도를 위해 봉기를 일으켰다. 무장한 아이누의 민초들은 무역선 등을 습격하고, 마쓰마에번의 병력 수백 명을 살해했다.

막부는 홋카이도로 지원군을 파견했다. 막부군과 마쓰마에군의 진압으로 아이누 군대는 서서히 무너졌다. 화살로 총포에 맞서는 것은 역부족. 아이누의 화력은 달렸고, 아이누 부족 간의 결속력은 강하지 않았다. 여러 부락이 차례차례 전열에서 이탈했다. 하지만 샤쿠샤인이 이끄는 부족만은 무릎을 꿇지 않고 결사항전했다.

싸움이 장기화하자 막부는 마쓰마에번을 압박했다. 자칫하다가는 영주 자격 박탈이라는 처벌을 받을지 모르는 상황에 내몰린 마쓰마에번은 비겁한 계략을 짰다. 화친을 제안해 우두머리 샤쿠샤인을 자기 진영으로 불러들여 살해한다는 위계술이었다. 위계술은 통했다. 샤쿠샤인은 상대방이 내미는 손을 믿고 적지로 건너갔다. 하지만 그 손은 비수를 감춰두고 있었다. 샤쿠샤인은 성대한 환영 만찬자리에서 잠깐 방심한 틈에 살해당했다.

샤쿠샤인의 죽음 이후 아이누 부족들은 모래알이 됐고, 마쓰마에번의 아이누 지배력은 더 막강해졌다. 경제뿐만 아니라 정치적으로도 아이누의 목을 꽉 틀어쥐었다. 이때부터 선주민 아이누가 이주민 와진和人에게 복속되는 홋카이도 수난사가 본격화한다.

연어의 측면에서 말하면 더 많은 가라자케가 혼슈로 이송됐고, 아이누 손에 들어가는 연어는 부쩍 줄어드는 상황이 뿌리내리기 시작했다.

혼슈로 건너가는 연어는 가라자케에서 점차 시오자케塩鮭(혹은 시오비키자케塩引き鮭)로 바뀐다. 소금에 푹 재운 후 씻어 그늘에 말린 연어가 시오자케다. 소금 생산력과 염장 기법이 발달했기에 가능한 변화였다. 시오자케는 보존성도 뛰어나지만 연어의 맛을 한층 업그레이드했다. 18세기에 이미 홋카이도 연어는 에도뿐 아니라 오사카까지 진출해서 지배층의 혀를 사로잡았다. 시오자케는 특히 귀족, 호족의 술안주로 애용됐다.

일본에서 가장 유명한 생선 그림은 다카하시 유이치高橋由一(1828~1898)의 작품 〈연어鮭〉일 것이다. 포를 뜨듯 살점이 4분의 1 정도 잘려 나가 주황색 속살이 선연한 연어가 새끼줄에 매달려 있다. 강렬한 리얼리티를 뿜어내는 이 정물화는 일본의 중요문화재로 등록돼 있다. 그림 〈연어〉 속의 연어가 바로 시오자케다. 시오자케는 부엌이나 창고에 걸어두고 필요할 때마다 칼로 살점을 조금씩 도려내 먹었다.

연어는 에도시대 이전부터 일본 사람의 입맛을 홀렸지만, 그 맛을 아는 사람은 귀족층을 위시한 지배계급에 국한됐다. 일반 백성이 연어를 먹기 시작한 것은 에도시대 말기부터다. 소금을 구하기가 쉬워져 소금값이 싸지자 비로소 시오자케가 백성의 밥상에도 오른 것이다. 그 후로 불에 바짝 구운 시오자케 구이는 일본인의 밥도둑이 됐다.

한겨울부터 이듬해 초여름까지 해풍을 맞혀가며 발효·건조시킨 사케노사카비타시鮭の酒びたし. 육포 같은 때깔에 식감은 존득존득 혀에 부드럽게 감긴다. 숙성한 반건조 생선 특유의 향이 진하다고 한다. 얇게 저민 살점에 니혼슈를 두서너 방울 뿌린 다음 생강채를 얹어 먹는다. 술과 안주가 혼연일체 된 음식이다. 혼슈 북서부 니가타현 무라카미시村上市의 명산물로 시오자케에서 분화한 연어 가공품이다.

니가타현 북부 해안도시 무라카미시로 흘러가는 미오모테강三面川은 연어의 강으로 유명하다. 해마다 때가 되면 연어가 미오모테강을 거슬러 올랐다. 그런데 무슨 까닭인지 한동안 회귀하는 연어 개체수가 확 줄어버렸다. 18세기 중엽의 일이다. 연어 판매 수입이 재정의 축이었던 무라카미번은 곤궁에 처했다. 이때 번 소속 무사 아오토 부헤이지青砥武平治라는 자가 해마다 연어를 안정적으로 어획할 수 있는 방법을 상부에 아뢴다. 강에 지류를 만들어 본류는 연어가 다니게 하고, 지류는 연어 떼가 들어오면 대나무살로 양쪽에서 가두는 방식이었다.

가둬놓은 연어는 산란하기를 기다렸다 포획하고, 수정된 알은 부화해서 어느 정도 클 때까지 가둬놓는다. 연어가 바다로 돌아갈 때쯤 대나무살 문을 연다. 미오모테강 중류에는 그때 만든 두

개의 인공 지류가 남아 있다. 이 지류를 만드는 데 30년이 소모됐다고 한다. 지류에 연어를 가둬 부화, 번식, 방류, 어획을 통제해 자원을 관리한다는 발상은 연어의 회귀성을 모르면 불가능하다. 부헤이지는 일본에서 가장 먼저 연어의 회귀성을 발견한 인물로 기록된다. 1878년에는 무라카미에 연어 인공부화장이 설치됐다. 세계 최초라고 한다.

연어의 인공부화 기법을 알아낸 무라카미는 연어 산지로 우뚝 섰다. 연어는 무라카미의 주력 상품이 되어 무라카미 사람들을 먹여 살렸다. 무라카미에는 지금도 연어에 대한 고마움이 배어 있다. 무라카미 사람들은 정월 명절에 먹기 위해 겨울이 찾아오면 시오자케를 만들어 처마 밑에 쭉 걸어놓는 풍습이 수백 년 동안 이어져 오고 있다. 그런데 이 시오자케의 상태가 다른 지방의 그것과 조금 다르다. 염장하려면 내장을 빼내기 위해 배를 완전히 가르기 마련인데, 무라카미에서는 배를 완전히 가르지 않고 일부분을 붙은 채 남겨둔다. 그 이유가 뭉클하다. 생명의 은인인 연어의 배를 어찌 가르랴. 즉 고마움을 잊지 않겠다는 표현이다.

다시 아이누로 돌아가자. 아이누는 사케토바鮭とば라는 연어포를 즐겨 먹었다. 살점을 게맛살 두께로 기다랗게 잘라 바닷물에 씻은 후 해풍에 말린다. 무라카미의 사케노사카비타시는 아이누의 사케토바에서 힌트를 얻은 것이 아닐까.

생선치고는 거구에다 기름지고 부드러운 살코기. 포동포동

살 오른 연어는 흠잡을 데 없는 단백질원이다. 오죽하면 '바다의 소고기'라고 할까. 연어는 먼 옛날부터 아이누족의 고기였으며 일용할 양식이었다. 아이누어로 연어는 카무이체프, 즉 '신의 물고기'라는 뜻이다. '위로 오르다'라는 뜻의 라틴어 살리레salire에서 파생된 영어 새먼salmon보다 몇 곱절 심원한 말이다.

연어의 일본어 발음 '사케'가 아이누어 '샤켄베'에서 왔다는 설도 있다. 샤켄베는 '여름 먹거리'라는 뜻이다.

알다시피 연어는 알을 낳을 때가 되면 멀고 먼 바닷길을 헤엄쳐 태어난 강으로 되돌아온다. 가을이 오면 홋카이도 서편 하구는 회귀하는 연어 떼로 장관을 이룬다. 그래서 일본인은 연어를 '가을의 맛', 즉 아키아지秋味라고도 한다. 야마가타현, 아키타현 등 혼슈 북서 지방 강으로도 연어가 올라오지만, 시중에 판매되는 양으로 따지면 20%에 불과하다. 연어는 오롯이 홋카이도 아이누의 물고기였다.

아이누는 연어를 필요한 만큼만 잡았다. 다음번 연어의 회귀 시즌까지 먹을 분량에 맞춰 딱 그만큼만 잡아서 비축했다. 겨울철에는 눈더미 속이 연어를 보관하는 냉동고였다. 자연 냉동된 연어를 필요할 때마다 조금씩 꺼내 먹었다. 얼어 있는 연어를 얇게 잘라 입안에 넣으면 살이 사르르 녹는다. 요즘은 우리나라 가정에서도 얇게 뜬 연어를 살짝 얼려 먹기도 하는데, 그 원형은 아이누에게 있다. '루이베'가 그것이다.

연어는 몸속에 기생충을 품고 있다. 연어를 한 번 얼리면 기생충은 얼어 죽는다. 얼린 다음 날로 먹으면 탈이 없다. 아이누들이 이 사실을 알았는지 어땠는지 모르지만, 루이베는 꽤 현명한 연어 섭취 방법이다. 하지만 아이누에게 루이베는 지극히 당연한 음식이었다. 차디찬 북국北國의 자연이 손수 만들어 대령한 음식이랄까. 따로 냉동할 필요가 없었다.

그런데 '얼린 연어회'라는 루이베의 정의는 엄밀히 따지면 틀렸다. 아이누 언어에서 루이베는 원래 '녹은 음식'이란 뜻이다. 아이누는 겨울철에 연어를 눈 속에 보관했다. 실온 상태에서 꽁꽁 언 연어가 '날것'이라면, 먹기 위해 인위적으로 해동한 연어는 어느 정도 '가공된 것'이다. 아이누 입장에서는 '요리된 것'이다. 그러니 현대인과 아이누의 루이베 개념은 정반대다. 똑같은 음식도 그 음식이 나고 자라는 환경과 시대에 따라 전혀 다른 개념으로 받아들여지는 사례 가운데 하나라고 할 수 있다.

아이누는 눈이 없는 계절에도 연어를 즐겨 먹었다. 봄이 오기 전 많은 연어를 천장에 걸어두고 말렸다. 취식 공간에서 땔감이 타면서 나는 연기가 배 저절로 훈연이 됐다. 나중에 일본인이 훈연법을 깨우쳐 연어요리를 업그레이드하지만, 아이누는 그들보다 훨씬 앞서 훈제 연어의 맛을 즐겼다.

19세기 초 간행된 어느 무사의 수필집 『가게쓰소시花月草紙』에 이런 이야기 한 토막이 실려 있다.

에도시대에 어떤 아이누에게 밥을 주었더니 좋아라 하면서 먹었지만, 밥알을 여기저기 마구 흘렸다. 이를 본 일본인이 "쌀은 생명을 지켜주는 중요한 주식이거늘 왜 조심해서 먹지 않느냐"라며 나무랐다. 그러자 그 아이누는 "우리의 주식은 연어라는 물고기입니다. 연어야말로 우리 아이누의 생명을 지켜주는 양식으로 가장 중요하지요"라고 대꾸했다. 움찔한 일본인이 아이누의 발을 내려다보니 연어 껍질로 만든 신발을 신고 있는 것이 아닌가. '옳다구나, 이놈!' 하면서 아이누인을 타박했다. "아니, 생명의 양식이라면서 신발로 삼는다는 게 말이 되느냐?" 이에 아이누는 "나리가 신고 있는 짚신(와라지)草鞋은 벼에서 나온 풀로 만든 게 아닌지요?"라고 되물었다. 이 말에 일본인은 일언반구 못하고 반성했다는 투로 이야기는 끝을 맺는다. 아이누는 연어 껍질로 '케리'라는 신발을 만들어 신었고, 옷가지며 가방 등 각종 생필품을 만들어 썼다. 미개함을 판정하는 기준은 절대적으로 존재하는 것이 아니라 상대적이라는 깨우침을 주는 일화다. 문화상대주의다.

이 수필집의 저자는 다이묘, 즉 한 지역을 다스린 영주다. 후세 사람들은 그를 명군으로 기억한단다. 수긍이 간다. 그 시절에 문화상대주의를 깨쳤으니. 어쨌거나 이 고사는 연어가 아이누에게 어떤 존재인지 간명하게 알려준다.

벼가 흉작이면 굶어 죽는 백성이 는다. 같은 이치로 연어가 줄어들면 굶어 죽는 아이누가 생긴다. 삿포로시와 인접한 이시카리시石狩市. 해안 도시로 옛날 옛적에 아이누 부락들이 옹기종기 모여 살던 땅이다. 1724년 이시카리에서 아이누 200여 명이 굶어 죽는 일이 발생했다. 원인은 이시카리강으로 연어가 돌아오지 않았던 것. 연어는 아이누의 밥줄이자 생명줄이었다.

홋카이도를 대표하는 향토요리로 이시카리나베石狩鍋가 손꼽힌다. 미소된장을 베이스로 두부와 배추, 무, 양파 등 채소를 듬뿍 넣고 팔팔 끓인다. 주인공은 큼직하게 썰어 넣는 연어살이다. 에조가 홋카이도로 개칭될 무렵 이시카리의 대중식당에서 인기를 끌며 퍼져 나간 전골요리다. 아이누는 전통적으로 연어를 말리거나 날로 먹었다. 염장 가공이란 것에는 깜깜했다. 하물며 전골요리라니. 전골요리만큼 아이누에게 낯설고 불편한 일제강점기가 닥쳐왔다. 연어요리도 변화의 물결을 거스를 수 없었다.

중세시대의 최고 권문세가 다이라平 가문, 불교 경전 법화경, 다시마와 더불어 '버릴 것이 없는 네 가지'에 든 연어. 그 위세는 꺾인 적이 없다. 오히려 주가가 더 올랐다. 이제 연어는 일본의 국민 생선이다. 간토 지역의 설맞이 음식에서 일상적으로 가장 많이 먹는 생선으로 군림한다. 남녀노소 큰 편차 없이 골고루 사랑받는다. 연어로 만드는 요리의 가짓수는 100년 전 아이누가 보면 놀라 자빠질 정도로 많다.

생선을 크게 흰살 생선인 백신어白身魚와 붉은 살 생선인 적신어赤身魚로 나누기도 한다. 도미는 백신어이고, 고등어는 적신어다. 그럼 연어는 어느 쪽에 속할까. 살이 적황색이라 불그스름한 빛을 띠는 적신어로 분류될 것 같지만, 아니다. 연어는 백신어다. 백신어와 적신어를 나누는 기준은 살색이 아니라 혈액 속 헤모글로빈 수치다. 그 수치가 높으면 고등어와 참치처럼 살이 붉은색을 띠고, 낮으면 하얗게 보인다. 피가 다른 것이다. 그런데 자연산 연어의 적황색은 피 때문이 아니라 먹이가 그 원인이다. 연어는 주로 크릴새우를 먹고 사는데, 새우 속의 카로티노이드 성분이 몸속에 쌓여 살점이 적황색을 띤다. 연어와 동족인 송어가 적황색인 것도 마찬가지 이유다. 시중에서 만나는 연어살은 적황색이라기보다 오렌지색에 가깝다.

우리가 스시집이나 대형마트 진열대에서 마주치는 연어살은 십중팔구 양식 연어다. 일본 역시 마찬가지다. 양식 연어도 크릴새우를 먹고 컸을까. 아니다. 비싸고 구하기 어려운 크릴새우를 꾸준히 조달할 순 없다. 양식 연어는 먹으면 살이 오렌지색으로 변하는 특수 사료를 먹고 자란다.

일본에서는 연어를 지칭하는 용어가 두 가지다. 하나는 사케サケ, 다른 하나는 사몬サーモン. 사케는 한자어 발음이고, 사몬은 영어 salmon의 일본식 외래어 발음이다. 일본인은 둘을 엄연히 구분해서 쓴다. 사케는 강과 바다를 오가는 자연산 연어를, 사몬은 육지에서 민물로 키운 양식산 언어를 뜻한다. 식당에서 사 먹는 초밥과 회, 그리고 마트에서 파는 연어살은 모두 양식산 '사몬'으로

불린다. 사몬은 날것으로 먹을 수 있지만, 사케는 반드시 익혀 먹어야 한다. 자연산인 사케에는 기생충 '아니사키스'가 기생하기 때문이다. 사케를 날로 먹어 기생충이 인체로 들어가면 식중독을 유발한다. 일본 현지 식당에 가서 연어회를 주문할 때 "사케 좀 주세요"라고 말하면 알아듣기는 하지만 부자연스러운 표현이다. 일본 대중이 연어를 초밥이나 사시미로 먹기 시작한 건 얼마 되지 않았다. 1970년대 연어 왕국 노르웨이의 연어 양식업자들이 일본에 양식 연어를 소개하고 들여오면서부터 먹기 시작했다.

연어초밥보다 훨씬 앞서 대중화한 것은 연어 통조림이다. 일본인이 연어와 친숙해진 계기는 통조림이라는 것이 대체적인 시각이다. 일본의 첫 생선 통조림은 1871년 나가사키에서 생산된 이와시 통조림이지만, 본격적인 역사는 1877년 탄생한 연어 통조림에서 시작됐다. 통조림의 발명은 식문화의 혁명이었다. 연어 통조림 역시 연어요리의 혁명을 일으켰다.

연어 통조림의 탄생은 전쟁이라는 일본 근대사의 대사건이 매개돼 있다. 전쟁이 없었다면 연어와 통조림의 만남이 한참 늦어졌을지 모른다. 전쟁과 군대는 시대의 첨단 기술을 낳는 산란장이다. 원자폭탄, 인터넷이 대표적 사례다. 통조림 역시 전쟁과 군대의 필요에 의해 태어났다. 어떻게 하면 야전 군인이 휴대하기 편하고 상하지 않는 재료로 악조건에서도 간편하게 조리해 먹을 수 있을까. 그런 필요에 맞춰 고안된 것이다.

통조림의 역사는 프랑스에서 출발한다. 나폴레옹 군대는 신선한 식재료를 확보하는 데 애를 먹었다. 이를 해결하기 위해 프랑스는 거액의 포상금을 걸고 군용식량 보존 방법을 공모했다. 1759년의 일이다. 그로부터 5년 후 니콜라 아페르Nicolas Appert라는 사람이 용기에 음식을 밀폐해 가열시킨 통조림 기술을 개발했다. 통조림의 시초다. 아페르의 통조림 용기는 유리병이었다.

첫 양철 통조림은 영국인인 피터 듀랜드Peter Durand가 1810년 개발했다. 통조림 제조기술은 영국에서 미국으로 건너가 남북전쟁에서 맹활약했다. 그 후 수요가 폭발적으로 늘어났다.

메이지시대에 홋카이도 개척이 거국적으로 시행됐다. 이시카리에 통조림 공장을 짓는 일도 그 일환이었다. 일본에서 통조림 제조에 성공한 지 채 7년이 안 된 1877년 이시카리에 첫 통조림 공장이 세워졌다. 통조림의 주종은 이시카리강의 연어였다. 초창기 통조림 생산은 군수산업에 속했다. 청일전쟁, 러일전쟁에서 연어 통조림은 일본군의 야전식량으로 쓰였다.

연어 통조림은 1910년부터 소비자용으로 판매되기 시작했다. 그 유명한 아케보노 연어 통조림은 이즈음 출시됐다. 아케보노 통조림은 전시 일본 시민의 비상식량 역할을 톡톡히 했다. 또 지진, 홍수 피해를 대비한 비상식량이기도 했다. 여유가 조금 있으면 만일의 사태를 대비해 집 안에 아케보노 통조림을 쟁여두고는 했다.

당연히 군대도 아케보노 통조림을 일선 부대에 공급했다. 통조림 수요가 늘자 연어잡이 배는 캄차카반도 해역 등 먼바다까지 출어했다. 그런데 대량으로 잡은 연어를 육지까지 가져와 가공하려니 선도 유지가 여의치 않았다. 산지 직가공이 최선이었다. 그래서 아예 바다 위에 통조림 공장을 세우기로 했다. 이른바 모선母船식 어업이다. 어선들은 연어를 잡아 모선에 선적하고, 생산설비를 갖춘 모선은 즉석에서 연어 통조림을 만들어 냈다. 모선식 어업은 1920년대 후반부터 본격화해 통조림 생산을 비약적으로 끌어올렸다.

모선식 어업은 노동 학대가 심했다. 고향에 가기는커녕 수개월 혹은 수년간 망망대해에서 생활하기란 여간 고역이 아니었을 것이다. 일하는 환경도 열악해 노동 스트레스가 이만저만이 아니었다. 당연히 불만이 터져 나오고 노사 마찰이 생긴다. 감독자는 노동자를 통제하기 위해 폭언과 구타를 남발했다. 가혹행위가 만성화됐다. 한때 우리나라에서도 새우잡이 배의 노동 착취와 학대가 사회 문제화됐는데, 새우잡이 배 역시 모선식 어업의 전형이다.

모선식 어업은 20세기 초 일본 원근해에서 성행했다. 혹독한 노동환경과 인권 말살이 신문으로 보도돼 충격을 주기도 했다. 고바야시 다키지小林多喜二가 1929년 발표한 소설 『게공선蟹工船』은 그런 보도를 바탕으로 창작됐다. 소설의 무대는 연어가 아닌 대게를 잡고 가공하는 모선이었지만, 당시 일본 사회에 큰 반향을 일으켰다. 좌우지간 연어 통조림 산업은 하층 노동자들의 고난을 디딤돌 삼아 성장했다.

연어 통조림이 일본 대중에게 한창 사랑받을 때인 1942년 연어의 모든 것을 망라한 연어 백과사전급 책이 출간됐다. 바로 『사케마스슈엔鮭鱒聚苑』. 이 책에는 연어 잡는 법, 요리법, 생태, 민담, 구비전승된 이야기 등을 연어 사진과 함께 실었는데, 그 후 출간된 웬만한 연어 전문서적 대여섯 권 분량의 지식을 담고 있다고 한다. 이 책에는 두 가지 흥미로운 요소가 있다. 하나는 장정, 즉 책의 만듦새다. 잘 말린 연어 껍질을 책등으로 썼다. 독특한 장정은 이 책의 희귀성을 더 높여 인터넷 옥션에서 20만 엔 안팎에 거래된다. 또 다른 흥미 포인트는 저자들의 이력이다. 저자가 두 명인데, 한 명은 식품회사 사장이고, 나머지 한 명은 통조림용 깡통 제조업체 종사자였다. 연어가 한창 뜰 때라서 가능한 현상이었을 것이다.

연어 통조림의 전성기는 1960년대까지였다. 1970년대에는 호적수가 등장했기 때문이다. 바로 참치 통조림이다. 1950년대 이후로 해마다 연어 어획량이 하락곡선을 그리는 중이었다. 마침 참치 통조림이 나타나 단기간에 연어를 따라잡았다. 참치 통조림의 재료인 다랑어류는 연어와 달리 세계 어느 대양에서도 잡힌다는 장점도 있었다.

앞에서 연어를 '아키아지(가을 맛)'라고 부른다고 했는데, 이

것은 아이누의 '추크체프(가을 물고기)'를 일본식으로 옮긴 말이다. 아이누는 여름 물고기를 가리킬 때는 '샤켄베' 혹은 '시페'라고 했다. 전자는 '여름 음식'이고, 후자는 '진짜 음식'으로 해석된다. 연어 '사케' 발음은 이 단어들에서 유래했다는 것이 학계의 통설이다.

그런데 한 가지 짚고 넘어가야 할 사실이 있다. 아이누의 '여름 먹거리'는 연어가 아니라 송어(마스)鱒였다. 그들은 가을에는 연어를 주로 먹었고, 여름에는 송어를 주식으로 했다. 하지만 타지에서 건너온 일본인은 연어와 송어를 좀처럼 구분하지 못했다. 동일한 종류로 봤다. 아마 생김새와 속살의 색깔이 흡사하기 때문이었을 것이다. 그러다 보니 엉뚱하게도 샤켄베가 연어가 돼버렸다. 초창기 일본에서 만들어진 연어 통조림 재료는 대부분 송어였다. 아닌 게 아니라 연어 종류는 한두 가지가 아니다. 아이누 역시 일본 본토에서 밴댕이와 전어를 봤다면, 두 생선을 동일한 종류로 인식했을 가능성이 크다.

송어와 연어는 모두 연어과에 속한다. 송어는 민물에서만 사는 습성이 있고, 연어는 바다에서도 사는 습성이 있다는 것이 주요한 차이이다.

사케의 한자어는 '鮭(규)'다. 규鮭는 옛날 중국에서는 복어를 가리켰다. 사케가 샤켄베에서 유래했다는 설이 있다고 앞에서 말한 바 있다. 샤켄베 어원설을 주장한 인물은 긴다이치 교스케金田

一京助라는 언어학자다. 일본인치고는 성이 독특해 만화 『소년탐정 김전일』 주인공 이름의 모티브가 되기도 한 교스케는 아이누 언어 연구에 한 획을 그었다.

그가 1918년 홋카이도로 현장 조사를 나갔을 때 한 노파로부터 구비전승되는 아이누의 서사시를 듣는다. 그는 서사시의 가치를 알아보고 채록하려 한다. 그 노파에게는 총명한 손녀가 있었다. 이름은 지리 유키에知里幸恵. 당시 15세였던 소녀는 교스케의 작업을 돕기로 한다. 암기력이 뛰어난 유키에는 할머니가 암송하는 서사시를 듣고 머릿속에 아로새기기 시작했다. 17세 되던 해 유키에는 교스케와 함께 도쿄로 건너간다. 교스케의 아이누어 연구와 서사시 기록을 돕기 위해서였다. 그녀는 외워둔 서사시 구절을 머릿속에서 하나씩 끄집어내 알파벳으로 꼼꼼히 옮겨 적었다. 그 텍스트를 교스케가 일본어로 해석했다. 1922년 9월 어느 날 유키에는 모든 작업을 끝냈다. 그 결과물이 『아이누 신요집アイヌ神謡集』이다. 그런데 애석하게도 작업을 끝낸 날 밤 유키에는 심장발작을 일으켜 갑자기 세상을 등진다.

『아이누 신요집』은 기록물이 없는 아이누족의 글과 문화를 이해하는 데 있어 더없이 소중한 자료다. 그 속에 담긴 연어에 대한 묘사 한 토막을 보자.

연어들은 맑은 바람, 맑은 물에

> 가벼이 기운을 되찾고, 한바탕 떠들썩하게 웃고 노닐며
> 연신 첨벙첨벙 올라왔지

연어살의 적황색, 즉 잘 익은 단감 빛깔의 비밀은 먹잇감에 있다. 산란 직전 멀고 험난한 귀향을 준비하는 연어는 크릴 같은 작은 새우를 닥치는 대로 먹는다. 체력을 비축하기 위함인데, 새우 특유의 카로티노이드 성분이 연어 몸으로 흠뻑 스며들어 연어살이 적황색으로 변한다. 랍스터와 게도 카로티노이드 계열의 바다생물이다.

연어만의 독특한 풍미의 비밀이 바로 이 카로티노이드 성분에서 나온다고 한다. 이것은 과학적 설명이다. 그런데 검증은 안 됐지만 과학보다 더 설득력 있는 해석이 하나 있다. 연어가 맛있는 까닭은 거친 역류를 가르며 첨벙첨벙 멀고 먼 물길을 헤쳐 오면서 살덩어리에 탄력이 붙었기 때문이라는 설명이다. 문학적으로 MSG를 쳐서 표현하면 역경을 이겨낸 자의 당당함이 몸에 배어 있기 때문이랄까.

좋은 맛이란 분자구조나 화학식으로 규명되는 영역이 아니다. 좋은 맛이란 먹고 마시는 시간과 경험이 무수히 축적되고 나서 어느 한순간 번뜩 혀를 때리고 온몸을 흔드는 그런 울림이다. 이 울림의 순간은 평생을 간다. 사는 동안 결코 지워지지 않는다. 각인된다. 그래서 맛의 호불호는 과학으로 규명되는 것이 아니라 오

감과 경험으로 체득하는 것이라고들 한다.

홋카이도 토박이나 아이누 후손들에게 연어가 맛있는 이유를 묻는다면, 아마 열에 아홉은 과학적인 카로티노이드설보다 집단 경험적인 역경 극복설로 기울지 않을까. 척박한 땅에서 살아온 그들 조상이 얼마나 가혹한 역사를 지나왔으며, 어떤 역경을 이겨냈는지 잘 아니까 말이다. 연어의 맛에는 아이누의 아픈 역사가 각인돼 있다.

鯨 | 고래 |

그들은 왜 고래에 집착하는가, 허황된 맛

국제사회가 "하지 마라, 하지 마라" 하는 데도 일본이 들은 척 만척 하는 것이 있다. 바로 고래잡이다.

2019년 7월, 일본은 오랫동안 묶여 있던 상업포경을 재개했다. 상업포경이란 공해상에서 자유롭게 고래를 잡는 행위를 말한다. 1988년 중단된 후 31년 만이었다. 그 이전까지 일본 정부는 조사포경이라는 명목하에 고래 개체수와 종류를 제한한 포경을 실시해 왔다. 그러면서 끊임없이 상업포경의 기회를 노렸다. 멸종위기종 고래를 보호해야 한다는 국제사회와 환경단체의 목소리는 듣는 둥 마는 둥 했다. 일본은 2018년 국제포경위원회IWC를 탈퇴했다. 상업포경으로 나아가기 위한 신호탄이었다.

사실 고래잡이는 일본의 식량 확보에 아무런 보탬이 안 된다. 2015년 기준으로 일본인 1인당 연간 고래고기 소비량은 30그램에 불과하다. 중장년층 일부를 제외하고는 고래고기를 먹는 인구도 갈수록 줄고 있다. 각종 여론조사에 따르면, "고래고기를 먹어본 적이 있다"라고 응답한 일본 국민은 고작 5% 안팎이다.

식품학 차원에서도 고래는 매력이 없다. 소, 돼지, 닭, 생선 등 단백질원은 널렸다. 게다가 고래고기가 누구나 즐길 만한 맛을 주는 것도 아니다. 굳이 고래고기를 먹을 이유가 없다. 그런데 왜 일본은 세계인의 곱잖은 시선을 무시하고 고래잡이를 계속 고집하는 것일까.

2018년 12월 일본 관방장관의 상업포경 재개 담화문은 그 물음에 대한 정부 차원의 대답이다. 담화문은 "일본 여러 지역이 오래전부터 포경에 종사함으로써 지역이 유지됐으며, 고래를 이용한 문화와 생활을 쌓아왔다"라고 했다. 말하자면 '지켜야 할 고유 전통이자 생활 방편'이라는 뜻인데, 일본 내 포경 찬성론자의 논리도 정부 담화문의 입장을 크게 벗어나지 않는다. 구체적으로 들어가면 몇 가지 논거를 든다. 과연 타당한 소리인지 한번 뜯어보자.

첫 번째는, 일본 근대사에서 고래는 은혜로운 존재라는 주장이다.

1947년 2월 고래고기 약 340톤을 실은 제32 반슈마루播州丸가 도쿄 쓰키지항에 입항했을 때 일본인들은 감격에 겨워 환호성을 질렀다. 남극해 포경이 재개된 후 처음 거둔 고래 수확이었다. 일본인이 환호한 이유가 있었다. 고래고기는 패전 후 극심한 식량난에 허덕이는 일본인을 구해줄 구세주였던 것이다. 일본은 맥아

더 미군정 사령관에게 식량난 해소를 위해 남극해 포경을 허락해 달라고 요청했고, 맥아더는 수용했다. 곧이어 미국 해군 유조선을 개조한 포경선 두 척이 남극으로 떠났다. 일본은 1930년대 중반부터 남극해에 포경선을 파견했으나 패전과 함께 전면 중단된 상태였다.

70대 이상 일본 고령층은 학교에서 점심시간에 고래고기를 먹은 기억이 새록새록하다. 고래고기는 학교 급식의 주메뉴였다. 어린이 입맛에 맞도록 다양한 고래고기 음식이 개발됐다. 켄터키 프라이드치킨처럼 튀겨 낸 고래요리 다쓰타아게竜田揚げ는 선풍적인 인기를 끌었다. 가격도 비교적 저렴해 일반 가정에서도 자주 요리해 먹었다. 육류가 턱없이 모자라던 시절 고래고기는 육류의 대체재로 자리 잡았다. 국민의 영양을 책임졌다. 고래고기 소비량은 1965년 20만 3000톤으로 정점을 찍을 때까지 꾸준히 늘었다. 연간 3000~4000톤까지 소비되는 최근과 비교하면 어마어마한 양이다.

고래고기는 굶주림의 시대를 일본 서민들이 무사히 건너도록 도와주었다. 경제 성장기에도 한동안 사랑받았다. 그래서 전후 세대에게 고래고기는 고마운 존재이자 향수를 불러일으키는 추억의 맛이다. 힘겨운 시절을 함께한 고래고기는 소고기나 닭고기가 결코 대체할 수 없는 요소를 지닌 식재료다.

고래고기는 명절 음식, 축제 음식으로 면면히 이어져 오고 있다. 하지만 이런 풍습은 옛날부터 고래잡이를 업으로 삼았던 어촌이나 고래산업과 연관 있는 지역에 국한돼 있다. 고래 소비는 몇몇 특정한 지역, 특정한 연령층의 식문화에 머물러 있다. 고래고기를 국민 음식이라 주장하는 일본인이 여전히 있다. 하지만 그런 주장은 지금의 현실과 동떨어진 흰소리다.

두 번째는, 고래잡이는 지켜야 할 전통문화라는 주장이다.

기원전 4세기 해안 유적지에서 고래잡이 도구가 발견되는 등 일본의 고래잡이 역사는 오래됐다. 하지만 고대인이 잡아먹은 고래는 연안에 사는 돌고래였다. 간혹 몸집이 제법 큰 고래가 수중에 들어왔지만, 그것은 잡았다기보다 죽어서 해안가로 쓸려 온 고래였다. 이 횡재를 일본인들은 에비스라고 불렀다. 에비스는 바다가 주는 은혜를 가리키는 말이었다. 일부 지역에서는 고래의 별칭이 에비스다.

고래는 바다의 신성한 힘이 인간을 어여삐 여겨 선물로 주는 먹거리라는 믿음을 낳았다. 이른바 에비스 신앙이다. 고래잡이는 이런 전통적인 에비스 신앙을 바탕에 깔고 있다. 에비스 신앙을 받드는 어촌은 고래를 신성한 존재, 감사한 생명체로 받아들인다. 일본인은 고래를 단순히 상품 가치로만 매기는 서구인의 포경과 에비스 신앙에 뿌리를 둔 일본 전통 포경은 엄연히 다르다고 주장한다.

일본에서 포경업이라 불릴 만한 것은 16세기 말에 시작됐다. 작살, 그물, 어선의 개량에 힘입은 포경기술의 발전으로 고래잡이가 돈벌이 영역으로 들어왔다.

포경업을 이끈 선구적 동네는 와카야마현의 다이지太地다. 기록상 그물로 고래를 포획한 첫 사례가 다이지에서 이루어졌다. 다이지 어부들이 어선 여러 척을 이끌고 먼바다로 나가 고래를 몰아서 큰 그물로 포획해 해안으로 끌고 온 것이다. 17세기 말에 이루어진 고래의 그물 포획은 일본 포경 역사에서 일대 사건으로 기록된다.

그물 포획은 대규모 협업으로 이루어졌다. 육안으로 고래 출현을 확인하는 사람, 배를 조종하는 사람, 몰이꾼, 작살꾼, 그물꾼 등 업무가 세분화됐다. 조직적인 어업이었다. 이 어업 집단을 구지라구미鯨組라고 한다. 산더미 같은 고래를 육지로 끌어 올릴 때는 온 동네 주민이 팔을 걷어붙이고 나섰다. 고래 해체, 보존, 판매 등 모든 일거리를 어촌 사람들이 분업해서 처리했다. 고래잡이는 온 마을 주민이 달라붙는 공동작업이었다. 다이지는 고래로 흥하고, 고래로 망했다. 일본 포경 역사에서 다이지는 문화재급 마을이다. 일본인들은 다이지 고래잡이에서 공동체의 협업 정신 혹은 협동 정신을 추출해 낸 뒤 귀감으로 삼았다.

포경 찬성론자는 다이지를 포함한 에도시대 포경을 협동 정신을 길러주는 공동체 문화로 자리매김한다. 이런 종류의 일본식 협동 정신은 제국주의 시대에 일본 국민이 귀가 따갑도록 반복재생한 레퍼토리다.

"고래 한 마리로 일곱 마을이 흥겹다." 에도시대에 통용되던 구절이다. 고래는 훌륭한 식재료일 뿐만 아니라 또 다른 경제성이 무궁무진하다는 의미다. 고기와 연골은 식용으로, 수염과 이빨은 빗이나 비녀로, 껍질은 아교풀로, 힘줄은 활시위로, 지방질은 호롱불을 켜는 기름으로, 내장은 해충 제거용 비료로, 피는 약재로 썼다. 고래 배설물조차 버리지 않고 가공해 향료로 썼다.

고래는 물심양면에서 일본 공동체를 키워왔다. 그래서 일본인들은 고래잡이를 되살리는 일은 공동체 문화를 살리는 것과 맞닿아 있다고 봤다. 포경은 잔인한 행위이기 때문에 당장 그만둬야 한다는 반대론에 맞서 찬성론자는 포경이 일본 고유 전통문화니까 외국이 간섭할 사안이 아니라고 핏대를 세운다.

하지만 한 나라의 전통문화가 반드시 범세계적으로 가치 있는 것은 아니다. 그것이 전 세계적으로 보호되어야 할 생명체를 죽이는 일이라면 더더군다나 통용되기 어렵다. 전통을 방패막이로 멸종위기종을 잡겠다는 논리는 국수주의적 색채가 짙다. 보편타당한 주장이 못 된다.

1719년 조선통신사 일원으로 일본 땅을 밟은 유학자 신유한은 연회에서 고래고기를 접했다. 그는 그 자리에서 통역에게 이렇게 물었다.

"듣자 하니 일본에서는 큰 고래 한 마리를 잡으면 평생 부유하게 살 수 있다고 하던데, 정말 그런가?"

통역은 일부 인정하면서도 이렇게 말했다.

“바닷가 사는 사람들 중에 전문적으로 고래를 잡는 사람이 있어 사람들을 모으고 재물을 쏟아부어 그물과 함께 기구를 설치하지만, 그중 고래를 잡아 부자가 된 사람은 적습니다.”

고래 한 마리가 일곱 마을을 기쁘게 할 순 있을지 몰라도 고래 포획은 결코 녹록지 않다. 그 고래 한 마리를 잡으려고 어민들은 얼마나 많은 시간과 노동력을 쏟아부었을까. 포획이 허사일 때가 적지 않았을 텐데, 그때마다 어민들이 잃는 손해 또한 적지 않았을 것이다. 잡히면 대박이지만, 안 잡히면 대형 손실. 고래잡이는 투기성이 농후했다. 그런 조업을 전통이니, 공동체 결속이니 하는 말로 포장하지만, 내부를 보면 잇속이 만만찮다.

고래고기를 먹어본 신유한은 “별다른 맛을 못 느꼈다”라고 적었다.

세 번째는, 포경으로 비난받아야 할 나라는 일본이 아니라 다른 나라라는 주장이다. 미국 등 다른 포경 국가의 횡포가 더 심하다는 것이 그 근거다.

1853년 7월 초순 가나가와현 우라가浦賀 앞바다에 시커먼 초대형 범선이 나타나 일본 전역을 공포의 도가니로 몰아넣었다. 그 유명한 미국의 흑선黒船이었다. 흑선 함대의 출현은 쇄국주의 일본에게 개항 압박으로 받아들여졌다. 불과 10여 년 전 아편전쟁에서 진 청나라가 영국에 문호를 열어준 일이 오버랩됐을 것이다. 결국 흑선의 출현은 개국開國, 막부 정권의 붕괴, 서구를 흉내 낸 제국주의, 침략주의 등 일본 근대화의 기폭제가 된다.

대포로 무장한 흑선의 요구사항 중에는 미국 배들이 일본 근해를 지날 때 물과 연료를 조달할 수 있게 협조해 달라는 내용이 있었다. 항해 중 필요한 물과 연료를 일본 땅에서 조달하겠다는 의사 타진이었다. 물과 연료가 필요한 미국의 배들이란 군함이 아니라 포경선이었다.

초기 산업시대는 흔히 석탄과 증기의 시대라고 생각하기 쉽지만, 기름oil의 시대이기도 하다. 다만, 이 기름은 땅에서 뽑아낸 석유가 아니라 고래의 몸뚱이에서 뽑아낸 것이었다. 19세기 초반 공장의 기계들은 증기로 가동됐지만, 공장의 램프는 고래기름을 태워 불빛을 밝혔다. 일반 가정의 불빛도 고래기름에 의존했다. 또한 고래기름은 공장의 기계를 윤활하고 페인트를 유화하기도 했다. 오늘날 석유 못잖은 경제적 가치가 있었다. 자연스럽게 미국과 유럽의 산업국가를 중심으로 골드러시를 방불케 하는 웨일러시whale rush가 일어났다.

미국은 18세기 말부터 전 세계 바다를 누비는 최대의 포경 산업 국가였다. 19세기 초 미국 선적의 포경선은 7000척가량이었다. 당시 포경산업은 막대한 이익을 낳는 블루칩이었다. 미국 포경선들은 처음에는 자국의 근해와 대서양에서 고래를 잡았다. 돈이 되니 닥치는 대로 잡았다. 대서양에서 고래가 줄어들자 미국 포경선들은 태평양으로 뱃머리를 돌렸다. 태평양의 고래어장을 헤집고 다니다 일본 근해까지 가게 됐다. 1846년 고래잡이가 절정에 달했을 때 미국 포경선 720척 이상이 태평양을 누비고 다녔다. 미 해군의 페리 제독이 이끄는 흑선은 그즈음 일본에 나타났다.

1853년은 모선-운반선으로 분업화된 근대식 고래잡이가 도입되지 않았을 때다. 그래서 고래잡이 배는 한 번 출항하면 긴 항해 기간 동안 식수와 연료를 끊이지 않고 조달받아야 했다. 어장 못지않게 물과 연료의 조달 루트를 확보하는 것이 고래잡이의 필수였다. 자동차가 쉬지 않고 달리려면 중간에 기름을 주유해야 하는 것과 같은 이치다. 절체절명의 과제다. 포경선의 항해 중 물자 조달처는 당연히 항로에서 인접한 육지여야 했다.

허먼 멜빌의 소설 『모비 딕』의 주인공 에이허브 선장이 고래에게 공격을 당해 한쪽 다리를 잃은 장소가 바로 일본 근해다. 일본 앞바다는 고래가 많아 고래잡이 배들이 줄을 이었다. 그런데 일본이 흑선의 요구를 거절하면 미국 포경산업은 큰 곤경에 처하게 된다. 흑선은 무력을 과시하며 절체절명의 과제를 관철하려 했다. 결국 흑선 내항 몇 해 뒤 일본은 두 손을 들었다. 이로 인해 미국은 태평양에서 마음껏 고래를 잡을 수 있게 됐다.

『모비 딕』에 이런 대목이 나온다.

> 이중으로 닫혀 있는 나라, 일본이 문을 열게 된다면 그 공

훈은 포경선에 돌려야 마땅하다. 왜냐하면 포경선은 이미 일본의 문 가까이 가 있기 때문이다.

『모비 딕』은 페리 제독의 흑선 선단이 우라가 앞바다에 닻을 내리기 1년 9개월 전에 출간됐다.

미국의 포경은 일본과 달랐다. 일본의 포경이 식량자원 확보를 위한 것이라면 미국의 포경은 산업자원용이었다. 미국 포경선은 고래를 잡은 후 해체해서 기름만 채취했다. 뼈와 살코기는 모두 바다에 버렸다. 오로지 고래기름을 얻기 위한 포경이었다. 고래기름은 영국 등 유럽으로 수출돼 기계를 돌리고 밤거리를 밝혔다. 고래를 음식으로 여기는 문화는 흔치 않다. 에스키모와 일본인 정도다.

고래기름의 효용가치는 오래가지 못했다. 1859년 '석유의 발견'으로 고래기름 산업은 사양화했다. 채취가 쉽고 질 좋은 석유가 고래기름을 대체했기 때문이다. 독보적이던 미국의 포경업은 서서히 쇠퇴의 소용돌이 속으로 빨려 들어갔다. 반면 일본 고래잡이는 석유의 영향을 받지 않았다. 연료가 아닌 식량으로 고래를 소비한 일본의 고래잡이는 미국과 다른 길을 걸었다.

일본은 1934년부터 남극해로 진출해 원정 포경에 나서며 고래산업에 불을 댕겼다. 거꾸로 미국과 노르웨이 등 주요 포경 국가들은 포경산업 규모를 축소해 간다. 1948년 일본을 포함한 포경 국가들이 모여 IWC를 결성했다. IWC는 연간 고래 포획량을 정하는 등 고래 개체수를 관리하는 일을 한다. 1970년대에는 고래 남획에 대한 우려가 나온다. 점차 포획보다 보호에 무게가 실리는 분위기였다. 일본으로서는 못마땅할 노릇이었을 게다. IWC는 포획 가능한 고래 종류를 제한하더니 결국 1988년에는 일본의 상업포경을 금지했다.

일본인들은 말한다.

"고래라는 바다 자원을 훼손한 주범은 미국이다. 우리에게는 기름만 빼내고 고기는 죄다 폐기하는 냉정한 산업주의가 없다. 우리는 고래를 남김없이 활용하고 또 고래의 고마움을 기릴 줄 안다."

상업포경 찬성론자가 미국을 걸고넘어지며 자신이 피해자라고 주장하는 논리를 어디서 많이 본 것 같지 않은가? 맞다. 1945년 패전 후 전범재판이 승자의 일방주의라며 히로시마 원자폭탄 피폭을 물고 늘어지는 몰지각한 일본 우익의 우격다짐과 닮았다.

상업포경에 대한 일본 국민의 생각은 어떨까. 여론조사마다 들쭉날쭉이라 정확히 파악하기 힘들다. 정부가 발표하는 여론조사 결과를 보면 상업포경을 찬성하는 비율이 과반수 이상이다. 일본포경연구소가 내세우는 인터넷 야후 여론조사에서는 무려 70%가 찬성했다. 하지만 비슷한 시기 이루어진 그린피스의 자체 조사 결과에 따르면, 일본 국민의 70%가 반대하는 것으로 나타났다. 이 정도면 일본의 조사 방법이 얼마나 공정했는지 묻지 않을 수 없다.

하지만 분명한 것은 과거 아베 정부를 비롯한 일본 역대 내각이 포경 찬성률이 높게 나온 데이터를 들이밀며 상업포경을 추진해 왔다는 사실이다. 조사포경만 해도 국민의 세금으로 정부에 의해 이뤄졌다. 환경보호활동가들은 일본이 포경에 브레이크를 걸지 못하는 이유가 포경과 이해관계가 얽힌 정치가, 관료 들이 많기 때문이라고 말한다. 전통, 역사, 경제, 정치가 얼기설기 엮인 포경 논쟁은 쉽사리 결론 나기 힘들어 보인다. 하지만 일본의 고래잡이가 그저 전통문화 차원이 아니라 정치 차원의 문제라는 인상을 도무지 지울 수 없다.

나무에 나이테가 있다면 고래에겐 귀지가 있다. 고래, 특히 수염고래의 귀지는 고래의 일생에 대해 많은 정보를 준다. 생전에 받은 스트레스의 정도와 변화 양상도 알려준다. 스트레스 정보는 귀지 속에 축적된 호르몬인 코르티솔cortisol의 양을 측정함으로써 얻을 수 있다. 코르티솔은 위협적인 순간, 초긴장 상태, 즉 스트레스를 받는 상황에서 분비된다. 코르티솔은 위험에 처했을 때 내 몸이 보내는 방어적 신호다.

고래 귀지를 분석한 과학자들은 세계적으로 포경이 활발할 시기에 코르티솔의 양이 상대적으로 많이 분비됐다는 점을 알아냈다. 쉽게 말하면, 포경으로 잡힌 고래의 마릿수와 코르티솔 수치는 비례했다. 코르티솔 수치는 19세기 후반부터 높아졌고, 조금씩 오르락내리락하다 제2차 세계대전 직후 급증하면서 1960년 전후에 정점을 찍었다. 포경된 고래의 마릿수가 가장 많았던 시기와 일치했다. 예외적이면서 특이한 건 포경이 휴식기에 들어간 1940년 초반에 코르티솔 수치가 급증하다가 제2차 세계대전이 끝나는 시점에 잠시 하향곡선을 그린다는 점이다. 왜 그럴까.

해양과학자 헬렌 체르스키Helen Czerski는 저서 『블루 머신』에서 그 원인으로 일시적으로 발생한 소리를 든다. 그 소리란 다름 아닌 "제2차 세계대전 당시 인간의 전함 소리, 수중 폭뢰 소리, 어뢰 공격 소리, 잠수함 소리, 비행기 추락 소리"다. 그는 전쟁 소리로 인한 고래의 스트레스가 포경업자에게 쫓기며 얻은 스트레스와 비슷하다고 말한다. 포경선들이 대양을 누빈 200년 전부터 고래는 외부의 소음을 통해서였건, 동족 살상의 경험을 통해서 였건, 자신과 그들의 종種이 인간에게 크게 위협받고 있다는 것을 분명히 느꼈던 것이다.

일본의 포경 찬성론자들은 이같이 '과학적'이고 '역사적'인 사실을 알런지 모르겠다.

6

언어학

바닷물고기

N
W
E
S

이름은 많은 것을 말해준다. 한 개체의 특징이나 내력은 물론 그것을 대하는 인간의 태도까지 읽을 수 있다. 물고기 이름도 마찬가지다. 이번에는 이름을 키워드로 일본인의 물고기 문화를 간략히 훑어보려 한다. 되도록 앞에서 언급하지 않은 바다생물을 주로 다룬다. 갈치, 삼치, 광어, 낙지, 도루묵 등등. 일본 특유의 물고기 명명법과 속담도 곁들였다. 일본 어식 문화를 더 건져 올리기 위해 '언어'라는 그물을 한번 던져봤다.

魚 물고기 어.

일본인에게 이 한자를 보여주고 한번 읽어보라 하면 대다수가 '사카나'라고 발음할 것이다. 1973년 상용한자표가 개정된 후 초등교과과정에서 어魚를 사카나로 가르치기 때문이다. 1973년 이전까지 일본의 공교육은 어魚의 음독은 '교', 훈독은 '우오'로 가르쳤다. 어류魚類는 '교루이'로 읽고, 밤하늘 별의 물고기자리는 '우오자(魚座)'로 읽는 식이었다.

사카나의 본래 뜻은 '곁들여 먹는 음식'이다. 무엇과? 밥과 술이다. 그래서 사카나는 반찬이기도 하고 안주이기도 하다.

사카나의 어원이 '사케(酒. 술)+나(菜. 채소와 나물)'의 합성어라는 주장이 있다. 채소와 나물은 밥반찬이면서 동시에 술안주였다. 먹어본 사람은 알겠지만, 채소 같은 푸성귀는 술안주로 삼기에는 다소 부실하다. 성에 안 찬다. 술안주는 뭐니 뭐니 해도 단백질이다. 속도 든든하고, 씹고 뜯는 맛이 있는 고기와 생선이 안주로 제격이다.

일본인은 오랫동안 육식을 꺼렸다. 19세기 말 메이지 천황이 서양을 배우자며 공식적으로 육식을 장려하기 전까지 일본에서 육류는 금기시됐다. 하지만 금기라고는 해도 철칙은 아니어서 먹고 싶은 자들은 숨어서 먹거나 먹고 나서도 먹은 티를 안 냈다. 숨어서 먹는 고기 맛이 얼마나 황홀했을지 상상만 해도 알 듯하다.

들짐승은 몰라도 날짐승은 거리낌 없이 잡아먹었다. 금기 목록에 없었기 때문이다. 아무튼 육류가 식생활에서 오랫동안 배제된 건 사실이다. 그래도 사람은 단백질을 섭취하고 살아야 한다. 육류를 대신한 단백질 공급원이 생선이었다. 바다로 둘러싸인 섬나라 일본에는 생선이 널렸으니까.

일본에서는 언제부턴가 생선이 푸성귀를 제치고 안주의 대표주자로 올라섰을 것이다. 문헌상 사카나에 상응하는 한자어로 술채소酒菜와 술생선酒魚이 병용해서 쓰였는데, 차츰 술생선의 사용 빈도가 늘었다. 술생선이 술채소를 물리친 것이다. '술안주=사카나=생선'이라는 개념 도식이 굳어지기 시작했다.

이런 언어습관의 변화는 에도시대(1603~1868)에 일어났다. 그 배경에는 에도 사람의 식습관이 있다. 에도 사람들이 즐겨 먹는 술안주의 주류가 생선이었던 것이다.

덩달아 물고기를 가리키는 말 자체도 변했다. 물고기 '어' 발음이 사카나로 널리 통용되기 전에는 '우오'였다. 그러다 사카나의 쓰임이 늘어 서서히 우오를 압도하는 때가 왔다. 우오는 한자 독음에 충실한 일본식 발음이어서 사카나보다 음성학상으로는 형뻘이다. 하지만 우오는 사카나에 비해 발음상 치명적인 단점을 갖고 있다.

우오, 우오. 얼핏 들으면 어린애 옹알이 같지 않은가. 달리 말하면 우오는 젖먹이도 발음하기 쉬운 단어다. 조금 어렵게 말하면, 우오는 어떤 의미와도 연관되기 쉬운 말이다. 이런 부류의 단어는 모음이 두서너 개 연이어 구성되는 경우가 흔하다. 이를 불안정 모음이라 한다. 하나의 발음에 전혀 다른 의미가 여러 가지 연관되기 쉬운 단어, 다른 언어 집단에서 전혀 다른 의미로 똑같이 발음할 가능성이 높은 음성적 자질을 가진 단어, 그것이 불안정 모음의 특징이다. 한 가지 발음에 두 가지 이상의 뜻, 즉 중의성을 유발하기 쉽다.

이는 심리적·이론적 설명일 뿐이고, 현실과는 딱 들어맞지 않는다. 불안정하지 않은 모음 역시 자꾸 사용하다 보면 의미가 추가돼 중의성이 늘어나는 일이 적지 않기 때문이다.

언어 대중의 언어습관은 중의성을 제거하는 쪽으로 발달하기 마련이다. 의미를 더욱 또렷이 해 변별하기 쉬운 방향으로 나아간다. 우오와 사카나만 놓고 보면 사카나가 변별력이 높다. 그래서 '생선=술안주'를 표현하는 과정에서 우오보다 사카나 쪽을 선택하는 경향이 강해졌다.

술을 마시든 안 마시든 모든 언어 대중 사이에 '술안주=사카나=생선'이라는 등식이 자연스럽게 자리 잡았다. 이를 통해 유추 가능한 사실은 예로부터 일본인의 주류 술안주가 생선이었다는 점이다. 지금처럼 아무 때나 술을 마실 수 없고, 아무나 마음껏 먹지 못하던 귀족정시대에는 술안주로서의 생선이 매우 귀하신 몸이었을 것이다. 지금도 생선은 일본은 물론 우리나라에서도 막강한 술안주다. 예나 지금이나 생선의 본질은 술안주라는 점. 여기에 토를 달 수 있는 사람이 과연 얼마나 될까.

사카나에 해당하는 한자는 또 있다. 효肴. 역시 안주라는 뜻이다. 『춘향전』에서 이몽룡이 탐관오리에게 선전포고용으로 읊조리는 "옥반가효 만성고(옥그릇에 담은 기름진 안주는 만백성의 기름이다)"라는 대목에 나오는 그 '효'다. 효란 어류라기보다 육류다. 날짐승과 들짐승을 요리한 것이다.

서론이 길었다. 자, 이제 바닷속으로 들어가 보자. 일본인이 물고기 혹은 바다생물을 어떤 식으로 부르는지, 왜 그렇게 불리게 됐는지를 각 물고기의 이름을 통해 그 내력과 일화를 더듬어 보려 한다. 굳이 이름 붙이자면 물고기 성명학쯤 되려나. 과장을 좀 보태면 물고기 언어학쯤 될 텐데, 아마추어의 '내 멋대로 언어학'이니 너그럽게 봐줬으면 좋겠다.

일본어의 해산물 표기 방식은 두 가지다. 가타카나와 한자다. 가령 '사케'로 발음하는 연어의 표기는 가타카나로 サケ, 한자 鮭로 쓴다. 명확한 원칙은 없지만, 물고기 명칭은 히라가나보다 가타카나로 표기하는 것이 일반적이다. 사케 발음에는 연어도 있지만, 술도 해당한다. 사케를 가타카나가 아니라 히라가나로 표기하면 통상 술을 의미한다.

전갱이는 아지アジ, 한자로 소鰺다. 히라가나 아지あじ로 표기하면 맛味을 의미하는 것이 보통이다. 문자가 아닌 음성 대화에서 아지는 전갱이와 맛, 두 가지 의미를 다 표현한다. 미묘한 악센트 차이가 있겠지만, 문맥에서 그 의미를 구분해야 한다.

전갱이처럼 한자가 하나인 경우도 있지만, 둘 이상인 경우도 적잖다. 가령 전복은 아와비アワビ인데, 이에 해당하는 한자는 포鮑, 포蚫, 복鰒으로 모두 세 가지다. 새우도 셋이다. 한자로 하鰕, 하蝦, 해로海老. 모두 '에비'로 읽는다.

하지만 이는 표준어라는 틀 안에서 정해진 명명법일 뿐 실제로는 지방마다 마을마다 해산물은 같아도 그 명칭은 천차만별이다. 사실 해산물만큼 다양한 이름을 보유한 생물 종류가 또 있을까 싶다. 홍합만 해도 지역에 따라 섭, 담치 등으로 호칭이 다양하지 않은가. 가리키는 대상은 한 가지인데 불리는 호칭들 사이에 이렇다 할 언어학적 연관성은 없다. 일본 해산물이라고 다를 건 없다.

히라메鮃, 즉 넙치는 히로시마에서는 입이 크다고 해 오쿠치大口, 지바현에서는 소게, 홋카이도에서는 뎃쿠이라고 한다. 일본 전역에서 넙치를 가리키는 명칭을 조사해 보니 얼추 30개가 넘는다고 한다.

같은 어종이라도 지역마다 생김새나 빛깔이 조금씩 다르다. 회유하지 않고 일정 지역에서만 머무는 어종은 사는 곳에 따라 차이가 난다. 이를 두고 생선은 향토성이 강하다고 표현한다. 이런 물고기를 지자카나地魚라고 한다. 그 고장 고유의 토속 생선인 셈이다. 엄밀히 말해 히라메는 도쿄의 지자카나이고, 오쿠치는 히로시마의 지자카나인 셈이다. 같은 넙치지만 미세하게 다르다. 노니는 물이 다르기 때문이다. 레벤스벨트Lewenswelt, 즉 생활세계는 생선에게도 지대한 영향을 미친다.

달리 말해 히라메와 오쿠치의 차이는 표준어와 방언의 차이라고 할 수 있다. 넙치라는 물고기의 표준어가 히라메이고, 오쿠치는 사투리 혹은 속어 가운데 하나다. 하나의 표준어에 방언이 수십 개인 경우가 허다하다. 표준어란 사물을 대표하거나 의미가 가장 정확한 말이 아니다. 언어 대중의 약속으로 정한 말일 뿐이다. 표준어는 교육과 표준어 보급의 필요성 때문에 하나의 방언 중 취사선택된 것이다. 그래서 표준어의 탄생은 근대 교육제도의 시작과 궤를 같이한다.

일본 표준어는 메이지시대(1868~1912)에 태어났다. 이름 짓기, 즉 사물 하나의 명칭을 정하는 일은 학문의 시작이다. 자연과학, 법학, 철학, 경제학 등 모든 학문에 걸쳐 이름 짓기가 가장 활발했던 시기가 메이지시대다. 서양의 것을 받아들여 자기 것으로 만드는 과정에서 무수한 말들이 번역되고 창조됐다. 말의 탑을 쌓아올리는 작업이었다. 이름 짓기는 탑의 설계도 같은 것이었다. 그 이름 짓기가 바로 표준어 제정이다.

어류의 표준어는 학술적 용어, 즉 학명이 되기도 한다. 일본에서 어류의 학명 정리 작업이 마무리된 해가 1913년이다. 어류의 표준어 정리 과정에서는 도쿄 니혼바시 어시장에서 통용되는 말을 기준으로 삼았다. 에도시대에 형성된 일본 최대 어시장 니혼바시 어시장은 1923년 간토 대지진으로 폐허가 된 후 겨우 명맥만 유지하다 1935년 쓰키지 시장의 탄생과 함께 역사 속으로 사라졌다. 쓰키지 시장은 2018년 완전히 문을 닫고 도요스 시장에게 바통을 넘겨줬다. 어류의 표준어 혹은 학명을 결정하는 곳은 일본어류학회다.

> 鰺鮎鯇鮑魦鰡鯆鰯鮇鯏鱓鰻鱏鱠鰕鰧.

보는 순간 머리가 지끈거릴지 모르겠다. 한자로 고문할 의도는 없다. 그런데 무슨 뜻일까.

호기심에 마우스로 이 구절을 쭉 긁어 네이버 번역기 '파파고'에 붙여넣기 해보았다. 전갱이, 은어, 정어리, 장어 4개만 제대로 번역해 냈다. 16개 중 4개, 번역률 25%다. 자간을 한 칸씩 띄어 다시 번역해 봐도 결과는 다르지 않았다.

이것들이 도대체 뭐냐며 미간을 찡그릴지 모르지만, 눈썰미 있는 독자라면 각 글자마다 물고기 어魚 자를 포함하고 있음을 알아챘을 것이다. 그렇다. 물고기 이름에 해당하는 일본어의 한자를 나열한 것이다. 고등교육을 받은 일본인조차 이들 한자를 완벽하게 독해하기란 쉽지 않다. 애먼 번역기를 탓할 것이 아니다.

물고기 명칭에 해당하는 일본의 표준 한자들은 대부분 근래에 만들어졌다. 중국 문헌이나 과거 일본 문헌에 등장하는 한자를 그대로 살려 사용한 것도 있지만, 상당수는 근대에 창조한 글자들이다. 일본식 조어造語가 꽤 많다. 공통분모인 물고기 '어' 자를 상수로 넣고 개별 물고기의 특징을 상징하는 한자를 결합해 만들었다. 특징 대신 일본어 고유 발음과 유사한 한자를 가져와 조어하기도 했다.

가령 정어리 종류인 이와시鰯도 조어인데, 오른쪽에 약할 약

弱 자를 붙인 까닭은 아마도 정어리 종류가 나약한 어류이고, 그 발음 '요와시'가 이와시와 음성학적으로 유사하기 때문일 것이다. 멸치, 눈퉁멸, 정어리 등 이와시로 불리는 물고기가 잘 바스러지고 잘 상하니 나약한 이미지와 연결 지었을 것이고, 하층 백성들의 주식이었으니 나약한 이들의 생선이라는 은유도 고려됐을 것이다.

이와시와 반대 경로로 한자 이름을 얻은 예로는 보리멸이 있다. 일본어로 키스キス, 한자로는 鱚다(일본식 조어라 한국식 발음을 찾을 수 없다). 보리멸은 상서롭고 귀한 어종이었다. 그래서 키스에 어울리는 한자를 만드는 과정에서 즐거움과 기쁨을 의미하는 희喜 자를 넣었다. 입맞춤 키스는 사람을 기쁘게 하니까. 그리고 희喜가 '키'로도 발음되니 안성맞춤이었을 것이다.

인간은 단어를 만들 때 감성도 집어넣고, 일상적인 경험도 녹여 넣는다. 결합을 통해 새로운 단어를 생성하는 과정을 보면 정경, 무대, 이미지, 스토리가 보인다. 은유와 위트도 발견된다. 그래서 조어는 과학이라기보다 문학이다. 단어 혹은 이름은 머리보다 먼저 가슴에 와닿아야 생명력을 얻는다.

어魚 변이 붙은 물고기 지칭 한자는 총 195개라고 한다.

아 참. 앞에서 예로 든 한자를 차례대로 풀면 전갱이, 은어, 초어, 전복, 꾹저구, 숭어, 고래, 정어리, 곤들매기, 바지락, 곰치, 뱀장어, 가오리, 매퉁이, 새우, 쑤기미. 이렇다.

물속에 산다고 싸잡아 어魚를 붙이지는 않는다. 벌레 충虫 자를 달아주기도 한다. 굴蠣, 문어蛸, 새우蝦 따위가 그렇다. 연체동물이나 갑각류가 대부분이다. 외관상 어류와 달라 구분할 필요가 있었거나 육지 곤충처럼 발이 여러 개인 점이 고려된 듯하다. 충 자는 본래 곤충을 가리키기보다 조鳥, 수獸, 어魚에 포함되지 않는 동물을 의미한다. 새, 짐승, 어류를 뺀 기타 동물. 언뜻 나비, 개미 같은 곤충이나 뱀, 개구리 같은 양서류가 떠오른다.

물고기는 머무르지 않는다. 먹이를 찾아, 산란을 위해 한정없이 이동한다. 인간의 눈으로 보면 철 따라 왔다 갔다를 반복하는 생물이다. 앞바다에 떼 지어 왔다가 어느 순간 휙 떠난다. 때로는 수년 동안 종적이 묘연해지기도 한다. 지구상에서 '회유回遊'라는 표현이 물고기만큼 어울리는 생물이 있을까.

물고기의 회유를 먹거리 관점에서 표현하면 '제철'이다. '별미'라는 수식어를 붙일 수 있는 물고기의 상당수는 저마다 철이 있다. 가장 맛있는 계절, 즉 제철이 있다. 제철이 아닐 때는 잡기도 어렵거니와 맛도 고만고만하다. 제철은 평소와 다른 맛을 발산한다. 그래서 별난 맛, 별미다.

춘고어春告魚. 봄을 알리는 물고기다. 지역마다 춘고어가 다르다. 세토내해에서는 삼치가 춘고어다. 한자로 鰆인데, 봄 춘春 자가 들어 있다. 3월 무렵 오사카 앞바다와 세토내해 일대로 산란을 위해 몰려든다. 그런데 삼치는 제철이 하나가 아니라 둘이다. 봄 제철은 간사이 지역 기준이다. 도쿄를 비롯한 간토 지방 해안은 12월에서 2월이 제철이다. 도호쿠는 송어, 시코쿠는 가다랑어가 대표적인 춘고어다.

삼치처럼 대놓고 가을 추秋 자를 갖다 붙인 생선도 있다. 가지카鰍, 즉 둑중개다. 강에 사는 가지카의 어원설語原說 중에 '가을 제철'이라는 주장이 있다. 그런데 일본과 달리 중국과 한국에서 추鰍에 해당하는 물고기는 미꾸라지다.

가을 생선의 대명사는 뭐니 뭐니 해도 꽁치다. 추도어秋刀魚로 쓰고 '산마'라 읽는다. 생김새가 짧은 칼을 닮았다고 칼 도刀를 품었다. 이름에 칼을 품었으니, 칼로 흥하고 칼로 망하는 사무라이 계급은 꽁치 먹기를 꺼렸다. 용감무쌍한 이미지에 걸맞지 않게 사무라이는 겁쟁이의 면모도 지녔나 보다.

일본 근대문학의 개척자 나쓰메 소세키는 소설 『나는 고양이로소이다』에서 꽁치를 삼마三馬로 표기했다. 꽁치 발음 '산마'와 같은 취음자로 만든 소세키식 조어다. 소설이 쓰인 메이지시대에 "꽁치를 먹으면 3마력의 힘이 난다"라는 식담食談이 있었다는데, 소세키가 그 말에 약간의 상상력을 가미해 조어했을 것으로 추정된다.

외모가 꽁치와 닮아 '학꽁치'로 부르기도 하는 학공치는 사요리針魚다. 가늘고 뾰족하게 튀어나온 주둥이가 바늘침을 연상시킨다. 학공치 배를 따서 내장을 빼내면 안쪽에 검은 피막이 있다. 먹으면 쓴맛이 난다. 스시 재료로 쓰는 부드러운 살과는 완전 다른 맛이다. 겉으로는 부드러워도 속은 톡 쓴맛을 보여주는 사람 혹은 여성을 빗대 사요리라고 한다. 얕잡아 보다가는 바늘에 찔리듯 따끔한 맛을 볼 수 있다는 경고로도 읽힌다. 도쿄에서는 사요리 큰 놈을 간누키閂라 한다. 간누키란 대문을 걸어 잠그는 빗장인데, 큰 학공치가 빗장 같아서 그런 표현이 생겼다.

사무라이 문화의 영향을 받아 추도어로 작명했을 것 같지만, 아니다. 중국에서 건너온 단어다. 추도어가 꽁치라는 의미로 굳어진 건 20세기 이후이고, 그 전에는 제鰶 자가 꽁치를 지칭했다. 제鰶는 원래 옛날 중국에서 전어를 가리켰다. 이 글자가 일본으로 건너와 꽁치와 짝지어졌다. 일설에 의하면 가을철 꽁치가 잡힐 때 어촌마다 시끌벅적한 축제가 벌어졌는데, 축제와 잔치를 부르는 생선이라 해서 '꽁치=제'가 됐다고 한다. 하지만 점차 추도어가 제를 밀어내고 꽁치의 명칭이 됐다. 대신 추도어와의 경쟁에서 밀린 제는 전어와 짝지어졌다. 전어는 겨울에 많이 잡히는 대표 생선이라 해서 물고기 어魚 변에 겨울 동冬 자를 결합해 鮗으로 쓰기도 한다. 모두 '고노시로'라 읽는다.

칼을 연상시키는 물고기는 갈치다. 은빛 몸뚱이는 번득이는 장검 그 자체다. 한자로 태도어太刀魚, '다치우오'라 발음한다. 갈치가 칼치에서 왔다는 설이 있고, 영어로 커틀러스 피시Cutlass fish라고 하니 동양인 서양인 가릴 것 없이 모두 갈치 외모에서 칼을 떠올렸나 보다. 갈치가 몸을 곧추세워 헤엄친다 해서 입어立魚라고도 쓰는데, '다치우오'로 읽는 점은 똑같다.

실없는 갈치 이야기 한 토막. 어느 부잣집에 밤도둑이 들었다. 도둑은 어둠 속에서 흰 칼을 번득이며 주인을 향해 "돈 내놔!" 하고 소리쳤다. 집주인은 바들바들 떨며 어찌할 바를 몰랐다. 바로 그때 키우던 고양이가 도둑에게 휙 달려들었다. 도둑은 깜짝 놀라 칼을 내던지고 줄행랑쳤다. 그런데 도둑이 놓고 간 칼을 고양이가 냠냠하며 핥아 먹고 있는 것이 아닌가. 도둑의 칼은 쇳덩어리가 아니라 생선 갈치였던 것. 칼 한 자루 살 돈도 없었던 참 가난한 도둑이었나 보다. 지역에 따라 견해 차이는 다소 있지만, 갈치의 제철 역시 가을이다.

칼을 닮은 생선이 있으니 칼집을 닮은 물고기도 있을까. 어류는 아니지만 그런 생물이 바다에 산다.

'바다의 칼집' 호야海鞘. 바로 멍게다. 칼집 초鞘 자를 붙인 건 칼집과 멍게의 생김새가 비슷하다고 여겼기 때문이다. 멍게를 노해서老海鼠로 적기도 했는데, 해석하면 '늙은 해삼'이다. 옛사람은 해삼이 나이가 들면 멍게가 된다고 여겼다고 한다. 물고기도 아니고, 조개도 아닌 멍게가 어떤 범주에 들어가는 바다생물인지 가늠하기 힘들었을 것이다. 분류학자 칼 폰 린네Carl von Linné조차 멍게를 잘못 분류했을 정도니까.

호야를 보야保夜로 쓰기도 하는데, 밤일을 도와주는 정력제로 여겼기 때문이다. 그런 효능이 있는지 나는 들은 바 없다. "멍게는 오이와 함께 살이 찐다"라는 말이 있다. 초여름이 제철이라는 말이다.

겨울을 대표하는 생선은 부지기수다. 그중에 유독 돋보이는 생선은 도루묵, 하타하타ハタハタ다. 서북지방 아키타현의 명물로 뇌어雷魚 혹은 뢰鰰로 쓴다. 우레와 도루묵이 무슨 관계가 있기에 우레 뢰雷 자가 붙은 것일까.

겨울이 찾아오면 아키타현 앞바다에 콰르르 소리를 울리며 우레가 떨어진다고 한다. 그 지방 사람들은 먼바다에서 우렛소리가 들려오면 '아, 이제 겨울이구나' 하며 계절 변화를 체감한다. 깊은 바다에 사는 도루묵은 우렛소리와 함께 찬바람을 거느리고 해안가로 몰려온다. 알을 낳기 위해서다. 도루묵은 기질상 파도가 거세고 날씨가 험악해지면 해안 쪽으로 헤엄친다. 그리고 얕은 바다 해초나 암초에 알을 낳는다. 12월 아키타현 해안가는 '부리코'라는 도루묵 알뭉치가 파도에 쓸려 와 마치 거봉 포도알을 흩뿌려 놓은 것마냥 보랏빛 장관을 이룬다.

멘타이코明太子(명란), 가즈노코数の子(청어알), 다라코鱈子(대구알). 이처럼 물고기 알은 '코子'를 붙인다. 부리코는 아키타 방언인데, 음성만 따지면 '부리의 알'이다. 그런데 부리란 방어鰤를 지칭하니까 듣기만 하면 '방어알'로 착각하기 십상이다. 실제 도루묵알 부리코를 鰤子로 표기하기도 한다. 하지만 도루묵알이 부리코로 불린 사연이 있다.

1600년 가을 일본 전국의 패권을 누가 쥘 것인가를 놓고 일대격전이 벌어졌다. 유명한 세키가하라 전투다. 전투 직후 패자 진영에 가담했던 무장 사타케 요시노부佐竹義宣는 그 벌칙으로 춥고 척박한 땅 아키타현 일대의 영주로 봉해졌다. 그가 부임하자 어찌 된 영문인지 지천이던 도루묵이 해가 갈수록 줄었다. 당시 도루묵은 지역민의 겨울나기에 요긴한 식량자원이었다. 도루묵이 사라지니 민심은 흉흉해졌다. 이윽고 원망의 화살은 영주에게로 향했다.

사타케의 영주는 고민 끝에 도루묵이 돌아오고 개체수를 유지할 특단책을 내놓는다. 부리코 채취 금지령이다. 그동안 겨울철마다 부리코를 먹어왔던 백성들은 입이 댓 발 나오기 시작했다. 톡톡 입안에서 터지는 그 맛을 이제 즐기지 못한다니.

하지만 백성들은 금지령에도 아랑곳하지 않고 지방관리의 눈을 피해 부리코를 주워 와서는 익혀 먹었다. 금지된 것을 소유하거나 향유할 때 으레 뒤따르는 행위가 눈속임 같은 꼼수다. 아키타 주민들의 꼼수는 도루묵알의 호칭을 바꾸는 것이었다. 같은 겨울철 생선인 방어알, 즉 부리코로 바꿔 부른 것이다. 만약 도루묵알을 먹다가 들키면 "아닙니다. 이건 부리코(방어알)인걸요"라고 둘러댈 심산이었다. 그 후로 도루묵알은 부리코가 됐다고 한다. 영주의 노력 탓인지 자연의 섭리 때문인지 몇십 년 후 도루묵은 다시 돌아왔다. 백성들은 그제야 불만이 사그라들고 영주의 능력에 탄복했다. 그들은 영주의 이름을 따 도루묵에 사타케우오佐竹魚라는 별칭을 붙여주었다.

또 다른 일설에는 부리코가 불리자不離子에서 파생했다고 한다. 점성이 강해 좀처럼 '떨어지지 않는' 알뭉치의 특징을 두고 이른 말이다. 그 많던 아키타현의 도루묵도 1980년대 이후 서서히 줄어들어 요즘은 사타케 영주가 부임할 때처럼 개체수가 눈에 띄게 줄었다.

겨울 생선 방어는 '부리'인데, 기름기와 지방질을 의미하는 아부라脂에서 부라, 그리고 부리로 음운변이가 일어났다는 설이 있다. 방어의 한자 시鰤에 붙은 사師는 연륜을 의미하기도 하고, 섣달그믐인 시와스師走를 함의하기도 한다. 방어는 오래전부터 섣달그믐에 먹는 해넘이와 해맞이 명절 음식 중 하나다.

살이 눈처럼 하얘서인지 눈 내리는 겨울에 많이 잡혀서인지 대구(다라)鱈도 이름 안에 계절감이 있다.

봄, 가을, 겨울과 달리 여름 하夏가 붙어 한 글자를 이루는 물고기는 없다. 물고기 어魚 옆에 하夏 자가 붙으면 왠지 금세 상해서 냄새가 날 것만 같아서일까. 다만 '와카시'라는 새끼 방어는 어하魚夏로 표기한다. 그럼에도 여름이 제철인 생선은 꽤 많다. 정어리, 고등어, 전갱이 등 백성의 밥상과 매우 밀접한 생선들이 여름철에 많이 잡힌다.

계절에 따라 호칭이 변하는 물고기도 있다. 이런 생선을 출세어라 한다. 엄밀하게 말하면 계절이라기보다 성장에 따라 명칭을 달리한다. 방어, 숭어, 전어가 대표적이다. 방어 치어는 와카나ワ

カナ, 그 이후 성장 정도에 따라 쓰바스ツバス, 하마치ハマチ, 메지로メジロ, 부리ブリ로 호칭이 바뀐다. 이것은 간사이 지방에서 불리는 명칭이고, 간토와 규슈 지방은 또 다르다.

출세어는 사무라이 사회의 풍습과 연관이 있다. 중세시대 사무라이, 특히 지배층인 상급 사무라이는 어릴 때와 어른이 됐을 때 호칭을 따로 지었다. 관직을 얻어 출세했을 때는 또 다른 호칭을 얻었다. 호칭은 곧 그 사람의 가문, 신분, 그리고 직위를 나타냈다. 인간 사회의 호칭 관습이 물고기에 고스란히 투영된 것이 출세어다.

도쿠가와 막부시대에 고산케御三家라는 3대 영주 가문이 있었다. 오와리번, 기슈번, 미토번을 다스린 세 가문이다. 이들은 최고 실권자 쇼군의 최측근 가문이다. 고산케는 도쿠가와 이에야스의 혈통으로 도쿠가와 정권의 가장 든든한 버팀목이었다. 영주 중의 영주로 최대 명문가쯤 된다. 생선에도 고산케가 있었다. 바로 고등어, 전갱이, 정어리(마이와시)다. 셋은 가장 많이 잡히고 값도 싸 에도시대에 서민 밥상을 책임졌다. 생선 중의 생선으로 통했다. 이 생선 트로이카는 굶주림을 해결해 주고, 비료로 가공돼 농사에도 보탬을 줬다. 그래서 민초들은 고등어, 전갱이, 정어리를 주저 없이 생선의 고산케라고 불렀다.

'벚꽃 민족'이라 불릴 만큼 일본인은 벚꽃, 즉 사쿠라桜를 사랑한다. 벚꽃 필 무렵 잡히는 물고기를 사쿠라우오桜魚라 통칭할 정

도다. 은어가 대표적인 벚꽃 물고기다. 벚꽃 특유의 분홍빛을 띠는 생선도 사쿠라 타이틀을 얻는다. 참돔 사쿠라다이桜鯛, 벚꽃새우 사쿠라에비桜エビ, 벚꽃송어 사쿠라마스桜マス 등등. 벚꽃문어 사쿠라다코桜ダコ는 뜨거운 물에 데친 문어를 가리킨다.

꽃 화花를 간직한 임연수어 '홋케𩸽'. 치어가 떼 지어 다니면 마치 푸른빛 꽃처럼 보인다고 한다. 생김새가 나무 잎사귀를 닮아 가자미 '가레이鰈'도 식물파에 속한다.

버들잎같이 생겼다는 뜻의 유엽어柳葉魚는 버들잎고기로 번역될까? 아니다. 그냥 '시샤모'다. 우리나라에서도 술안주로 사랑받는 시샤모는 버들잎을 이르는 아이누족의 말이다. 홋카이도 토착민인 아이누의 신화 속에 시샤모의 탄생 이야기가 나온다. 물 위에 떨어져 시들어 가는 버들잎이 애처롭게 보였던 신은 요술을 부려 버들잎을 물고기로 둔갑시킨다. 그 물고기가 바로 시샤모다. 시샤모가 이토록 문학적인 물고기인 줄은 꿈에도 몰랐다.

다른 버전도 있다. 주요 식량자원인 연어가 잡히지 않아 굶주림에 시달리는 아이누 사람들이 신에게 SOS 신호를 보냈다. 그러자 강변에 늘어선 버드나무에서 잎이 후드득 수면 위로 떨어졌다. 물 위의 버들잎들이 순식간에 물고기로 둔갑했고, 아이누인은 그 물고기를 잡아 배를 채웠다. 아이누에게 시샤모가 어떤 존재인지 보여주는 장면이다. 홋카이도의 명물이던 시샤모의 개체수는 최근 수년 새 급격히 줄었다. 서민들이 즐겨 찾는 이자카야에서 꾸덕꾸덕 구워 내놓는 시샤모는 십중팔구 노르웨이, 캐나나 등지에서 들여온 수입산이다. 일본이나 한국이나 이는 매한가지다.

음식에 꽃이나 식물 명칭을 은유적으로 가져다 쓰는 경우는 흔하다. 음식물의 생김새와 유사한 특징을 살려 다른 사물에 빗댄 명명법이다. 직설화법이 아니라 간접화법인데 에둘러 표현할 때 더 친근감을 준다.

*

불교의 불상생 계율과, 가축은 가족의 일원이라는 관념 탓에 육식을 금기시한 옛날 일본인들. 그러나 사람이 굶주리면 계율이나 규율은 무망한 집착일 뿐이다. 먹을 것이 풍족한 지배계급은 둘째 치고 하루하루 끼니 걱정인 가난한 백성은 금기를 깨고 육식에 손을 댔다. 대신 남의 눈을 피해 몰래 먹었다. 육식자들은 들키지 않으려고 은어隱語를 썼다. 가령 멧돼지고기는 모란(보탄)牧丹, 말고기는 벚꽃(사쿠라), 사슴고기는 단풍(모미지)紅葉으로 표현했다. 이 은어는 아직도 현대인의 식탁 위에 살아 있다. 보탄나베牡丹鍋, 즉 모란전골은 가늘게 썬 돼지고기를 넣고 끓인 전골이다.

간토 지방은 통상 사메鮫, 간사이는 후카鱶. 상어를 그리 부른다. 간토에서 후카라고 쓸 때도 있는데, 그 경우는 흔히 대형 상어를 가리킨다.

그런데 히로시마 산간지역에서는 옛날부터 상어, 더 정확히 말해 상어고기를 '와니'라고 했다. 또 시마네현이 자랑하는 전통요리에 '와니사시미'가 있다. 상어로 만든 사시미다.

현대인에게 '와니鰐'는 악어를 뜻한다. 그런데 아주 오랜 옛날 히로시마 산촌 주민이 악어를 봤을 리 없다. 일본 땅에는 악어가 자생하지 않기 때문이다. 이들이 아는 와니란 아마 일본 신화에 등장하는 바닷속 괴생명체를 가리키는 와니和邇에서 왔을 개연성이 크다. 상어와 바다괴물, 뭔가 통하지 않는가.

17세기 유학자 아라이 하쿠세키新井白石는 상어 호칭이 '사메'가 된 까닭은 상어가 좁은 눈(사메)狹眼을 가졌기 때문일 것이라고 추정했다. 언어학적 호기심이 강했던 하쿠세키는 넙치 이름에 대해서도 색다르게 해석했다. 넙치는 '히라메平魚'. 몸이 편평해서 평어平魚로 표기하는 것이 일반적이다. 하지만 하쿠세키는 히라메의 '히라'는 측側(가장자리, 옆) 자에서 온 것이 아닌가 추측한다. 넙치 눈이 가장자리에 붙어 있기 때문에 그 특징을 살려 이름을 붙였을 거라는 추론이다. 그래서 몸이 편평한 히라메平魚가 아니라 눈이 한쪽으로 쏠린 히라메側目가 맞지 않느냐는 주장이다.

'잠꾸러기는 넙치를 못 잡는다'는 속담이 있다. 여느 물고기처럼 넙치 역시 해가 중천에 떠 있으면 잘 안 잡힌다. 넙치 낚시는 해 뜨기 두어 시간 전에 잘된다. 그러니 아침잠 많고 게으른 사람은 넙치 잡을 꿈일랑 꾸지 말아야 한다.

상어 외에도 물고기 명칭에 대한 간사이와 간토의 차이는 일일이 열거하기 버거우리만치 수두룩하다. 이런 지역 간 명칭 차이는 일본뿐 아니라 우리나라에도 엄연하다.

간사이와 간토의 언어 차이 가운데 자못 흥미로운 단어가 연鳶이다. 얼레로 실을 감았다 풀었다 하며 하늘 높이 띄우는 연. 연은 일본어로 '다코'. 그런데 문어도 다코로 발음한다. 서로 소리가 동일하다. 그 연유가 재밌다.

지금은 연날리기가 순수한 놀이지만, 과거 중국 문화권 나라에서는 주술적 행위였다. 이른바 재액 퇴치 기능을 했다. 에도시대 역시 그랬다. 연날리기는 뭍 위의 온갖 흉액을 모아 연에 실어 날려 보내는 좀 즐거운 의식이었다. 연줄을 끊거나 연을 태워 저 멀리 날려 보내며 흉액도 함께 날아가길 빌었다.

연은 여러 개의 꼬리를 달고 난다. 연 꼬리는 신사에 붙이곤 하는 지승紙繩을 상징한다.

마름모꼴 종이연이 꼬리를 흔들며 자유자재로 활공하는 모습은 10개의 다리를 휘저으며 유영하는 오징어를 빼닮았다. 그 모습에서 사람들은 연을 '이카'라 불렀다. 이카란 오징어를 뜻한다.

에도시대에 연날리기는 뜻하지 않은 골칫거리를 안겼다. 불을 붙여 날려 보낸 연이 때때로 화근이 됐다. 불이 공중에서 완전히 꺼지면 다행이지만, 불씨를 안은 채 민가나 숲에 떨어지는 일도 왕왕 벌어졌다. 불씨가 옮아붙어 화재를 일으켰다. 심지어 '불 오징어'가 쇼군이 사는 에도성 안으로 떨어져 간담을 서늘케 한 일도 있었다. 사정이 이렇다 보니 막부는 에도에서 연을 못 날리게 했다. 이른바 '오징어(연) 날리기 금지령'이다.

하지만 백성들은 연날리기를 멈추지 않았다. 적발되면 빠져나갈 구멍을 궁리해 냈다. 오리발 작전이다. "이건 오징어가 아니라 문어인데요." 얼토당토않은 변명이지만, 헛웃음만 유발하는 잡아떼기지만, 그렇게 말하면 정색하고 처벌하기도 쉽지 않다.

나라에서 제어한다고 뿌리 깊은 민속신앙이 하루아침에 사라지지는 않는다. 하늘에서 연은 사라지지 않았고, 대신 이름을 갈아치웠다. 오징어 대신 문어로. 오징어 날리기가 문어 날리기가 됐다. 이후 연의 발음은 이카에서 '다코'로 바뀌었다. 하지만 간사이 지방에는 옛 흔적이 남아 있다. 지금도 연을 가리켜 "이카, 이카(오징어, 오징어)"라고 한다.

우리는 문어, 낙지, 주꾸미를 또렷이 구분해 쓰지만, 일본인은 모두 문어 족속으로 본다. 낙지는 긴손문어라는 뜻의 데나가다코手長蛸[82], 주꾸미는 밥문어라는 뜻의 이다코飯蛸. 하긴 제철에 알이 가득 밴 주꾸미는 밥알 덩어리를 떠올리게 한다.

'문어와 곰치 사이'는 견원지간을 의미한다. 곰치는 문어의 천적이다. 문어는 곰치의 날카롭고 뾰족한 이빨을 두려워한다. 닭새우 이세에비伊勢海老는 문어와 곰치의 천적 관계를 이용해 곰치 서식지 주변에 사는 경향이 있다. 문어가 이세에비를 호시탐탐 노

82 지방에 따라서 긴발문어라고도 한다.

리기 때문이다. 인간은 새우류를 좋아하는 문어의 습성을 이용해 문어 낚시에 새우를 미끼로 쓴다.

참돔, 참조기, 참치, 참새우, 참멸치, 참붕어, 참숭어, 참게, 참문어. 생선에 참과 거짓이 있을 리 만무하다. 그런데 굳이 '참'을 붙인 건 물고기가 잘났거나, 성질이 온순하거나, 오래 사는 건강 체질이라서 그런 것이 아니다. 잣대는 인간의 혀다. 개중에 가장 맛있는, 참말로 맛나는 놈이 참생선이다. 맛 이외의 또 다른 기준은 유용성이다. 인간의 식생활에 가장 유용한 놈이 참이다. 즉 동종 중 가장 많이 잡히거나 가장 실한 놈이 참이다. 그러다 보니 명절 제사상에 단골로 오르고, 환갑 등 잔치상에도 발탁된다. 먹거리 차원에서 금메달감이다. 그래서 접두어 '참'은 그 물고기에 수여하는 고마움의 증표이자 인증서인 셈이다.

'참'에 상응하는 일본어 표기는 '마真'다. 참돔은 마다이, 참정어리는 마이와시, 참문어는 마다코, 참고등어는 마사바. 이런 식이다.

하지만 참치와 마구로의 관계는 좀 다르다. 마구로의 어원은 맛쿠로이真っ黒い, 즉 '새까맣다'다. 어부가 정체 모를 물고기를 잡아 잘라보니 속살이 새까맣더란다. 그 물고기에 마구로라는 속칭이 붙었는데, 다름 아닌 참치였다. 참치는 원래 '시비'라는 이름을 갖고 있었다. 하지만 시비라는 명칭은 마구로에 밀려 어느 순간 사멸어가 됐다. 참치는 잡아 올린 즉시 피를 빼내지 않으면 속살이 검붉게 변한다.

'썩어도 준치'라는 우리네 속담에 부합하는 일본 속담이 '썩어도 도미'다. 옛 일본인에게 도미는 생선의 왕이었다. '물고기 중에 도미'란 군계일학을 뜻하고, 정어리도 일곱 번 씻으면 도미 맛이 난다며 도미를 최상급 생선으로 쳤다. '남의 집 도미보다 우리 집 정어리가 낫다' 또한 도미가 귀하고 맛이 일품이기 때문에 생긴 표현이다. 하지만 그런 도미도 혼자 먹으면 맛이 안 난다고 했다. 아무리 진수성찬이라도 여럿이 함께 둘러앉아 먹어야 제맛이라는 말이다.

정어리처럼 도미와 곧잘 대비되는 해산물이 새우다. '도미들 속에 새우'는 약자가 강자 틈바구니에 끼어 있거나 아둔한 자가 현명한 무리 속에 섞여 있는 경우를 빗대는 표현이고, '새우로 도미를 낚는다'는 말은 적은 노력을 들여 큰 수확을 거둔다는 뜻이다. 새우는 일본인의 의식 속에서 힘없고 흔해 빠진 존재의 대명사였던 듯하다.

조개류 가운데 도미급은 백합이다. '안에서는 백합, 밖에서는 바지락'인 사람은 집 안에서는 큰소리를 땅땅 치지만, 집 밖으로 나가면 찍소리도 못 하는 소인배를 비유한다. '밭에서 백합 찾기'는 연목구어, 즉 '우물가에서 숭늉 찾기'라는 뜻이다.

모든 어부는 출항할 때 만선을 꿈꾼다. 개중에는 고래 같은 로또를 꿈꾸기도 한다. 허황된 대박 꿈을 빗대 '정어리 그물로 고래잡기'라 한다. 그럼 가장 큰 물고기는 고래일까? 아니다. '놓친 물고기'다. 잡았다 놓친 물고기가 가장 큰 법이다.

공인받은 물고기라는 뜻의 공어公魚는 도미, 백합 못잖게 귀한 생선이다. 공어는 '와카사기鰙'라 불리는 빙어의 다른 명칭이다. 빙어는 에도시대 11대 쇼군 도쿠가와 이에나리徳川家斉에게 진상하게 되면서 공어라는 칭호가 붙었다. 공물로 격상됐다. 공물이 된다는 건 공적인 관리품목이 된다는 의미다. 공어로 신분 상승을 한 빙어는 이로써 일반인은 감히 입에 댈 수 없는 생선이 됐다. 오직 쇼군 가문만 먹을 수 있는 물고기였다. 공어는 빙어의 공문서상 명칭이다.

현어県魚라는 생선 이름을 들어본 적이 있는가. 현어 역시 공인된 물고기에 속한다. 현어는 특정 물고기가 아니라 현県 단위 지자체에서 임의로 지정한 지역 대표 물고기다. 그 지역 특산물로 꼽을 만한, 상품으로 내세울 만한 물고기가 선정된다. 멸종위기에 처한 보호 어종도 적잖다. 바다와 접하지 않는 사이타마현은 가시고기의 일종인 청가시고기ムサシトミヨ를 현어로 지정해 보호한다. 기후현은 강에 사는 은어를 현어로 지정했다. 바다가 없는 4개 현은 당연히 민물고기가 현어다.

일본 여행을 갔을 때 그 지역 별미 생선을 알고 싶으면, 현어 리스트를 체크하면 도움이 된다. 가령 넙치를 현어로 지정한 곳은 이바라키현, 아오모리현, 돗토리현 3곳이다. 히로시마현은 수확량

이 전국 톱인 굴, 구마모토현은 새우, 지바현은 도미가 현어다. 미야자키현, 후쿠오카현의 현어 라인업은 많고, 시즈오카현은 다달이 하나씩 지정해 모두 12개다. 오키나와현은 다른 지방에서 볼 수 없는 다카사고タカサゴ라는 물고기가 현어로 등록돼 있다.

'바다의 우유' 굴牡蠣. 굴의 발음 '가키'는 나무 열매 감柿의 발음과 동일하다. 대화에서 굴과 감의 구별은 악센트 위치로 이뤄진다. 하지만 악센트 위치마저도 통일되지 않아 지역마다 다르다. 도쿄 사람이 앞 음절에 악센트를 주면 굴이고, 오사카와 교토 사람이 앞 음절 억양을 높이면 감이다.

굴 명산지인 히로시마는 감 산지로도 유명하다. 겨울이 되면 히로시마역 앞에서는 굴과 감의 악센트가 유발하는 코미디 같은 광경이 펼쳐진다고 한다. 역 주변 상점에는 제철 맞은 굴과 감 상품 세트가 즐비하다. 타지 출신 열차 승객은 탑승 전에 이것들을 선물로 사 가고는 한다. 그런데 탑승 시간에 쫓기는 승객이 있기 마련. 이들은 "가키, 가키 하나"를 외치며 허겁지겁 계산한 후 객차로 뛰어간다. 열차는 출발하고 숨을 가다듬고 선물을 확인해 보는데, 아니 웬걸. "감을 달랬는데 굴을 줬네, 굴을 달랬는데 감이 왔네." 의도치 않은 오류가 속출한다고 한다. 순전히 억양 탓이다.

'고양이에게 생선을 맡기다'의 일본식 표현은 '고양이한테 가쓰오부시'다. 반면 '고양이한테 소라'는 손 쓸 방도가 없는 지경을 말한다. 생선을 언급할 때 단골처럼 따라오는 건 개나 소가 아니라 고양이다. 옛말에 참치를 일러 고양이도 거들떠보지 않는 생선이라 했다. 물고기와 물의 관계처럼 물고기와 고양이의 관계 역시 떼려야 뗄 수 없는 사이인가 보다.

작가 무라카미 하루키村上春樹는 유독 고양이를 좋아한다. 자신이 지은 소설 속에도 고양이가 자주 등장한다. 그런데 흥미롭게도 그는 소설 속 고양이들에게 물고기 이름을 붙여주었다. 『태엽 감는 새 연대기』에서는 '사와라', 즉 삼치, 『양을 쫓는 모험』에서는 정어리인 '이와시', 『해변의 카프카』에서는 참치 부위를 이르는 '도로'라는 이름의 고양이가 등장한다. 공교롭게도 하나같이 등 푸른 생선이다. 정확한 이유는 모르겠지만, 아마도 등 푸른 생선의 회유적 습성과 고양이의 유랑적 습성이 닮아서 그러지 않았을까 추측해 본다.

언어학적으로 생선 이름보다 가장 깊고 다양한 것이 바다 해海가 아닐까 한다. '해' 자를 읽는 법은 한두 가지가 아니다. 해녀海女는 아마, 돌고래海豚는 이루카, 성게海胆는 우니, 새우海老는 에비, 홍조식물 꼬시래기海髪는 오고. 발음이 제각각이다. 그래서 제2차 세계대전 전에는 학교에서 바다 해의 음독법을 '아이우에오'로 가르쳤다고 한다. 모든 모음으로 표현되는 바다. 이 얼마나 다채롭고 품이 넓은 세계인가. 사카나와 바다, 그리고 일본. 언어라는 그물이 끌어 올린 일본은 파닥파닥, 비린내와 생동감이 가득하다.

에필로그를 대신해 감사의 글을 전한다. 이 책은 나 혼자 만든 것이 아니다. 일본 여행지에서 식재료를 구해준 후배, 영감을 준 친구, 용기를 북돋아 준 선배, 묻지도 따지지도 않고 기회의 문을 열어준 동아시아 출판사 대장, 일하는 틈틈이 책을 쥐고 있어도 핀잔 하나 없이 너그럽게 봐준 직장 동료들, 그리고 닦고 조이고 기름칠해 준 두 편집자 김선형, 문혜림의 도움이 있었기에 무사히 책이 나올 수 있었다.

쓰고 보니 어렵고 낯선 용어들이 춤을 춰 독자들에게 어떻게 다가갈지 걱정스럽다. 적지 않은 분량이지만, 유익하고 유쾌한 독서가 되었길 바란다.

끝으로 참고문헌 읽기와 원고 쓰기에 매달려 있는 동안, 때로 지치고 안 풀릴 때 힘차게 응원가를 불러준 가족들에게 고마움을 전한다.

참고문헌

국내문헌

단행본

- 신유한 지음, 이효원 편역, 『조선 문인의 일본견문록 — 해유록』, 돌베개, 2011.
- 이규경 지음, 전병철·이규필 역주, 『오주연문장전산고 만물편/충어류』, 국립해양박물관, 2019.
- 조선통신사문화사업 엮음, 『조선통신사 옛길을 따라서』, 한울, 2007.
- 헬렌 체르스키 지음, 김주희 옮김, 『블루 머신』, 쌤앤파커스, 2024.
- 황선도 지음, 『우리가 사랑한 비린내』, 서해문집, 2017.

논문

- 이상봉, 「국민국가 일본과 선주민족 아이누 — 동화와 다문화공생 논리에 대한 비판적 고찰」, 《일본문화연구》 51, 2004. 7.
- 이시재, 「근대일본의 '화양절충(和洋折衷)' 요리의 형성에 나타난 문화변용」, 《아시아리뷰》 제5권, 2015.

해외문헌

단행본

- 青木直己, 『幕末単身赴任 下級武士の食日記 増補版』, 筑摩書房, 2019.
- 朝日重章, 『鸚鵡籠中記: 元禄武士の日記』, 岩波書店, 1995.
- 網野善彦, 『東と西の語る日本の歴史』, 講談社, 2003.

- ________, 『米·百姓·天皇 日本史の虚像のゆくえ』, 筑摩書房, 2015.
- 嵐山光三郎, 『文人悪食』, 新潮社, 2000.
- 安藤優一郎, 『大江戸の飯と酒と女』, 朝日出版社, 2019.
- 池波正太郎, 『剣客商売』, 新潮社, 2002.
- ________, 『江戸の味を食べたくなって』, 新潮文庫, 2015.
- ________, 『そうざい料理帖　巻一』, 平凡社, 2017.
- 石毛直道, 『石毛直道食の文化を語る』, 한복진 옮김, 『음식의 문화를 말하다』, 컬처그라퍼, 2017.
- ________, 『日本の食文化史 ― 旧石器時代から現代まで』, 岩波書店, 2018.
- 魚柄仁之助, 『台所に敗戦はなかった: 戦前·戦後をつなぐ日本食』, 青弓社, 2015.
- 大久保洋子, 『江戸のファーストフード ― 町人の食卓' 将軍の食卓』, 이언숙 옮김, 『에도의 패스트푸드』, 청어람미디어, 2004.
- 太田雅士, 『地魚の文化誌』, 創元社, 2022.
- 大沼芳幸, 『琵琶湖八珍』, 海青社, 2017.
- 大橋正房, シズル研究会 編著, 『「おいしい」感覚と言葉: 食感の世代』, BMFT出版部, 2010.
- 岡田哲, 『たべもの起源事典 日本編』, 筑摩書房, 2013.
- 奥井隆, 『昆布と日本人』, 日本経済新聞出版社, 2017.
- 尾形希莉子, 長谷川直子, 『地理女子が教えるご当地グルメの地理学』, ベレ出版, 2021.
- 開高健, 『地球はグラスのふちを回る』, 新潮社, 2005.
- 上司小剣, 『鱧の皮』(인터넷판), 青空文庫.

- カタジーナ·チフィエルトカ 外, 『秘められた和食史』, 新泉社, 2016.
- 勝川俊雄, 『魚が食べられなくなる日』, 小学館, 2016.
- 金子拓, 『戦国おもてなし時代 ― 信長·秀吉の接待術』, 淡文社, 2017.
- 川原健, 『明太子をつくった男 ― ふくや創業者』, 海鳥社, 2014.
- 神吉拓郎, 『たべもの芳名録』, 筑摩書房, 2017.
- ________, 『洋食セーヌ軒』, 光文社, 2016.
- 北大路魯山人, 平野雅章 編, 『魯山人味道』, 이민연 옮김, 『요리를 대하는 마음가짐』, 글항아리, 2019.
- 喜多村筠庭, 『嬉遊笑覧』, 岩波書店, 2002.
- 木下謙次郎, 『美味求真』, http://bimikyushin.com, 2014.
- 金田一春彦, 『ことばの歳時記』, 新潮文庫, 1984.
- 熊谷真菜, 『たこやき』, リブロポート, 1993.
- 黒岩比佐子, 『歴史のかげに美食あり』, 講談社, 2018.
- 車浮代, 『江戸の食卓に学ぶ ― 江戸庶民の"美味しすぎる"知恵』, ワニブックス, 2015.
- 小泉武夫, 『食あれば楽あり』, 日本経済新聞社, 2014.
- ________, 『食と日本人の知恵』, 岩波書店, 2017.
- ________, 『食でたどるニッポンの記憶』, 東京堂出版, 2017.
- 小松正之, 『日本の鯨食文化 ― 世界に誇るべき"究極の創意工夫"』, 祥伝社, 2011.
- 齋藤希史(松原岩五郎), 『最暗黒の東京』, 김소운 옮김, 『도쿄의 가장 밑바닥』, 글항아리, 2021.
- 斎藤美奈子, 『戦下のレシピ ― 太平洋戦争下の食を知る』, 岩波書店, 2018.
- 瀬戸賢一, 『おいしい味の表現術』, 集英社, 2022.
- 司馬遼太郎, 『この国のかたち 一』, 文芸春秋, 1992.
- ________, 『司馬遼太郎が考えたこと 8』, 新潮社, 2005.
- 造事務所, 『料理と味でひもとく史実の新説!! 奇説!? ―「食」で謎解き日本の歴史』, 実業之日本社, 2016.
- 杉浦日向子, 『お江戸でござる』, 新潮社, 2017
- 杉本昌明, 『冷凍食品100年の進歩』, 西武出版印刷株式会社, 2017.
- 鈴木智彦, 『サカナとヤクザ』, 小学館, 2018.
- 關戸明子, 『近代ツーリズムと溫泉』, 허석 외 옮김, 『근대 투어리즘과 온천』, 논형, 2009.

• 関谷文吉,『魚味求真』, 筑摩書房, 2019.
• 高橋善郎 編,『別冊中央公論2. 親が子に残す戦争の記録: 再び戦争を起さないための遺書』, 中央公論社, 1971.
• 武井弘一(編),『イワシとニシンの江戸時代』, 吉川弘文館, 2022.
• 武井周作,『魚鑑』, 八坂書房, 1978.
• 竹国友康,『ハモの旅, メンタイの夢』, 岩波書店, 2013.
• 武田櫂太郎,『誰かに話したくなる!―「和食と日本人」おもしろ雑学』, 大和書房, 2016.
• 辰巳琢郎,『やっぱり食いしん坊な歳時記』, 集英社, 2018.
• 田村勇,『サバの文化誌』, 雄山閣, 2002.
• 太宰治,『津軽』, 최혜수 옮김,『쓰가루』, 도서출판b, 2013.
• 冨岡一成,『江戸前魚食大全: 日本人がとてつもなくうまい魚料理にたどりつくまで』, 草思社, 2016.
• 仲尾宏,『朝鮮通信使―江戸日本への善隣使節』, 유종현 옮김,『조선통신사 이야기』, 한울, 2005.
• 永井荷風,『濹東綺譚』, 강윤화 옮김,『묵동기담』, 문학과지성사, 2016.
• ながさき一生,『魚ビジネス』, クロスメディア·パブリッシング, 2023.
• 長崎福三,『魚食の民』, 講談社, 2001.
• 夏目漱石,『虞美人草』(인터넷판), 青空文庫.
• 野瀬泰申,『食は「県民性」では語れない』, KADOKAWA, 2017.
• ________,『文学ご馳走帖』, 幻冬舎, 2016.
• 農商工部 水産局 刊,『韓國水産誌』, 이근우·서경순 옮김,『한국수산지 I-2』, 산지니, 2023.
• 橋本直樹,『食卓の日本史』, 勉誠出版, 2015.
• 濱田武士,『魚と日本人―食と職の経済学』, 岩波書店, 2016.
• ハルノ宵子,『文学はおいしい。』, 作品社, 2018.
• 平川敬治,『タコと日本人』, 弦書房, 2012.
• 広尾克子,『カニという道楽 ズワイガニと日本人の物語』, 西日本出版社, 2019.
• 藤井弘章 編,『日本の食文化 4: 魚と肉』, 吉川弘文館, 2019.
• 松下幸子,『江戸 食の歳時記』, 筑摩書房, 2022.
• 宮内泰介·藤林泰,『かつお節と日本人』, 岩波書店, 2013.
• 宮尾しげを,『すし物語』, 講談社, 2014.

• 宮本常一,『塩の道』, 講談社, 2016.
• 三浦哲郎, 〈火の中の細道〉,《季刊文科》通号 51, 鳥影社, 2011.
• ________,『盆土産と十七の短篇』, 中公文庫, 2021.
• 村井吉敬,『エビと日本人』, 岩波書店, 2019.
• 村田弘,『山の神·鮭の大助譚·茂吉 — 東北からの民俗学』, 無明舎出版, 2017.
• 山内景樹,『鰊来たか —「蝦夷地」と「近世大阪」の繁栄について』, かんぽうサービス, 2004.
• 山本志乃,『行商列車』, 創元社, 2015.
• 矢野憲一,『魚の文化史』, 講談社, 2016.
• 吉川誠次,『日本·食の歴史地図』, NHK出版, 2002.
• 脇本祐一,『豪商たちの時代 — 徳川三百年は「あきんど」が創った』, 강신규 옮김,『거상들의 시대』, 한즈미디어, 2008.

논문 및 기타자료

• 石井隆之,「「重なり志向」の日本文化」,《言語文化学会論集》第33号, 2009.
• 畦五月,「コノシロの食文化と地域性」,《就実論叢》43, 就実論叢編集委員会 編, 2014.
• 南方熊楠,「山神「オコゼ」魚を好むと云ふ事」,《東京人類學會雜誌》26巻 299号, 1911.
• 胡桃沢勘司,「前近代的交通体體系下の鰤運送」,《生駒経済論叢》第7巻 第1号, 2009. 7.
• 芝恒男,「日本人と刺身」,《水産大学校研究報告》60, 2012. 2.
• 竹井巖,「金沢の氷室と雪氷利用」,《北陸大学紀要》, 2004. 10. 29.
• 花岡拓郎,「「おもてなし」を史料から考え直す」,《CATS 叢書》, 2017. 3. 7.
• 山中英明,「魚介類のブランド化」,《日本家政学会誌》, Vol. 60, 2009.
• Tessa Morris-Suzuki,「In The Wake Of The Whale: Towards A Liquid Area History Of The Pacific」(인터넷판), *The Asia-Pacipic Journal: Japan Focus*, 2024. 3. 24.